当代政治理论译丛

自由主义、宪政主义和民主

〔美〕罗素·哈丁 著

王欢　申明民 译

商务印书馆

2017年·北京

Russell Hardin

LIBERALISM, CONSTITUTIONALISM, AND DEMOCRACY

目 录

中文版序言

《自由主义、宪政主义和民主》旨在解释它的三个主题的运作。首要的论点是表明它们从对策角度而言是相关的，因而它们的运作是相似的。辩护者经常主张它们每一个都在道德上是正确的或者善的。我所给出的只是一个实用主义的辩护。该辩护为这种可能性留有余地：出于实用主义的原因，一些国家不应致力于民主或宪政主义——因为它的效果将会很糟。如果这是可以成立的，那么民主或宪政主义就不是必然的，而只是有条件的善的或正确的。事实上，它可能以灾难性的方式失败，比如血腥的内战——就像在布隆迪当专制政权试图利用民主选举新政府时那样。该内战在卢旺达蔓延成了一场杀人无数的战争，那是历史记载中最为血腥的内战之一。[①] 当自由主义、宪政主义和民主可以实用主义地得到辩护时，那是因为它们在听任公民们决定他们自己人生目标的同时保护和维护社会秩序。如果我们能就某一结果协调一致，那么根据定义，这种结果符合我们的相互利益。

大多数政治理论家和观察者倾向于把自由主义、宪政主义和民主全都当作在规范意义上是善的，而对它们的可能性经常几乎不作社会科学的理解。对民主的逻辑有大量的思考（比如在社会选择理论中），但对它的可行性的关注却不多。因此，对民主的讨论几乎全是规范性的。而且，对自由主义的讨论很少考虑创造它，而只是考虑它如何运作或者它是何等之善。宪法创制时期的实际论战经常集中于各国之间不同的实践性问题，因此很难相信存在适合所有国家的理想宪法。不过所有这三个主题面临着同一个主要的实践约束。如果它们能在一个既定的社会中运作良好，那么它们就必须能够成功地协调全体公民，这意味着它们对社会中最重要和最强大的集团来说必须是互利的。

如果公民尖锐地分裂成了利益严重冲突的派别，那么他们就不能轻易地在自由主义、民主或宪政主义的互利政权的基础上得到协调。例如，卢旺达的两个主要集团可能太尖锐地分裂了，以至于它们不能通过民主程序实现互利的秩序，在民主游戏中胡图人实际上保证能在选票上取胜，但接着便面临与图西人内战的高度可能性。除非他们的经济景况发生实质性的改变，以使福利的首要来源不再是政府的特殊恩惠或被政府雇佣，两个集团在控制政府问题上的深刻冲突必然阻止互利政权出现的任何机会。

或许在一个既定的政治社会中，或者所有这三项——自由主义、宪政主义和民主——都是切实可行的，或者都是不可行的。在本书中我并没有阐述这个问题——尽管它或许应当被从理论上和从对于任何一个既定社会而言的实际角度得到阐释。在这三项中任何一项的基础上协调一个政治社会的可能性，似乎至少相当于在所有这三项的基础上协调的可能性。例如，尽管英国在大约1700年时就已在一个相对高度发达的自由主义的基础上得以协调，但直到很晚才在广泛民主（相对于狭隘的贵族民主）的基础上得以协调，并且，它的宪法（并非成文宪法）经过至少八个世纪的缓慢发展(起源于1215年君主和男爵们之间关于男爵之权利的一项协议——《大宪章》[Magna Carta]),只是在1700年后才变得十分稳定。17世纪的英国是极不自由的,它有几个时期独裁政府与相当有限的民主之间出现轮替,它的宪法也经常被中止。这一世纪中叶的宗教分歧实际上排除了互利政权的任何可能性。在美国,有些殖民地(比如宾夕法尼亚)实际上从一开始就存在着自由主义,而在其他殖民地直至国家形成之前都存在着宗教独裁。也存在着相当广泛的民主——有时受财产要求的严重制约,甚至更受奴隶制的羁绊,在大多数州也因未能允许妇女投票而受限。在体现于《邦联条例》(起草于1776—1778年)及紧随其后的《宪法》(1787—1788年)的全国层面的两次尝试之前,许多殖民地就有了致力于宪政主义的频繁努力。

自由主义

自由主义有两幅面孔:经济的和政治的。从中国和印度的例子来看,很显然这两种自由主义能够独立运行。或许它们在长期内必将融为一体,因为一个富足繁荣的大众社会将会不遗余力地反对被排除于政治之外。又一次地,我没有论述这个问题,尽管这是一个应当被纳入的问题。没有经济进步(它与经济自由主义是最相容的),政治自由就可能无法兴旺,因此,这两者之间可能存在因果联系。

奇怪的是,有人可能认为自由主义正在先于民主而开始兴旺。尽管政治自由主义的基础似乎在奠定——它通常在经济繁荣的时候(比如日益繁荣的中国)比在普遍贫穷的时候(比如在卢旺达)更容易实现,但是到目前为止,自由主义在经济领域比在更广泛的政治领域发展得更为兴盛。经济繁荣有可能在实质上要求经济自由主义,而经济自由主义又使资本主义成为可能。自由主义和资本主义并非逻辑上联系在一起的。但如果资本主义已成可能,那么它很有可能确立并获胜,其内在动力几乎是任何自发力量所不可阻止的。

资本主义的益处有两个方面。首先,它是经济增长不寻常的发动机,特别是在那些得到相对放任的发展中国家中。马克斯·韦伯曾说资本主义"自从中世纪以来一直是经济现代化无可辩驳的标准"。②印度在1949—1991年期间实质上走了一条相反的道路,即在实行政治自由主义的同时,通过对经济大规模非自由的国家控制,限制了经济发展。印度经济在国家控制的年代里增长暗淡,只是在1991年根本上从政府控制下解放出来后,才迅猛发展,接近了中国的增长率。

资本主义的第二个益处是,一旦它获得实质性的发展,它就是政治领域里一种解放性的力量,因为大的资本主义企业能够毅然对抗国家。韦伯对这一观点作了强有力的辩护。为了反对20世纪早期反资本主义的浪漫主义思潮,他在第一次世界大战期间写道:假如没有资本主义,浪漫主义就将发现自己面对一个全能的、不可抗辩的、无所不在的等级制国家,不是更自由了,而是更不自由了。"这种情形类似于古埃及,但却是以一种远为理性、因而更加不可避免的形式"③[出现]。他似已完全正确地抓住了20世纪的可能前景。在20世纪里有两种互为竞争的力量:国家和资本主义经济。在后者屈服于国家的地方,个人通常变得冷酷无情,他们对经济进步的希望被窒息。至少有一个例子,即在印度,只有经济危害而没有出现对个人自由大规模的直接侵害。即使如此,历史到目前为止对尼赫鲁及其残缺的领导能力真是过于仁慈了。[4]印度在1991年经济自由化之后,经济增长超过了此前四十年(多数东亚国家在此期间获得了飞速发展)的所有增长量。这四十年间因为经济增长率与人口增长率没有多大差别,于是出现了一个令人震惊的事实:在尼赫鲁及其国大党后继者们自我标榜的整个统治时期,贫困人口都在持续而稳定地增加。现在印度的经济增长率可与1989年后中国的增长率相匹敌。该增长率的复合影响是惊人的。以年均7%的增长计算,印度经济规模10年翻一番。印度目前正处于如此增长的第二个10年,如果它继续保持这样的增长30年,那么其经济将会是原来的8倍。[5]然而,教育仍然落后,与东亚的标准相比较,印度具有异常高程度的文盲率。而且,养活着三分之二人口(2004年)的农业,仍然处于政府控制之下。[6]

现在让我们概括一下关于资本主义和自由主义讨论的主要涵义。将经济完全置于政府控制之下可能扼杀资本主义的企业家精神。如果没有私人资本主义,那么个人主义、自由与民主都将面临更大的危险。不过政治和政府也将遭受不利,政府需要资本主义。正如查尔斯·林德布洛姆所论,不仅资本家能够成为国家的制衡力量,而且国家必须求助于资本家来提供政府所需要的:生产和工人收入。在市场社会中,商业拥有远比其他利益集团多的权力和资源;它是政府必要的伙伴,在政府控制商业太过严苛的地方,政府会受到伤害。而且,资本主义比政府具有更大可能的自发性。

"在市场体制中，小的少数人集团能够创新，但是他们不能否决一件事。"⑦等级制国家能更轻易地压制创新。"对于一个商人来说，下述情况是极端罕见的，即不是向公众出售他们想要的东西，而是如此倾心于出售他认为公众应当拥有的东西以至甘愿丧失业务。只有在政治中才有空想家和教条主义者的生存空间。"⑧

宪 政 主 义

一部成功的宪法可能做的，最多是寻求在广泛共享的一套有限的价值观基础上协调大众。这组价值观的包容量在多元社会中显然比较小，比如说，它比在每个人都强烈信誓于一组共同的宗教信仰的社会中要小。两个主要集团分歧颇深的任何问题都不能轻易得以立宪。可以论证的是，能给在许多问题上呈现歧异价值观的深度多元社会带来秩序的唯一方法，是保护诸种个人权利和自由，并在一个开放经济的基础上进行协作。例如，美国宪法通过将跨州商业和关税问题交由联邦政府处理，使之摆脱单个州的控制，从而保护了商业社会。詹姆斯·麦迪逊认为，宪法总的倾向和主旨就是确保个人自由免受州或联邦政府的侵害。另有一些人担心，只有在宪法文本中被明确列举出来并得到保证，个人自由才能是可靠的，因此，在宪法以及依据它建立的政府产生之后，最初的10个修正案，即所谓的《权利法案》，很快就被增加了上去。

总之，当一部宪法支配一个多元的、个人主义的社会时，它在其范围方面必须是相对有限的，或许它甚至经常必须是含糊的。一部严格的宗教宪章在它所管制和加强的事情方面，可能是十分苛刻的。中国处于这两种相对极端的情形之间的某个位置。因此，在某些方面，一部自由主义的宪法就其覆盖面而言，能比美国和许多其他多元主义社会的宪法更广泛。但与此同时，没有任何理由将基础性的、道德的、宗教的或集团的价值包含在一部宪法中。这些价值都能在没有国家介入支持或反对的情况下自生自灭。自由主义的价值是内在普适性的，而宪法在覆盖面上能够完全是自由主义的和普适性的。它能十分接近于麦迪逊的理想——保护一个持续增长的开放经济。

许多宪法（比如印度和非洲及其他地方的某些第三世界国家的宪法）都包含所谓的积极权利，比如拥有充足住房的权利，以公平薪金就业的权利，等等。这些权利在许多相对贫穷的社会里不可能得到实现。比如，印度甚至没有成功教育其人民达到最低限度的识字率，它也没有希望迅速提供它的宪法所宣称的其他积极权利。对积极权利宪法化持批评态度的人据此认为，将积极权利包含在宪法当中是不诚实的。而维护者则说，这些权利反映着社会的渴望和志向，如果社会足够富裕，就将提供这些权利，并且，社会将被迫随着其富裕程度的提高而认真实行这些权利。在印度，它们并不是严格意义上的权利，而只是引导政府部门行为的"指导原则"，不受制于法院的强制实施。而批评者则说，将没有人相信会实现的条款包含在宪法中，削弱了宪法在人们心目中的合法性。

这两种立场内在地都是社会性的，而不仅仅是规范性的。对于将这些权利包含在宪法之中的价值，支持或反对的证据即使存在的话，也不会有很多。然而，反对将积极权利宪法化的论点可能有一个制度性的逻辑。至少在美国的例子中，积极权利所提出的问题似乎最终必须留给立法机关——它们要求有相应的政策、制度安排，以及财政支持，所有这些没有一项是法院能够提供的。[9]另一方面，保护普通的公民自由，可通过法庭和单纯的强制令得以实现。只有在法院受到其他政府部门合理程度的尊重的国家，才是如此；但如果法院没有这样的支持，那么就不能为那些寻求实施积极权利的人做任何事。因此，除非法院和立法机关及行政部门的关系不同于欧洲国家和美国的情况，将积极权利包含在宪法中都将是在法律上无意义的。

民　主

据其希腊源起，民主的意义仅在于所有人一起决策(通常通过多数票决)。这就是直接民主。即使在只有 300 万居民的立宪之际，美国从地理上和人口上来说，对于实行直接民主也是过于庞大。在一个规模巨大的社会中，直接民主是不可能的，某种形式的代议制民主是我们所能成就的最好形式。从其被运用之始起，关于什么是代议制民主以及它可以如何运作就存有争议。乐观主义者宣称大众参与和商讨的可能性。而悲观主义者则断言这两个方面的不可操作性，他们专注于把民主当作一种确定由谁来治理的方法，而放弃了在许多境况下任何宣称民主选举有意义的观点。

发生在美国宪法开始实行之时的几乎所有争论都认为，议员们要代表他们自己的社区。(反对英国的革命战争是由殖民地在英国议会中没有代表而引发的。)的确，1787—1788 年宪法的支持者和反对者之间的主要分歧在于这样一个问题——如果社区超过了相对小的规模，那么社区和不同种类的集团是否能够被充分代表？根据1776年的一部法律，马萨诸塞殖民地规定120人的社区出一名代表，在此基础上每增加100人，就增加一名代表。[10]按照这种代表方法，全国性的立法机构将会极为庞大且无法运作。在英国，对这个问题的阐述是这样的观点——许多人得到了实质性的代表，因为议会的所有代表都代表着整个国家，这一观点特别是被阿尔杰农·西德尼（Algernon Sidney）和埃德蒙·伯克（Edmund Burke）所论证。[11]当美洲殖民地居民抱怨他们被征税却在英国政府没有任何代表时，托马斯·华特莱（Thomas Whately）的回答是：他们实质上已被代表，而且与英国人在其祖国所得到的代表一样好。[12]

困扰着美国宪法支持者与反对者之间争论的有关规模的诸问题，已被包括约瑟夫·熊彼特（Joseph Schumpter）和安东尼·唐斯（Anthony Downs）在内的政治经济学家所分析。[13]他们的主要结论为人所熟知，即：公民一般缺乏激励在选举中投票，即使确实投票了，他们也更加缺乏动机去充分了解候选人及相关议题，以符合自身利益的方式明智投票。[14]从制度上来说，我们可以通过增加投票站数目以及方便缺席投票等方式，减低投票的成本和乏味性。但是我们仍然轻易地要求选民们去了解他们应当知道的东西。事实上，随着曾经明显区分自由主义与保守主义党派的经济事务不再是选举中的支配性考量，这个问题可能正在变得更加困难。这些问题已引发了选举过程、进而政府过程中的变化。其中的两个问题已经被视为观众民主（audience democracy）和公司民主（corporate democracy)而得到分析。到目前为止，在如何应对这些问题的运作方面还没有什么制度创新。

观众民主是伯纳德·曼南(Bernard Manin)提出的术语。[15]他论证说，政治竞选活动的性质已经改变，它更加鼓励在舞台上的表演甚于对问题的立场。剧作家阿瑟·米勒(Arthur Miller)写道，当今成功的政治家十分注意掌握在摄像机前的表演技巧，而且，我们这些选民实际上部分地根据他们表演的成功来评价他们。[16]经过在戏剧方面的长期工作，以及在极为不同的影视世界的某些经验，米勒的评论给曼南的论点增加了巨大的力量。他分析了从富兰克林·罗斯福到乔治·W.布什表演风格的变化。不幸的是，在向人数众多的选民传达任何有用信息方面存在巨大困难的情况下，表演将会是许多政治家所拥有的最好的敲门砖。的确，一个了不起的表演者在政治上可能是浅薄却依然能获得成功的。由于无法让政治内在地变得饶有趣味以使得潜在投票者主动地通过阅读来了解它，不存在似能克服优秀表演之影响的制度改革——除非终止竞选活动。

在以下意义上，美国及其他许多国家的当代政府可被描述为"公司民主"。[17]阿道夫·伯利(Adolph Berle)和加德勒·米恩斯(Gardner Means)写道，私人企业的公司化组织形式的兴起，打破了所有权与管理之间的联系，因而开启了所有者与职业经理之间利益冲突的可能性。[18]作为这种分离的一个结果，公司形式中的财产可能采取的法律形式，类似于我们在许多历史上的公司组织中所看到的东西，包括近年在20世纪90年代异常的股市泡沫中所看到的许多东西。这种形式创造了"一组新的关系，将一些绝对的、且其使用不受限于任何隐含义务的权力赋予了那些掌握着控制权的团体”。在安然公司(ENRON)事件 70 年前,伯利和米恩斯就论证说,通过对公司的绝对控制,经理们“能够按他们自身的利益操纵公司,并且能将[公司收入和财产]的一部分化为己用”。因此,我们面临“公司劫掠”的可能。⑲

在这种观点的一个变体中,约翰·C. 卡尔霍恩(John C. Calhoun)写道,“不计所有其他考虑,仅控制政府权力以及借此控制政府荣誉和薪酬的利益本身就足以将……一个社区分裂成两大敌对阵营”。⑳政治阶级可以寄生于社会——他们表面上服务于该社会,并且该社会拥有对他们进行选举的权力。被以为是强大的拥有官员选举之权的公民群体,并没有权力拒绝选举所有的官员;而只能把偶见的公然妄为的坏家伙赶下台。在美国,公民群体很少有勇力去压倒当权者的优势。㉑

在另一个变种中,伯利和米恩斯设想公司形式可能演变成现在被称作社会自觉机构(socially conscious institution)的东西。他们引用沃尔特·里森(Walter Rathenau)1918 年的观点——私人“企业相应地开始转变成为一种与国家相似的机构”。㉒已经发生的似乎是相反的情形。国家已经变得像是松散控制的公司。选举产生的官员像是代表公民——他们“拥有”国家——的“职业化的”经理。官员与公民一起是共同所有者,但是他们从管理中得到的报酬通常远远超过他们从其对政府的贡献所产生的普遍利益(general good)中分得的好处——就像 Tyco、WorldCom 和 Enron 等公司的经理们从掠夺这些企业中获得的利益远大于他们从其拥有的股票价值的真实增加中所获得的利益一样。

失败的教训

历史上多数成文宪法在某种程度上迅速地失败了。其中我力图理解的许多宪法之所以失败,是因为它们未能协调各自社会中的两个或多个主要集团,通常是因为其中一个集团在设计宪法时一手遮天,该宪法只能被强加于其他主要集团。可能不存在能够适用于在主要问题上分裂的特定社会之宪法,卢旺达现在的情况是这样,铁托时代以后的南斯拉夫也曾是这样——铁托与其后继者不同,他被当作所有南斯拉夫人的代表,而不仅是塞尔维亚人、克罗地亚人或波斯尼亚穆斯林的代表。许多其他宪法是因为有关政权并不想认真地遵守而失败了。还有一些宪法是因为有缺陷的设计或不可能的要求而失败了。让我们来看看两个有设计缺陷的、部分失败的宪法:欧盟宪法和美国《邦联条例》。它们都对一致性提出了构想拙劣的要求,并且都由于过分集中于当前的、暂时性的问题,而不能被完全严肃地当作针对新建立的、长期存在的政府实体的宪法。

对于我们这个时代想制定一部成功宪法的任何其他国家来说,欧盟的制宪争论和宪法草案都是有借鉴意义的。欧盟宪法有两个重大缺陷。首先,就其对修改宪法的一致性要求及其有限的权力范围而言,它十分类似于美国《邦联条例》。一致性要求正是引起《邦联条例》毁灭的原因。罗得岛州投票反对任何推进国内贸易或管制对外贸易的尝试,它的这一票成为扼杀任何变化的否决票。

有人可能以为,所有后来的立宪主义者会看到在要求这样的一致性中隐含的潜在灾难。然而,现在欧盟宪法也已因为对宪法修改的一致性要求而失足。比方说,如果要求只要有四分之三的成员国批准宪法,宪法就可以对那些批准它的国家生效,那么它就可能已经轻松通过了。在此之后,在第一轮中投票反对批准宪法的任何国家——就像 2005 年法国和荷兰所做的那样——本来可以在以后加入。美国宪法要求 13 个州中只要有 9 个批准就可以生效。罗得岛和北卡罗来纳起初投票反对宪法,但后来成了联邦的州。罗得岛等待了大约两年才最终投票赞成宪法。

其次,欧盟宪法太过局限于现时的特定问题,把试图保护各自利益的各种经济团体都包容进了宪法。它的愿望是锁定现状。这一举动阻止了或至少是妨碍了任何动态经济将要面对的潜在发展。请看几个在宪制设计中过分专注于当前条件的短视的例子。第一个是美国《邦联条例》中的相当细微的缺陷。根据《条例》,一致性并不总是需要得到满足——有一些事项可通过 9 个州的共同行动来实现。例如,在 13 个州中,9 个就可以接纳其他地区加入成为一个新的州(第十一条款)。这是一个并不精明的规定,因为如果其他州被接纳,它们就能作为九个州之一表决接纳更多的州。在接纳 6 个州加入之后,所有 19 个州中的少数就能够决定接纳新成员。即使所考虑的是一个更大的国家的更广阔的未来,起草者也未能摆脱他们受当时条件局限的眼界,只考虑了 13 个州——尽管最初那些州中有好几个州的领导人已经在考虑向西吞并领土以扩大他们的州。在所有的州投票表决接纳新成员时,固定比例的票数要求,比如要求三分之二的州同意,在长期里理应要有道理得多。然而在宪法草案中，诸如此类的短视不胜枚举。

至于第二个远为普遍扭曲的例子，请注意欧盟宪法给人的感觉是一直在主要从事于当前的问题——尽管激发欧盟创设的总体愿景要比这个广阔和开放得多。欧盟起源于 1950 年代早期制定煤钢联合政策的努力。该起源几乎标志性地表明，致力于暂时的、很可能衰减的事项之宪政安排是不适宜的。现在，煤钢在当代欧洲经济中只占相对次要的一小部分。美国宪法似乎真正地为未来各代人就所授权的政治体制一些重大方面留下了空间。对于任何一部宪法来说，这都是一个明智的立场，因为它的起草者极不可能预见到它将应用的问题甚或社会类型。

关于短视的潜在破坏性的第三个例子，考虑一下宪法安排中有关农业的变化着的观点。美国宪法的起草者及当时的其他领导人都以为世界上的农业组织在未来几个世纪会保持不变。他们相信人口的绝大多数将会永远是农民。在他们那个时代，大约 85％的美国人口以农业（而且几乎全是自足农业）谋生。而当今只有不到 3％的人口从事初级食品生产。

美国制宪的那一代人还没有认识到已开始向他们席卷而来的工业革命。几乎可以肯定，缺乏远见对他们来说是一件好事。假如已经意识到了农业日益迫近的衰落，那么当时最大的经济集团中的两个本来就会阻挠宪法通过，或者把对农业利益的广泛保护写入宪法。这两个集团就是南方各州的种植园主和东北部的大农场所有者。后一个集团当时确实活动反对宪法并差点就阻止了宪法在纽约的通过。种植园主——包括麦迪逊、乔治·华盛顿、托马斯·杰斐逊，以及那个时代的许多其他主要人物——与城市的金融和船运利益集团，出于这两个集团的共同利益而在制宪中结成了联盟。因为知道农业活动总体下降的命运，中国可能采取宪法保护（比如永久补助）或强制性的人口政策，把农民留在土地上——就像印度在其宪法中某种程度上所做的那样，或者就像中国部分地通过政策措施延缓向城市的流动那样。

阻碍经济发展的意愿是普遍的，尤其是在农民中间。美国农民只是在19世纪末当他们不再是选举人口中的多数时才动员起来成为民粹主义者，他们自此以后就从来没有赢得过一次全国性选举。与此类似，在1950年代，当面对大规模贸易商，他们的衰落注定不再拥有产生巨大政治影响之可能时，[23]法国的小商业者在皮埃尔·布热德的带领下动员了起来。在1944年第二次世界大战接近尾声之时，富兰克林·罗斯福总统在其"第二权利法案"中提议对农民进行大规模保护。此前，农民占劳动力的份额已经从原先的85％降到了大约30％。罗斯福忽视了这种强大的趋势，他提出了"每一位农民以能给他及其家庭体面生活的收益生产和销售其产品的权利"。[24]如果该项权利通过某种政策提出并落实了，那么它就会锁定本应是过渡性的状态，极大地损害美国的经济前景及其人民。如果现今有将近三分之一的劳动力从事农业，并且他们的收入是其他劳动力的大约一半，那么食物花费将会高于普通美国人支出的五分之一。如果他们的收入是所有工人收入的平均水平，那么食物花费差不多将会占所有支出的一半。必须把收入的一半花费在基本食物上，这大概是贫穷的一个合理定义。这与作为一个自给的农民没有什么本质区别。

尽管听起来像是合情合理的声音，但罗斯福的这个提议是极端愚蠢的，它的实施将会是极大破坏性的。在这个例子中，与政府保护留在土地上的工人相比，经济增长和离开土地就是一项远为有前途的改善生活之道。在当今世界上，在美国只有不到3%的劳动力从事农业，在许多其他十分繁荣的国家里，从事农业的人也比这多不了多少。即使这样，这些数字这样高也是因为有巨额政府补助。食物支出这样低，使我们几乎所有的收入都可用于支付基本食物以外的东西。许多国家曾通过土地改革，在表面上改善农村贫困人口的生活。其结果通常是把人们陷于乡村贫困状态的时间延长了几代人。

可以预料，一场类似的革命的不同阶段会在当今的中国发生，这只不过是因为每一个发达社会都曾经历过这样的革命。然而，中国能跳过某些发展阶段（比如所谓的重工业和早期的计算机类型），迅速跨入高科技发展的前沿。可是，一部试图把一个主要集团（比如农民）固定到规模更大的经济的当前结构中去的宪法，将会极大地延缓向一个现代、繁荣以及高度创造性的经济转变的步伐。它也可能在城乡之间、农业与工业工人之间桎梏起社会差异。麦迪逊及其一起的制宪主义者没有犯这样的错误，但只不过是因为他们没有预见到今天每一个人都会预见到的发展。现在制定一部不向农业利益集团屈服的宪法，必定比麦迪逊时代更加引发冲突，特别是如果农业利益集团动员成一个政党的话。

结　　语

我们面对这样一个基本问题：我们需要政府以便能完成许多

事情，并保护我们免遭相互的侵害；但是，赋予政府做所有这些事情的权力，意味着也赋予它做许多其他通常有害的事情的权力。我们依靠宪法智慧来设计能够实现前者、防止后者的制度，并使政策与所设想的大众之观点相符。对于这项任务而言，历史上最具智慧的人也许当属麦迪逊。但是，美国人早就在生活中超越了他所帮助设计的诸多制度，处于他的宪法之下的现时的政府会让他自己也陌生难识。这些变化发生在数亿美国人民实质上默认之时。作为结果而产生的宪法及与其相联系的做法，对当今正在制定宪法的国家来说可能是一个不足称道的模型。

然而，即使可能使现存制度合理的唯一理由在于它是存在的，美国宪法和各种各样的其他宪法无疑也比没有模型要好。我们不可能期望设计一种完美的甚或一种好得多的制度，因为我们无法确知它在更长的时期里将会如何运作。正如麦迪逊在《联邦党人文集》第37篇中所写的，“所有新法律，即使是用最高超的技术手法写就的，并经过了最周全和最充分的深思熟虑，也被认为是多少有些含糊和模棱两可的——直至其含意通过一系列的特殊讨论和判决被清理和确定。”㉕因此，关于道德和政府的理性主义理论本质上是与我们的生活不相干的。不过在非核心问题上，我们也许能通过吸收其他宪政的经验逐步修正我们的宪政体制。我们能取消任何宪法的似已证明错误的部分，同时借鉴各种宪法看来是最好的部分。

不过说到底，我们的宪法实质上将是一个协调全体公民的手段，它将是一种习俗，比方说，与我们的靠左或靠右驾驶的习俗相似但却重要得多。习俗本身并没有规范性意义上的吸引力。它们有些是有益的，有些是有害的。即使在它们的唯一基础是明显受到激发的个人行动的时候，有益和有害习俗也都能够是自我实施的。如果我们能轻易地重新设计政府、法律、规范、惯例，等等，那么我们在许多情况下可能会立即这么做。中国十分强大的缠足习俗的危害曾令人发指，但它被特意地改变了。[26]仍然存在的毁损女性生殖器的习俗同样残忍得使人战栗，它在非洲的一些地方正在被革除。因为此类有害的规范，我们必须在总体上承认：有可能某种普遍存在的习俗使我们付出的代价如此之大，以至于要去推翻或者改变它以符合我们的利益；但是，成功的重大宪政变革是很少见的——也许主要是因为直到最近，成功的习俗一直相对罕见。

总之，宪法实质上是虚弱的手段。只有当我们能协调我们自己时，它才能协调我们；反之则或许不能。民主是一种甚至更弱的手段，因为我们无法使它在任何总体意义上运转，而且，我们不能保证其结果是否与大众观点相适应，大众观点通常是不连贯的，它是如此的不连贯以至于可以认为不存在大众观点。自由主义根本就不是一种手段，但是当它占优势时，宪政主义应当是可行的。或许使得民主可行的极大困难甚至逻辑难题，最终是为稳定挽回颜面之处，因为宪政政府运转所需要的是大众在很大程度上默认它的行动。

罗素·哈丁

2005年7月4日于纽约

参考文献

Beer，Samuel H. 1993. *To Make a Nation：The Rediscovery of American Federalism*. Cambridge，MA：Harvard University Press.

Berle，Adolph A.，and Gardner C. Means. 1932. *The Modern Corporation and Private Property*. New York：Macmillan.

Calhoun，John C. [1853] 1992. *A Disquisition on Government*. In *Union and Liberty：The Political Philosophy of John C. Calhoun*，edited by Ross M. Lence. Indianapolis，IN：Liberty Fund：3—78.

Downs，Anthony. 1957. *An Economic Theory of Democracy*. New York：Harper.

Hardin，Russell. 1995. *One for All：The Logic of Group Conflict*. Princeton，N. J.：Princeton University Press.

——. 2004. "Transition to Corporate Democracy?" In *Building a Trustworthy State in Post-Socialist Transition*，edited by Janos Kornai and Susan Rose-Ackerman. New York：Palgrave Macmillan：175—197.

Hibbing，John R.，and Elizabeth Theiss-Morse. 2002. *Stealth Democracy：American's Beliefs about How Government Should Work*. Cambridge：Cambridge University Press.

Lindblom，Charles E. 1977. *Politics and Markets：The World's Political-Economic Systems*. New York：Basic.

Lupia，Arthur，Mathew D. McCubbins，and Samuel L. Popkin，eds. 2000. *Elements of Reason：Cognition，Choice，and the Bounds of Rationality*. Cambridge：Cambridge University Press.

Mackie，Gerald. 1996. "Ending Footbinding and Infibulation：A Convention Account." *American Sociological Review* 61 (December)：999—1017.

Madison, James. [1787] 2001. Federalist 37. In, Alexander Hamilton, John Jay, and James Madison. *The Federalist*, edited by George W. Carey and James McClellan. Indianapolis, Ind.: Liberty Fund: 179—185.

Manin, Bernard. 1997. *The Principles of Representative Government*. Cambridge: Cambridge University Press.

Miller, Arthur. 2001. *On Politics and the Art of Acting*. New York: Viking.

Reid, John Phillip. 1989. *The Concept of Representation in the Age of the American Revolution*. Chicago: University of Chicago Press.

Rob Richie, "Fair Elections Update: Election 2002 and the Case for Reform" (Washington: Center for Voting and Democracy, 14 November 2002).

Schumpeter, Joseph A. [1942] 1950. *Capitalism, Socialism and Democracy*. New York: Harper, 3rd edition.

Sunstein, Cass R. 2004. *The Second Bill of Rights: FDR's Unfinished Revolution and Why We Need It Now More Than Ever*. New York: Basic.

Wittman, Donald A. 1995. *The Myth of Democratic Failure: Why Political Institutions Are Efficient*. Chicago: University of Chicago Press.

Weber, Max. [1904—05] 1958. *The Protestant Ethic and the Spirit of Capitalism*, translated by Talcott Parsons. New York: Scribner's Sons.

——. 1994. *Political Writings*, edited by Peter Lassman and Ronald Spiers. Cambridge: Cambridge University Press (the essays cited here date from 1917).

序　言

或许一位编者该开始这样一种革新：将他的论文分为四章，并命名第一章为真理，第二章为可能性，第三章为莫须有，第四章为谎言。第一章将非常短，因为它将[仅仅]包括那些编者愿意冒着本人名誉上的风险而担保其真实性[的事项]。第二章将包括在成熟考虑所有情况后，他的判断力总结为可能真实的东西。然而，本章将包括太少而不是太多内容。应该表明的是，第三章和第四章是准备给那些宁愿花钱买谎言而不是白纸的读者们。

托马斯·杰斐逊，1807 年 6 月 14 日

给约翰·罗威的信

我想，本书的某些内容适合归入杰斐逊的第一章真理，大部分至少符合归入其第二章可能性。毫无疑问，一些读者会认为很多内容符合第三章莫须有，甚至有些贬斥者可能会把很多内容归入第四章谎言，尽管他们或许该足够礼貌地把该章命名为差错。杰斐逊遗漏了肯定是很多著作中非常庞大的一章：无病呻吟。这也许特别发生在政治学理论领域中。物理学家沃尔夫冈·泡利(Wolfgang Pauli)曾如是反驳一项物理学中提出的对某种现象的

解释:“它甚至连错误都不是。”一个人如果念及在政治学理论化中,泡利这样的人可以发现多少甚至连错误都不是的东西,他会战栗不已。也许那该成为杰斐逊第五章的标题:甚至连错误都不是的主张。故而,尽管可能还略带谦卑,我将高兴地发现自己此处主张中的一些部分至少是错误的。

本书的中心论点是:自由主义、宪政主义和民主,尤其是自由的宪政民主体制都运转,当其的确运转时,是因为它们通过围绕一个政治和(也许还有)经济秩序基础,协调社会中那些政治上有效力的群体,来服务于这些群体间的互利关系。在某些社会中,它们不会、并且也许不能在这种意义上运转。一项辅助性的但可能同等重要的主张是:为了存活并运转,宪政的政治制度和民主的程序通常要求的只不过是默认,而很少要求积极支持。

这些是解释性的论题,而不是规范性的主张。但是,如果一个人认真地联系到康德的格言——应该蕴含着能够(ought implies can),那么它们与规范性主张相关。如果我们将要坚持认为某种政府形式在规范意义上对一个特定社会是正确的,我们一定要能够说它将会或者能够对该社会运转。当然,并不随之得出仅仅可运转就使得某一政府形式正确。斯大林的、毛的以及许多稍次的可怕政权对至少一代人运转了。

人们通常争辩说,使得民主正确的原因在于它的运作依据于同意(consent)。如果这样,作为同意的一种令人苦恼的最低限度的形式,默认(acquiescence)很难规范性地被排除在外。没有一位理论大家主张仅仅默认就可以使得政府正确。在其最空泛的形式上,仅仅默认曾是大多数捷克人民在纳粹统治其社会时的姿态。

如果我们排除将仅仅默认作为同意的充分条件，看起来很可能提不出任何一个在同意基础上为自由宪政民主体制辩护的可信理由。在某一经济落后的孤立小社群中，也许有建立在社群价值或者宗教观点上的政府可以在同意基础上得到辩护。但是，没有自由国家可以如此。因此，作为理应是对社会和政治秩序原则进行任何道德评估的核心，对可运转性的考虑乃是对政治理论中整个同意学派釜底抽薪。

尽管在对整个政治秩序作出清晰判断方面，有关仅仅默认的理论还没有被充分地表述过，但对在一定程度上辨明一个政治秩序在公平和福利方面的正当性而言，这样的理论可能是足够了。这不是说它们没有同意理论表述得那么好，同意理论有一个十分简单的标准，这使其诉求似乎缺乏很多细节性的表述。

在与不同机构的同事们讨论本书论题的过程中，我经常被告知自己所讨论的并非什么是自由主义、宪政或者民主，其频率令人吃惊。以下两个问题中的每一个都典型地成为这些异议的基础。一些人异议的要点在于许多现实世界中(尤其是)宪政主义的案例并不涉及互利。这当然是对的。并且，事实上所有被采用过的宪法中，绝大多数似乎对它们社会里政治上重要的群体并不是互利的。但是，我并不是把某一宪政、民主或自由主义是否服务于互利作为这些概念本身定义的一部分。毋宁说，我只是在因果意义上主张：如果自由主义、宪政主义与民主想要运转，它们通常必须服务于这些群体的利益。因此，它们是社会学意义上(sociologically)，即因果意义上(causally)而不是定义(definitionally)或规范意义上(normatively)的互利理论。绝大多数宪法缺乏这种协调相关群体的力量,或者因不被理睬或者因被替代而相当迅速地归于失败。民主也经常缺乏这种力量,从而有时导致像 1993 年布隆迪发生的类似灾难,或者变得离题,就像在多得令人沮丧的“民主”社会中,由一党依靠垄断权力来统治而不是靠公民在候选对象中选举。毫无疑问,自由主义在历史上大多数社会或在至今很多社会中甚至尚未起步,它经常在这些社会中被当作某一强大群体的敌人,而它的确也经常如此。

另一些人异议的要点在于觉得每一个术语都有近乎柏拉图式含义的正确内涵,而我没有抓住。一般而言,我不认为这种反对有说服力。任何长久持续的社会观念都曾经并将继续意味着很多东西(对于自由主义这一观念的一些有意义的变种,请参阅附录)。那些对社会理论中的这些观念尝试简单明了定义的人们,有时使得他们在解释某一范围内的现象时特别有用,但是有时候他们只不过歪曲这些观念。举个此类歪曲的例子,在 1933 年初版《社会科学百科全书》里,赫默·哈勒实质上将宪政主义定义为完全由立法机关执掌的政府:“因此在宪政国家,立法及政府机构对政治权力享有以至于排除行政与司法的实质上的垄断。”[27] 以这种奇怪观点来看,可能目前不存在任何宪政国家。

哈勒下定义的做法是一项糟糕的事业。在自然科学中,定义典型地是作为解释性理论的积累而不是其开始。我认为在社会科学乃至规范性政治理论中,它们必须通常也成为解释性理论的积累。它们不是在对其实例完全无知的状态下刚刚自动蹦入脑海的古朴观念。在研究我们或许最终将之算作自由主义、宪政主义和民主实例的许多案例之前,我们并不真正理解这些概念。例如,民主像社会一样经历了复杂的演化。这一术语里仍然有一个似乎核心的含义，尽管其对象在更替：从事实上几乎每个合格公民都能参与对政策直接投票的小社会，更替为如此庞大以至于连我们选出的代表也不能有意义地被称作在制定多数政策时扮演了有实质性因果影响角色的社会。至少该核心含义的一部分在于：失败者离开机构或者留在机构外，同时胜利者进入机构或者留在机构内，就像1801年约翰·亚当斯(John Adams)那样，他或许勉强但仍然坚决地离开了职位(参阅第三章)。

这里的许多讨论是多年论证的累积，但在此以它们各自应得的篇幅来论辩其中众多部分是不合适的。对于任何可能期望深究任何这些论辩的人，我指出在别处的更广泛、有时稍有不同的陈述。对于因此而频繁引用自己过去的著述，我深表歉意。

致　谢

我感谢以下人士对于书稿全部或者相当部分作出的大量书面评论：Brian Barry，Randall Calvert，James Johnson，Annabelle Lever，Margaret Levi 以及 Mark Roelofs。他们的许多评论促使了实质性的修改。对于诸多特定部分的书面以及口头评论，我感谢以下人士：Jim Alt，David Austin-Smith，Robert Barros，Bob Bates，Sam Beer，Paul Bullen，Karen Cook，Ingrid Creppell，Roberto d'Alimonte，Donatella della Porta，Ronald Dworkin，Chris Eisgruber，Stephen Elkin，Jon Elster，Jim Fearon，Richard Fenno，John Ferejohn，Paul Gomberg，Bernard Grofman，Edwin T. Haefele，Chong-do Hah，Anna Harvey，Don Herzog，Robert Keohane，Roderick T. Long，Steve Macedo，Bernard Manin，Melanie Manion，Jane Mansbridge，Harvey Mansfield，Jr.，Larry Mead，Manus Midlarsky，Leonardo Morlino，John Mueller，Jack Nagel，Thomas Nagel，Yaw Nyarko，Mancur Olson，Jr.，Kenneth Oye，Ayse D. Ozkan，Pasquale Pasquino，Ellen Paul，Adam Przeworski，Jonathan Riley，Larry Sager，Julio Saguir，Elizabeth Scott，Ian Shapiro，Ken Shepsle，Fritz Stern，Susan Stokes，Elaine Swift，David Weimer，Donald Wittman 以及 Leonard Wontchekon。许多其他人曾经在研讨讲座或者学术会议上提出了评论。其中许多人也许想要抗议，因为对于在此发表他们所容忍的观点，他们所做的只不过是默许或者不去反对。

关于民主的两章在纽约大学(New York University)法学院的 Dworkin-Nagel 法和哲学研讨会(1996 年 10 月)上经过了热烈讨论。我感谢该会期的参与者，尤其感谢 Ronald Dworkin 和 Thomas Nagel 在该会期的大量评论，那些每周一次、令人精疲力竭的 7 小时持久研讨使他们理所当然地开始享有盛誉。本书的诸总体观点曾经得以介绍：哈佛大学政治理论研讨讲座与政治经济学研讨讲座的一场联合讲座(1995 年 12 月)；牛津大学 All Souls 学院的一次研讨讲座；在罗切斯特大学(University of Rochester)作为 Cutler 系列讲演(1996 年 2 月)；作为一场哈佛大学福特讲演(Ford Lecture)(1998 年 2 月)；以及在布宜诺斯艾利斯 Torcuato di Tella 大学历次研讨讲座(1998 年 6 月)。我感谢在这些活动中的参加者，尤其感谢 Randall Calvert，G. A. Cohen，James Johnson，Julio Saguir 以及 Ken Shepsle 等人的评论以及款待。

第二章部分地取自“自由主义：政治的和经济的”(“Liberalism: Political and Economic”)，《社会哲学和政策》(*Social Philosophy and Policy*)，10 (1993 年 6 月)：121—144。我感谢编辑以及出版社允许我在此重印该素材的某些内容。那篇文章于 1992 年 4 月在举办于伯利·格林州立大学(Bowling Green State University)的“自由主义与经济秩序”学术会议上宣读，该文获益于在那里发生的诸多讨论。

第三章部分地基于"为什么要有一部宪法?"("Why a Constitution?")一文,载于 Bernard Grofman 和 Donald Wittman 编的《联邦党人文集和新制度主义》(*The Federalist Papers and the New Institutionalism*)(纽约:Agathon 出版社,1989:100—120)。那篇文章是本书的萌芽。我感谢编者和出版社允许我在此重印该素材的一部分。那篇文章的第一稿是为在以下学术会议上作报告准备的,即宾夕法尼亚大学民主政府的基础委员会(Committee on the Foundations of Democratic Government)主办的"建构理性与政治形式"(Constitutive Reason and Political Form)学术会议(1987 年 1 月)。我感谢该次学术会议参加者们对那篇文章的评论。这个有实质性差别的章节获益于芝加哥—纽约宪政主义研讨会上的诸多讨论(1996 年 2 月)。对该章的讨论,我感谢该研讨会以及以下活动的参加者:纽约大学法学院宪政主义研讨会,Chris Eisgruber 在其中对那些观点提出了比我本来能做得更好的总结(1996 年 2 月);佛罗伦萨大学(University of Florence)政治学系研讨讲座(1996 年 5 月);北卡罗来纳大学(University of North Carolina)法学院研讨讲座(1997 年 9 月);弗吉尼亚大学(University of Virginia)法学院研讨讲座(1998 年 9 月)以及乔治·梅森大学(George Mason University)法学院研讨讲座(1998 年 11 月)。

第四章的一些部分起初是写给西北大学(Northwestern University)一次关于制度的学术会议的(1995 年 7 月)。我感谢组织者以及参加者的款待和评论。

第五章大量内容基于一篇标题相同的未发表论文,该论文于

1992 年 4 月 29 日在劳伦斯学院(Lawrence College)一个关于 1989 年的系列讨论中宣读。我感谢 Chong-do Hah 和他在劳伦斯的同事们的盛情款待以及动情讨论。关于平等主义的一节是为晚年 William E. Griffith 所作,于麻省理工学院(MIT)在向 Griffith 退休致敬的“戈尔巴乔夫时代的政治变革”研讨会上宣读(1990 年 4 月);该节还宣读于在旧金山召开的美国哲学学会太平洋分会的一次圆桌会议(1991 年 3 月)。我感谢这两次会议参加者们的评论。这篇早期文章的一个版本以“效率与平等以及社会主义的灭亡”(“Efficiency vs. Equality and the Demise of Socialism”)为题,发表于《加拿大哲学杂志》(*Canadian Journal of Philosophy*),22 (June 1992: 149—61)。我感谢该杂志及其编辑允许我在此重印该素材的某些部分。我也感谢锡拉丘兹大学(Syracuse University)政治学系一次研讨讲座参加者们的评论(1995 年 10 月)。

第六章基于“宪政性经济转轨”(“Constitutional Economic Transition”)一文,载于 John Ferejohn, Jack Rakove 和 Jonathan Riley 编,即将出版的《宪政文化和民主规则》(*Constitutional Culture and Democratic Rule*)一书(1994 年 2 月以及 1995 年 3 月,在新奥尔良宣读于图兰大学(Tulane University)默菲研究所(Murphy Institute)举办的“宪法和宪政主义”研讨会)。我感谢以下人士的评论:默菲研究所研讨会的参加者、纽约大学奥地利经济学研讨讲座的成员、哈佛一麻省理工国际关系专题研究组的参与者(1994 年 12 月),以及在哈佛举办的一场关于民主与经济绩效的学术会议的参加者(1998 年 2 月)。

第七章基于“边缘上的民主”(“Democracy on the Margin”)一

文，载于 Albert Breton, Gianluigi Galeotti, Pierre Salmon 和 Ronald Wintrobe 编，《理解民主：经济和政治视角》(*Understanding Democracy: Economic and Political Perspectives*)一书(剑桥：剑桥大学出版社，1977：249—66)。我感谢编者和出版社允许我在此重印大部分内容。那篇文章起初写于我在巴黎综合理工学校(Ecole Polytechnique)的应用认识论研究中心(CREA)做访问学者之时(1994 年 7 月)。我感谢 Pasquale Pasquino 组织那次访问并在 CREA 安排一场关于那篇文章观点的研讨讲座，该文是为在 1994 年在法国第戎市(Dijon)举办的 Villa Colombella 集团会议而写作的。在那次会议上、在 CREA 以及在拉特格斯大学(Rutgers University)政治学系之政治学新动向研讨讲座系列中(1994 年 9 月)，该文章从诸多讨论获益。

这个项目得到了以下机构的支持：国家人文基金会(National Endowment for the Humanities)——它给我和 Stephen Holmes 的经费为芝加哥大学关于宪政主义的一个项目提供了基金，梅隆基金会(the Andrew W. Mellon Foundation)，圣智基金会(the Russell Sage Foundation)，马里兰大学制度改革和非正式部门研究中心，芝加哥大学以及纽约大学。我感谢 Paul Bullen 对本书相当部分做出的积极以及有创造性的研究助理工作。

第一章 互利

有时候在特定情形下，诸多社会利益可能要求有一项正 1
义规则，但可能并不会在几项同等有益的规则中一定使用其
中任何一项。

大卫·休谟，《道德原则研究》[28]

三种互利理论

关于自由主义、宪政主义与民主的理论都是互利理论。自由主义是关于安排制度以使得我们每个人都能以自己个人方式获得成功。的确，政治自由主义一定程度上正是回应宣称必须压制某些信仰方式的宗教主张而被创造出来的。经济自由主义成长并最终或多或少在政府政策中制度化，是因为它通过每一个体的成功而导致全体的繁荣昌盛。宪政主义得以运转，当且仅当它有助于一个群体在一些比他们可能存在分歧的问题更重要的问题上（诸如秩序、贸易和国家安全等）进行协作。类似地，仅当并不存在超出秩序价值和其他非常广泛有利的价值之上的深刻分歧时，民主
才得以运转。尽管过去几个世纪中在苏格兰和英格兰、西欧、北 2

美，以及近来在世界上大多数地方，事实上所有政治学理论以及在经济理论主导学派中，都存在许多丝丝缕缕关于互利的论点，但出类拔萃的互利理论家当属托马斯·霍布斯、大卫·休谟以及亚当·斯密。

简要考虑霍布斯的地位。在下述意义上，互利仅仅可被称作自利的顺理成章的推广[29]：保障我们在生存和经济繁荣中个人利益的最佳途径，是通过建立或维持普遍秩序来保障在这些方面普遍的相互利益。这是霍布斯的看法。它表面上似乎不可思议，但却几乎与整个政治哲学中任何能被称为行得通的基本而重要的看法一样起作用。

有人也许会像许多研究霍布斯的学者们那样，辩称霍布斯持有导致他结论的一种道德理论，也许像他关于其“自然法则”的讨论所暗示的那样。[30]诸如遵守契约以及治理成功的联合体，都是必须实证化才得以运转的法则。[31]作为自然法，它们当然优先于实证法，但那是因为它们是*关于什么有利于我们利益的社会学意义上的法则*，[32]而不是因为它们在某种别的意义上是道德的。正是它们的可运作性和对我们利益的贡献使得它们成为实证法的一个诱人基础。[33]

3　有人或许会把一种互利政治学理论框定为一种关于政府运转应该遵循之方式的规范理论。但是，我希望将自由主义、宪政主义和民主作为社会学意义上的（即解释性）理论来对待并集中关注它们的实际可行性——尽管我将随后简要论及这些理论的规范性意义。它们或许可行的原因之一在于它们有规范性上的吸引力，进而从互利出发的一项规范性主张甚至在解释它们的可行性中也可能起到一定作用。然而,可行性对互利的要求远不及规范理论那么苛刻。自由主义或宪政主义或民主也许仅仅服务于一个政治实体中一个部分的互利关系,并能因此而相当可行和持久。例如,如第三章所述,美国宪法很好地满足了种植园和城市商业利益,这足以使该宪法在大约第一代人中从维持美国社会和政治秩序意义上起作用。要这么说却会困难得多:一种政府形式服务于一个政治体的仅仅一部分,但因为服务于互利,它仍然在规范意义上被证明是正当的。[34]再说一次,那部宪法把相当部分的人口留置在了奴隶制的束缚之中。虽然一些南方空想家争辩说这符合奴隶们的利益,但没有多少其他人觉得那是真实可信或是道德的主张。

主张仅仅部分互利便足够支持可行性的原因大体如此:在某一制度、实践或规范基础上协调大众中的重要部分,通常足以使得对几乎所有人来说,遵循该制度、实践或规范符合其利益。当我们当中有足够多的人靠右行驶时,无论理论上我们会有什么偏好,靠右行驶也将是符合其余人的利益的。一部宪法及其政府并不要求普遍的支持,它们要求的只不过是事实上普遍的默认。如果足够多的人其实默认了,其他人会被强迫,并且政府将获胜。[35]因此在社会学意义上,一种互利理论事实上是一种协作理论。协调利益 4
的政府比呼唤道德承诺的政府更可能得到支持。[36]

对于有秩序政府的互利性,最清晰、最迫切的主张出现在霍布斯的《利维坦》一书中,该书著于17世纪英格兰保王党人与清教徒之间争斗的无秩序和暴力时期。尽管霍布斯认为获得拯救的必要条件是最低限度的并在几乎任何基督教会下都可以实现,但他走得如此之远以至于主张秩序比获得宗教权利更重要。对于宪法的互利性，最伟大的主张也许是1787年费城制宪会议上和《联邦党人文集》（它支持批准费城制宪会议上起草的宪法）中所提出的。但是，常常有更好理论基础的类似主张于20世纪末在非常多的国家中被提出。对于民主的互利性，最伟大的主张也许是散布在阿历克谢·德·托克维尔《论美国的民主》一书中的一批主张，尽管他常常以为19世纪30年代美国社会中似乎更像是其商业主义造成的某些方面，是民主造成的。[37]

政治活动中关于互利论点的惊人之处是它暗示在有关党派之间不存在争论。霍布斯认为，拥有哪怕是最苛刻的政府也要明显地比生活在无政府或内战中更符合我们的利益。故而，他能够推想我们必须赞成这样的一个政府。即，我们可能共同获益的事项在重要程度上超出那些我们或许相冲突的事项如此之多，以至于为了在前者上进行协作，我们应该愉快地免于在后者之上的政治活动，特别是如霍布斯所想的那样，如果关于改革的政治活动可能把我们打回毁灭性的无政府状态中时。这听起来像是一个粗糙的论点，但是带着论述中更好的客厅风格和在论证中的一个大度的
5 添加，《联邦党人文集》、托克维尔以及像罗伯特·达尔这样的当代民主理论家仍然共享这个论点。该大度的添加是，如果一个社会能够在基本政治和经济秩序上进行协作，那么它就能够在更小的问题或者谷壳（用达尔的话来讲）上冒边缘性的政治风险。[38]在拥有对秩序广泛共识的地方，我们不需要霍布斯的独裁者来统治我们。与这一添加以及一项限定（或强调）一起，霍布斯的论点也是本书的论点。该限定尤其在第七章进行了论述，它是指在某些社会中几乎没有在互利基础上进行协作的希望，冲突过于具有分裂

性并超出了妥协的范围。

也许应该把如下主张作为另一项限定：为了使自由主义、宪政主义和民主运转得相当良好，互利不需要应用于社会中的每个人或者每一个显著的群体。一些政治上无能的群体可能被政治秩序蹂躏并无视其存在，就像美国案例中的反联邦党社群主义者以及大部分历史时代中的妇女、奴隶和经济上少有或没有作用的群体那样。在当今发达的自由民主中，互利必须被满足的群体是庞大的中产阶级和富人，在后者中间特别是那些企业界富人。

从一开始，虽然有诸多集体含义，但是政治和经济自由主义是一种个人主义哲学。尽管在 19 世纪很多时候绕入了边沁式(Benthamite)人际加总福利理论的歧途，早期自由哲学在很多方面像是经济价值理论中帕累托运动(Paretian movement)的先驱。维尔福雷德·帕累托断言，对福利不可能存在有意义的人际比较，因此我们不可能发现宣称增进福利总量的公共政策。我们只能作出有限的道德主张，当在特定案例中确实如此时，认为由于政策变动至少有些人境况改善而无人境况恶化，并且该变动因此成为一个在现状基础上的改进。这样的一个变动现在被称为一个帕累托改进。帕累托改进有助于互利。宽泛而言，盎格鲁－撒克逊传统中 6
的政治和经济自由主义共享同样的福利主义价值理论以及帕累托对于超出个人主义理由之社会安排的怀疑。

如果在任何时候能够发生的所有变动都必须是帕累托改进，那么现状会阻碍历史上大部分经济、技术和社会变动。在这方面，帕累托准则和纯互利准则普遍而言会是灾难性的。这些准则有时被政治性地用于政府行为，以说明某一政策在帮助一个群体时会损害另一群体。尽管你和某人的合同交易可能对我有巨大的负面影响，但在经济领域中，它们几乎只被应用在自发的双方行为中（比如在一项合同中）。[39]在本质上，对帕累托自由政府的中心要求是它在个人和双方进行自我改善的变动时保护他们。

历史上，自由主义的中心观念是个人应该被放手去进行他们自己的选择。[40]一个自由政府允许个人对宗教偏好、社会关系，以及作为生产者和消费者对经济承诺作出他们自己的选择。随着一项对托克维尔有争议地修正的轻微曲解，自由主义者认为自由主义的美好之处不是一个自由政府做了什么，而是私人力量在这样的政府之下做了什么。[41]

在我们的时代，至少在北美和许多欧洲地区，自由主义这一术语已经和政府为或者应该为特定群体办事的一套方案相联系。我们可以把这一种对自由主义的当代理解称为福利自由主义，以避免和当代社会中包括保守主义者和自由主义者在内几乎所有人都
7 意见一致的自由主义相混淆。福利自由主义的关注，作为所谓的自由主义而不是慈善事业，在欧洲始于俾斯麦或更早，在美国始于20 世纪 30 年代或更早。

因为在自由民主社会里几乎所有群体都支持某些福利项目，所以在政府资助的福利主义是件好事这一点上，大多数人赞同的程度超过当代政治辩论所理清的程度。除了有时候的相反主张，分歧不在于原则上的社会福利主义，而在于谁应该从以他人为明显代价而代表某些人利益的政府干预中获益。[42]一些分歧是社会学意义上的或因果性的——被一些人认为对社会普遍有益而加以支持的特定项目，被另一些人认为弊大于利。[43]一些分歧是道德上

的——以某些方式行事的人是否值得帮助。另一些(或许是大部分)分歧纯属唯我主义政治性的——我的福利应该得到政府保障,而你的则不应该。

然而,福利自由主义和福利政治不是本书的主题。也许除了普通教育和社会保险,福利项目不是为了社会中政治上重要的群体之间互利关系的东西。更广泛的社会福利主义也不与宪法或政府的可运作性相关联。自由政府通常不因穷人的反对而垮掉。那种认为救援穷人服务于中产阶级利益、救援南方穷国服务于北方富国的常见主张是错误的。瑞典不被肯尼亚所威胁,美国政府把少于1%的预算用于对外援助(其中三分之一落到埃及和以色列,很大部分是军事支持)[44]也不是基于对国家利益的错误估计。美国大多数中产阶级受城市贫民威胁的程度只比瑞典受肯尼亚威胁的程度稍微重一点。福利自由主义的策略结构与政治和经济自由 8
主义的策略结构不同,后者对它们的支持者是互利的。除非另加限定,我将通常把自由主义这一术语只用来指政治和经济自由主义(虽然我在附录中简要考察了其他自由主义)。

无论经济还是政治自由主义,如果得不到一个政府——该政府能够强化对个人的保护以及经济或政治自由主义对秩序的最低要求——的支持,就没有任何希望。如果政府没有被成功地限制以使其无法推翻对自由的保护,那么它也几乎没有希望。霍布斯的考虑在于保护个人免受其他人的[侵害]。以下关注属于后来的自由主义者,即,表面上是保护我们免遭相互侵害的政府本身会伤害我们,并且以超出其他个人所能的力量深深侵入我们的生活。因此,产生了对宪政主义的需要以限制政府。对有些作者而言,这是自由主义的独特内核。最后，看来像是一个从自由主义及其对政府的需要得出的逻辑或实用的推论，被保护的个人应该自己在决定他们的政治制度做些什么中扮演角色。故而，政治自由主义不可改变地导致宪政主义和民主。

这不是那个常常被讨论的主张，说政治和经济自由主义有内在的因果联系，以至于按照推测，我们只有拥有经济民主才能有政治民主。只要达到如下程度，最低限度上正确的似乎是政治和经济自由主义是相互加强的：政府在一个领域进行干预的权力越多，它在另一个领域的权力也越多。制约政府是通往两种自由主义之路的一部分。对于一些人而言，这一有限的联系足以表明，作为通往更多政治自由之路，取得相对平等的经济结果比不上它会对侵犯政治自由所赋予的能力（即使它并不逻辑地限定这样的侵犯）。最后，国家控制下的经济平等主义会在产生更大政治平等的同时减少贯穿社会的自由。

在两种情况的任一种下，经济平等主义和政治自由主义在实践中都可能面临一种严酷的权衡。即使在有利于社会中政治上有力之群体的有限的社会学意义上，平等主义也不是关于互利的问题。因此它没有两种自由主义或宪政主义与民主所拥有的策略结构。
9 一项平等主义再分配项目内在地牵涉利益的本质冲突，假设它终究有时会自我实施是难以置信的。它会要求一个有力的政府来维持它。

社 会 秩 序

关于社会秩序，存在三种总体性理论(grand theory)或者理论派别。首先是冲突理论，以色拉叙马霍斯（Thrasymachus，见柏拉图的《理想国》）、卡尔·马克思和拉尔夫·达兰多夫为代表。托马斯·霍布斯通常也被视为一名冲突理论家，但我认为这是错误的，正如我将在下面所表明的那样。其次是共享价值或共享规范理论，以约翰·洛克、艾米尔·涂尔干、埃恩·哈旦（Ibn Khaldun）和塔尔考特·帕森斯为代表。[45]对社会秩序的观察通常是共享价值理论。第三，交换理论，这些理论比另外两个派别相对更近期，以伯纳德·门德维尔和亚当·斯密为或许是最早的主要代表，在我们的时代，包括乔治·霍曼斯（George Homans）及许多社会选择理论家和经济学家。[46]

大多数当代共享价值理论家是涂尔干和帕森斯的追随者。这些追随者大多数都是社会学家和人类学家，在涂尔干－帕森斯阵营中实质上没有经济学家，现在也很少有政治学家。从 20 世纪 50 年代直至 70 年代的某一刻，政治学中曾有一个盛大的帕森斯运动。该运动最著名的例子是加布里埃尔·阿尔蒙德以及希德尼·维巴和其他一些人。[47]虽然在政治学甚或在很多社会学中没 10
有留下多少关于规范的大综合（grand-synthesis）考察，但仍然存在特定的规范理论。例如，政治学家们经常将投票行为的发生解释为有公德心的、利他的或者义务驱动的。并且，在今天政治学家有一种增长的呼声，以那些关注信任、家庭价值和社群假想之衰落的学者为代表，他们对于价值共识的重要性采取或多或少的针对性立场。

社会理论中的契约主义者典型地是共享价值理论家。这或许听起来古怪，因为契约通常支配交换。但是，社会契约理论要求有一个一方履行契约安排的动机;如第三章所论述的那样,在这方面,一项社会契约和一项法律契约并不相似。因为它没有强制执行者,所以一项社会契约通常被认为需要一种规范性的承诺——特别是每个人都要有相同的规范性承诺。例如,在托马斯·史可隆眼中,遵循一项社会契约的动机,就是去取得在合作性安排上适当赞同的渴望。[48]普通交换的契约受到各种激励的支持以发挥作用,特别是法律强制的威胁,以及当事人在以下行为中的利益——保持关系以利于将来的交换或维持其声誉。有时,社会契约论的规范性特征被奇怪地反向解读为法律中的契约,而历史上它没有在法律中扮演中心角色。[49]

对于冲突理论家而言,强迫是获得社会秩序的主要方式。当然,强迫是重要的,甚至可能对复杂社会的秩序必不可少,这只是因为有一些人会利用别人合理且比较合作的行为。那些人可能败坏人人共享的社会,就像霍布斯辩护自然状态时,假定哪怕是在那些具有先天合作倾向的人之间,少数腐化类型也会破坏正常人际
11 关系的可能性。但是,强迫只是社会秩序必不可少的条件之一。另外两个条件是交换和协作。所有这些都是需要的,因为我们潜在交互行为的策略结构是很多样化的。如果我们要拥有所希望的秩序,我们就需要用以处理好所有这一切的手段。在一个自给自足的农业社会中,强迫可能非常接近于成为政府的唯一基点。然而在一个复杂社会中,虽然比我们惯于承认的要多的行为背后可能存在着强迫威胁,但强迫似乎是大多数人实际生活里的次要因素。在这样一个社会中,交换和协作显得非常突出,比在自给自足经济中突出得多。

冲突、共享价值以及交换这三个大学派正是关于社会秩序的特定方面的。但是，它们遗漏了在一个复杂现代社会中社会秩序的核心模式，这就是协作。我们不必要共享价值，但是我们可以协作，以容许我们每个人在没有破坏性互动或交换的基础上寻求自己的价值。为了总体上简化复杂社会中社会秩序问题的很大部分，考虑一下在道路上维持交通秩序的比较琐碎的问题。有两种主要协作得失攸关。首先是显而易见的一种，即，为了避免连续不断的事故以及避免商讨谁先走的困难问题，只要使所有司机都在马路的同侧驾驶，而不管都在左侧或者都在右侧。第二种是在交叉路口控制车流的问题，为此当交通量足够大时使用交通信号和标志。关于司机集群的两件令人瞩目的事情在于，**他们彼此之间并不真正冲突**以及**他们通常不一定共享任何价值**来使得这些协作运转良好。我有我的目的，你有你的目的，我们仅仅想要避免彼此妨碍对方。

和冲突理论一样，协作是一种利益理论。霍布斯也许是第一位主要的协作理论家。[50]但是，大卫·休谟、亚当·斯密和 C. E. 林德布洛姆在很大程度上将社会秩序视为协调许多人迥异利益的问题。[51]如果所涉及的价值激发协作行为，一种共享价值理论可以在 12
本质上被看作是一种协作理论。但是协作不要求广泛共享的价值。并且，共享价值理论典型地将对相关价值的坚持变成无视一个人利益的问题，而且当进入政治权力领域时，无视许多公民的利益。例如，我帮助保护我的社群而不顾该努力必然伴有的风险；我将我的身份融入集体身份（无论那可能意味着什么）；或者我投票而既不顾这样做给我带来的负担，又不顾我投票的效果与我的利益实质上不相关。但是,与艰涩而难以置信的涂尔干主义者和帕森斯主义者的见解相反,一群相当多样化的多元主义者可以在一个秩序之上进行协作,该秩序服务于这些人在其中追求他们多样化价值的社会。

尽管交换关系有明显的重要性,但我们不应该假定它们是社会学的全部。[52]交换关系是经济学或至少古典经济学的绝大部分,但是对政治社会学而言,可以认为,它们比协作互动的重要性更小。并且在某种意义上,存留下来的帕森斯主义者主张冲突关系不是政治秩序之全部是正确的。其次,他们之所以正确,是因为社会秩序的核心或者典型特征在于协作。我将不对关于社会秩序的协作理论的能力作出抽象论证,但随后章节将提出对于政治秩序的这样一种理论。[53]这里总的论点是,当它们运转以建立和维持社会秩序时,自由主义、宪政主义和民主是社会学意义上的协作理论。

协　　作

13 虽然在常识层次上协作问题不难掌握,但是它的普遍重要性和强制性本质还不是社会科学或者政治哲学中的中心理解。霍布斯在其关于我们在唯一主权者基础上协作的想法中有了一个新生的协作理论。[54]如果他在其观点中再灵活一点的话,他应该能认识到在当时英格兰,内战这一可怕难题是一个多元协作(multiple coordinations)的问题。那不是每个人对每个人的战争,而仅仅是可替代派系之间为统治而进行的战争。每个派系都协作得足以给其他派系或者未参与的旁观者带来浩劫。休谟对它的理解作出了突出的哲学贡献，但他的洞察在其著述之后两个世纪或更长时期基本上被忽视了，而且这些洞察仍然被普遍地误读。[55]托马斯·谢林对诸多协作问题及其策略和激励结构给出了第一个富有洞察力的解释。[56]但是它们在社会生活里普遍深入的重要性仍然不是社会科学和哲学理解中一个标准的部分。

在社会生活中，协作以两种非常不同的形式出现：自发性的和制度性的。我们可以协作并可以被协调。在费城，一小部分人自发协作以创造一个用以制度性地协调全体国民的框架。当他们起草完他们的宪法时，它的采用对13个州中足够多的政治上重要的群体是有益的，对他们而言它是互利的。因此，他们能够在那部宪法基础上自发协作以使得他们自身从此被它制度性地协调。这一差异界定了关于自由主义、宪政主义及民主的两个单独章节集合（第二至四章以及五至七章）的关注点。

协作问题的一个非常简单的实例是我们下周碰头吃午饭的愿望。如有足够的沟通，我们通常可以非常容易地处理这个问题。一个更重要但仍然简单的问题是我们在有许多其他司机反方向驾驶的道路上安全行车的愿望。在19世纪的某个时刻，马车夫们开始自发地协调行驶方向，在一些社会中是靠右而在另一些社会中则是靠左。最终，这些习俗被赋予了法律约束力。但是，它们早期发展中最令人瞩目的东西在于它们的运转中没有任何权威的强 14
迫。它们所要求的全在于司机们上路时为了做得好而具有的个人利益考虑。一旦足够多的人在同一习俗上协作，该习俗就成为自我实施的。

以远为复杂和丰富的方式，一些宪法和政府政权本质上是自我实施的，因为它们也在大多数老百姓各行其是的自我利益基础上协调他们。这些协调惊人的特征之一在于它们经常能够以许多不同的方式进行。本章开头题引中休谟提及的市政法具有在数百个城市中维持秩序和成功的社会互动的目的，但是它的具体内容在各城市间差异巨大。而且，像休谟指出的那样，常常不存在法律以某一方式而不是另一种方式出现的强迫性先验原因。能用来协调全体公民的任何方式对我们的目的而言都是好的。通常不存在赖以选择处理事情的一种而不是另一种甚至另外许多种方式的先验原因。

在行车的例子里，事实上每个开车的人都在以任一方式协作中面临根本上同样的潜在利益，这就是为什么它是关于现实世界诸多协作如此有说服力的例子的原因。在许多社会情境里，并非每个人都在任意给定的协作之前面临恰好同样的收益。甚至在行车的例子里，也会有找刺激的人，喜欢在盘山而上或者拐弯时冒险穿入其他车道。如果一项社会制度要相对运转良好，它必须为那些具有典型协作动机的公民而设计。并且，它将有可能需要支持性的制度来强制它的协调。

对于在美国宪法协调下的奴隶们，那些支持性的制度有时是严峻的。在后来南方种族隔离时代，种族主义规范的强化部分地由法律及其官员们操作，部分地由一些个人对另一些个人的自发性强迫来实现。后者在白人中运作得如此顺利，以至于许多不是种族主义者的白人没有意识到存在那么多有类似想法的其他人。[57]一个 1961 年到密西西比州杰克逊市(Jackson)的主教派

(Episcopal)牧师代表团受到一对中年白人夫妇的拜访,该夫妇想要对他们为取消种族隔离而进行的工作表示感谢。牧师们感到吃 15
惊并询问有多少和他们同样的人这么觉得。"我们没有概念,"那对夫妇说,"从来没有人敢说。"[58]许多人(种族主义设想服务于他们的利益)成功地逼迫每个人顺从他们关于一项协作的看法,该协作对许多人无疑是沉闷的。更广泛而言,排他性规范可以是某一群体强有力的协调者,对该群体之外的许多人有极大损害。[59]

它给人印象最深的东西也许是,对于**谁将使我们保持秩序这个传统问题,成功的协作给出了一个与人们所期待的不同的奇特答案**。至少从柏拉图和亚里士多德开始,人们通常都假定答案必须是某一特殊权威。如果没有人规制我们的互动,它们就会出错。在许多情境下,我们都知道比这更好的答案。在这些情境下,没有任何来自于某一强大权威的明显监督,我们也和他人有丰富而有益的关系。詹姆斯·威尔逊——费城制宪会议代表之一——以非常不同的方式提出这个传统问题。他问道:"人们有能力治理他们自己吗?……而且他们有意于**服从他们自己**吗?"[60]他对该问题的设计,促使对谁将使我们保持秩序这个问题作出一个特殊答案:我们将使我们自己保持秩序。我们将使自己保持秩序是因为去遵循我们已经决定好的协作会符合每个人的利益。我们可能以深思熟虑的选择决定它,就像当你我安排共进午餐的时间地点那样,或者我们可能自发地决定它,就像伴随许多社会中起初的行车习俗所明显发生的那样。或者协作体制可能碰巧已经为我们准备好了,我们因此只简单地遵循它。这是每个生在现行宪政秩序下的人的宿命。

一个协作体制通常是牢固的，这仅仅是因为在某一其他途径上再协调庞大数目的人是极其困难的。设计美国宪政秩序耗费了1787—1788年大规模的政治活动，以及数年断断续续的准备。在俄罗斯，1917年战争惨败的破坏使得一个小群体的协作能够给一
16 个不同的政府赋予权力。甚至像行车习俗这么简单的协作，瑞典在1967年也耗费了大规模组织活动和巨额开销以把它的行车习俗从靠左改为靠右。[61]在这第一个和最后一个例子里，新协作充分良好地有益于互利，所以对于它们的建立，没有重要的反对。更重要的是，实质上没有人会认为反对新协作对个人是有益的。这对于行车习俗是很平常地正确的，对美国的宪政体制也是正确的，就像它在政府结构极其不同的许多其他国家里那样。一旦一个协作良好地存在着并且人们正在遵循它，**再协调的代价就是移动到任何假定中更好秩序的主要障碍**。即使置身于一个新秩序是几乎每个人的利益所在，这一代价也可能阻止再协调。

许多制度能够运转良好，因为它们可以得到上级权威实际暴力的支持。因此，如果我们有一个能干而适当的政府，我们就能对那些少数违法者强制执行法律。但是政府自身的首要问题是怎样能使自己保有权力。在一些怪诞的案例中，例如在海地、乌干达、柬埔寨和其他一些地方多年独裁的政治中，政府作为寄生力量存活，并且这么做时它通常不得不对大众发泄足够的暴行以预防针对它的革命性协作。

在一些相对善意的政府的案例中，人们经常假定一定存在政府善意和大众服从的某一道德基础。虽然可能会有大量道德行为和道德目的遍及大多数社会，假如那真是从古至今有秩序的政府

成功的原因的话，也倒是值得瞩目的。毋宁说，服从的首要原因是政府的自我实施特点，这些政府足够好地服务于足够多的诸利益，以使得默认甚至支持他们的政府符合多数人的利益。默认对我有意义，是因为即使我可能认为一个相当不同的政府会对我更好，我也可以在我的政府所维持的秩序之下通过关注我自己的生活而过得适度满意。如果我能够有助于相对容易地更换政府而不损及我的生活，我也许不再默认，但是我不能，而且从来都几乎没人能够 17
做到。类似地，在一个政府内部，合理行为的首要来源是这样一个事实，即，适度良好地从事他们的工作符合大多数职员的利益，对此下面将予讨论（见“治理者们”一节）。

在本书的中心论点当中，正是协作使得事情运转。自由主义、宪政主义和民主为我们而运转，是因为我们在多种事情上得到了足够充分的协调。在生活的许多方面，协作使得事情运转，但是运转得很糟糕。例如，悖理而破坏性的排斥规范（norms of exclusion）就建立在协作基础上。[62]它们是自我实施的，因为去做使得它们运转的事情符合不同人的利益。甚至残酷、反自由的政府也能协调足够多的人以使自己保有权力。因此，不应该将协作是好的作为一个前提假设。实际上，在本书的论题中，重要的协作经常把重要但政治上无力的群体排除在外。美国宪法中，妇女和奴隶曾经既没有被给予发言权也没有给予陈情权，然而它所激起的协作在控制更明确地从中获益的那些人的命运的同时，也足以控制他们的命运。

给定关于很大部分民主理论的帕累托假定，我们依据结果是否有益于所有有关的人的利益，可能考虑规范性地判断这些结果。

一般说来，我们无法期望找出一个名副其实地达到帕累托条件的结果，除非是就某一特定的、相当好地界定的现状而言，就像折磨人的内战的悲惨境况，或者像在霍布斯眼中的自然状态，所有人在其中致命地彼此怀疑。帕累托条件要求新结果与现状相比，至少一些人境况更好而没有人境况更差。美国在1787年以及东欧国家在1989年的事态，不能算作如此严酷以至于所有人都将真正从哪怕**任何**有秩序体制中获益的状况。1787—1788年有明显的失利者，最显著的是社群主义反联邦党人，他们是批准宪法的最主要的反对者。在东方也的确存在明显的失利者，尤其是在以前经济中有良好地位的那些人中的一部分、超过50岁的人以及许多其他人（见第五章）。这些案例中新的宪政秩序不是使每个人得到改善
18 或者至少不会变差的帕累托改进。因此，根据简单的帕累托标准，这些变动不能被断定为道德上是好的。

一个进一步的规范观点：说人们出于利益而行事经常被认为暗示着他们比我们所了解的更粗鄙。但是，说某人出于利益而行事并不意味着他们要求金钱或者其他通常的报酬以使得他们行为良好。而且，这不意味着他们在追求利益时通常损害他人。**在协作的情境中，我们出于利益而行事并且有利于相互获益**。我选择在美国靠右而在英国靠左驾驶时，我遵循自己利益的行为里的确没有什么粗鄙可言。如果我相反行事，那就不仅仅是粗鄙而是凶恶和愚蠢。伴随对可运作政府之激励结构的正确理解，我们可以容易地看到，公民们一般追求他们的利益，通过对他们和许多人（也许实际上是所有人）互利的方式行事。接着我们可以容易地判断说，当他们那样做时，他们也是在道德地行事。

最后，虽然此处不是展开一项广泛讨论的地方，但如果我们想要一个关于社会秩序的一般理论，该理论必须基本上是一个复合的协作理论。稳定是从多样的制度得来的，这些制度在相当大的程度上必须全部组合在一起，并且为了社会关系中一项重大而深思熟虑的变革，其中许多制度将不得不同时出现。在一个甚至是适度差异的社会里，稳定也有赖于不同群体各自的协作，那些协作使他们不妨碍他人，就像行车惯例使那些向北的人不妨碍向南的人。一个常见的论点是，我们需要不同的群体和他们的政治参与来支撑政治秩序。[63]也许甚至更重要的是，我们的群体介入在很大程度上把我们保留在政治之外，因为在政治中我们会冲突。

政治义务

关于政治义务，存在大批通常乏味的文献。其中很多开启了定义上的诡辩。例如，经常有人争辩说，根据定义，人可以被认为仅仅有义务去做他以某种方式赞同去做的事情或者别的自愿假定 19
为义务的事情。认为我们已经赞成我们的政府的契约主义观点的表面吸引力之一在于，它们意味着我们因此有义务服从它。洛克认为，我们在这样的程度上是有义务的：我们的政府做我们同意过——实际或者默示——让它做的事情。但当它超出该限度，我们就有正当理由去造反。

从认为人只有义务去做他所赞同去做的事情这一定义性的提议出发，一些人于是主张我们在一定程度上有义务；另一些人主张我们没有任何义务，因为我们大多数人显然没有同意过。罗尔斯主张只有那些接受了公职的人有义务,因为只有他们明确地同意过。[64]或多或少是由于洛克,另外的一些人设想多种不同的行为等价于去接受一项义务。例如,接受某一公益(比如使用公路)是对提供该益处的政府事实上的同意,因此它是带来义务的。

如果关于同意的契约主义主张一般是空洞的,那么关于义务的契约主义主张也是空洞的。但是人们可以从其他原则出发来为义务辩护。例如,主张君权神授的早期理论家们可以简单地将服从作为神的命令来要求。在义务论和功利主义道德理论中,任何人通常可以有义务去做正确的事情,而不顾虑任何预先的同意。在功利主义中,对的东西就是导致更好事态或者更大福利的东西。因此,一个人也许经常有一项行善的功利主义义务。

霍布斯的政府理论不需要任何关于义务的规范性准则,因为他的主权者所要求的只是默认,并且在我的主权者想毁灭我的极端情况下,霍布斯主张为我的生存而战对我来说是合理的。如第四章所述,霍布斯主张我们对主权者服从的义务不是源于我们的赞成(我们可以足够轻易地撤回它),而是源于我们对惩罚的恐惧——如果我们不服从的话。[65]这一主张与对霍布斯意图的一项比较标准的道德观解释相反,该意图被解释为(也的确)是去提出一种对主权者负有道德义务的理论,即一项仅仅从订立契约得出
20 的道德义务——尽管这一阐释使得他对服从一个通过征服获得权力的主权者的义务所做的辩护变得一文不值。因此,请允许我进一步做出一点说明。

对霍布斯的“义务”概念最合理的解读是把它作为一个理性的或者利益术语,而不是作为道德术语。对他而言,说我们有义务

(obligated)意味着我们被我们自己的利益所迫使(obliged)。例如,当他说我们有义务顺从物理法则时,那是该术语明确的含义:“千万不要踢防蹶锥”。[66]霍布斯有时交替使用“有义务的”和“受迫使的”两个术语,正如在以此种说教结尾的那个段落里一样。约翰·奥斯丁遵循了这一用法。他认为,“最后的不幸越大,招致它的几率越大……(服从它的)义务的力量越大”。[67]根据传统见解来看,这也许显得不是那么惊人,洛克(并且在霍布斯时代很普遍)以及我今天的一些同事们持有此种见解,认为只有信仰神的人才在道德上是可以信任的,因为只有受到来自全知审判者之惩罚(或许是在来世)威胁以激励他们的人,才会逆其利益而道德地行动。持有这一见解的人会痛苦地了解到他们是多么的霍布斯主义。实际上,那正是霍布斯对自然状态的见解,他认为没有任何契约是有约束力的。[68]

哈特反对这种用法。他认为,说我被迫使去做某事意味着不去做它在本质上将有悖我的利益。说我有义务去做它意味着不去做它对我而言在道德上是错误的。[69]在这一区别基础上,霍布斯的理论是关于被迫去服从甚至支持现政府的,而不是关于有义务去服从它的。他的政府理论是一种可运作性的理论。存在需要政府的规范性原因——我们都将由于稳定的政府而境况更好,但是政府是通过迫使我们来运转,而不是通过道德性地使我们负有义务。

如果政府就像霍布斯的主权者那样,在福利主义基础上被认 21
为是正当的,那么一个福利主义者或许会构造一种有关义务的规范性理论,以作为第三章里阐明的政府两阶段理论的天然附属物。也就是说,我们因自己的利益而愿意要政府,并因此愿意有义务遵守它的第二阶段行为，至少在这些适当清楚地源自政府的福利主义指令时是如此。但是，和霍布斯一致，我们也可能仅仅坚持一种关于积极义务的社会性或者自利理论。尽管这不是一项空洞的准则，但会是一项关于义务的相对有限的准则。可以事先这样问一个拒绝遵守政府统治的人：你宁愿没有政府吗？然而经常性地，这一问题需要分拆，而且一旦被分拆，它就失去了力量。大体上，这会在有人作出以下两种答复之一时发生：不，我不是宁愿没有政府，但是甚至在考虑转型的代价的情况下，我也宁愿有一个不同类型的政府；或者，不，但是该政府的这种统治并不是从我们对此类政府的需要而得出的。这些会是与政府的互利基础相一致的答复。当然，一项从我们得自政府的互利出发的义务主张，具有互利主张所具有的一切问题。[70]

在回答上述问题时，一种更困难的可能性在于有人会回答：不，我不是宁愿没有政府，但我宁愿仅仅有一个不同类型的政府。我也许充分认识到转型到另一类政府的代价将抵消我从变动到它而得到的任何收益。但是，我也许仍然坚持认为，给定我对另一类政府的偏好，我对我现有的政府不负有任何服从或合作的义务，我应当随心所欲地为我的最大利益而行动。当然，如果我是唯一采取这种态度的人，政府将能足够自如地对付我的异议。但是如果几乎每个人都可以作出类似声明，而且如果所有人都主动反对的话，我们的政府将会垮台并使我们全部受损。该事实对我而言不成其为我应当更加合作的论点，因为我的合作或异议对政府成败没有什么影响。大体上，出于互利的论点简直不会带来反对这一立场的任何道德力量，因为它不能带来针对它的任何有效的因果力量。

以互利来辩护政治秩序正当性的根本难题在于，社会划分为具有激烈冲突的利益或程序——比如经济利益或者民族或宗教程序——的群体。甚至民族冲突的一个实例，比如发生在波斯尼亚、卢旺达、布隆迪以及近期被暴力分裂的其他许多社会里的那些例子，至少在很大程度上具有经济冲突的特征。正如第七章题引中约翰·C. 卡尔霍恩(John C. Calhoun)观察到的那样，划分成各自都可能来争夺政治权力的群体，意味着它们各自可以通过获得对政府的控制而在经济上获益。卡尔霍恩认为，这是折磨任何大众政府体系的普遍问题。但是，如果对政府的控制可被认为是社会中最有价值的资源，该问题就令人痛心地恶化了。当今许多最暴烈的种族冲突具有这一特征。[71] 22

因而，在一些隔阂极深的社会中，实际上可能存在对联邦党人见解的共识，该见解认为在美利坚各州，对公益最好的推动来自个人追求他们自己的好处。[72]因此，可以预期他们在秩序上进行协作。但不幸的是，他们也许被群体动员起来去夺取个人福利并因而无法协作。诸如布隆迪、卢旺达、索马里以及有争议的前南斯拉夫这些社会，也许是体现由一个全能主权者来强加秩序之价值所在的例子。南斯拉夫一度曾在铁托元帅身上几乎拥有这样一个主权者，几乎每个人都可以围绕他进行协作。但是，铁托创立了一个具有准种族边界的各共和国的联邦体制，在其中政治职业生涯与各共和国捆绑在一起并因而开启了操纵种族忠诚的可能性。铁托之后的第二代领导人在他们的种族政治中是致命性的。布隆迪和卢旺达也曾经拥有一个全能的主权者。但是比利时在将这些国家遗弃到混乱中之前未能创建当地人的政府。

一些宗教冲突也许不具备恰好是卡尔霍恩评述中的特征，因
为获胜的宗教政权或许实际上广泛地压制经济机会，就像阿亚图
拉们（Ayatollahs）在伊朗以及塔利班（Taliban）在阿富汗所做的那
23 样。但是，许多狂热的宗教群体的确与赤贫社会如索马里、卢旺达
和布隆迪中的种族群体在以下意义上相似，即，对他们的目的而
言，控制政府是他们的社会中最有价值的资源。

无意的后果

自发的协作是另一现象的基础，该现象在社会互动中极端重要但在许多对制度的解释中没有被充分领会。这就是无意后果问题，它最先被苏格兰启蒙哲学家亚当·弗格森所认识到，他曾谈及“集团组织的确是人类行动的结果，但不是任何人类设计的实施”。[73] 你从事你所做的，我从事我所做的，诸如此类，伴随的结果是在我们面前出现从来没有人预想过的模式化行为，无论是在更大的自发性社会里还是在轮廓分明的机构里。

我们无意中导致的后果有时候是有益的，比如在起初的行车惯例里；有时候则不是，比如在许多破坏性规范里，就像种族主义规范甚至可被认为使种族主义者境况更糟。有人或许会把经济分析中许多有关重大利益的外部性问题描述为无意的后果。污染的外部性是其中之一，它无意中伴随各种有意的良性行为（比如开车、为建筑供暖等等）而产生。但是，弗格森的兴趣所在是行为性后果，就像在规范和制度中所代表的那样，并且“无意的后果”这一

术语现在成为仅仅用于此种后果的巧妙术语。

引起弗格森兴趣的无意后果之所以令人感兴趣，是因为产生它们的行为据推断必然是自我实施的——因为我们自发地协调我们自己去沿着产生那些后果的途径行动。最终，协调我们的宪法或政府部分地通过设计、部分地通过无意的发展或增长来达到这一点。当无意后果使我们偏离某一制度的表面设计时，原因可能仅仅在于该设计不是自我实施的，并因此而不稳定。故而，该制度在达到一个自我实施的结构或者模式之前，是非常易变的。这样， 24
就可以明确地说，在无可置疑的意义上，该制度起初被错误设计，因为它显然不符合人们的实际动机。但是，当然并不能因此认为，仅仅因为我们在它之上进行协作，所以我们陷入的任何无意后果都是好的。我们可能为某一目的设计一项制度，并随之发现它产生了不仅是无意的而且是不寻常的后果。例如，英格兰经济中的重商主义组织带来了抑制经济生产力的乖张后果。

在宪法之下发生的许多东西可以被合理地描述为弗格森意义上的无意后果。1787—1788 年宪法不可能令人信服地详尽安排政府如何运作。即使在它安排了的地方，实际发生的情况听起来也经常和所曾预期的差异甚大。对宪法的初始主义解释经常是对"应当蕴含能够"这一格言的违背，这些解释坚持认为今天的法律必须是起初的创始人所预期的那样。法律往往不是被有根有据地预期的东西，因为所被预期的可能不会有效地激励和协调公民和官员们。理想主义者们或许在这一事实面前变得面色苍白，但是这个世界并不驯服于而且也不会支持他们的所有理想。

詹姆斯·麦迪逊担心，明确规定的保护个人权利的宪法条款将最终陷入特别狭隘的含义，这会使在宪法中规定它们比把它们留给习惯力量更糟。[74] 他担心乖张的无意后果。对第二修正案赋予的拥有和携带武器的权利不同寻常的曲解是一个恰当的例子。如果他考察一下当今美国政府的话，他会惊讶地发现到处充满无意后果。或者，他会赞同杰斐逊的见解，认为“地球[和政府]在使用权上归属于活着的人”，[75] 并断定他的宪法通过使该国族* 开始从长远来看照顾自己而完成了它的使命。

治理者们

25 对协作和无意后果的讨论暗示着在思考宪政政府中的一个重要问题，我不会在随后各章里表述该问题，但它至少应当被提及以免发生误会。上述讨论阐述了一个问题，即，我们公民如何会被激励去遵循一部宪法、一项规范或者服从我们的政府。存在一个相关的问题，它在对政府的争论中被不懈地提出来，纵贯整个历史。谁将治理那些治理者们？答案和我们对前述谁将治理公民们这一问题的答案有相同的策略形式。[76]

自利官员这一问题经常为亚当·斯密所关注。自利暴君这一问题是《联邦党人文集》和孟德斯鸠关注的一个问题。杰弗里·布伦南和詹姆斯·布坎南表示，在赋予一个人权力以决定分配事宜的专制政府之下，那个人实质上被赋予了对全部所要分配的东西的所有权。[77] 的确，在今天，我们面临的实际问题是如何使数以百万的官员们合乎*我们的*利益来行动。我们似乎通过一些关于本质上无私之行为的规范的力量解决了该问题。然而，在很大程度上，相关的规范可以通过在一项惯例上协作而建立和强化，所以我们可以把那些规范看作本质上是自利的或者至少是和自利相一致的。

当在政府职位上时，人们不必完全公德化以成为好公务员。毕竟，我最好的朋友中有一些是好公务员。他们可以基本上是自利的，即对收入和职业生涯感兴趣。官僚以及司法体制都广泛地包含对行为的许多制约，这些制约使一些人容易地通过适当责问 26
另一些人的行动来推进自己的职业生涯或者阻碍别人的职业生涯。[78]支撑规范的最重要的激励之一是，别人通常不能从无视或者配合他们的同事和上司的失职行为当中得到好处。

使此种体制建立并良好运转可能需要几代公务员。可是一经确立，它就可以在其公务员的自利基础上相当良好地运行，公务员的自利是它的首要支柱。这样一个惯例性规范体制也许不能在所有层次上或所有情况下同样良好地运作。但是近几十年来，它的力量可以在被迫离开公职这一点上被观察到，如在美国的议员、高级文官、总统顾问、总统以及副总统，在日本以及几个欧洲国家的大臣以及高级官员，最著名的是近年来的意大利。

虽然其基本原理部分地类似，但这并不是孟德斯鸠所预想的制衡体制。它是对麦迪逊之教导的更细致的应用："野心必须用野心来反对"(《联邦党人文集》，第 51 篇)。在某些方式上，与政府部门间的竞争相比较，它和市场中生产者间的竞争更相似。无疑，我阻挠你的行为是因为我认为它是错误的。但是，我这样做有赖于牢靠的支持，它使我的行动对我几乎没有代价或者甚至是有益的。类似地，我把我的工作干得很好，因为别人通常会因此支持并酬谢我。此外,为任何人的收益——包括总统或者首相的收益——而破坏该体制都会是困难的。

这并不是说,这样一个系统决不会被滥用于本质上自利的目的。另外,它可以在一种方式上被滥用,该方式是相关规范可以被多好地习惯性创建和实施的独特证据。它可以被归为法语称之为职业精神畸变(*deformation professionnelle*)的东西,即去支持其组织的假想利益而损害更大的公共目标的倾向。组织化的军队声名狼藉地倾向于这种畸变,就像在德福斯(Dreyfus)事件中那样。但是其他官僚机构,比如规制和福利供应机构,经常被谴责有这种
27 畸变。这一行为的奇异之处在于,一个机构任务的扩大实质上经常是它的全体职员的集体收益,因此必然遭受集体行动的逻辑之苦。[79]从捍卫或者扩张我们机构的任务中,我们个人拥有更好的职业和收入前景。但是,根据集体行动的逻辑,我不能被自利所激发去冒任何风险来为一般的扩张作贡献,以换取由我的贡献而得来的扩张所带来的收益中我那微不足道的一份。我作贡献的动机,毋宁来自我个人获得的机构中同事们的具体支持,也许尤其是来自那些被部门特有的习惯规范所驱使的上司们。

那么,一般来说,是谁使政府职员们适当地从事其工作这一问题的答案,在形式上和为什么我们公民通常默认政府政策这一问题的答案是相同的。我们全都相互控制。然而,对政府官员最重要的控制者,也许典型地是别的官员而不是公民,许多时候甚至对于当选的官员也可证明是如此。[80]因此,我们的政府秩序是自我实施的。由普通人充任,它也可以足够良好地独立履行自己的职责。我们不需要找到一族柏拉图的哲学王那样的运气,来使我们的政

府秩序井然。

本书的论点

政治自由主义、宪政主义和民主虽然不是概念性地，但却是因果性地相伴的。在它们已在任何很大程度上取得成功的地方，它们也经常和经济自由主义相联系，但这也许是一种虚假相关，它产生于这样做的政治困难，即，构建一个有能力对经济进行中央控制而没有能力(和可能)同时控制政治体系的政府——尽管瑞典、印度和其他许多国家在一定程度上已经成功地做到了这一点。用来改造农业和制造钢铁的控制经济的权力，太容易变成控制艺术品 28
味和许多其他东西的权力了。

如果建立在一项中枢程序基础上的协作是可能的，那么用外在力量控制政府来使它遵守宪政秩序的需要就会小很多。因此，宪政政府是可行的。然而，如果中枢协作要求可以被用于其他目的——这些目的不同于对我们在其上进行协作的程序进行管理——的巨大权力，它就可能失败。在这种情况下，宪政秩序可能彻底失败。这曾是苏联的问题，虽然在苏联直至遭受经济萎靡之前，也许从来不曾有真正的宪政政府的任何风险。当然，在像希特勒这样的独裁领袖、一场军事政变或者其他灾难的支配下，宪政政府也可能失败。

在某一群体成为失利者的某些冲突案例中，我们可以最清晰地看到协作的政权是何等有强迫力。随着宪法被采用，反联邦党人输掉了他们的将政府建立在社群层次上的基本希望。他们没有随之造反或离开这个国家。他们只是在他们控制不了的、但对他们而言好过其他替代方案的世界里好自努力。对美国政治中黑人的考虑，不仅仅是一个关于平等之政治共识的问题，更必然是一个根深蒂固的种族主义社会规范的问题。可姆·图雷(Kwame Ture)和其他一些人或许会非常激烈地断言道，黑人应当拒斥他们在其中被不平等对待的体制，但是几乎没有黑人接受该控诉。为什么？就像反联邦党人一样：因为它不符合他们的利益，甚至不符合他们的孩子的利益。这些以及其他的相对失利者们在我们拥有的令人生厌的秩序之下带着一种不舒适的默认而生活，因为如霍布斯更一般地主张的那样，默认的替代品对所有人更糟，甚至对那些因政府的错误形式或者因乖张的社会规范而受损害的人也是如此。

民主只在协作中存在互利的地方运转，该种协作的基础是秩序和任何其他极端重要的背景考虑。在美国，贯穿其大部分宪政历史，最重要的其他背景考虑始终是商业的成功、约翰·洛克关于将宗教冲突保持在政治之外的考虑、一大堆公民自由，以及毫无疑问的国防。奇怪的是，这意味着在民主可以运作的地方，政府在许多重要方面比它不能运作的地方的政府更轻松，虽然我们对民主
29 的印象经常是它难以驾驭。对于可能在一般背景事务上协作的地方，政府面临比相反情况下更少的需求。如穆勒* 在1841年写的那样，美国之所以几乎没有杰出的公众人物，是由于令人羡慕的原因："美国需要极其微小的政府。"[81] 阿瑟·贝弗(Arthur Balfour)这样谈及英格兰："我们是如此根本地一致，以至于我们可以安全地承受得起争吵。"[82]

美国的宪政经验将被在两种不同情境下讨论：设计和采纳宪

法的静态政治(在第三章中);以及随时间推移有关它的应用和可运转性的动态政治(在第六章中)。尽管在设计和采纳宪法中曾想出许多办法来击败社会中的一个庞大群体:社群主义反联邦党人,但在两种情境下协作都是成功的故事。宪政起初时期的成功协作是在城市商业利益和农业种植园利益间进行的,二者都需要开放的全国市场。他们写出一部宪法来围绕这个协作点创建一个政府。使得起草和批准美国宪法成为可能的协作,是当时三个主要竞争群体中的两个在商业利益上的协作:种植园农业者(比如弗吉尼亚的宪政主义者),以及城市商业和金融利益(以约翰·亚当斯、亚历山大·汉密尔顿和詹姆斯·威尔逊为代表)。这两个群体都需要开放的全国市场。在大多数北方州的批准投票中,城市代表和农村代表针锋相对,他们投票赞成宪法。两个主要的城市纽约和普罗维登斯(Providence),威胁从它们所在州退出;在它们所属的两州,州代表会议以微小差距批准了宪法。这两座城市在他们看来当然是联邦主义的,而内地则是反联邦主义的。面对没有纽约州就没有联盟的奚落,汉密尔顿反击道,没有联盟就不会有纽约州,因为纽约市会脱离该州(第三章中将予讨论)。

那部宪法缔造的政府,经历了内战创伤之后,最终大难不死,继续着围绕商业利益的协作,甚至当种植园农业者退出舞台之后 30
也是如此。商业利益——包括很大部分工人阶级的利益、全体企业、金融和商人阶级,以及极少数残存的大农场主——仍然是美国社会中居支配地位的利益。1994 年一项盖洛普(Gallup)民意调查中,78%的受访人赞同下述观点:“这个国家今天的力量主要建立在美国商业成功的基础上。”[83] 这一点在每个发达的商业社会——潜在地包括许多新近自由化的东欧国家——都是正确的。

在已确立的商业社会中，商业利益的优势是如此彻底，以至于这些社会稳固地在大多数重要的事情上进行协作，故而政治可以主要应对那些边缘性的小干扰。协作如此彻底，以至于民主成为穿插表演，并且通常不是很引人入胜的一个。美国最严酷的政治运动发生在某一群体试图击败作为基础的协作之时：希望强加一个道德或宗教秩序的宗教原教旨主义者、希望把某些人鉴定为非美国人或者希望从事光荣军事征服的疯狂的国族主义者，或许还有世纪之交民粹主义的农民和矿工们，以及拥有较小声音的社会主义者，都曾威胁过该秩序。只有坚定的奴隶主和他们的对手曾经打破过该秩序。

也许是一个令人伤心但却是可信的结论，作为某种很值得赞同的东西的标志，美国政治是由庸才管理的。[84]它不激发任何人尽其所能去作一个麦迪逊或者杰斐逊。穆勒在1840年写道，面对商业大众，只有通过“一个农业阶级、一个有闲阶级和一个知识阶级”的平衡工事，社会和政治对进步的开放才可能得以持续。[85]就像绝大多数商业阶级的辩护者毫无疑问会坚持的那样，人们只能相信他是错的。自从他著述之后，农业阶级事实上消失了，许多遗留下
31 来的现在仅仅可被认为是商业阶级的一个分支。穆勒如此重视的有闲阶级大都成为英国小报里无所事事的小丑。穆勒现在不得不放在知识阶级肩上的重任很可能是它力不胜任的。

社会学意义上互利的规范地位

向自由化的实际靠拢激起下述问题：自由主义、宪政主义和民

主的规范地位是什么？正如第七章里所讨论的，甚至面对不对称协作，它们也可能在社会学意义上运转良好。那么我们如何证明它们是正当的？我们显然不能仅仅依靠帕累托的主张，即它们使得所有人处境改善，来证明它们是正当的，除非我们可以说与某一替代处境相比是改善了。而且当我们力图这样做时，我们很可能发现并非所有人都的确改善了，实际上某些人处境变糟了。

霍布斯通过两个比较对这个问题装扮出了一个解答。第一个是对现存政府和可怕的自然状态的比较。该比较会令人信服地使斯大林政权成为一个帕累托偏好（Pareto-preferred）国家。第二个是对现存政府和任何我们可以通过革命得到的替代品的比较。给定霍布斯从17世纪英格兰经验中推断出的革命成本，即使我们的政府形式上有根本改进，我们绝大多数人也不可能说我们会通过革命而情况更好。《利维坦》出版于被描述为“英格兰历史上经济最糟糕的”三十年之后的1651年，并且“17世纪40年代是该时期最差的十年”。[86]把不幸归咎于持续、暴烈、经常看起来偶然的革命不无道理。

即使有这些比较，霍布斯也清楚地看到其互利论点的困难之处。在他的英格兰，不存在有利于所有人互利的办法。特别是，在他的时代，他认为有两个群体在他的考虑范围之外。追求荣誉者实际上偏好动乱，他们可以在其中享受骑士英雄的浮华生活。还有宗教狂热分子乐于摧毁秩序——如果这对在尘世实现他们的宗教幻想必要的话。在我们的时代，仍然存在乐于为其幻想冒一切 32
风险的宗教狂热分子。而且，存在病态地乐于以造成巨大损失来实现有限目标的人以及不时的反社会者。假定他们可能所有人都把某一政权看作是互利的，这是不可置信的。霍布斯对荣誉追求者和宗教狂热分子问题的解决办法是：镇压、剥夺法律权利或者杀死他们——这几乎不是一个互利的解决。

霍布斯的第二个比较已经被太多的经验证明为假，以至于我们不能相信它广泛地有说服力。人们可以引用美国的案例，尽管它不完全是一场革命。远为有说服力的是在东欧和晚期苏联的令人惊异的新近案例。这些是付出极低代价取得巨大后果的革命。实际上，至少在捷克斯洛伐克和东德，数目庞大的人们谅必仅仅获得了来自革命本身的巨大欢乐，那些革命或许属于整个历史上最伟大和令人愉快的经验，此种经验将使莉萨·皮蒂（Lisa Peattie）20 世纪 60 年代在委内瑞拉报导的对解放的感觉相形见绌（见第五章题引）。在这些案例中，革命的付出不是损失；它是超出待在新国家的价值之上的额外、光荣的收益。

有句俏皮话说，革命在波兰用了十年、在东德用了十个月、在捷克斯洛伐克用了十天，在罗马尼亚只用了十小时，所有这些革命都在 1989 年完成。虽然在该一览表中，对事实有所伸缩，但总体编排是正确的。一旦讯息传来说从独裁倾转到某种类似民主的东西是可能的，贯穿这些国家的倾转行为就加速了。如今，1989 年作为一个超出任何预期的奇迹而铭刻在政治学家们的头脑中，它那被认为不可能的结果却被如此轻易地实现了。实际上，至少在经济政策中，这一倾转在某种意义上延伸到了准社会主义和国家主义的第三世界，例如延伸到了印度和一些拉美国家。

霍布斯在他对革命代价的评估中甚至走得更远。他设想，甚至去寻求实质上的改革也是在冒内战的巨大风险，因此仅仅寻求改革也不符合甚至任何人的利益——的确,政治总而言之不符合任何人的利益。也许他会接受这样的可能性,即,甚至伴随开放政治,协作也可以使几乎每个人默认许多可能的政府。无论如何,霍 33
布斯论点的这一部分本质上是一项社会学意义上的主张,该主张在绝大多数当代观察者看来,一定在许多情境中、在实际事实上是错误的,包括在先进社会中大多数国家以及也许在今天几乎所有国家中的情境。

因此,对霍布斯之装扮技巧的简略回答必定是这样的:相对于某些可能的替代品,宣称任何现存的政府都真正服务于所有公民的互利,是没有根据的。罗尔斯正义理论的基础是这样的假设:我们可以组织社会去改变处境最差的阶级最差处境的程度。他在这一点上也许是错误的,但他并不是像霍布斯的技巧所蕴含的那样,不经意地出错。有人也许仍然对自由主义、宪政主义和民主的盛行给出一个福利主义的辩护。但是,如果不存在真正的完全互利,它就会要求有某些跨越个人的比较。

互利理论有两个主要的派别:契约主义者和序数效用主义者。罗尔斯的公平理论也具有一个从互利证明合理性的有力要素。契约主义理论要求有某种形式的同意。不存在对任何形式的同意的可信解释;也就是说,除非我们把有关同意的主张缩减到实际上毫无意义的地步,不会存在任何合理的主张——在一个现实社会中所有个人会赞同该社会的任何一个特定的普遍秩序。序数效用主义理论本质上是不精确的,除非是对于这样的案例——我们从一种情形移动到另一种情形,而后者对初始情形是帕累托占优(Pareto superior)的。甚至在那时,它们也不是完全有说服力的,因为或许存在另一情形对初始情形也是帕累托占优的，而我们的序数效用主义也许没有能力选择这个而不是另一个帕累托占优的情形。

通过向我们提供一个从许多帕累托最优安排中挑选一项的规则，罗尔斯的公平看起来挽救了关于互利的主张（再说一遍，如果不存在我们不使任何人处境变差也可以达到的其他安排，一项安排就是帕累托最优的）。罗尔斯的规则是，我们挑选使处境最差阶级改善最大的安排。我们比较所有可能的社会安排，并首先挑选一个或者一组处境最差阶级改善最大的安排；接着，如果存在一个以上这样的安排，我们从中挑选一个或者一组处境次差阶级改善最大的安排；等等，直至我们有了唯一一个最公平的互利安排。如
34 果我们界定 n 个阶级，我们也许在 n 次连续挑选的结尾发现仍然存在许多安排，依照完全公平以及互利规则，它们都是同等可被认可的。

帕累托选择令人生畏的难题在于可能成为最优的安排的多元性。罗尔斯限定了帕累托规则的应用，并随之使用他的公平考虑去把选择缩小到一项唯一的安排或者至少是一组更小的安排。罗尔斯策略令人生畏的难题毫无疑问在于界定阶级。任何很长时间思考了这一问题的人都会更易被常见的帕累托不确定性所困扰。

各章摘要

第二至第四章按顺序开始着手自由主义、宪政主义和民主。这几章的主旨是去表明，当社会可以围绕它们协作时，这些就是可

运作的互利理论。接下来的三章着手于在它们可运作性中的动态问题，特别是聚焦于新近自由化国家以及（在第七章中）几乎不存在自由主义、宪政主义和民主前景的社会中的当代问题。

第二章　自由主义：政治的和经济的

在其早期，关于福利自由主义的英格兰传统提出了在单个人和二人层次上对财产和交换的经济考虑以及在集体或者群体层次上对宗教宽容的政治考虑。后来的补充包括：对经济自由主义——比如对工会以及对集体物品的提供——的集体考虑；政治自由主义中的个人自由。虽然洛克（大概还包括霍布斯）认为经济和政治自由主义是分开的，但它们在许多情境下一直因果相连，而且通过一种普通的福利主义价值理论，它们似乎概念性地联系在一起。

（关于其他自由主义，存在浩繁的文献，包括免受社会习俗、私有商业制度以及贫困的自由。并且，存在许多支持群体自由的主张。它们中的一些缺乏协作的自我实施结构，而且没有任何一个 35
在创造繁荣的自由民主体中扮演过像政治和经济自由主义那么重要的角色。这些自由主义中的一些在附录中得到讨论。）

第三章　宪政主义：契约还是协作？

一部宪法在一套制度的基础上协调一方百姓，那套制度使他们联合起来有能力比没有协作时境况更好。通常假定，政府的建立以及（通过含义可知）对一部宪法的赞同相当于社会成员间的一项契约。契约一般规制交换关系，后者具有独特的策略结构。通过围绕宪法的协作而得到解决的互动不能合理地被认为具有这一结构。此外,即使一部像1787年为美利坚合众国起草的那样的正式宪法,比起一项契约,也和一项习惯或某些种类的规范有更多的相同之处,原因有二:它仅仅涉及默认而几乎不涉及实际上的赞同;一旦得以建立,它在很大程度上是自我实施的。它被围绕任何替代物而再协作的困难所维护。因此它不是契约的类似物,而且那种认为政府是所谓社会契约产物的看法是误入歧途的。

第四章　民主:赞同还是默认?

1787年为支持批准美国宪法而写作时,联邦党人恺撒(Caesar)公开宣称,要让政府成功,不一定要大众去赞同它所做的事情。相反,他们必须通常仅仅不对它进行造反。由于这样的公开陈述,有人或许会推测恺撒实际上是一个通过狡猾地写作来削弱对宪法支持的反联邦党人。但是他的观点被麦迪逊和其他联邦党人公开响应,他们看来认为这是真正有利于摆在人民面前的那部宪法的论点。实质上,人民被告知,一旦他们选举了代表,他们的政府将不用他们的进一步赞同也有能力工作。不管该论点是否应该会说服公民们去支持批准,它是对成功的政府之运作方式的一项正确的策略解释。

36 与许多参与式民主拥护者的规范性主张相反,在一个巨大的政治体中任何重要层次上的参与对大多数公民来说都是不可取的,即使在像起初13个州那么小的政治体中也是如此,当时它们的人口大约300万,只相当于今天的芝加哥或者洛杉矶。

第五章 自由化及其困扰

1989年以来，东欧许多国家以及许多现在已独立的前苏联共和国一直在对它们的政治和经济一起进行自由化。许多其他国家正在对二者其中之一进行自由化。例如，第一次在它们的集体历史上，所有五个中美洲国家拥有了民主政体，而十年之前只有哥斯达黎加拥有民主制。[87]

东欧、前苏联经济的崩溃被许多人当作平等主义经济政策没有指望地与生产力相冲突的证据。西方经济学家普遍假定更大的生产力要求导致巨大不平等的经济刺激。即使这是错的，下述说法似乎也很可能是对的，即，一个社会中的平等主义不能在与其他社会的不平等报酬结构的竞争中幸存。如果存在迁移自由且更高报酬倾向于到更具生产力的人手中，平等主义就不是自我实施的。也许同样正确的是，如果没有现实世界中的实例或者期望，一种平等主义意识形态无法兴盛。

第六章 宪政性经济转型

一旦成功确立，一个宪政体制面临的主要困难在于管理一个社会度过社会变迁，特别是经济变迁。因为关于经济变迁的理论历史上一直是而且今天仍然是贫乏的，由此可知，对经济变迁的成功管理不能依赖于把正确的经济理论写入宪法。如果美国和其他少数国家的经验象征着成功的宪政主义的当前以及将来的希望，人们必然断定处理经济转型最好的宪法安排是将经济相对自由地留置在政府管理之外。至于平等主义的问题，试图通过强化某一 37

时间的经济关系而违背经济发展，很可能把一个国家置于和经济较少受阻的其他国家相比的经济不利地位。一个试图经营经济的政府因而很可能由于经济失败而黯然失色。最后，正是迫近的经济失败而不是几十年里时不时残酷偏执的社会控制击垮了苏维埃政权。

第七章　边缘上的民主

对于民主的可能性，存在严酷的限度。一般而言，民主只在重大事务的边缘上有效运作。实际上，它内在地是一种规制边际政治冲突的手段。它能处理的少数重大事务是那些存在广泛共识的事务（例如联合王国以及合众国各自在参加第二次世界大战上的共识）。绝大多数形式的政府也可以或多或少地处理这样的事务。对于冲突性事务，民主只有依靠围绕秩序的大体上的协作作为背景才可能有效运作。如果冲突是如此剧烈，以至于一个或者更多团体很快甘冒无秩序而不是输掉其事务的风险，就像17世纪英格兰的保王党人和清教徒、19世纪60年代南方和北方各州、20世纪90年代塞尔维亚人和克罗地亚人，以及其他许多群体——或者至少他们的领导人所做的那样，它就将失败。如果没有那种本质上居先的协作，民主就是受束缚的或者离题的。民主包含在霍布斯的一系列互利手段之中，如果它不服务于社会中有关势力的利益，它就会崩溃。

跋：无论是否得到赞同

在能够推断出应当做什么之前，我们首先必须知道能做什么。

在政治话语和政治哲学中,极其经常地,唯一的话题是我们应当做什么。作者们断定我们应当去做的大量事情是不能完成的或者不能指望完成的。如果某些社会试图做表面上他们应当做的事情,他们只能招致伤害。例如,关于民主的大量著述设想国家应当是民主的。然而,当 1993 年布隆迪尝试民主政府时,结果却是一场超出任何人控制能力之外的浴血之灾。

一个服务于互利的现存政府在以下限度内有利于我们围绕它 38
的协作,即,把在另一个政府下的好处以及转型的成本都计算在内,它也比移动到一个替代政府能更好地服务于我们的利益。即便此时,对于一个其所属各群体的价值完全多元主义的国族,互利也不能成为对它的任何实际政府的一般道德辩护。其他支持民主的规范性价值的坚定主张也没有说服力——也许除了那种认为民主比其他政府形式更好取得某种成果的条件性的因果主张。

中心争议

让我概述一下本书最重要也是最有争议的诸论点。再说一次,我的论点是关于*社会学意义上的互利*的,而不是关于认为自由主义、宪政主义或民主真实地有利于全体互利(即每个人的利益)的规范性主张的。一部有效运作的宪法符合那些政治上有力之群体的利益。这甚至都不需要形成多数,就像起初的美国宪法以及白人霸权时期的南非宪法那样。

"合理赞同(Reasonable agreement)"或合约主义(contractualist)学者们,诸如托马斯·史可隆和布伦·贝瑞,想要宣称他们结论的普遍吸引力，至少普遍到有理性的人民中间。[18]我认为这一领域没有任何结论具有普遍吸引力（这就是为什么作为规范性立场的合约主义立场是空洞的之原因）。我考虑的是什么在起作用，而不是在某一相当抽象意义上考虑“应当做什么”。在告诉我们做什么的意义上，许多学者的立场不是实用性的。毋宁说，它的角色在于表达我们应当如何思考这些问题。我的想法是严格实用的或者实证的。它不是关于在学术生活的天空中讨论应当如何展开，而是关于在实际生活中什么可以被有效运作。

在《自由主义、宪政主义和民主》一书中，有两个论点很有可能
39 引起争议。其中第一个论点是，自由主义、宪政主义和民主每个都是一种协作理论，该理论反对远超于其他之上的最广泛持有的立场，这一立场是契约主义（contractarianism）的某个变种，就像在当代合理赞同学派或者在洛克、康德或罗尔斯传统中那样。更多的传统契约主义者关注那些不得不被磋商的讨价还价，以及它们的解决得到赞同规范性支持的讨价还价，该赞同在宪法契约中对讨价还价有影响。合理赞同理论家所考虑的是，决定理性个人必须接受（贝瑞的观点）或者必须至少不拒绝（史可隆的观点）什么样的立场。尽管契约主义的标准变种和宪政主义的任何实际经验之间明显地不相关，但对于宪政主义，契约论立场基本上是仅有的现行立场。在不顾如此显著的不相关性而得到的这么重要的一个主题上，本不该有许多的学派。

第二个引起争议的论点是，把美国宪法解释为主要由商业考虑来激发的。戈登·伍德（Gordon Wood）和许多其他历史学家非常不同地解说那些辩论。也许两种最常见的论点是：(1)在费城，

核心问题是对民主和群氓会在新社会中侵蚀财产的担忧。以及(2)正如那大量争论所暗示的,真正的冲突发生在小州和大州之间。我认为使得围绕该宪法和它所建立的全国政府而协作成为可能的核心考虑在于秩序和贸易——正是在这种意义上,它是一部霍布斯式的宪法。在费城的其他一切都是偶然的或者甚至是小杂耍。使小杂耍成为可能的是这一事实,即,在最紧要的议题上存在成功的协作。

那种认为费城诸议题的重要性简单地由用来讨论它们的时间来反映的假定是格外误入歧途的。一对筹划婚姻的恋人或许花费许多小时来商讨婚礼的细节,而可能老早就结束了花任何时间商讨他们是否真的应当结婚的必要。故而,说后者相对于更广泛地被商讨的婚礼细节而言是小问题是荒谬的。那几十个在费城会面的人在一种经济联盟形式和秩序上存在大体上的一致。那是制宪会议召开的唯一原因。对其他一些问题的争论通过妥协得以解 40
决,该妥协可以被制宪会议上几乎每个人赖以协作的一般类型的政府所实施(与关于互利的社会学意义上的观点保持一致,只有政治上有效力的群体需要被协调起来)。因此,人们可以准确无误地将费城文件称之为商业宪法。

第二章　自由主义：政治的和经济的

41 在构建一个由人来管理人的政府时，最大的困难在于：你必须首先使得政府有能力控制被统治者，然后再迫使它控制自己。

詹姆斯·麦迪逊，《联邦党人文集》第51篇

在可自由而安全地向前努力时，各个人改善自己境遇的自然努力，是一个那么强大的力量，以至没有任何帮助，亦能单独地使社会富裕繁荣，而且还能克服无数的顽强障碍，即妨害其作用的人为的愚蠢法律，不过这些法律或多或少地侵害了这种努力的自由，或减少了这种努力的安全。

亚当·斯密，《对国民财富性质和原因的研究》[89]

两种自由主义

尽管自由主义是一个单一的术语，但却有两种相对不同的历史分支和多种不同标签的现代分支（有的将在附录中予以讨论）。

它的历史分支是政治和经济自由。我们可以从广泛的角度刻画这两种自由主义的历史,忽略细节而抓住它发展的精神。政治自由主义始于17世纪建立世俗国家的努力,在世俗国家中某些宗教差 42
异能被容忍。它兴起以反对诸多普世主义宗教观点,这些宗教观点的拥护者如此狂热,以至于希望通过暴力来强加这些观点。面对此种信誓,不同的宗教必然冲突,甚至致命地冲突。在特定意义上,政治自由主义是解决由此引起的紧迫的恐怖问题的一种发明。它的拥护者表达清晰,并且有决定性的说服力。

有许多可以与之类比的社会发明,其中不少已经失败,比如平等主义,或许还有社会主义都失之于未能与时俱进——尽管被后来的世代所复兴是失败的政治理论的通常命运。有关政治自由主义的非同一般的事情是,按照它的作者们对它最初的期望,它似乎已经成功了。它可能已帮助结束了宗教差异引起的混乱,甚至已使破坏性的宗教狂热衰落。此后政治自由主义已以多种方式在其他领域扩展,假如没有伊斯兰原教旨主义表面上强制的理论纲领,以及在堕胎问题上有关受精卵和婴儿的性质的宗教争论,我们今天可能不再把宗教冲突与自由主义的核心在它的实际操作中联系在一起。[90]

与政治自由主义不同,经济自由主义的大部分内容或多或少地产生于显而易见的观点。它从一种回顾性而不是展望性的角度被分析和理解。它的产生没有经历政党或知识分子的运动。在伯纳德·门德维尔(Bernard Mandeville)、亚当·斯密以及其他人开始分析它的时候,他们实际上是在分析他们自己所处社会的特征,其中有些特征已经历了许多世纪的发展。就早期的经济自由主义者的规划而言，它们是为了改革政治实践，即结束国家支持的垄断和保护，用托马斯·卡雷勒(Thomas Carlyle)的话来说，就是创造有治安警的无政府主义。[91]但在这些作者写作的时候，大量的日常经济活动或许已经成为市场驱动的了。的确，门德维尔的部分目的就是赋予被认为不道德的贪欲以道德(福利主义的)合理性，正是这种贪欲推动着市场向更大规模的生产发展。正如他所说的，公共美德来源于私人的恶习。[92]

43　许多文献试图将这两种自由传统结合起来，不管是概念性的、逻辑性的，还是因果性的。例如，一个通常的说法是，这两种自由主义在本质上都是有助于人的解放的。我将在下面讨论其中的一些观点。但是我认为并不能确证这两种自由主义在历史上是以这些方式中的任何一种紧密联系在一起的。相反，我认为，最引人注目的观点是，政治自由主义的核心理念是个人，而在经过亚当·斯密发展的主要的经济自由主义漫长的传统中，主导性的理念集中于社会的整个繁荣而不是个人利益。

因此，这两种自由主义通常被机会主义地联系在一起，比如在这样的情况下：一个能够践踏一种自由的强权也足以践踏另一种自由。但是一个政权显然能够选择在支持一种实质程度的经济自由的同时，压制政治自由。一个政权也可能在允许广泛政治自由的同时，相当僵化地控制经济，就如尼赫鲁及其后裔治下的印度在长达40多年的时间里所做的那样。

然而，在大繁荣的年代里，两种自由主义可能通过它们的价值理论，终将被不可分割地联系在一起。在经济需求远未满足的时候，对许多人甚至大多数人来说，这些价值理论都是相对分割开来的,就像托马斯·霍布斯所说的那样:我们首先必须吃饱,然后才能转向政治。[93]当物质欲望有了很好保障的时候,人们可能愈益情愿将某些个人物质利益放在其他考虑之后。但是从历史上来看,两种自由主义从表面上明显被联系在一起的唯一方式是,在它们已占主流的许多(如果不是所有)社会里,它们都在社会学的意义上服务于互利。

为什么两种自由主义的知识基础会有这样一种差异?最明显的原因是两种自由主义是针对逻辑上不同的问题提出来的。政治自由主义专注于个人自由,在其早期,它只能集体性地实现,因此它的解决办法实质上是一个集体的问题。它要求社会观点和政治组织有一个实质性的转变。经济自由主义关注更大的社会范围内 44
的福利,它能够通过单个的、典型的少数人之间的交往来实现。自由的经济实践能够在某种环境中自发产生,并缓慢地向其他环境扩散。

乍听起来可能觉得奇怪:个人自主权问题只能通过集体的方式来解决,而集体福利问题在相当大的程度上能由个人零散解决。但是,在两种自由主义各自实现它们在英语社会中的转变的过程中,这就是它们不可改变的逻辑。这解释了为什么在其力量被认识并最终受到大肆宣扬之前,经济自由主义的历史缓慢且相对平静,而政治自由主义的到来或创造是一个更嘈杂和更有戏剧性的事件,它可能需要招徕听众以使自己进入议程。因为任何一种自由主义都能被国家所破坏,所以它们最终都依赖于国家许可;并且它们有时可能都需要国家代表它们的利益积极行动。但是,在许多国家和许多时期,一旦它们处于正常的环境中,它们就能自我实施地发展，因为它们都服务于几乎每个人的共同利益，也就是说，几乎没有人能从终止它们中获得利益。

我们最终可以选择建立一个经济管制的上层政权——就像在契约法中一样——它本身是一种集体解决方案。的确，在霍布斯看来，社会秩序是通过集体的方式获得的，我们因而能够拥有稳定的财产关系。尽管他没有做这样的论断，但我们能合理假设他的观点：或者我们所有人以相同的方式解决财产和交换问题，或者我们不能解决这些问题。我无法在所有其他人的混乱当中独自获得秩序。

但是对霍布斯来说，秩序是如此重要和具有风险，以至于他认为我们必须建立单一君主权力的绝对权威，来使我们遵守秩序。霍布斯或许已正确地认识到，软弱的统治反映了某种可能引起混乱的政治活动。然而霍布斯走得更远，他认为我们甚至必须服从君主在宗教活动方面的选择，因为宗教差异会导致非常混乱的纷争。约翰·洛克认为我们不妨把宗教性的政治冲动搁置一边，只让我们的国家管理财产关系之类的事情。人们可能在宗教问题上
45 观点不同，但是他们可被禁止为了推广自己的信仰而采取相互反对的行动。[94]

自由主义的场域

按照另外一种方式来划分，自由主义也有两个分支。它既有福利主义，又有义务论的变化形式。在福利主义的形式中，一项自由原则的好坏是根据它给我们带来的好处来判断的。在义务论的

形式中,自由原则的好坏是由它本身的特性来判断的——或许根据直觉,或许根据其他原则(比如自主原则)的演绎。或许已很明显,我将在整体上倾向于关注福利主义传统,我认为它已成为政治上的核心驱动力。此外,只有在福利主义传统中,才可能发现政治自由主义与经济自由主义形式上连贯的结合。

在义务论的形式中,我们被赋予一系列有权利去做的事情,没有人能够合道德地被允许阻止我们做这些事情。义务论的传统中有许多种冲突的论述。虽然有些论述宣称是来自于先验的演绎,但许多甚或所有的论述都打开了并未被广泛接受的单调直觉。例如,义务论的自由主义只是凑巧不知缘故地认识到我们拥有特定的财产和其他政治与经济权利,而不管在实际的宪政性政权内,没有人确曾拥有过这样的权利。不幸的是,义务论的自由主义者在那些权利是什么的问题上并没有达成一致。更一般地说,义务论的立场都没能像福利主义立场那样广泛地发展,也没有从比较而言丰富的批评和争论过程中受益。同时,义务论的立场没有像福利主义通常的情况那样,得到发达民主社会的政治体系的任何实质部分的支持。就像它通常的机敏所显示的那样,政治的义务论差不多整个就是一个学术的杂耍而已。它因过分聪明而不能成为一个适于真实世界的理论。

历史人类学家莱斯勒·怀特提出,"市民社会的经济体制是非 46
个人化、非人性、非伦理的,它在人际关系和价值方面意味着非个人化、非人性、非伦理。"[95]这是一个老生常谈但肤浅的误解。根据霍布斯的观点,怀特显然是错误的。生存和繁荣的价值明显是人性和值得的。因而,即使面临一定限度强制的威胁,维持一个经济的和强制的制度来提供这些东西也是善的。怀特接下去哀悼盗贼和骗子，他们为了自己的利益不适当地对待自己的同伴。这是对人性、非伦理但或许有利于福利核心的人性的哀悼。市场能使我们比在不幸的原始状态下更多地撒谎和欺骗，在原始社会中，值得撒谎和行骗的事情少得多，但它仍能使我们通过生产满足自己的利益，因而也使他人受益。[96]市场和注意力完全集中于市场的政治统治体制可能限制其他道德考虑，比如公平和政治自由，但它们仍能很完满地做一件大而好的事情。

在与此相关的一个抱怨中，丹尼尔·贝尔认为社会是以权威的道德权限为基础的，而消费不能提供这样的权限。[97]霍布斯的观点与此又是极为不同的。毫无疑问，我们能够满足自己的消费需求（包括对教育、音乐、文化等等的消费，就像对物质品的消费一样），这在普遍意义上是好的。一个至为成功的生产制度应当为我们提供满足许多消费要求的机会，而贝尔和其他人认为这不符合我们的利益，或者不利于我们的品格。但是，在某种程度上来说，这样的消费即使在更为原始的经济中也会发生。即使从贝尔的观点来看，十分原始的经济或无政府状态（霍布斯认为十分原始的经济必然是无政府的）与一个十分高产的经济之间的差别也无疑是相当好的。但如果它是好的，那么，使得该体系运转的权威的正当性就只是在于它是好的。因此，消费能给予政治权威以道德根基，而政治权威被用于增进经济交换和生产的机会。

这意味着早期的经济和政治自由主义是道德主张。它们讨论
47 福利问题。政治问题解决方法的实际内容是重要的，然而对经济问题解决方法的选择可能在多种可能性之间变动，就经济自由主

义的考虑而言,所有这些可能性大致都是好的。因此,我们的选择仅是对一种可接受形式的协作问题。这就是霍布斯对政府的观点。记住他考虑要解决的核心问题是生存和经济问题。在他简单的观点中,政府是严格外在于经济的,它推动并使我们有能力从事于经济活动。

福利主义的核心

用并不属于他的现代术语来说,霍布斯对维持秩序的辩护在本质上是功利主义的,而不是义务论的。政府本身并没有价值,它只不过是一种实现人类福利目的的方式。政府因而是附属于经济学的。在他的福利主义中,霍布斯与大部分的盎格鲁—撒克逊自由主义传统是一致的。平等主义者(the Levellers)对政治平等的思考,洛克的财产理论,以及穆勒关于政治自由权限的某些论述,都不太像是福利主义观点。[98]但是,在整个19和20世纪,对于法律的功利主义解读[99]的总趋势似乎已被超越,伴之而来的是对宪政性法律目的的福利主义解读。因而,或许仅是出于那个时代的知识品味,自由的福利主义观点得到了远比其他观点丰富得多的发展。[100]

盎格鲁—撒克逊传统的另一部分是对实用主义的怀疑主义的信誓,就像在霍布斯的假设中,我们并没有充足的知识选择出一个特殊形式的政府,确保它比其他形式的政府更能符合我们的利益。
实用主义的怀疑论也在福利主义的自由主义中发挥着更明显的基 48
础作用。我们能简单地承认许多对他人的价值信誓:如果你喜欢巧克力,那么巧克力对你就是好的,至少就它有利于你的快乐而言是这样的。可能会有其他考虑在特殊场合下胜过这种推导，但是你对巧克力的喜欢使你对它的消费乍看起来是有益的。

但是，对于一些明显的价值信誓，我们不能如此轻易地承认。有些价值（比如宗教价值）依赖于对“何为真实”的信仰。如果我相信神的意志是民族 X 应当被毁灭，那么我也就相信民族 X 被毁灭是善的。可是，如果你怀疑我对神的意志是什么的先验信仰，你就势必会怀疑我对一个行动或政策优良性的推论。如果我们注意到有许多种宗教，它们对什么是善的或适当的，有不同的观点，并且，如果我们没有办法将这些观点中的任何一种树为真理，那么我们就有理由和洛克一起成为怀疑主义者。这是洛克关于宗教宽容的观点中的一个核心步骤。[101]假如我们对宗教真理和政治领袖之间的相关性有这样强的原则性的怀疑主义根基，那么我们就不应将宗教观点强加于他人。

穆勒的相对自由主义的观点在怀疑主义中有相似的根基。我无法知道你的口味和偏好真正比我差。关于福利，可能有一些客观的真理，比如吸烟或饮含铅的酒对你的健康不利，而你对自己的健康是很在意的。但是，你喜读伟大文学经典的偏好，以及我对最新垃圾电影的偏好，这在潜在地经历争论和少许检验修正之后，恰是我们的偏好。一个福利主义者认为改善人们的处境是善的。因为个体是福利主义关注的对象，福利主义者必须承认个人必有对其利益的实质性看法。因此，福利主义者的穆勒采用了霍布斯式的观点来维护政治自由。为了使之连贯一致，人们仅需抛弃霍布斯那沉闷的社会学。

两种自由主义实际上都在很大程度上聚焦于福利。在霍布斯

理论以及从门德维尔到休谟和斯密日益功利主义的思想中,对经
济自由主义的辩护明显是福利主义的。政治自由主义在避免特殊 49
的破坏性宗教冲突的同时,使个人能够寻求他们自己的价值。但
是,即使对一个福利主义者来说,物质福利也并不是唯一要紧的
事。福利主义者可能从中获益,并且认为其他人也从政治批评、文
化发展和摆脱他人管束与控制的一般自由中获益。霍布斯显然被
他自己生活中的这种价值所激发。洛克更倾向于表达对此种价值
的关注。

或许在经济发展的低层次,无论从内在道理上还是概念上,这些价值实质上并不是联系在一起的。在没有保持生计和安康的资源的情况下,很少有人能倾注心思于公民自由,因为他们既没有时间也没有资源来支持公民自由。但是就某点而言,这些价值似乎包含经济和政治自由。如果确是这样,那么一项经济自由也终究是政治自由。为什么霍布斯不曾这样认为?或许只是出于社会学意义上的原因,即,他认为政治自由因导致内战而必将威胁经济前景。但他可能也缺乏更广泛的将经济和公民自由的好处置于对福利的综合解释之中的价值理论,这种理论的转向后来发生在19世纪效用主义经济学家的手上。或许还有另外一种原因,即,他和洛克一样,所观察的是远不如现代工业资本主义富裕的社会,因而就自然地比我们现代人对物质因素相对看得更重。

义务论附加

霍布斯的理论所要求的仅是一个一般的规范观念:某种我们可以称之为霍布斯效率的福利主义变量。[102]在《政府论》下篇中,洛

克介绍了一种、也可以说是两种不是福利主义的规范观念。第一，
50 他提出了一种义务论的权利理论，来解释特定条件（该条件通常与那些对洛克理论感兴趣的社会无关）下的占有，这使他新生的经济自由主义与霍布斯的不同，并不是严格的福利主义。第二，洛克是一个新生的民主主义者，他对有限民主原则的信誓很可能只是一个权宜的义务论考虑。然而，把他的政府理论解读为福利主义的观点是似是而非的。为了把政治自由主义的关注点置回个人，穆勒似乎也常持有对自由的“一个极其简洁原则”的义务论信誓。[103]

在当前的许多讨论中，政治自由被看作对生命价值或生活计划来说中性的问题。生活计划的观念对许多在想知道他们将去往何处的同时，对他们是如何来到此处感兴趣的人来说肯定有些荒谬。根据一句嘲讽的话，生活是我们在制定其他计划时凑巧发生在我们身上的事——它通常要比计划健全得多。但如果我们能逃脱穆勒对生活计划的绚丽修辞，[104]我们大多数人可能会承认我们是适度或强烈地效忠于多种不同的价值观。自由保护的观点将使我们培育和实现那些价值吗？即使从霍布斯的观点中（假如我们抛弃他那阴暗的政治社会学的话），这都可能是一个合理的推论。但是在较早的时期，自由主义显然不是由中立性驱动的。特别地，就像洛克所做的那样，它被用来支持对宗教信仰的一些示威运动的压制。标准的盎格鲁—撒克逊怀疑主义对于他人的意念和快乐的看法，可能导致我们接受让他们决定自己的利益，就像穆勒所做的那样。然而，现在一些对中立性的信誓，似乎是义务论的而不仅是福利主义的。它是在道义上以洛克关于财产占有的理论为基础的。我拥有价值，并且是遵照神意，因而拥有它是我的权利，或者

说,我拥有它是正当的。

在当代的著述中,政治和经济自由通常被明确或隐含地分离开来。例如,最近大量关于自由主义者对中立性推测式的基本考虑的著作几乎全是有关政治自由主义的。谈到价值,经济自由主义就其多数变量来说不是中立的。它强烈地倾向于赞成福利主义价值,福利主义价值能通过生产和交换得到加强。经济自由主义 51
者在谁得到福利的问题上可能是中立的,但是他们在什么是核心价值,什么是福利等问题上不是中立的。如果考虑其他的价值,具有悠久盎格鲁—撒克逊经济自由主义传统的大多数作者可能不得不通过视它们为福利的构成要素而把这些其他价值包括进来。他们甚至不得不采取穆勒的步骤,在做自由演讲的时候对待这些其他的价值,将它们视为更大福利的实现方式而使它们有价值。

顺便提一下,这似乎是明显的,即使在人们认为是他对经济自由主义信誓的地方,霍布斯也与许多当代的放任自由论者没有多少共同点。放任自由主义的理论通常是义务论地基于对特定权利的直觉,比如财产所有权利和自愿的两人交换。对霍布斯来说,权利只有当受到强制性政府肯定性支持的时候才有力量或利益。此外,尽管宣称霍布斯在他并未明显认识到的问题上持有明确的立场显得有些偏见,但他似乎已转向重视财产和交换——因为它们的福利效应,而不是因为它们在某种其他意义上的先验正当性。

放任自由论者通常仅从两人关系中列举理由,不许任何超出这些做法的变动。[105]这被认为是沿袭了对同意或自主性的义务论信誓。[106]我们更倾向于认为我们应与霍布斯一样,比如说,从秩序或福利的全面成就转向两人层次的交换成就。对霍布斯来说,福利的社会构建显然绝对胜过个人所能够实现的东西。如果霍布斯在他这个隐含的社会学主张上是对的，那么放任自由论者的经济自由主义在其个体和两人的关注点上就根本性地错了。它也必须务实地以更大的社会成就为基础。此外，我们可能想知道在穆勒那里，为什么两人契约必定优于集体垄断组织，比如早期国家对统一的工人与商家关系的干预。

刻画功利主义与放任自由主义之间差异的一个方法是，宣称
52 功利主义者愿意考虑两人选择的总体结果的价值——其本身对集体选择来说是一个潜在的问题。有些自由主义者通常总是将这一进展排除在外。在对自由主义的悖论的描述中，阿马蒂亚·森实际上将自由主义界定为交往双方至多能做的事情。[107]在这一悖论中，两个参与者中的任一个都只拥有一项权利，并且唯一附加的选择规则是一致性要求——每当双方都同意的时候，他们的选择就是社会选择。根据这些根本上受限的选择规则，我们仍能推导出森认为荒谬的结果，过程如下。

你有享用粉红色墙壁的单一权利，我有下个周末休闲的单一权利。然而，我是如此强烈地憎恨你的粉红色墙壁，以至于愿意花周末的时间将其涂为黄绿色。你憎恨黄绿色并拥有保持你的墙壁粉红色的权利，但是你乐意看到我整天忙碌。[108]于是我们达成一致，我涂改你的墙壁。但这违背了你对粉红色墙壁的权利和我休闲的权利。森大约这样固执地争辩。对这一结果的大多数评论者似乎没有发现悖论。在日常生活中（而不是理论家装腔作势的设计），我有权利不让你占有我的金钱，你有权利不让我占有你的汽车，但我们双方能愉快地进行交易。因此，通常的进行交换的自由

经济权利至关重要,它是森假设的悖论的一个例子(如果没有其他人受我们交换的影响)。**任何视自愿交换为荒谬的假定的自由主义都是没有益处的。**[109]森最早的关于他的悖论的例子典型地将物质和非物质福利考虑混合在了一起。在后来的辩护中,森隐含地争辩说被违反的权利的内容是重要的。他然后诉诸对权利的独特直觉——这些权利可能并不以福利为基础,并且他认为在交易违反这些权利的时候,它们将会压倒个人进行交易的愿望。[110]这一论证将我们置于异想天开的境地。如果我有超强的直觉,以为没有 53
人能拥有粉红色的墙壁,那么上天就会帮助我。你难道说我的直觉不强大?你错了。

自由主义的替代性的表面上的理由可从一个替代性的视角来解读,即非福利主义的角度。就如在洛克早期的讨论中那样,自由主义的一个词汇表是有关权利的词汇表,同时一些自由主义者认为自由主义的范围只是权利的范围。例如,马歇尔认为自由主义是公民权利从法律和政治领域向社会领域的传承。[111]在没有选举权、法律面前的平等以及所谓的政治权力的平等的情况下,公民的职责和权力不能被正常地行使。后者要求对财富的使用进行实质的控制,以及实质性的社会福利项目给予个人智力和经济资源,以使他们能良好地参与。[112]在某个点上,这个观点必须处理政治平等和其他考虑之间权衡的可能性。替代性的观点可能只是提出政治平等是至高无上的道德约束。但是充分的政治平等在许多方面是不切实际的。举一个小例子,如果我们必须拥有代议制政府,那么那些被选举担任公职的人就远不是平等的。即使如此,我们仍需要代表以实现多种目的。因此,我们不得不牺牲充分的政治平等,以交换实现那些目的的更大希望。

策略结构

两种自由主义提出的问题在下面列出的意义上，是策略性地相当不同的。一些包含对个人的保护，一些包含对参与双方的保护，一些包含对集体的保护。然而，它们的作用是相同的：为了使社会交往和生活更美好。为了更好地起到这一作用，每一种自由主义必须解决的主要的方法论任务是创造能够引导经济和社会生产何种产品的信息。自由市场按这种方式运转，它甚至不要求对
54 其成就的集体的算计——尽管更好的信息可能帮助行动者做出更好的决策和计划。一个自由政治体系的确要求集体的算计。比如一个很一般的例子，如果它是民主的，它要求计算选票。但它可能典型性地要求甚至有一些中央经济计算，就如它在试图纠正各种经济活动非市场的外部效应（比如污染，大量自由主义的争论都集中于考虑损害法）中可能做的那样。

对于两种自由主义来说，国家和政府的作用似乎本身是集体性的——在一个既定的政治体系中，我们所有人都有同一个政府。因此，有人可能说政府在自由主义中是一个集体性问题，而有人说在自由社会中，有一类关系是个人与政府之间的关系。但是政府提出的问题未必是集体性的。例如，对于霍布斯来说，主权的建立或维护是一个集体结果，但这个集体解决方案的目的是保护个人和参与双方。对于洛克来说，政府是一个解决和管理诸如保护我的财产之类问题的手段。我希望在这有限篇幅内讨论的自由主义

的策略结构是那些政府要提出的问题,而不是创造或维护政府本身的结构,也不是个人或集团与政府关系的结构。

霍布斯

让我们把政治与经济自由主义的问题简化为对于政治自由主义来说,仅是维护某种公民和政治自由;对于经济自由主义来说,仅是保护市场。为了明白这些问题在逻辑上不一定是紧密相连的(虽然它们可能是因果性地联系在一起的),让我们考虑霍布斯的理论,他可被认为是最伟大的政治理论家。虽然霍布斯不总是被当作自由主义思想的一个主要来源,但是对于理解自由主义,他受到特殊的关注,因为他考虑了物质的、或多或少极为重要的经济方面,并且他一般地对政治自由可能干扰经济福利必须的秩序而表示悲痛。霍布斯没有一个明确的经济理论,只有一个经济目的:福利。只是在后来,特别是在门德维尔和斯密的著作中,才有了一个将福利与经济自由联系起来的引人注目的理论。

霍布斯对经济自由主义的问题的解决方案以及相关的物质考
虑(不仅是富有成效的生存,还包括稳定的期望和物质积累)引起 55
了对政治自由主义整个的违背。他提议独裁政权对政治活动进行有秩序的镇压。与当今更为流行的观念不同,霍布斯明显地认为政治自由与对经济自由的违背是具有因果联系的。在其极端状态,政治自由产生无政府主义和混乱的暴力,这会摧毁经济活动。甚至政治改革的温和努力也能使一个社会滑入混乱。

简而言之,霍布斯对经济问题的解决办法是这样的。[113]我们所有人为了能给我们自己建设美好生活而需要的是警察对稳定期望和强制协议的保护。有了这些，我们就能逃避对其他人拿走我们财物的持续的恐惧，并且避免我们相应的先发制人地伤害他人的激励；我们能拥有财产；我们能忠诚地参与交换，甚至是跨时期的交换。[14]其结果是，我们能使我们自己的生活更美好。这是一组十分简单的要求，许多可能的政府形式能满足该要求。的确，如果我们对不同形式政府的工作方式知之甚少，我们甚至不能有充分的信心说某种形式优于其他形式。霍布斯认为除非我们已经有某种其他形式，君主制是最受欢迎的。

霍布斯理论的基础通常被认为是同意，因为他提到以社会契约解决无政府主义问题。但是他也提到偶然性历史中的征服和其他篡夺是获得有效主权的途径。对他来说，政府是我们建立的还是强加于我们的，都无关紧要。真正要紧的仅仅是：政府能提供秩序。他对社会契约的讲述是一个假设的用以解释秩序起源的故事，许多读者忽略了霍布斯接受征服和篡夺、认为它们与深思熟虑的政府构建（霍布斯公开认为这从未发生过）并无二致这一事实，错误地将这个故事转化为一个规范性的教条。

我们所要的秩序是允许我们每个人进入与我们所选择的其他人的交换，以及不被其他人强迫或伤害。我们需要有秩序的两人
56 关系。按照门德维尔、休谟和斯密从他们自己的经济自由主义角度的考虑方式，这样的关系在长期内将是高度生产性的。这是霍布斯的理论所要解决的问题的核心：两人交往——在其中秩序和总收益要求只有某种变动才是被允许的。允许的变动是双方都从交换中获益，而不是一方获益而另一方受损。我们可以将这类允许的变动划分为两种：两人交换和个人财产所有权。一些理论家

把交换当作所有权的一部分,但是可以这样理解霍布斯:所有权的制定来源于防止强迫交换或偷盗。在任何情况下,霍布斯解决的问题都是在潜在的交往中保护每个人。

按照霍布斯的观点,我们面临的主权的问题、能够施加秩序的强大的权威的问题,本身并不是一个交换问题,因而我们不能仅靠订一个要求以后合作的协议来解决它。如果我们这样做,没有人实施我们的协议。问题是成功实现**针对一种可能的政府形式的协作**,这种协作通过在必要的时候强制性地阻止强迫交换和偷盗,并在我们不能即时交换而只能让我们的交换延时的情况下保证我们履行我们的合同,能在我们的两人关系中带给我们秩序。在霍布斯的社会学中,实现这种秩序实质上是一个纯粹的协作问题,在其中我们具有相同的利益。

对于任何认为政治学在本质上是有关利益冲突的人(或者认为霍布斯是一个杰出冲突理论家的人)来说,这是一个令人震撼的观点。或许霍布斯隐含地同意这是政治学更广泛的主题,但同时认为政府应当远离这种政治并使自身关心秩序问题。然而,他实际的观点只不过是以下的两个步骤。首先,如果我们处于无政府状态,就像在内战中一样,我们对各种政府的可能细节的无知使我们每个人把某些类型的政府当作是同样好的,并且认为它们远好于持续的无政府状态。其次,如果我们处于一个运转着的政府的统治之下,一些人现在认为它符合他们利益的程度不如对其他某些人,我们仍都将意识到任何微小程度地改进它的努力具有将我们推入无政府状态的过高风险。因此,我们又一次地有同样的利益去维护现存政权,以至于我们面临的仅是与单一的普遍性地最 57

优结果的纯粹的调和。如果所有要解决的策略性交往形式都是被正常地知晓的，那么这是最简单的一个。

在政治权力中有很多明显的霍布斯主义的人物。韩国的朴正熙、智利的皮诺切特等军事政变的领导人，可能关心的主要是经济发展和绩效。他们剥夺政治自由以维持对他们相信将产生经济繁荣的秩序的坚强控制。

霍布斯给我们提供了建立一个政权或甚至维持原有政权的经济理由。但是我们不能用这个理由去赞成一个政权应当做什么，因为一旦我们深入到为一个显赫政权提供正当性理由的层次之下，我们就不能认为许多重要的问题仅是纯粹的协作。最终，经济和政治考虑在许多领域里相互融合。契约或其他法律的更细节的要点可能不是仅仅协作的问题。采用任何特殊的规则都可能系统性地有利于一类参与方而不利于另一方。因此，详细地看，即使如霍布斯所争辩的那样，对一般的政权类型的选择是一个简单的协作问题，法律也不是一个简单的协作问题。

使一个政治体制能够解决法律细节可能是一个纯粹的协作问题。但是体制本身面临的问题典型性地不单是协作问题。例如，在法律依其而变化的问题中，以这种或那种方式确定它可能使一类参与者相对于另一类而获益，或者以某种而不是其他方式分配收益。当代的法和经济学在许多情况下的建议是按结果在总体上最有利的方式分配未定的权利，例如以交易成本最小化的方式分配权利。[15]在采用这一原则解决新问题之前，人们可能以为它是极其有道理的，并且我们可能都愉快地按这一规则而不是其他规则来协作。然而在这一原则的实际应用中，它就不再是一个纯粹的协作问题。我可能失去许多你所获得的东西。

洛 克

两种自由主义——政治的和经济的——都能通过集体手段而 58
实现。但是,就像本章开始已经指出的那样,早期的政治自由主义要求集体性的解决方案,然而经济自由主义能在没有集体性解决方案的情况下部分地实现。洛克赞同霍布斯关于财产和交换的集体保护的必要性的大部分观点,他是一个经济自由主义者。但他特别为宗教多样性的政治问题而担忧。[116]洛克认为,部分由于后来的功利主义理论家熟悉的认识论原因,组织社会的最佳方式基于弱的民主原则。如果人们(对洛克来说只是限制在少数人)参与他们自己的治理,那么他们的利益就能更好地得到表达。

这个要求是内在集体性的。它不仅是有关两人关系的,而且有关集团关系——比如当宗教信仰创造集团利益的时候。问题是如何将集团合并到政治体系之中。对于霍布斯主义者甚或传统的君主主义者,这不是一个问题:宗教集团不必被整合在一起,他们仅需被控制或镇压。但是对洛克来说,整合是民主信誓内生要求的。然而,洛克整合宗教集团的方式本身几乎是霍布斯式的。他只是要求他们将宗教与政治分离开来。他暗含的意思是,天主教在英格兰不能被整合,因为他们的宗教给予他们一种在英格兰之外替代性的政治权威。因此,他们的宗教是内在政治性的。[117]

洛克的经济自由主义在知识上比他的政治自由主义显得凌乱。它集中于财产,对于洛克来说,财产是一个十分广泛的概念,它不仅包括外部的物质所有物,而且包括一个人的身体和生命。

它是一个洛克宽泛使用的宽泛类别的概念。然而，读者很难像洛克对它的使用那样宽泛地理解这一术语，因为他关于一个人通过将其劳动与某物相结合来拥有某物的核心讨论主要是就外部所有物（比如苹果）而言的。尽管在他的论点中掺杂着福利主义的感
59 情，但是他关于所有权的首要理由似乎是义务论的。受制于我对其他人施加的足够约束，我拥有凝结了我劳动的东西。在他那个时代，洛克似乎以为他的理论适用于美国而不适用于英国。在我们的时代，它除了适用于哲学史和几十年前的南极洲以外不适用任何事物。洛克是第一个同时提倡经济和政治自由主义的重要哲学家，但是他没有提出把这两种自由主义逻辑地或经验性地联系起来的要求。这样的要求在苏联兴起之后，在路德维希·冯·米塞斯和弗里德里希·哈耶克的著作中达到了最充分的发展形态。

斯　密

斯密超出了霍布斯对保护自己财产和自身稳定预期（稳定的预期能为我扩充自己的财产提供正当性）的关注。他进一步指出，每个人的福利取决于其他人的生产力。如果确是这样，那么让人们追求他们的私利就不但是提高他们自己福利的方式，而且也是提高他人福利的方式。这虽然似乎仅是一个经济理论，但它本质上也是一个自由政治理论，因为它暗示使人民免于政府施加的经济约束可使他们所有人的福利状况改善。

与在他之前的门德维尔一样，斯密改变了我们的福利依赖于恩赐的观念，转而认为一个真正仁慈的政府将总是允许我们追求自己的私利。经济自由主义是一个道德上的政治理论，它荒谬地

把门德维尔所谓的自私自利的私人不道德行为作为核心。这个处于盎格鲁—撒克逊自由主义核心的表面上荒唐的说法已成为许多对它的批评的焦点,甚至成为蔑视它的原因。但私利与集体物品的联合因斯密这样一个判断而极大地加强了:经济知识是分散的,而不是被政府完好掌握的。

这不是一个经济行动者荒唐特征的问题,而实在只是政府或任何其他单个机构性行动者的有限认识论的问题。这个问题已成为20世纪奥地利经济学派(有理由认为相对于经济理论,它更是一种重要和明了的政治理论)关注的中心。认识论的局限在霍布斯支持全能主权者的结论中发挥了作用,但是对奥地利学派来说,这个局限却成为赞成一个至少是在经济事务中十分弱的政府的理由。一个经济事务中的弱政府倾向于意味着一般意义上的弱政 60
府,因为一个拥有控制任何特定事情的巨大权力的政府是轻易能够以远为一般的方式使用这种权力的。对政治的控制可能与对经济的控制在原则上分离开来,但是它们容易在实践中结合在一起。

麦迪逊

麦迪逊以及与他同伴的大陆会议的参加者、《联邦党人文集》的合著者,都投身于使自由主义发挥现实作用,因而都关注制度结构。他们是决斗场上的工人,他们了解孟德斯鸠、洛克、斯密和其他人的理论。在这些人中,麦迪逊异乎寻常地是最深入的思想家和新宪法最伟大的设计师。他明确地认为孟德斯鸠在其核心的主张——只有利益和观念同质性的小共和国有希望建立稳定的政府——中犯了根本性的错误。麦迪逊认为,与之相反,在美国对自由最坏的威胁来自州政府。他认为全国性政府应当更好地保护自由免遭小规模的地方性多数人的暴政。[118]他因此要求一个强大的全国性政府，但那意味着相对于州政府的强大。他主要想削弱州的权力，他也许已经在不久之后消除了它。他无法想象一个如同17和18世纪的法国或当今任何发达国家一般强大的政府。有理由认为，他的目的是创建这样一个政府，该政府总体上在国内关系方面，比各州的集合加上《邦联条例》所建立的虚弱政府曾经拥有的**权力更小**，而在国际关系方面，尤其是就贸易以及国防而言，它将拥有**更大权力**。

麦迪逊清楚地认识到州是专断的，在他的词汇中州实际上是自由的对立面。这之所以是一个问题，是因为他认为孟德斯鸠在
61 假定小共和国是足够同质化的，以至于没有冲突时犯了错误。[119]麦迪逊认为正好相反，它们可能因过小而遭受多数与少数人之间的恶性冲突。他争辩道，较大的国家将不会太容易地分裂为这样的恶性冲突。看来麦迪逊是对的，孟德斯鸠是错的。此外，孟德斯鸠认为利益联盟不能发挥作用，麦迪逊则认为它们能发挥作用。又一次是麦迪逊对了而孟德斯鸠错了。为了缔造较大的国家，他进一步试图设计能防止全国性政府专制的制度。他帮助设计的政府在保证对人口大多数(奴隶和妇女被长期排除在外)的政治和经济自由主义方面或许是最成功的较大政府。这一成功的部分成本是，政府通常不能从事一些问题——最显著的是奴隶、种族和贫困问题，甚至或许还有暴力犯罪。

虽然有人可能声称麦迪逊是一位比孟德斯鸠更好的社会学家，但他的观点不是一个理论贡献，而是一个实践贡献。他的核心

观念通常是有关如何处理美国13个州的特殊形势。这不是一个广泛的概括性的问题。这个问题的方案甚至不适用于一些后来的国家联邦,比如阿根廷联邦,准自治国的南斯拉夫联邦,比利时准联邦,或苏联和印度的帝国联邦。它只能适度地应用于加拿大和澳大利亚联邦。但是在所有伟大的自由主义思想家中,麦迪逊产生的实际效果是最显著的。当他在批准宪法的争论中与持孟德斯鸠观点的反联邦主义阐释者激烈辩论时,他获得了胜利。他压倒性地在智力辩论中获胜,并且他和联邦党人赢得了政治争论——有时是小的胜利,但最终仍取得了胜利。

穆　勒

霍布斯核心考虑的是两人经济关系和对个人福利的保护。洛克加上了他对大集团政治关系的考虑。斯密通过保护个人创造性来寻求一般的社会收益。在其《论自由》中,约翰·斯图亚特·穆 62
勒将政治自由主义的关注点转回到了个人,这样做既是为了个人的益处也是为了整个社会的益处。通常他强烈地赞成仅为了个人利益而保护各种公民自由。与霍布斯和洛克一样,穆勒从认识论的失误出发展开论述。他认为我们应当假定每个人在知晓什么是符合他的利益方面具有与生俱来的认识论优势。该假定能被证明在特定情形下(比如未成年和智力有缺陷的人)是错误的,但它在许多其他情形下是十分强的。[120]

除了从纯粹个体方面的原因出发维护个人自由外,穆勒有时也诉诸对政治自由集体层次的维护。特别是,他在它们对他人的综合影响的基础上为它们辩护。例如,保护你的自由政治言论权利的一个理由是,你对该权利的行使增加了其他人知道他们为了他们自己的政治选择需要知道的信息的机会。除了向有关个人和小规模集体问题的集体解决方法的策略转向外,这可能是福利自由主义长期发展过程中最引人注目的转向。在这个边沁主义的转向中,集体收益通过对个人自由的保护而获得。我将主动地要求拥有我的自由。但这并非整个故事。我也要其他人拥有它,因为他们对他们的自由的行使对我是有利的。对自由的系统保护因而被证明是正当的。这与斯密对经济自由主义的论证(见上面"斯密"一节的讨论)是平行的。

因此,穆勒对政治事务中的个人自由提出了辩护,这与霍布斯和斯密在经济事务中给出的辩护是平行的。他分享了霍布斯对个人本身的关注和斯密对社会整体的关注。

穆勒甚至比洛克更为民主,他在融合而不是压制不同集团(比如原教旨主义宗教集团)的层次上分享了洛克对政治自由主义的
63 关注。他同时是政治经济学的集大成者,分享了霍布斯和斯密对促进交换和繁荣的基本关注。然而,他那个时代变化着的经济结构,处于工业革命的顶峰,使得经济自由主义似乎不再只是一种两人间的事务。比如在他对联盟和限制工作日长度的讨论中,他开始在集团层次上分析它。[121]说穆勒如此清楚地看到的这些问题在他那个时代的工厂中完全是新的,将是错误的。例如,甚至在霍布斯时代就已有拥有众多船员的帆船,穆勒的观点能像适用于后来的工厂那样适用。但是,市场中集体问题的普遍性和显著性在霍布斯与穆勒之间的几个世纪中有了提高。

综合观点

尽管政治和经济自由主义所提出的问题在结构上是相当不同的,但解决方法的形式在许多领域对两个问题是相同的。政治自由主义包含在宗教观念和实践,以及参与政治决策的机会方面得到实施的自由放任政策。当经济自由主义也包含得到实施的很大程度的自由放任政策时,它似乎能最好地发挥作用。自由主义的无政府主义者有时对没有强制的合作性交换的前景持一个十分乐观的观点,而霍布斯似乎持一个十分悲观的观点。尽管他对自然状态的看法激烈,霍布斯的实际观点可能是相对温和的。他假设,在没有强制的情况下,敌对地利用其他人的少数人最终将迫使其他人因太具防卫性而不能进入有益的关系,在没有少数人威胁的情况下其他人可能已轻易地维持着这种关系。

政治自由主义因而有一种综合结构。它是集体的(洛克在对待宗教宽容时的形式考虑),也是个人的(穆勒《论自由》的强烈关注)。在功利主义之前,它几乎全是针对个人(无论是单个的还是处于群体中的个人)提出来的,但边沁的功利主义开始提高到首先考虑合计的或总的福利。对于霍布斯和洛克来说这甚至不是一个似有道理的想法。[122]经济自由主义也是综合性的。它有三重焦点: 64
单个人的,两人的和集体的。在霍布斯、实际上所有盎格鲁—撒克逊的关于财产稳定对个人的价值的观点中,它是单个人的。的确,甚至在一个孤岛上的克鲁索(Crusoe)即使没有交换或集体利益的观念也不想盗窃。在霍布斯和后来的政治经济学家关于交换的思考中(它主宰着19世纪合同权利的高峰期),它是两人的。在穆勒对作为集团行动的工人集团的经济自由的思考中，它是集团层次的。在斯密对国家财富的思考以及穆勒对个人自由的社会益处的思考中，它是社会层次的。

在从霍布斯到洛克、斯密和穆勒的发展过程中，政府的正当权力也发生了平稳的下降。霍布斯要求全能的政府来防止混乱。他将宗教的独裁决定包括到主权范围中来。洛克要求放松对宗教的权力，但要求宗教与政治分离开来。斯密要求对经济关系更弱的控制。穆勒要求对各种事实上结束家长式政治并导致完全公民的个人价值进行更弱的控制。斯密争辩道，限制政府对经济的控制将提高生产力，并进而增加财富。至少在现代经济学中，这个结论看来大体上是正确的——正如共产主义世界的悲观经验所表明的那样（进一步的讨论参阅第六章）。人们能够在对所有这些趋势的要求上增加相机要求——控制经济或政治的政府权力是不容易互相分开的。因此，如果权力较小的政府被用于实现政治自由，而更有权力的政府被用于实现经济福利，我们就将不得不放弃某种自由或某种福利。因此，如果自由和福利都依赖于更小而不是更大权力的政府，那么我们将感到高兴。

有意思的是，洛克赞成宗教宽容的论点主要是福利主义的，而他对财产所有权的赞成理由似乎主要是义务论的。例如，洛克赞成将宗教问题排除出政治，因为它们可能破坏我们实现个人繁荣所需要的和平。这种反义务论的原则似乎是说一个人不能做他相
65 信是正确的、但有损于福利的事情。然而洛克关于通过将一个人的劳动与财产相结合来占有财产的道德的令人奇怪地不相关的、甚至更令人奇怪地有魅力的思考引起了向经济自由主义很早的义

务论转向,并为放任自由主义思想的一支提供了道德基础。因此,洛克的立场实际上处于许多后来发展(起码包括历经斯密的基本上是福利主义的经济自由主义路线,以及对政治自由主义愈益义务论的吁求,甚至包括穆勒的许多贡献)的对立面。

集体性的解决方案

洛克和穆勒或多或少想当然地认为对政治自由的维护是政府的事情。这就是说,对集体和个人问题的解决本身都是集体性的,就如同霍布斯对单个人层次和两人问题的解决那样。为什么集体方案在解决所有这些种类的问题时如此易于受到青睐?对于经济自由的两人问题和政治自由的单个人问题,诉诸集体手段来纠正不能两人地或单个人地纠正的问题在策略上似乎是自然的。但从策略意义上看,通过进入集体层次不仅是要解决两人问题。更重要的是,强大的集体保护形式的原则是对各方都有利的。就洛克关于集团融合的集体问题来说,集体性是解决方案的一个定义特征。使穆勒感兴趣的经济自由主义中的集体问题之所以成为问题,部分是因为它们是由源自两人原则的合同和其他法律所管理的。那些法律是中央集体性地实施的,通过使集体有能力加入合同来改变它们要求有集体手段。

集体手段可能比自发装置有更大的稳定性。但它们也会有大得多的有效性差异的可能,以至于一个集体性的政权可能是有能力做异常有害的事。有人可能会设想民主政治的伟大价值在于它那假想的在需要的时候通过竞争性选举产生最好领袖的能力,仿佛孔多塞的陪审团或真相定理(Condorcet's jury or truth theorem)能像适用于陪审团那样适用于政府。这个定理大体上是说,如果一个一般的人知道真相的可能性比不知道的可能性至少要稍
66 微大一点,那么陪审团中的大多数成员经商议发现真相的可能性就会随着陪审员人数的增加而提高。但是陪审团带着表面上被控制在法庭之外的利益寻求事实真相。政府面对冲突性利益寻求妥协,而且几乎没有理由假设他们发现了相关的真相。[123]

自由民主的真正魅力通常在于它分散决策,使政府行动的能力更弱而不是更强的趋势——有时需要克服障碍。托克维尔看到了民主政府的这个特征:"真正伟大的不是民主的政府所做的事情,而是在民主政府下私人机构所做的事情。"[124]正如穆勒所指出的,当多数现象只不过紧随文化或商业——或许还有人会加上自由主义——而来时,托克维尔太急躁了,而未将他在美国发现的东西归因于民主。[125]明显地,不是民主本身而是特殊的自由民主具有托克维尔这里赞扬的特征——例如,在自由民主中可能有民主地推崇的强迫宗教信仰的政府。法国历史学家弗朗索瓦·奎兹特(François Guizot)解释了许多文明受阻的增长或短命——相对于所有其他因素的危害,这些文明或多或少地只集中于人类进步的一个因素。因此,"社会在迅速完成那一个因素所能完成的所有事情后,或者因缺少它不能完成的事情而灭亡,或者停滞下来,变得一成不变"。[126]一个自由社会是开放的,以使个人能够按多种方式发展。在一个自由的社会中,卡尔·马克思、约翰·斯图亚特·穆勒,以及赫尔伯特·斯宾塞能分享同一个图书馆,而且都能找到一家出版社。

这种魅力与市场的魅力是类似的。因此,政治和经济自由主义共有一个单一的因果结构。然而,正如哈耶克和奥地利经济学派所争辩的那样,[127]市场中的分权化决策解决了一个实际上不可 67
能发生的信息问题。许多人抱怨当代民主政府在面对国内和国际问题,尤其是福利和分配问题时的无效率。但是,可以证明,这种无能的收益可能超过它的代价。在自由民主型政府中的权力扩散通常妨碍做出忽视许多人利益的决策的能力。在一个独裁政权下,比如堕胎问题,即使在一个有着多种观点的社会里,也可能相对平静和有效地做出决定。在自由民主下,堕胎问题对好几代人来说不可能得到解决,因为不同的观点不可能被平静地阻拦或不予考虑。一个无政府主义者可能有充分的理由推断民主自由主义是一种合理程度优越的次优状态。

独裁和自由民主政府之间适度形式的差异甚至可能通过更加集权化的民主政体比之于相对分权化的美国联邦政体展现出来。在集权的英国制度中,在全国范围内要求在交通工具中使用安全带是相对容易的。在美国,自由主义者对这样的有关人的行为的法律要求的反对可能集中于在州的层次上延迟通过使用安全带的法律。另一方面,面对组织良好和财政供给充足的工业游说集团,无论是美国还是英国的全国性政府都长期不能采取强硬的行动制止烟草及其使用,尽管他们可能终有一天能这么做(在两代人以前,独裁的纳粹德国已能强有力地制止吸烟)。然而,分权化的美国制度允许较低层次的政府采取有效的行动。[128]地方政府甚至竟然在法律上禁止在公共海滩和其他室外场所吸烟。州政府在控告大烟草公司中的最终胜利促使那些公司在州这一层次政府的攻击之前先发制人，在起草全国性的反对吸烟的立法中进行合作。

经济自由显然导致强大的商业组织（特别是企业）的增长。如
68 果它们有权力和相对自主权，那么这些企业将成为保护某些成员的其他自由的场所（确如它们也可能已成为自由主义的问题来源）。因此，经济自由可能在政府对自由的管理过程中与政府竞争，从而约束政府。20世纪不断增强的将财产置于政府管制之下的趋势削弱了财产的这种制约性权力的根基。[129]从历史上来看，我们倾向于认为自由——政治的和经济的——必须由中央政府来维护以反对各种地方性集团和利益的特殊价值。这个假设通常是正确的。但这是一个经验性而不是演绎性的问题。一个庞杂的自由集合可能获得来自商业、社区、宗教组织和其他地方性机构的分散的支持。或许我们通过压制这些机构能获得的自由比失去的自由要多。但是我们也提高了实现对自由的保护的巨大易变性的可能。

最终，在一个共同的集体性政府中经济和政治自由的实现使两者结合起来——即使它们未必在概念上是联系在一起的。集团会使用自由的政治手段去干预经济关系。在典型意义上，在经济转轨或东欧尝试引入民主及随之而来的经济改革过程中，这是一个问题（第五章“1989年的双重任务”一节及第六章“宪政民主中的经济转型”一节）。如果政治自由在社会学的意义上是与经济绩效相关联的，那么就可能期望政府有强大的激励去促进自由。这个动机并没有战胜在奈温（Ne Win）、杜瓦利埃（Papa Doc）、波尔布特（Pol Pot）、伊迪·阿明（Idi Amin）以及许多其他人身上的低劣欲望。

因果性和概念性联系

许多作者认为,在打破社群优先于个人的观点之统治的漫长过程中,政治与经济自由在历史上是联系在一起的。亨利·S.梅因在他对从身份向契约的转变的解释中,卡尔·马克思在对政治 69
与经济自由主义关系以及后者如何摧毁前者的讨论中,赫尔伯特·斯宾塞在对梅因观点的扩展中,还有L.T.霍布豪斯都赞成这一论点——通常是以另外一种语汇。[130]自由主义是关于从对个人的封建(经常是家族的)控制的羁绊中解放(emancipation)或获得自由(liberation)。它是完全一致的:一种对独裁秩序的"宗教的、政治的、经济的、社会的和伦理的"反抗。[131]

在社群组织中,首要的实体是社群,个体能被以不同的方式使用以服务于社群。这一观点在古希腊城邦的背景中可能有引人注目的意义。在那里,正如霍布豪斯所写的,"它不是哲学想象的功绩,而是一种对事实十分简洁和自然的表达,以求把这样的一个社群描述成一个以良好生活为目标的人们的集合"。[132]在这样一个社会中,如果苏格拉底被认为通过引导社群的年轻人背叛来瓦解社群,那么他就必须被放逐或处死。尽管苏格拉底自己宣称遵守雅典法律的重要性以及他因此而不逃避他的死刑判决,但这并不是一个法律行动。这是一个代表社群做出的决策。

这样的社群对个人的优先权在休谟和斯密的时代只有较弱的意义。在他们的"社群"中,国王或许仅作为对他们忠诚的一种奖赏而授予一个特定家庭以垄断权。一个现代人可能认为这对其他被排除在外的人来说是不公平的。因此，经济自由主义就像政治自由主义一样，似乎是有助于解放的。与这种观点相反，霍布斯视经济自由主义不是有助于解放的，而是赋予能力的。我们需要国家保护我们免于互相侵犯，而不是庄园领主的侵犯，这使我们能够进行交换。后来，斯密和重商主义的其他批评者争辩说重商主义对于几乎整个社会来说都是不利的，因为它使几乎每个人的境况都比存在竞争而不是垄断的情况要糟。因此，在斯密看来，经济自由主义是关于激活（enable）国民财富，而不是关于解放个体经济参与者的问题。

70 两种自由主义有时在这个论点上走到了一起：私人财产的重要功能或一种重要功能是作为防止政治权力的堡垒。詹尼弗·尼德斯克将这种观点归之于詹姆斯·麦迪逊，她论证到，在美国宪政发展的情况下财产不再具有这种功能，因为它现在太普遍地受制于法律约束。[133] C. E. 林德布洛姆以几乎相反的理由批评了这种观点——私有财产仅能有助于极少数拥有企业的人的自由。[134] 此外，在相当大的程度上，本章开头的引文中部分表现出来的斯密关于私有财产的观点是，私有财产允许获取财富的激励发挥为市场生产产品、进而改善所有人的福利状况的作用。他的这一观点是一种福利主义的而不是政治自由主义的对财产的辩护。

与这个激发了尼德斯克、林德布洛姆和许多其他人之批评的论点无关，我采用斯密看法中所表现出来的经济自由主义。根据斯密的观点，它在定义上实际并不是与政治自由主义联系在一起的。两种自由主义对福利有不同的贡献，而且它们可能独立地做出贡献。但是通过任一种自由主义在决定另一种自由主义中发挥因果性作用,它们能被策略性地联系在一起。例如,那些要求政治自由的人可能诉诸经济行动(比如罢工)迫使政权在政治上自由化。此外,一个致力于高水平的经济生产力和增长的政权在政治弹压导致经济瓦解的时候,将会发现使用非自由的政治手段维持权力是几乎无效的。

霍布斯的表面上最奇怪的观点之一是,任何形式的主权政府——君主制、寡头制、民主制——都有利于秩序。然而这个观点似乎对经济自由主义(它曾在十分不同的政权中产生)是足够正确的。或者,这个观点或许仅在经济发展的早期阶段是正确的。认定经济自由主义是他们希望解决的问题之根源的马克思主义政权当然公开敌视经济自由主义。但那是他们在经济自由主义上的意识形态立场的结果,而不是他们的专制主义政治结构本身的结果。
除了马克思主义者,在许多理论家看来,经济自由主义已与自由的 71
政治体制联系在一起了。但是,这种联系仅在有限的程度上是成立的,一般来说,这是因为自由政治体制是在先已建立的自由经济体制之后才产生的。

今天,我们有机会观察相反的次序,即,某些东欧国家在经济自由化之前就将政治自由化了——以及某些同时发生的政治和经济自由化的例子。许多观察者显然将它作为一个公开问题来思考——是否自由经济必须跟随自由的政治。为什么?或多或少是因为民主政治可能与长期的集体利益不相符。一个认为自由贸易在长期有益于双方的人可能也认为对自由贸易的保护在较近期是符合我们利益的。或者在民主政治中,一个处于衰落的产业中的生产者能够通过违背自由经济原则的保护和津贴保证他们的工作

(更进一步的分析参阅第五章)。

这是对帕累托原则(它本身是至高的自由主义)的一个普遍的误解:推断如果所有交换都是自愿同意的,那么将没有人因通常的自由交换而处境变坏。试想在一种事态下没有人的福利恶化,并且有一个或多个人的福利比在第二种事态下要好。维弗多·帕累托认为第一种事态无可争辩地优于第二种事态。除非有外部生产成本强加于他人(比如通过污染),自愿同意的交换好像只产生福利改善的人群。但是如果我有一家规模不大的餐馆,而你在街对面又开了一家,不出几日你那高超的烹饪可能会把我击败。这个悲伤的故事中所有交换可能都是完全自愿同意的。我的损失是我只参与了太小的交换——尽管我曾经参与很多。我的餐馆的悲惨命运在等待最有企业家精神的活动。例如,美航通过使其费用在1992年夏异常具有竞争力,并非不经意地将布兰尼夫航空公司(Braniff)击败。美航不必违背在精细设想的双方交换层次上的帕累托原则,就使布兰尼夫惨败。

在主要公司中一些最令人瞩目的损失是当技术能力和经济需求急剧变动时整个行业的损失。东欧和前苏联最具生产性的企业中包括在以下产业中非常庞大的企业,短视的斯大林认为这些产业在他那个时代更发达的经济体中是重要的,并且在这
72 些产业中把他的企业提高到甚至更大的规模。那些产业在西方已衰退了数十年,并且似乎会在东方遭遇甚至更为迅猛的衰退。衰退的产业包括钢铁制造业、采煤,以及波兰、捷克共和国、斯洛伐克和许多前苏联国家(如同许多工业世界中的情况)的许多其他的重工业。加之,伴随着农业变得更有效率以及随着财富的

增长变成整个经济的一个越来越小的部分,它处于相对的衰退之中。因此,东方的经济必须进行双重转轨:从被抛弃的中央集权组织转向市场组织,以及从过时的产业转向动态的产业。美国报章上关于它们的问题的大多数讨论集中于前一个转轨,然而,如果它们试图进行一场温和的、分步的转变的话,后一个转轨可能是更大的障碍。

在民主社会中,经济上受到威胁的集团(比如农民)长期以来一直推动反自由主义的经济政策,然而我们一般认为那些社会倾向于维持基本上自由主义的经济。在我们当代东欧的实验中,贸易保护主义的集团政治不仅威胁降低经济自由主义的质量。更有甚者,关于经济问题的集团政治已威胁阻挠引入经济自由主义。这是政治和经济自由主义之间的一种颠倒的因果联系。

在国内与国际的可能性之间也可能有一种因果性联系,它驱使所有国家为了保持与其他国家相比的活力而转向市场手段。例如,在别的地方也有个人发展选择的知识精英,如果他们的国家选择了平均主义、集体所有权、或其他主要的阻碍企业家精神潜能的政策,就可能离去。这样的政策可能实质上要求在政治活动自由或移民方面的反自由主义的政策——为了阻止在个人不喜欢的背景下的呼声和退出选择。因此,反自由主义的经济可能导致反自由主义的政治。在一个封闭隔绝和自给自足的国家中,这个结果未必出现。但对一个与更大的竞争性世界有经济和人员联系的国家来说,这个结果将猛烈地出现(更进一步的分析参阅第五章)。比如,一个为了获得平均主义的分配而放弃百分之一或二的潜在经济年增长率的国家，将会发现它自己在一代或两代人之后陷入相对贫穷。

73 就其极端的情况而言，我们想知道霍布斯式的政治独裁是否可能通过压制政治自由提高经济绩效。今天它可能听起来难以置信，但是在1960年左右，当军政府在缅甸和韩国取得政权时，这两个国家具有同样贫穷的人均国民收入（奈温将军在1958年获得了对缅甸政府的控制，朴正熙将军于1960年在韩国终结了相对民主的政府）。在三十年独裁之后，韩国最近已进入了富裕工业世界的行列，而贫困的缅甸（现在的Myanmar）却显然甚至从它早先的位置衰退了。[135]在同一时期，朝鲜可能比韩国取得了更大的平等。但如果它确是这样，它实现这一点的生产力方面的代价非常高。这两个对比对于目前的目的来说可能是贫乏的案例，因为韩国的增长可能在很大程度上是由它与美国的特殊关系或某种其他的特殊特征赋予活力的。然而，许多韩国的评论者认为专制主义强加的秩序加上对经济自由的保护是获得成功的原因。争论在很大程度上转向了特定的、不平等的企业家政策加快还是减慢了经济增长。在任何情况下，敌视政治自由的独裁政府显而易见能有极为不同的经济后果。略微原始和可能度量不一致的数据表明缅甸人均GNP在1986年是200美元，韩国在1988年是3450美元，朝鲜在1985年是1180美元。[136]

与这些辉煌的独裁景象形成对照，注意独裁并不是一种典型性的选择。它更近乎于生活。它是当独裁者（典型地是以军事力量）闯入我们的生活时发生在我们身上的事情。希特勒和霍梅尼是独裁者的不寻常的例子，他们是相对受欢迎的选择。

一种统一的自由主义？

英语政治和经济思想中福利自由主义的长期路线是连贯一致的吗？特别是，穆勒综合性的自由主义是与较早的洛克的政治自 74
由主义和源自从霍布斯到斯密的经济自由主义一致的吗？为了回答这样的问题，我们必须考虑自由主义思想发展中的主要转向。首先，存在着不同自由主义的策略焦点，如上所论，从霍布斯的经济个体和两人，经过洛克的政治集体，到穆勒的政治个体和经济集体。其次，已经有时而尖锐、时而温和的对宗教宽容的考虑，这通常产生了一种可能给福利主义者带来麻烦并值得进一步简短讨论的价值。最后，提出许多推动霍布斯和洛克思想的经济问题的能力经历了历史变迁。伴随增长着的财富，政治和经济考虑似已融合——或许还难以解开。

再论宗教宽容

霍布斯和洛克在论及宗教时都混淆了物质和非物质福利的分离问题。霍布斯欣然假设，我们必须镇压、放逐，或者杀死某些原教旨主义信徒。霍布斯在讨论原教旨主义时令人奇怪地忽视了他用以解释政府存在的正当性的生存问题。洛克同样地将宗教问题排除在政治议程之外，同时将物质问题解释为政治理论可接受的主旨。他们对特定的原教旨主义者的反对不是一个单纯协作或互利的问题——被非政治化、镇压或消灭不合于原教旨主义者的利益。霍布斯和洛克隐含地做出了实质性的价值主张：大多数人的经济福祉在重要性上超过一些人的宗教价值。如果他们讨论的是一个严重分裂的社会，那么这个论证即使以隐含的形式也不会持续存在下去。

在对宗教自由的自由主义保证中，有一个难题。例如，美国宪法第一修正案中关于建立宗教和宗教实践自由的讨论似乎是内在矛盾的。每个人都可按其信仰的规定崇拜神——这听起来像是中
75 立的。但国家将不支持任何宗教。[137] 如果一个人的信仰规定他有一个宗教国家（一些最初的美洲殖民地就是宗教国家，诸如不尊敬神的名字之类的微小违规都会被处以死刑），那么他将怎么做？

可以设想，穆勒在将经济自由主义推进到关于涉入市场的集团权利（仅是与个人的权利相对）的集体问题时，面对着一个相似的问题。但是，就他有一个关于加总福利的效用主义的价值理论而言，他能避免困扰着霍布斯和洛克论点的自动的不一致。

自由主义政治体系中的大多数人倾向于要协作的利益中，主要的是经济繁荣、个人自由或自主，以及国防。这些是差不多内在地受欢迎的关注点，它们的现代表述是与民主思想和实践的兴起相伴随的。动员国家的协作至少还有两个另外的主要焦点：宗教正统和膨胀、排外的国族主义（国家内部的次级集团，比如经济和种族集团，也有主要的协作焦点）。国族主义显然能适合于协作国内繁荣与自由。宗教正统明显地与自由相冲突。

人们能从现代政治史中推断出，自由倾向于战胜宗教控制。在基于宗教约束的协作与基于个人自由的协作之间，存在着潜在重要的不对称性。首先，如果我们在前者的基础上进行协作，许多个人将会发现他们是与他们自己生活中的约束不一致的。如果我

们在保护个人自由的基础上进行协作,将会存在自由体制的反对者,但他们的反对将主要是针对其他人的自由的。偶见的真正信徒可能会像任何人追求他们自己的自由那样强烈地激励着去限制他人,但有代表性的情况是,我们可预料到,那些不愿约束他们自己的人比那些不满其他人缺乏约束的人更难于控制。其次,在约束的基础上成功进行协作对一致性的要求达到了苛刻的程度。第三,当一个政治体系在一组约束的基础上进行协作时,其成员协作既对抗外部人,又对抗他们自己背离当前信仰的未来倾向。这样的协作似乎很可能是内容空洞的。的确,要求宗教约束的观念意味着对自发违背宗教规范的系统思考。对保护自由的历史辩护主 76
要被提出来防止官员,而不是压制自发的个人行动。

历史变迁

经济和政治自由主义的区分在生产能力极高的现代社会与此前相比只有较小的意义。为什么?因为将福利的贡献因素区分为相关的物质和非物质类型的意义比以前减小了,也比当今生产力极不发达的社会小。这一变化来源于因果和概念变化的结合。

从概念上来说,我对政治自由掩盖着的事情的评价与对物质利益的评价并不是分开的。对于评价政治自由以试图按我的利益影响经济政策来说,这是千真万确的。但这在任何大体上具有现代经济学的无差异曲线效用理论形式的价值理论中是更普遍性地正确的。在这个理论中,我拥有的某种想要的东西越多,就愿意以越多的这种东西去交换其他想要的东西。比如说,在对面包不断增加的消费的某一点,我最终将愿意以边际量的面包换取一定的非物质利益。然而，尽管有这一事实，我对面包之类东西的消费水平是如此之低，以至于我从未达到愿意用少量这些东西去换取许多非物质产品的程度。如果我十分富有——我得到了所有能要的面包——我甚至将会用大量的面包交换白鲟鱼子酱或看一夜歌剧。试想我的政府说米哈伊·巴雷什尼科夫（Mikhail Baryshnikov）不能从事现代舞，因为这样的舞蹈是资产阶级颓废的表现。如果我不为食物、住房和衣物是否充足而发愁，并且有足够的钱沉湎于我的文化体验，那么我就可能因缺乏政治自由而遭受直接损失。它影响我所能消费的东西，就像减少我的钱影响我所能消费的东西一样。在 20 世纪以前占欧洲人口绝大多数的农民有许多不曾因他们那个时代对政治自由相当程度的限制而受到直接损失。

不幸的是，如果在我们的价值理论中将政治和经济自由主义看作是结合在一起的，那么我们就不再有比如洛克和宗教宽容论
77 的早期辩护者曾用过的先验的论据可利用。在 17 世纪的英国，物质和非物质利益是相对分离的。这些最终与非物质利益混合在了一起，并且，对于一个现代的富裕国家的公民来说，将它们分离开来的努力可能是执迷不悟的。[138]我们不能将宗教分离出去，让政府和社会选择完全集中于物质利益。因此，分离的经济和政治自由主义程序在生产力非常发达的现代社会里只有微弱的意义。在我们的价值理论或价值信誓中，物质和非物质利益在原则上总是结合在一起的。它们的结合现在更频繁或更急切地闯入我们的机会之中。我们现在要额外的自由，比如有关生活方式和其他选择的自由，部分地是因为这样的选择现在能广泛承受得起。

霍布斯在一个可怕的混乱时期写作，他将生存列为个人在建

立政府时的首要考虑。洛克认为生存即使在自然状态中也是不成问题的，因而将物质利益置于首位。认为生存和物质利益不是解释国家的主要考虑因素是愚蠢的，但在其他考虑因素越来越彻底地被讨论时，非物质利益发挥着更大的作用。然而，这意味着——如果我们从所观察到的现象归纳的话——甚至在20世纪重大经济政策冲突似已差不多普遍以赞成市场而告结时，在政府应当做什么和保护什么的问题上的冲突，可能在许多领域变得更严重。[139]随着生存和物质利益能轻松获得，我们能经得起——按其字面上的含义——在宗教和其他分裂的问题上解决这一冲突。大卫·布雷布鲁克争辩说，为了使欲望兴旺发展，福利政策应当被设计得使需要得到满足。[140]这是发生在西方社会中的中间阶级上层身上的事情。然而，霍布斯在想到欲望兴旺发展的后果是什么（特别是如果一些人偶尔要求凶残的宗教政策的话）时可能会不寒而栗。

集中的才智

约翰·杜威设想我们需要的只是在政府的核心运用才智，来 78
矫正私人权力的掠夺性，他认为私人权力的掠夺性应当为对个人自由和福利产生有害影响（包括他那个时代持续的贫困）的不合理负担负责。[141]我不想对出于该目的我们需要什么给出解释，但我认为杜威的建议——他并未清楚说明——不是我们需要的。我们不需要庞大的中央计划。他推荐使用才智重新设计经济制度。没有人赞成使用愚笨。但人们能够机智地反对假设的才智使用去为经济设计一个中央计划。的确，两个多世纪的经济自由主义的涵义是，中央计划是一个缺乏才智的想法。如果在过去的250年中，英国、美国或某些其他发展中的资本主义国家采用了它们时代任何占统治地位的经济理论，并且认真地实施了，那么我们最好的回顾性观点必然是：其结果是减缓了该国的发展。汉密尔顿的重商主义或后来民粹主义者在旧式农业被经济变化破坏时通过政治运动保护它的努力都可能是灾难性的。

速度减缓不仅是在经济绩效的层次上，而且也发生于自由主义的收益在社会中传播的层次上。任何拥有可动用的力量去控制商业的国家，也可能使这些力量溢出到像国家通常所做的那样对其他事情（比如社会等级、流动性和宗教）进行控制。现在甚至难于理解这么做的危害，比如伊丽莎白一世时代的济贫法（poor laws）（它们最后被表述为一套对可能使成千上万人丢掉性命的区域流动的不正当限制）的害处。在伊丽莎白时代，这些法律的目的是通过使社区对贫困人口负责任来保证对他们的资助。最终，其结果是一种那个时期最奇异狭隘、复杂的制度。然而，与这些法律
79 中的部分相似的法律偶尔也被提出来作为控制寻求福利补助的穷人向某些社区（比如纽约城和威斯康星州）不成比例地流动的有用手段。

有时中央控制可能带来好处，比如，旧时艺术的捍卫者注意到，经常正是专制君主资助现在被我们认为是世界共同拥有的伟大的世界艺术珍品的艺术创作。并且，偶尔会有一个真正仁慈的通过多种方式改善了大多数公民生活的中央政府。但是，中央的自主当局做什么的易变性是可怕的，我们很少有人希望承担将中央控制权交给他人而不是自己所带来的风险。旧政治自由主义的

主张在我们时代并没有消退。我们仍然要求对政府进行宪政的、制度性的、大众的约束。最强的一种制度约束是存在包括私有经济企业在内的私有机构。

对为了社会和经济发展而应用才智去设计中央控制的怀疑主义,并不只是奥地利经济学派学者的观点——我们不能收集我们需要的信息,信息在本质上分散在难以数计的生产者、消费者和经济中的辅助机构之中。[142]此外,这个怀疑主义不只是对使用中央控制可能是错误的或侵犯了任何人的权利的担忧。毋宁说,这个怀疑主义是,我们完全没有将中央控制良好实现的理论。进一步说,即使我们中间有人现在确实知道如何将它实现好,也有知道如何以不同方式实现它的其他的人存在。于是,对政治领导人来说,困难的政治问题是,谁差不多一定是与理论无关的、决定何种方式为正确方式的人(好像是为了强调这一点,巴西总统费尔南多·恩里克·卡多佐(Fernando Henrique Cardoso)是一个两种方式都试验过的理论家。[143]有人会说至少他学习了。其他人可能会说他跟随着他的时代的时尚和角色,他并不明显地从好的理论理解出发行事。人们希望主导着他的政治领导能力的时尚恰好是正确的或接近正确的)。甚至试想有一个许可强力领导人的正确方式,比如,叶 80
利钦设想他应当个人处理事情以努力实现中央控制。再一次,由于让政客们运用整体理论而产生的分歧不允许委托他们去实施它。

结　语

最后,或许一种统一的福利自由主义是一项不连贯的规划。

最集中于两人关系层次的经济自由主义和集中于集体与单个人层次的政治自由主义的统一，可能要求太大的复杂性。但如果这是正确的，不连贯性就比单纯在自由主义情形中更大。首先，它处于社会与个人的冲突之中。我们的关系太错综复杂，以至于一个理论家不能像霍布斯、洛克及其他人所做的那样，将我们的问题切割出一部分来孤立分析。其次，不连贯性是存在于我们似乎合理的福利主义和非福利主义的价值理论之中的。除非我们能求助于对部分问题的根本性忽略——就像霍布斯、洛克和穆勒在关键时刻所做的那样，[144]否则我们将不能将灌木丛修剪得足以清理它。

从历史上来看，两种自由主义并不是在意识形态上相联系的。霍布斯在经济方面是一个萌芽的自由主义者，但在政治方面并不是。的确，霍布斯对混乱的无政府主义的解决方案是一个全能的主权者，这个方案可能很好地达成经济秩序，但却违背了政治自由主义的价值。对霍布斯来说，政治的要义就是确保秩序以使经济繁盛。一个社会在不严重损害经济关系的情况下离政治自由主义能有多近，或者说离它能有多远，恰是一件乍看起来是随机性的事情。

在我们的时代，经济关系在政治自由（以及其他的、非自由主义的考虑因素，比如原教旨主义的宗教信仰）的名义下，或通过能为失利的经济集团提供实现福利的替代性途径的政治自由主义的制度，普遍受到攻击。这种现象最显著的例子在我们时代可能发
81 生在东欧和前苏联国家，在这些国家生计依靠此前的做事方式或陈旧产业的繁荣的经济集团想尽办法通过政治行动来维护它们的位置。但最终，将霍布斯、洛克和其他早期著述者傲慢地分离开来

的价值继续保持分离似乎愈益困难。如果我们的视角是福利主义的,并且同时是主观主义的,我们就不能演绎性地将特定的价值(比如社会的、公共的或宗教的信誓)从某人的福利中排除出去。

最后,存在着对引人注意的"自由主义"词汇超出这里讨论的传统的经济和政治自由主义的使用。我在附录中详细考察了其中的几种。较早的自由主义集中于对公民活动的约束,或是甚至取消政府对公民活动的控制。较新的所谓自由主义典型地要求使用政府权力阻止其他控制——社会习俗或非政府机构(比如商业组织)的控制——或甚至积极地为人民做事。这些自由主义中的一些实际上不能被看作社会学意义上的互利原则,因而不应归入本书的主要讨论之中。如果有任何社会学意义上的互利原则,我们希望它们能被容易地采纳为政府政策。

第三章　宪政主义：契约还是协作？

82　聪敏的人们将对采纳两套关于政府的不同方案提出每一条似乎合理并可能相当充实的理由。这两套方案在结构上，更不用说运作中，根本不同。然而，如果得到切实执行，二者都可能安全、便利地运转。

恺撒（1787）[145]

诸制度与选择

一个宪政政权可被用来管理和保护第二章讨论的两种自由主义。该政权可以通过制度来支持政治自由主义，以保护个人自由以及促进教育。并且，它可以通过维持一种货币和一个司法体系来激发经济自由主义，尤其用以治理财产和契约。在一个宪政政权中，制度有两种截然不同的作用。也许最显而易见的一种是去赋能，以使得各种行动和结果可能发生。对于许多东西来说，哪怕是最低限度地得以完成，我们也需要专业化和组织。例如，如果我们希望建立与维持法律和秩序，我们将需要拥有各种各样的制度结构,包括警察和司法职权。制度的第二种作用是去阻碍、去抬高在许多可能的行动和结果上进行即时协作的成本,有时是去使这种协作困难得令人难以问津。在许多境况中,阻碍即时协作的反面是暴民统治。在暴民统治下,法律和秩序被化为监视与私刑,甚至化为像法国的革命恐怖那样严酷的 83
东西。在其两种功能中,制度既赋能又阻碍的,不单是零星变革,而且包括民意。赋能与限制民主之间的紧张状态因此成为民主宪政主义的核心。

自由主义思想在霍布斯那表面上非自由主义的论点中有其根源。霍布斯的考量是要去控制个人危害他人的自发行动,而不是去控制政府官员的行动,对于这些官员,他希望授权到看起来是这样的地步:使得主权者可以随心所欲。但是他的中心主张是,假使从一种对所有人防范所有人进行的保护和没有保护之间选择其一,我们事实上将一致选择那个保护体系。霍布斯从一致赞同中排除了那些荣耀追求者和宗教狂热者,前者主要是贵族,他们的生活在于格斗,甚至仅仅为了格斗的刺激;后者将宗教严正看得比世俗和平更重要。他没有试图构建一个观点以解释为什么服从秩序真正地符合这些人的利益。相反,他只是总结道,那些希望生活在有秩序世界的多数人应当镇压那些偏好无秩序的个别人。后来的自由主义思想家们在霍布斯的考量之上加上了对另一些伤害的忧虑,这些伤害不是来自于某人的同胞公民而是来自于官员们(也许特别是霍布斯意义上的官员们)。因此,像本杰明·康斯坦塔、凡·哈姆波特和约翰·斯图亚特·穆勒这样的自由主义者希望约束这一在很大程度上其功能是去约束个人的政府。[146]

霍布斯约束和后来的自由主义约束都是一个两阶段选择的一部分。我们广泛地协作以创建用来约束特定种类行为的制度,之后由这些制度来实施那些约束。对这一关于选择的二元结构,詹姆斯·麦迪逊在一项极端声明中争辩道,对于合众国新宪法所提议的那种特定的代议制政府形式,一项优点是那种在政府中“从任何份额上在它们的集体能力方面对民众的彻底排除”。[147]也就是
84 说,民众主权终止于该宪法的正式通过。对于任何忠实于民众主权的人来说,公开作出这一论点来获取民众对该宪法的支持一定显得令人困惑。

在一种意义上讲,从民主主义角度而言,宪政主义比较容易,而解决诸多细节则非常困难。宪政主义所要求的仅仅是在关于一般结构和保护的重大问题上的协作。而在任何细节方案上的协作事实上都是不可能的。我们可能在某个委员会或者立法机构之中成功地推敲出一项妥协方案,然而我们无法在所有细节背后都动员起一个庞大的政治团体。我们可以提出一部相对详细的宪法以供表决,并且预期它被表决通过或者被否决,但是我们无法在民众层面上研究解决该宪法的内容。一旦我们拥有了一部宪法和相关的立法制度,解决细节问题就可能变得容易起来,尽管后者不需要非常民主。就经验事实角度,做出如下推想是荒谬的:一个庞大的政治体系广泛地赞同或者在某时刻有可能广泛地赞同在任何领域中政策或法律的细节。

在另一种意义上讲,宪政主义可能极端困难。只有当在核心问题上存在相对广泛的意见相同时,它才可能运行,例如美国政治精英在需要一个类似《商业条款》的东西上的相同意见,其目的在

于通过在合众国宪法之下创建一个开放的美国市场来使得一个美国经济体得以成长。在缺乏类似广泛相同意见的政治体系中，宪政主义不可能运作良好。实际上，可以在许多情境下"运转"的唯一政府形式似乎是独裁政府（见第七章）。举一个极端例子，真正的宪政民主制当前在布隆迪运作的机会很小或者不存在。1993年中，仅仅对它的尝试也导致了丑恶的屠杀以及几乎立刻逆转回到少数族群图西族的专制。

在着手关于宪政问题的策略结构之前，先考虑一个某种意义 85
上美国立宪者甚至没有认识到而今天常常成为议题的问题。我们可能把一部宪法或者它所创立的诸多规则或制度视为或者是规制性的（regulative），或者是创制性的（constitutive）。在其最强的形式下，这一区别可以被援引来询问：宪法设计者们感兴趣的仅仅是规制一定范围内相冲突的事务，还是更实质地确定他们通过宪法所创建的国族的性质？有人似乎可以争辩说，对一些反联邦党人来说，问题在于1787年至1788年所提议的宪法将创建一个他们宁愿不参加的国族类型。对于理查德·亨利·李（Richard Henry Lee）和另外一些其观点将被下文引用的人而言，这本可确实如此。但是，对麦迪逊和安德鲁·汉密尔顿来说，那部宪法仅仅在一个已经创建出的国家内规制了那些《邦联条例》处理得很差的互动。对他们来说，《商业条款》故而那部宪法是规制性的，而不是创制性的。当然，在某种层次上，它对其所限定的政府来说，是创制性的。但是，对于大多数联邦党人而言，它的最典型的目的是仅仅使得一个已经运作中的社会更好地运行。

契约还是协作?

政治哲学中,最古老、最受尊重的传统之一是这样一个古怪的主张:一部宪章*或者组建政府的行动本身隐喻而言是一项契约。政治理论中的契约论支持者们似乎期望从这一诱导性界说中获取至少两种力量。首先,正如那个老生常谈然而从根本上错误的术语——社会契约——所隐含的那样,通过把创建一部宪章和订立契约的一项行动拉扯起来,人们可能取得描述和解释的能力。其次,在分析社会诸制度时,使用契约理论存在给它们提供正当理由的规范性力量。如果我们可以说人们赞同特定的宪政安排,就像他们通常对那些他们法律上负有义务的诸契约所作的那样,我们想必可以更进一步地说他们政治上负有服从这些安排的义务。在
86 数百年有关君权神授、神意必从,所以人们必须服从君主制政府的主张之后,产生于政治体系而不是由神灵任命的政府之兴起,看起来显然也需要一个基础以规定服从的义务。在20世纪,为义务寻找基础这一驱动被减弱为微小得多的一些驱动,但是同意理论却一直莫名其妙地设法存活了下来。

我希望在此驳斥这些论点的第一项,以表明甚至隐喻而言宪法也不可能被视为契约。如果我们希望解释一部宪法的起源或者运作,我们必须抛弃这一隐喻。我认为解释性和规范性契约论观点都是错误的。然而,如果有人能够首先说明宪政安排甚至就假定角度而言也不像契约那样是同意的简单产物,那么规范性论点也就失去了它的吸引力。[148]我将通过探讨美国宪法以及撰写和采

纳它时关于其原理及角色的诸多理解,尤其参考汉密尔顿、麦迪逊以及约翰·杰伊(John Jay)以 Publius 为名所合著的《联邦党人文集》,力图建立第一个观点。[149]

政治生活中,一项契约与一部宪章的区别是什么?后者在下述意义上是居先的:在拥有可以改善我们生活的承诺习惯以及契约准则这一点上,我们每个人都进行协作。一项典型的契约解决一个交换问题或者囚徒困境问题(像下文进一步讨论的那样,这是对交换问题的博弈论表述)。那种认为创制一部宪章或者创建一个政府相当于为合作或者为和平生活而订立契约的普通看法则是执迷不悟的,仿佛前者也同样是一个交换问题。一部宪章并不解决一个特定的交换问题或者囚徒困境问题。它规制关于交互行动的长期模式。它在社会性或策略性意义上建立习俗,使得我们在诸多特定时刻更容易地合作或者协作。创制一部宪章本身不是交 87
换或者囚徒困境中的合作行动,它本质上是在某一途径之上的协作行动,该途径是把我们的生活有秩序地安排在一起的许多可能途径之一种。概略而言,通常在长时期的情况下,我们必须只有一个体系:例如,对契约普遍的强制履行或者没有强制;对财产普遍的保护或者没有保护。我们中间许多人在这一普遍情形中有一个轻松的选择:我们偏好在一个强制履行契约以及保护财产的体系之上的协作,而不是在一个没有强制或者保护的体系之上的协作。

重要的是,对此处的问题是什么,要保持清晰。一个人可以背弃任何一项给定的契约并且似乎仍然可能有机会和其他潜在伙伴发生互利的契约关系。但是,一个人不可能弃绝整个强制履行契约的制度并且仍然期望与别人之间的互利性契约交换得以实现。

一部宪章不是一项契约，实际上它创造订立契约的制度，如果没有宪政秩序或者其他巩固的秩序作为后盾，订立契约事实上是不可能的。因而，再次声明，它的功能是通过首先协调我们来解决一个在订立契约之前的问题。如果我们建立一个要求所有人协作使用公制（metric system）的规则，并且开始遵循该规则，那么所有人都很可能发现从此之后这么做符合他们的利益。不会存在欺骗，也不会存在通过使用另一种不同度量体系来利用别人。在霍布斯关于创造一个全能主权者的洞察中，同样是一个大体协作的问题。[150]我们所有人都想有使得我们通过自身努力以及与别人交换而繁荣的秩序。一旦我们建立起一个主权体或者政府，我们就从个人角度发现遵守秩序符合我们的利益。

像第一章讨论过的那样，在协作理论中，问题不是我们确实赞同，而是一旦某一特定协作被建立，我们的以及实质上每个人的动机都是去遵循。协作理论主要是一种关于可行性的理论，而不是关于规范或者义务的理论。一部采取契约形式的宪章或许可行性较小，因为它不是自我实施的。它将在任何时候遭受重新谈判甚至被违背，任何群体都可能通过重新谈判或者违背它而获益。因此，在契约理论中，目标经常是为通过讨价还价而建立的秩序提供一个规范性的基础，例如，谴责那些违背契约性宪章的人们——他们由于事先赞同而对该宪章负有义务。在协作理论中，极少存在
88 对规范性辩护的明显关注。但是人们可以一般性地推断出，一项协作在这样的范围内是好的，即，它在提供遵循它的诸多动机时也的确保障着诸多利益。

美国 1787—1788 年宪法无疑是在核心问题上的一次成功协

作。该核心问题是在13个州之间消除关税以及其他贸易壁垒，这是《商业条款》中所保证的（对此第六章中将进一步讨论）。正是这一问题把会议代表带到了费城，并且为解决它，他们选择超越授权并撰写一部全新的宪法来取代《邦联条例》。可能性在于或者基本上贸易自由或者各州对贸易设立强制性壁垒。一些反联邦党人的观点也许是不连贯的，因为他们的财产依赖于其产品的商业利润，故而他们一定程度上基本希望自由贸易。[151]然而，他们反对一个全国性政府，而后者也许是保证自由贸易的唯一途径。虽然反联邦党人反对可能控制地方社群的更大国族的价值，会议代表们以及之后批准宪法的各州会议显然偏好从强制性壁垒到自由贸易的重新协作。他们的选择为之后的两个世纪甚至大概为今后很长时间基本上安排好了该事务。

一部宪章至少在三种主要情形上与一项契约有本质区别。我将分别简要讨论如下。首先，契约和宪章分别治理的典型互动之间的策略结构是不同的。契约典型地解决直接的囚徒困境互动（通常是两方之间的交换行为）；宪章典型地解决直接的协作互动（创立一套特定的政府制度及其形式）。其次，与一项契约相比，一部宪章背后所需要的赞同因素要微小得多。这一问题导致了一批非常愚钝且没有启发意义的关于默示同意、假定同意以及暗示同意等等的文献。实践中，对于一部宪章的运作，默认比赞同更为重要，而赞同对于理解一项契约之下的义务至关重要。最后，对一项契约和一部宪章的支持来自不同的源头。一项契约一般由外在制 89
裁来支持；一部宪章更接近于被默许（default）所支持，被在替代性安排上进行重新协作的困难所支持。如果一部宪章要运行以带来并且维持社会秩序的话，它必须是自我实施的。就像那个 Publius 的匿名同事恺撒所坦言的那样，对绝大多数人所要求的不过是要他们“起诉但不造反”。[152]

这三项主张的头一项是关于宪政秩序的起初建立的。该主张仅仅是说，一部宪章所解决之问题的策略结构不是囚徒困境。另外两项主张是关于一部宪章（及其秩序）一旦被采用后的运作方式。这些主张的确立进一步显示，讨论中受宪章约束的互动不是一个在囚徒困境中维持合作的事情。

如果宪章并不与契约相类似，它们也许看起来与依据于习俗的契约相类似。在后者中，就像下文将要更全面讨论的那样，通过规制未来互动行为的习俗之兴起，一种模式的囚徒困境互动得以被合作性地解决。[153]再一次，这里存在共同的因素，但是一部宪章在总体上与一项依据于习俗的契约明显不同，主要在于它通常治理一个人数庞大的社会，甚至多达几亿人，而一项依据于习俗的契约则治理两人世界或者人数极少的群体内部进行中的互动。为两人社会而制定的宪章是可笑的。[154]

一部正式宪法和一项契约之间最重要的共同因素，在于二者和典型的法定契约不同，并不依赖于来自某一外在权力的诸多制裁，而是依靠群体内部用于治理的诸多制裁和激励。此外，一部宪法必须合乎习俗地运作和被解释，同时其内容随着时间而更改。但是，一项依据于习俗的契约在用以治理小数目交换关系这一点上仍然类似于一项简单契约，并且因此不像一部宪法。两人交换关系的激励结构与大数目交换关系的激励结构惊人地不同，并且
90 正是前种激励结构使得长期重复两人交换中的一方可以通过拒绝

与不履行契约的一方继续合作而惩罚对方。实际上,这正是集体行动的逻辑之关键所在。如果我们被卷入一个要求我们所有人都参与的大数目集体行动,就像社会秩序或者采用宪法实际上发生的那样,那么我们不可能通过拒绝与破坏秩序的人合作而简单地惩罚他们。

一旦我们清楚宪章不是什么,我们就可以接下来考虑我们为什么想要一部宪章。我将以一段关于可被称为正式宪法之策略性功能的简要讨论来作出结论。

最后,提请注意,一旦一个宪政政府已然在位,它可以规制所有类型的问题:冲突、交换以及协作。在这一点上,协作在某种意义上,是内在性的(in medias res)而不是自始性的(ab initio)。创制一部宪法所需要的自发协作很可能比此后维持它所需要的协作更严苛。这产生于这样一个事实:取消现行宪法而用别的东西取而代之的负担,即重新协作的负担,可能是变革的首要障碍。这将是第六章的核心考虑,该章论述一个宪政政权如何管理经济变化以及人口变化。本章的焦点则在于用以创制一部宪法的起始自发协作。

宪章的策略结构

为了尽可能明晰地防范把宪章看作隐喻的或者实际的契约,需要一些关于二者的博弈论结构的技术性的讨论。然而,这样做并不需要复杂手段。我们可以把所有两个或更多参与者之间的策略性互动刻画为三种类型。如果对结果的偏好排序严格相反,一个两方互动是完全冲突。如果对结果的偏好排序相同,该互动是

完全协作。所有其他互动涉及冲突和协作的混合，一些结果排序相反而一些则排序相同。这些是**混合动机**的互动。[155]囚徒困境是
91 所有混合动机互动中被研究和讨论最多的一个，很大程度上无疑是因为它描述了一个交换互动的策略结构。[156]

一项传统契约的典型目的是去规制一项交换，因而去决定一项囚徒困境交换。一部宪章的典型目的是去决定一个协作互动。关于两种互动的二人版本如图 3.1 和 3.2 所示。[157]在这些图中，每个参与者的支付是严格序数排列的。即，一个含有支付为 1 的结果是该参与者的第一选择，或者最偏好的结果；含有支付为 2 的结果是该参与者的第二选择，依此类推。[158]在矩阵中的每个单元里，第一个支付值归行参与者，第二个支付值归列参与者（按照记忆中的罗马天主教传统）。由此，第一个博弈（囚徒困境）左上单元给出每个参与者的次优结果。囚徒困境的解决内在地要求制造相关的激励，通常以威胁制裁的方式，来使得两个参与者都选择他们的合作策略而不是背叛策略。一个协作博弈的解决典型地所要求的只不过是发出信号，例如在图 3.2 里要使得两个参与者都选择他们的策略Ⅰ而不是策略Ⅱ。

		列	
		合作	背叛
行	合作	2,2	4,1
	背叛	1,4	3,3

图 3.1. 博弈 1：囚徒困境或者交换

92

		列	
		Ⅰ	Ⅱ
行	Ⅰ	1,1	2,2
	Ⅱ	3,3	1,1

图 3.2. 博弈 2:协作

认为这两种互动之间没有相似之处是错误的。显然,囚徒困境值得共同合作性解决的原因在于它包含在其内部协作的很大因素:所有参与者均偏好都合作而不是都背叛的结果。如果我们分析性地界定所有一定数量参与者之间的博弈,我们将普遍地发现其中大多数同时包含协作以及冲突的因素。此外,在创制或者修改宪法之际,人们一般料想会发现对于特定宪法条款之形式的真实的利益冲突。例如,汉密尔顿反对美国宪法没有给参议员们和总统终身任期。他的反对者们谴责他企图强加一个贵族制加一个君主制。汉密尔顿也许会回答说他们是对的,但是与快速更替高层机关的相对自由轮转的民主制相比,一个贵族制加一个君主制会产生出更好的政府。[159]但是他也可能想到,尽管任何强有力的全国性政府比虚弱的全国性政府更可取,一个贵族制加一个君主制会比一个更开放的民主制更好地服务于他的利益。因此,也许在某种程度上存在的仅仅是对于不同政府形式如何运作的实情之间的不同看法。但是另一种程度上可能还存在局部利益冲突,就像在囚徒困境中那样。

如果达到存在真实利益冲突的程度,就像在可能的协作结果之间那样,互动就更接近于类似博弈 3(见图 3.3)里的不对称协作而不是博弈 2(见图 3.2)里的协作。在博弈 3 里,和另外两个结果相比,存在两个我们都更偏好的结果。但是我更偏好其中的(1,2)
93 而不是(2,1),而你更偏好(2,1)而不是(1,2)。我们是否应当把我们之间的互动本质上视为协作而不是冲突,取决于在我们的估量中,1 和 2 之间的差别与 2 和 3 之间的差别相比较而言是怎样的。如果对我们每个人而言,1 和 2 之间差别略微而 2 和 3 之间差别极大,我们之间就首要地是协作互动。如果情况相反,我们之间就本质上是冲突互动。就算 1 和 2 之间有实质性的差异,2 仍然可能完全优于 3。这种情况下,如果我们成功地以一种途径而不是另一种来协作,我们会面对对一方而言持续不利的问题,故而我们最终的协作看起来是剥削性的。[160]但是,这仍然是一个协作问题而不是囚徒困境问题。假如它是后者的话,那么以下非真不可,即,决定了选择没有君主制的政府之后,对汉密尔顿来说,仍然存在理由来搭无君主协作的便车,既享受社会秩序的好处,又继续一意孤行于君主制之路。但那是不合逻辑的。那些坚持认为汉密尔顿在这一问题上订立契约的人们应当解释他之后搭该协议便车的意义所指。

		列 I	列 II
行	I	2,1	3,3
行	II	3,3	1,2

图 3.3. 博弈 3:不对称协作

一定程度的利益冲突是宪政安排固有的,这只是因为该安排建立的是服务于一些狭隘目的(比如帮助我保障我的利益不受你侵害)的制度。正如汉密尔顿所指出的那样,美国宪法影响了许多"特殊利益"(《联邦党人文集》第1篇)。他早前曾指出,任何措施"将对一些部分的利益比对其他的更奏效",但也指出把这作为基 94
本理由来反对那些趋向于总体上有利的措施是可笑的。[16]显然,汉密尔顿假定在最坏的情况下问题也不过是不对称协作。如果它根本上是囚徒困境——而不是有几个协作结果的协作互动,其中一些你稍微偏好一些,另一些我稍微偏好一些,以此类推——那么一些结果在我们中间一定对一些人而言最好而对其他人而言最差。从主要群体的观点来看,一定存在类似于图1中(1,4)和(4,1)的结果。但如果它根本上是一个协作互动,那么情况就不是这样。

对于1787年的十三州而言,这里的实际问题是《联邦党人文集》只认定一个简单的答案,即,没有人可以明智地认为没有联邦比一个适度强有力的政府更好(当然,一些反联邦党人不同意——显然,他们是不明智的)。麦迪逊指出即使一个强大的宗派也一定想要对所有团体的保护(《联邦党人文集》第51篇)。一些人明确偏好一个比宪法所允诺的更弱的政府,并且也许有些人倾向于策略性地阻止该宪法以得到取得某一其他政府形式——无论它是强是弱——的重新磋商。也许带些夸张,汉密尔顿在《联邦党人文集》开头论证道,选择在于"或者采用新宪法或者联盟解体"(《联邦党人文集》第1篇末段)。如下文进一步讨论的那样(在"对遵循一部宪法的激励"一节中),如果一个人可以通过契约或承诺解决囚徒困境,那么不存在这样的对任何人的普遍的激励,即,因期望日后可以欺诈和拒绝合作而加入协议。

所有这些观点都从这样一个假定得出,即,协作得到的回报覆没了所有其他可能性,该假定一定在联邦党人看来是极有说服力的。虽然存在不同的似乎合理的协作结果,一些人偏好其一而其他人偏好另一结果,但是不大可能存在任何这样的主要群体,它当真以为某一结果类似于图 3.1 中的结果(1,4),其中它自己得到最
95 偏好支付而另一群体得到最差支付,而不是双方都得到某一居中妥协。例如,汉密尔顿和其他金融家们不可能认为当托马斯·杰斐逊和其他种植园主们处境最差时自己的境况最好。相反,双方当时一定设想要想有一方繁荣,另一方也一定要繁荣。如果有一方处境极度恶化,另一方也会恶化。麦迪逊在《联邦党人文集》第 10 篇中对相冲突利益的其他相应论述同样如此。

让我们更详细地思考上面这一点。一项契约通常规制一项交换。我们之间的一项交换中牵涉的是这样的交易:(1)对我来说,我对你拥有的某东西的估价高于我对我拥有的东西的估价;(2)对你来说,你对我拥有的某东西的估价高于你对你拥有的东西的估价。这是一个蹩脚但完整的表述。如果我能得到你的东西并保留我的,结果对我最好而对你最差:(1,4)。如果我们改为进行交换,有人可能说我们增进了价值,但是,说我们都得到改善——即,交换是互利的,更为清晰明了。一个支持契约、财产、各类合作组织、集体决策能力以及其他安排的稳定政府所作的,是给予我们稳定的预期去调整长时期的努力,以创造价值,通过如下途径专业化:除非存在能够通过用我们的产品换取其他我们无法轻易或者高效率生产的东西的强烈预期,我们不可能获益。它可以通过阻止(1,4)结果而实现,后者中我们并不交换而仅仅是我掠夺你。它也

可以创造使得我们实际上更多产的所谓公共物品,引用亚当·斯密的日常例子来说,比如当它疏浚港口及河道、养护道路或者修建桥梁的时候。

美国宪法起初最重要的作用是在州之间消除了军事不安全感(《联邦党人文集》第9篇)并增进了市场规模,各州的企业家、农场主以及种植园主们可以在其中交易(《联邦党人文集》第11、23篇)。以克林顿·罗斯特的话来说,该宪法被视为"一扇开向繁荣的门户,一面保卫独立的盾牌"。[162]不安全感的问题不像现在可能看起来的那样没有意义,相当重要的是因为各州为西部新领土的控制而陷入激烈竞争。在强有力的全国性政府之下的联邦解除了 96
这一竞争的大部分根据,并且使无冲突发展的道路变得容易起来。该宪法中的《商业条款》禁止了州际商业税,并使全国性政府广泛地带来特定法律中的同一性,使得交易和其他活动更容易、更有益。

这一条款的目的曾是费城制宪会议的原动力。1786年9月几个州发起安纳波利斯(Annapolis)代表会议就是为了考虑更和谐地规制交易和商业的途径。因为委派代表参加的州数目过少,该次代表会议仅仅建议再召开一个代表会议来考虑有关《邦联条例》的更广泛的问题。汉密尔顿和麦迪逊就位列于安纳波利斯的十二名委员中。[163]麦迪逊宣称新宪法中的《商业条款》真正地是该文件赋予新政府的唯一新权力(《联邦党人文集》第45篇)。该条款的目的如此受欢迎,以至于设计能与它并列的宪法其他部分成为费城制宪会议的主要任务。其要点是将13个州协调于一个能够促进更有效贸易关系的制度结构之上。其要点不是去为任何特定交易而讨价还价，而是通过消除州际关税带来的浪费性转型成本而使得通往这种讨价还价的道路变得容易。精确地说，会议代表们没有交换**任何东西**。虽然他们的目的是研讨州际贸易，但是他们完全没有卷入州际贸易。他们仅仅在一个使得这种贸易的途径变得容易的制度结构上进行了协作。

那么，为什么一些作者似乎认为建立政府所要解决的问题类似囚徒困境问题，故而它的解决要求类似契约的某个东西？也许差错仅仅是这样一个微小的错误假定，认为由于未来在更大的社会里需要解决的一类问题是交换，帮助解决它们的任何东西都必须是一项交换。这只不过是不合逻辑和错误的。比如，建立一个通讯系统可以帮助我们做出交换，但它不必是一项交换的产物。

也许还存在一个更精细的逻辑错位。那种认为创立政府一定
97 是个重大谈判的观点的支持者似乎不时地把两种看来不一致的看法混在一起。这些看法之一是：我们的问题是去维持我们拥有的东西，好像它实质上是个完全冲突问题似的。我想要我所有的一切加上你所有的一切——你也如此。另一个看法是，某一意义上可以通过保证一种分配而不是另一种来取得双赢（或者维持互利）。这些看法的组合使得它看起来像囚徒困境，其中(1,4)和(4,1)这对结果相互冲突，而(2,2)和(3,3)这对结果产生出互利的可能性，如果我们从后者改变到前者的话。

使得协作问题跃居你我都想得到一切的冲突之上的，是通过容许我们每个人都保留我们所拥有和生产的一部分而产生的对生产和双赢的巨大希望。如果我们成功地在一个政府结构上进行协作，以建立秩序和规制交换，那么我们的结果对我来说并不比我得到我

们已有的一切而你一无所有的状态更差。它根本上好于那一结果。它是一个只有生产性社会才能提供给我们任何人的结果。那么如图3.4(注:最优结果远远好于次优结果。)所示,对我们双方最好的状态是(1,1);把一切东西给我或者给你的分配状态是(2,4)或者(4,2);在自然状态下的现状则是(3,3)。在一个宪政秩序之上的协作把我们带出自然状态。它不是仅仅在我们仍然停留在灰暗而没有生产效益的自然状态之际规制我们之间的关系。霍布斯清楚地看到了这一切。很奇怪,许多他的当代读者以及许多所谓的社会契约的研究者未能看到它,[尽管]他们知道一点博弈论的简化优势。

		列	
		Ⅰ	Ⅱ
行	Ⅰ	1,1	4,2
	Ⅱ	2,4	3,3

图 3.4. 博弈 4:宪政协作

(最优结果远远好于次优结果。)

在这一点上,思考所谓自然状态总体上是误导性的,因为它趋向于把我们的注意力聚焦于我们已经拥有的东西,而不是注意我 98
们在相应协作体制下可以生产的东西。使政府容易被赞同的政府核心价值在于它使得我们有能力在生产出巨大收益这一点上进行协作。[164]假如它的首要价值是去阻止我们对已有东西的冲突变得暴烈的话,它的出现将会变成那个许多作者试图解开的谜。实际上,不仅宪政协作引导我们至最优结果是真的,而且该结果对我们中的任何人都根本性地好于次优结果,在后者中一个人仅仅拥有在没有生产效益的自然状态下可得到的东西。与第一和第二结果之间的巨大差别相比，第二和第三选择之间的差别极其微小。前种差别类似于一个非常原始的自给自足经济体的平均状况和一个富裕的现代高产社会（比如瑞典）的平均状况之间的差别。对一个原始社会的成员来说，完全不存在一种通过席卷该社会其他成员的持有物而变得富有的可能性。

许多现实中的宪法的确在其内核中具有契约的特征。它们包含讨价还价过程里得到赞同的决定，在该过程中利益相互妥协。不幸的是，在其核心中包含诸契约的宪法通常是不稳定的。和在一个司法体系中的普通契约不同，它们缺乏一个外在强迫机构所带来的好处。如果一部宪法要稳定，它必须是自我实施的，它必须是一项协作，因为该国家无法求助于一个超国家机构去强制它的公民们在彼此之间或者他们与其政府之间实施契约性协议。就一项普通契约而言，我可以说如下一揽子事项是符合我的利益的：使我的行动和你的行动加上一些信心——对必要时存在针对你或我的强制的信心。因此，我们订立契约。如果之后显露出强制不会发生，你或我可能不再认为遵循起初的协议符合我们的利益。一部具有契约形式的宪法直接面对这一问题，即，如何在没有强制的情况下激发服从。

反联邦党人们把《邦联条例》视为一项契约并把宪法看成非常不同的东西。令人吃惊的是，他们对事情比绝大多数后来的评论者们有更中肯的把握。他们明确地为州际契约辩护，而反对该宪
99 法里的全国联邦。他们主张那种数百年来的普通看法，认为自然状态中的一项契约可被随意废弃。故而，在一项主权州之间的契

约下,退出是一个自然举动,因为这样一项契约无法由一个居上权力来强制实施。在这一点上,麦迪逊持相同观点,他因此想要一部可以在一个全国性政府基础上协调(麦迪逊谈及"concert")各州的宪法。[165]对订立契约的传统看法是一种奇怪的看法。按照该看法,《邦联条例》甚至都不是讨价还价的结果。该条例仅仅是各州对于它们去做之后任何一致同意之事项的先验同意。《邦联条例》带来的首要因果效应是建立一个在其中力图达到以后一致同意的论坛。这本身不是一个无用的目的。在冷战岁月中,美国和苏联曾经建立了一个常设的咨询委员会,来为达成关于军控监督的适度共识提供一个论坛。尽管如此,反联邦党人们认为如下观点是正确的,即,《邦联条例》不是一部宪法,同时拟议中的宪法不是一项契约。

1787年时存在诸多讨价还价,比如关于如何计算奴隶以及最终终止奴隶进口。但是,只有依赖通过对大多数利益进行根本协调而获得权力的政府,这些交易才在组织跨州经济关系中能够得以实施。当联邦增加新州的创新威胁到通过宪法修正案废除奴隶制的可能性时,奴隶问题再次显现。这样一条修正案可能会使许多南方人付出的代价比他们因断绝州际自由贸易而蒙受的损失更大。此种变动的威胁因而打破了最初的协作,也破裂了联邦。但是,那次冲突被或多或少无可挽回地解决之后,宪政安排重新在本质上成为协作性的了。

最后,请注意在1787至1788年有两个群体似乎看到他们的利益根本上和联邦党人们相对立。许多反联邦党人似乎更倾向于联盟破裂而不是强政府。同时,那些并非宪政决策当事人的奴隶

100 们也许会类似地认为，他们的利益在于不要有在一部永久化他们状况的宪法之下的联邦。因此，这两个群体可能明显地偏好现状（哪怕它会导致联盟崩溃），胜于在该宪法之下建立一个全国性的强政府。如果这是对他们利益的正确看法，那么由此可见从他们的视角出发，该宪法的问题在本质上就是一个和联邦党人之间几乎完全冲突的问题。他们和后者既不处于囚徒困境互动中，也不处于协作互动中。至少对关于以下人士立场的*声明*来说，这一定是个准确的说明：相对无政府主义的宪法反对者以及诸如布鲁图斯（Brutus）和加图（Cato）那样的人，后者认为像13个州加在一起这样规模的共和国只能是暴虐的。[166]但是一旦言词辩论结束而他们不得不选择是否加入一个无论他们加入与否都将出现的联盟，我们就可以合理地不相信这是他们之中一些人（比如，纽约的乔治·克林顿）的实际看法。国族总体上正式通过该宪法不服务于反联邦党人眼中他们的利益。但是，一旦它被足够数目的州正式通过以创建一个国族，那么忍受该宪法就的确服务于反联邦党人的利益了。它是否还代表奴隶们的利益，视如果该宪法失败某人预期从中得到什么而定。

更广泛地考虑一下反联邦党人们的异议。这一异议聚焦于拟议中众议院的规模，为了保持众议院足够小以允许真正的辩论，它被弄得太小，以至于不能给予各类社区和群体真正的代表。菲利普·昆兰德和兰夫·勒纳总结说，这一话题在讨论批准问题时使得所有其他话题黯然失色。[167]反联邦党人们假定，只有每个群体或社区被它自己的成员按比例地代表，政府才可能是真正代表性的。通过这种与授权代表制（representation by mandate）相反的消极代表制(passive representation),可以预期立法机关将社区利益考虑进去。如布鲁图斯指出的那样,“代表们应当密切地熟知社会中 101
的需要,理解各等级的利益,感触适当的见地,并且变得热诚地去促进它们”。[168]再一次,一旦他们输掉了这一辩论且该宪法已经在支配政府的建立,该辩论事实上就成了一封无法投递的死信。[169]不存在反联邦党人的想法能够成功表达的论坛。在《联邦党人文集》第55篇中,麦迪逊对小规模众议院的辩护未理睬这一考量,而明显地聚焦于两个问题:较小团体对于进行睿智的辩论和得出结论的有效性,以及非常庞大的团体更可能变成寡头政治式的。[170]对并不想要有效的全国性政府的反联邦党人来说,第一项主张根本不成其为辩护。如果他们都同意麦迪逊的社会分析的话,第二项主张也许使双方都受到了启发。

也有可能,反联邦党人中的一些人反对一个将会减少他们自己地方权力的全国性政府,另一些则仅仅是由于像汉密尔顿所推测的那样“被预先的嫉妒与恐惧引入歧途的真实心智错误”而误判了他们的利益(《联邦党人文集》第1篇)。这两类反对者们当时一定也视他们自己和联邦党人处于简单冲突之中。

联邦党人是否事实上把他们在解决《邦联条例》下政府虚弱问题中面临的问题看作一个本质上的协作问题?他们的许多陈述表明他们通常如此。《联邦党人文集》掺有这种看法,比如在汉密尔顿的开篇和结尾评论中那样,那些评论指出问题在于要么是那部宪法下的联邦要么是解体,在于“国族本身的存在”(《联邦党人文集》第1、85篇)。乔治·华盛顿强烈倡议一个用以修改《邦联条 102
例》的代表会议,并且进一步倡议一个迅速的而不是完美的变革。[171]置身于所有辩论之外，他在费城的角色仅仅是支持最终文件以及它可能导致的政府。恺撒明确写道，非常不同的宪法也许是同样可以接受的（在本章的引言中）。[172]实际上，假如《邦联条例》当初变为允许通过大多数比如四分之三多数而不是一致同意来修正，它很有可能作为美国宪法而存活下来，并且也许和那部在费城起草的用来替代它的宪法运转得差不多一样良好。对它的替代避免了一个巨大的困难，即，通过那个对于改变修正程序的无异议要求。麦迪逊通过在会议开始时引入他提议的弗吉尼亚方案——该方案是一部全面的宪章——而抢先取得了费城辩论中的焦点。他显然不打算让该会议仅仅只做它被合法任命去做的事情。

其实本来有可能存在其他实质上不同的宪法可以被辩护得像费城会议提议的那部一样令人信服。然而，在那样的情况下，一旦13个州中许多最重要的政治领袖在费城度过几个炎热的月份推敲出一份对联盟的挽救方案，他们就有效地从所有可能的协作点中挑选了一个。在这一限度内，詹姆斯·威尔逊在宾夕法尼亚州批准大会前关于宪法起草者们"没有行使任何权力"的声称当然是错误的。[173]他们促使一个对特定宪政秩序的选择作为与联盟解体——它被汉密尔顿摆弄成替代接受宪法的选择——相对的唯一有效选项。在《联邦党人文集》结尾的几篇中，汉密尔顿极其有说服力地评述说，"像上次制宪会议那样有利于对恰当议题进行会面、协商以及做出结论的境况，对召集一个新的代表会议来说，在任何程度上"都是希望渺茫的。

就一部宪法的协作和在宪法之下的协作

主张一部特定宪法是协作的工具时，我们可能正做出两种非 103
常不同的主张：对宪法内容的选择本身是个协作问题，或者该宪法由于成功地协调在它之下的诸行动而起作用。尽管它使用了政治创新在它的最初内容及其批准上取得了协作，并且在两个阶段自始至终存在实质性的反对，美国宪法仍然在两种意义上都是一个协作。它成功是因为一旦它的政府就位的话，它的确普遍地有利于所有主要利益去遵循它而不去造反。实际上，一旦它被有效地确保成为唯一的选项，它就普遍地有利于大多数主要群体去支持它的批准。因此，一旦足够数目的其他州批准了它，弗吉尼亚州的异议就被克服了，使得像埃德蒙·兰道夫(Edmund Randolph)这样的弗吉尼亚人投票支持它，而他在费城代表会议上拒绝在该文件上签名。最终，甚至北卡罗来纳和罗得岛也勉强投票支持它以避免被留在新国族之外——尽管对该宪法存在强烈的并且也许是绝对多数人的反对情绪。兰道夫被错误地批评为不一贯。他在费城想要的是一部不同宪法之下的全国联邦。但是当弗吉尼亚代表会议召开时，绝无可能出现这样的一种结果，因为在费城宪法之下的全国联邦实际上是必然的。因此，他的选择已经被减小到这种程度，即，在这部宪法之下的全国联邦或者包含或者不包含弗吉尼亚。

最初的协作是如何创造出来的？存在三个大的群体对该结果感兴趣：种植园农业主、商业与金融利益体以及社群主义的农村公民,后者中许多人后来成为反联邦党人。种植园农业主和社群主义者共同具有对农村价值的认同。但是,种植园农业主还和工商利益体共同具有对更大、更通畅的市场的认同。种植园毕竟属于大规模生产的业务,而不仅仅是自给自足。这两者的结合,对于形成一个拥有商业管辖权的全国性政府提供了一个多数。他们在一起控制了该代表会议。

104 他们的控制由于这样的事实而增强,即,农村社群主义者如此反对建立一个更强政府这一目的,以至于他们在该代表会议中没有充分参与。来自纽约的两个社群主义代表退出了,因此在7月10日之后的议题上从代表会议的所有选票中去除了反对强有力全国性政府的一个敌对州的选票,而这个日子正是开始决定该宪法细节的时候。罗得岛州甚至拒绝派代表去参加会议。假如当时罗得岛派出了代表,他们似乎极有可能对强有力全国性政府抱有同样的敌意。因此,在该代表会议的十三票中,社群主义者缺席了整整两票。

这两个州的损失只是社群主义者失误的一部分。在弗吉尼亚州批准会议上,当有人问帕克·亨利(Patrick Henry),为什么他尽管被选为代表也没有到费城参与以影响该文件的设计时,他回答说:“我嗅出事情不对头。”[174]联邦党人当时一定对他的嗅觉判断心怀感激,因为他本该是会议上难以匹敌的雄辩家。有几个被选作代表的人谢绝参与,八个被选作代表的人尽管没有明确拒绝也没有参与。梅恩总结说,至少有四个谢绝者很可能是反联邦党人,没有一个是明显的联邦党人。八个未出席者之中,两个是联邦党人,一个是反联邦党人。[175]弗吉尼亚的缺席者们本来也有可能把该州的票投给麦迪逊和他的朋友们。缺席者们因而事实上把规定宪法的最初胜利拱手送给了种植园农业主和工商利益之间的国族主义组合。对于缺席，除了对程序的反对之外，还有别的一些原因也不利于社群主义者的代表权。那些参加者实际上非得富有到能掏得起路费，并且一定程度上有闲或者能够在整个夏天把他们的业务交给别人。[176]社群主义农场主中的许多人也许并不愿意在夏季 105
期间忽视他们规模有限的产业。

更进一步，仅一定程度放大而言，代表会议上的两个主导利益只不过把他们之间的冲突排除在了讨论之外。[177]在某种程度上，这一方面是因为汉密尔顿这个最固执的工商派被削弱，原因是纽约州由于他的纽约同事离去而失去了之后议程中的正式投票权；另一方面是因为作为最固执的种植园农业主之一的杰斐逊没有到会（尽管他的缺席也许影响不大，因为杰斐逊缺乏演讲的才华）。

但是，在另一种程度上，那是因为双方可能足够地误判了未来经济的诸多发展，以至于他们没有充分地试图用宪法防护条款来保障他们的利益（这个问题将在第六章中进行更广泛的讨论，该章的焦点在于该宪法后来的可行性）。例如，麦迪逊似乎在如此程度上预期经济会在很远的将来保持主要是农耕性的，以至于他支持马尔萨斯的看法，认为人口增长不久一定会被可耕土地的供应量所限制。[178]故而，在一个有权规制贸易并在国际关系中将该国族合为一体，但却并不进行经济变革的相对有限的全国性政府上，与会者们能够完成协作。或者毋宁说，与会者的明显多数派能够完成协作。实际上，在最后，几乎所有坚持到会议结束的人都把该宪法草案作为对《邦联条例》的改进而加以接受，与后者相比，它有利于他们之间的互利，并且他们是能够使它成文并且交付采用的政治上有效力的群体。

106 查尔斯·贝尔德曾经论证说，对该宪法的支持无疑是一些经济利益的函数。[179]成功的工商业和种植园阶级支持它；小农们反对它。这个论点可以被分为两阶段：撰写宪法和批准宪法。根据上述有关会议辩论的情况，很显然该论点对第一阶段大体上是正确的。金融利益和贸易获得胜利，相当程度上是因为他们实在是被过度地代表了——毕竟，把与会者们召集到一起的是他们的议题。该观点似乎对第二阶段也是正确的，尽管甚至此时也需要大量政治创新和许多运气以使宪法支持者们取得胜利。[180]假如作为构成男性财产所有者绝对主体的小农群体反对的话，那么对该宪法的采用就有赖于他们未能投票。实际上，他们甚至在宪法生效之前就默认该宪法治理他们。

在所有两个阶段中，宪法以及《商业条款》的对象对那些从中获益的人来说，都是宏大的协作。主要是通过控制议程和投票时机，这些人控制了该次会议，并且还像埃文林·芬克和威廉·里克表明的那样，控制了批准过程。[181]通过先在很少或者没有反对的州举行投票，联邦党人得以把后来州的投票变成这样一个问题，即，要么加入协作要么接受一个比《邦联条例》治下更差的世界，在这个世界里，他们将置身该国族之外并无法享受它所提供的好处，而且有可能冒着那个人口更多的新国族发动战争的风险。推测来看，甚至许多罗得岛人也发现那不是个容易的选择。在批准过程的协作上，联邦党人还得益于大多数合格选民没有投票——美国民主制从一开始就从来不是高度参与的。[182]

十二年后,工商业和种植园利益的合作被打破,并且社群主义 107
者看起来成为杰斐逊霸权的一部分。[183]但是到那时,那部工商业宪法已经在发挥作用,几乎没有群体可以通过不遵循它对社会的协调而获益。并且甚至在当时,社群主义者也在"农业扩张主义(agricultural empirialism)"中永远地失去了他们的纲领,农业扩张主义被杰斐逊主义者认为可以证明购买路易斯安那的正确性,它也使得这个国家如此之大,以至于社群主义的可能性以及直至近期这个观念本身都被掩埋了。[184]此后,所有派别似乎都能够在国族主义驱动上协作。最终是由对于奴隶制的冲突粉碎了这一协作的力量,然而甚至在那时候,该协作已经导致了全国性政府中足够的权力增长以通过武力使该宪法盛行。该宪法和它所创建的政府在协调国民以及增强自身方面极其成功。

赞同与一部宪法

对一项契约和一部宪法的赞同在两个重要的方面是不同的:某人到底赞同了没有,以及如果某人的确赞同了,他赞同了什么。要产生或者要有效,一部宪法并不要求全体甚至普遍的赞同。实际上,1787 年提议一部新宪法而不是提议《邦联条例》修正案的吸引力之一,就在于前者可以不受后者所受的一致同意那样破坏性的荒谬要求而得以完成,尤其是当一致同意可以被微小但执拗的罗得岛所阻碍时(《联邦党人文集》第 40 篇)。在许多情形下,一部宪法甚至不要求多数支持,它仅仅需要缺乏足够的反对。

美国宪法以最勉强的方式被采用。两个最后的州先是否决了 108

它，并且后来也只是在它已经因为被足够多的其他州批准而生效之后才接受了它。虽然罗得岛的批准书没有骄傲地宣称它是坚持到底的最后一个，但罗得岛选民们在一次全州公投中以2711票对239票的极大差距否决了这部宪法；两年多之后，罗得岛才在一次州代表会议上批准了该宪法——这是在华盛顿已经担任新国家首任总统一年多之后。北卡罗来纳州第一次制宪会议拒绝批准该宪法；第二次会议在一年多之后批准了它——同样是在华盛顿就任总统之后。一些州经由绝大多数批准了宪法——特拉华、新泽西以及佐治亚甚至得到其制宪会议的一致同意。但是另外几个州则只是以微弱的多数投票通过。

在设想的联邦中的三个关键的大州——纽约、宾夕法尼亚和弗吉尼亚，只有在宾夕法尼亚以令人欣慰的多数得到批准。实际上，纽约州把足够多数的反对批准的代表选进了该州代表会议。汉密尔顿私下威胁道，如果该州拒绝参加联邦的话，纽约市将脱离该州。也许这一威胁扭转了会议，因为它使足够多与会代表确信了他们关于没有纽约就不会有联邦这个信条的反面——即，没有联邦就不会有纽约。[185]假如当初反联邦党人没有出于敌意而推迟批准会议的话，他们也许会充分地以极大优势投票否决，并且也许会导致别的州倒戈，因而摧毁该宪法。相反，他们被迫在10个州批准之后进行表决，而10个州已经比必要数目多出一个。在弗吉尼亚作为第十个州投票批准几个星期之后，纽约州制宪会议中的反联邦党人多数派预先集会并决定其中一部分人应当投票赞成批
109 准，但是只够形成微弱多数。[186]在及时批准而参与新政府形成的11个州中间，罗斯特推测至少有4个州本来可能非常容易地被丢

掉,因而毁掉宪法。但是,由于联邦党人支持者的精明以及一些时机上的偶然情况,比如出现在作为最重要的州之一的纽约那样的情况,这未能发生。[187]

尽管被接受是如此勉强,美国宪法一直对北美的社会以及政治关系产生非凡的影响。就这方面来看,一部宪法在策略性意义上明显地类似于一项习俗:它也许不会给你所有结果中最好的一个,但是**给定别人几乎每个人都遵循它**,它会给你你能够期望的最好的一个。可以想象一项契约以类似方式约束那些决不赞成它的人吗?虽然该宪法并不像在北美诱导人们靠右行驶的行车习俗——该习俗也许甚至在道义上要求他们那样做——那样不易侵蚀;但是,哪怕对那些从来没有投票赞成它的人来说,它也是非常不容忽视的。

杰弗里·布伦南和詹姆斯·M.布坎南说,“政治秩序的规则……只能合理地来自于作为政治体系成员的个人之间的赞同”。[188]“合理地”(legitimately)这个词暗示道,该说法是作为规范性观点而提出来的。除了就如果一项赞同不可行即无法有约束力来说之外,我不打算在这里讨论这个规范性观点。我想考量的,正是那个隐含的可行性观点。或者,也许应当论及那个关于赞同之含义的隐含观点。我们如何从政治体系个体成员之间的赞同中得出关于政治秩序的规则?举个小例子,考虑一下在国会中管理辩论和投票的规则。在《罗伯特议事规则》(*Robert's Rules of Orders*)中,这些规则被清楚地以可以广泛适用的形式写出来,以在其他审议机构中使用。《罗伯特议事规则》规定,其职责是去援引相应规则的议事专家不应该由选举产生,而应当由该群体的议长任命。“当被选出的顾问比他所要建议的官员对主题知道的还少时，去选举这样一个顾问是愚蠢并且尴尬的。”[189]议事专家必须知
110 道的仅仅是过去先例的精华，许多这样的先例并不直接产生于任何明确的原则，并且可能恰恰相反。这部精华写满了大约300页。

“罗伯特规则”就像习惯法。这些规则的形成并没有大量的指导，当然肯定也没有大量的大众控制。政治体系允许这些规则盛行，但是它并不经常在任何更强的意义上表明赞成它们。如果学术性的审议机构比如系务会，在这方面是更大团体的典范的话，政治体系的许多成员一定会发现，许多“罗伯特规则”是狭隘、陌生甚至很惹人讨厌的。因此，情况就是如此，即，那些掌握议事程序规则的人，比如新近的詹姆斯·B. 阿兰(James B. Allen)参议员，可以精明地把立法审议操纵得对他们有利。我们允许这些以及许多其他规则盛行，主要是因为我们不可能轻松地集体行动来影响它们。罗伯特将军(General Robert)把我们协调于他的国会规则系统模式上，这使我们进退维谷。我们也许可以自发地或者集体地推翻它们，但是我们会相当确信我们不会这么做，就像研究搭便车问题和集体行动逻辑的人所耳熟能详的那样。我们不那么做并不证明我们赞成这些规则。

也许对不得不同时治理我们所有人的集体制度来说，可以简单地改变那些把某物算作赞成的必要条件。没有必要所有人都在某个有意义的方向上赞成；对我们推进集体安排而言，只需要有足够的人赞成甚至仅仅默认。显然，在大多数情况下，这只是在宪法之下所做的事情：那些对某事项有投票权的人之中的某个部分，就是决定该事项所要求的全部。那些表决中的失败者可能被说成遭

受了外部性之苦。[190]许多不是普通契约签约者的人也类似地由于别人达成协议而遭受外部性之苦。但是,在正式创制一部宪法中,风险比这要大得多。从某种无法合理地适用于任何普通契约的意义上讲,我们几乎所有人都受益于对我们之间的互动施行的宪政规制。

与那部交给他们来表决的宪法相比,罗得岛的许多人大概只是想要一部本来可以对他们自己更有利的宪法。他们想必并不打
算完全拒绝联邦。因此,在早前投票反对该宪法之后,当联邦成为 111
既成事实而罗得岛只能加入或不加入时,罗得岛投票赞成了它。弗吉尼亚代表会议的表决发生在 8 个州已经批准之后,而所要求的州数是 9 个。[191]当宪法在费城制宪会议上被提出时,埃德·兰道夫曾经拒绝签名。而在弗吉尼亚代表会议上,在关于批准宪法的最后演讲中,他指出"八个州的到位把我们的考量减少到联邦或者没有联邦的单一问题上"。[192]那正是汉密尔顿在《联邦党人文集》(第 1 篇和第 85 篇)开头和结尾讨论的问题。兰道夫在里奇蒙德(Richmond)投票赞成了他在费城拒绝签字的东西。没有理由不在当时可能的最好结果上进行协作。

要让一部宪法盛行,一个民族对它必须赞同的程度如此之小,一个明白无误的证据就是这样一个事实,即,1787 年制宪会议的商讨基本上是秘密的,并且该秘密一直保持到所有与会者辞世为止(麦迪逊最后一个逝世,时间是 1836 年)。像罗斯特评论的那样,"美国宪政史上最令人困惑的事实之一在于,如果存在 1787 年那部伟大章程假借其名并依赖其力得以公布的人民的话,他们不得不等待半个多世纪去了解它是如何被撰写出来的。"[193]事实

上，当然几乎所有这些人民到那时都已经去世，以至于那些通过其力量而得以建立政府的人们几乎完全不知道它是怎样完成的。

尽管对默示接受和假定赞成谈论了三个世纪，许多人无论如何不能被合理地视为曾经赞成美国宪法。他们没有赞成而其他人赞成了的是什么？布伦南和布坎南宣称，一部宪法是这样一项社会契约，它创制规则以使某个人自身及其后代在日后受各种特定东西的内在约束，例如支付赞成过的税收。[194] 这显然是表达该问题的错误方式。一部宪法并不以一项契约那样的方式施加约束。毋宁说，**它通过创立一个协作习俗而仅仅提高试图以某种其他方式做事的成**
112 **本**。此外，它所信誓的东西，和对于在一项契约下行动的预期相比，以一种远为广阔的方式对演化以及变动敞开。签署一项契约类似地提高了之后违背协议的成本，但是它是以一种相对明确指定的、被充分理解的和可预见的方式做到这一点的。典型地，在一项契约中，强制及其成本来自于外部势力，而不是协议的当事方。[195] 并且，可以适用于拒绝履行契约者的制裁，其范围通常得到明确界定。

一部宪法涉及比这个广泛得多的赌博，就像美国宪法的支持者和反对者们认识到的那样(《联邦党人文集》第 85 篇，末段)。当时主要的争论之一是，**是否**总统职位会演变成一个事实上的君主位子而议会演变成一个事实上的贵族统治团体。按照杰斐逊的说法，甚至那个册封出的总统也是对“波兰国王的糟糕翻版”。[196] 只有回顾历史时的狂妄自大才会使这样的争论看来是错位的。那些争论由于这样一个事实而具有意义和紧迫性，即，一旦该宪法表面上存在，对于宪法条文更改以及未能遵循宪法，就没有可能向一个更高的契约督导者上诉。如果它导致的秩序在方向上不同于初始设计者们想要的或者期望的那个,他们可能仍然被这个不同的秩序组织起来并被迫遵守该秩序,即使他们不曾赞成它。

我们谈到了一项契约当事各方的意图以及一项法律的含义。实际上,就像 1787 年与会者之间辩论的秘密包含的那样,列·弗勒论述道,在法律生效一段时间之后,法律制定者的意图就甚少或者没有吸引力了。[197] 麦迪逊同意这种看法,他在 1821 年写道,“作为阐明以及应用该宪法条文的一个向导,制宪会议中的那些辩论和偶然决定可能没有任何权威特征。”[198] 麦迪逊和其他 1787 年立宪者的后辈们对宪法原初文本还没有改写多少,但是他们无疑已经重新界定了它的许多含义。杰斐逊具有先见之明地谈到他自己 113
的时代,说他所担心的不是来自总统职位而是来自立法机关的暴政,并认为总统暴政的时代将会随着国民增加及其政府兴盛而出现在遥远的未来。[199] 也许他是依据对罗马历史的类比而不是依据洞见。但是不管哪种情况,他足够清晰地意识到,不是那部文件而是被选举出的官员们在治理,并且那部文件的内容将由那些选民以及被选举到其机构里的人来决定——与 1787 年与会者们最初的意图和言词相反,当今他们中的一些人是黑人和妇女。“所有新法律”,麦迪逊在《联邦党人文集》第 37 篇中写道,“在它们的含义通过一系列特定的讨论和判决而得以理清和确定以前,都或多或少被认为是模糊两可的”。对于一部新宪法,这无疑是多么的正确啊。

对遵循一部宪法的激励

显示宪政问题总体上不是囚徒困境的最后一个关键性差异在

于,一旦我们已经确定了一个宪政安排,那么对于我们中间那些试图违背该安排来搭便车的人,那样做不大可能符合他们的利益。通过接受该安排,我们的利益将被更好地顾全。这在总体上是正确的,并不是因为如果选择拒绝服从的话我们将被强迫服从,而是因为我们总体上不能得到比服从更好的效果。要得到更好的效果,我们将不得不连带足够多的其他人和我们一起建立一个替代物,而那么做一般来说代价将如此高昂,以至于不值得那些努力。因此,我们的宪政安排是自我实施的,不会遭受搭便车问题的困扰。

我们遵守一项契约,很大程度上是因为如果我们不遵守的话,存在对我们进行制裁的可能性。实际上,当制裁很可能比履约的代价还小的时候,我们常常选择不去遵守契约。在宪章和契约两种情形中,不履行义务的代价在策略上有非常不同的来源。在契约情形下,终极来源是来自外部实体的制裁;在宪章情形下,终极
114 来源是集体行动以进行重新协作——或者用恺撒的话讲,就是进行“造反”——的内部成本。

在某些本质上冲突性的情境中,比如在一些反联邦党人和联邦党人之间以及19世纪中叶在南方奴隶主和北方反奴隶制者之间的情境中,该宪法可能失去总体上协调性的一面。成功协作的一个效果可以是一个强国的产生。合众国在该宪法之下的成功协作导致了一个在类型和规模上非凡的国家,如果没有联邦的话,这不可能有望在北美出现。显然,这是反联邦党人面临的一个主要问题。对于下述权力的使用证明他们的担忧是有道理的,该权力来自于对在内战中通过武力来解决一个重要冲突的协作——尽管

他们对不要有联邦的希望可能得不到同样的证明。国会和总统在1860年选举中倒向相对温和的反奴隶制姿态,这最终使许多南方人确信,他们与北方进一步协作的好处,比不上冲突可能带来的潜在代价。故而,他们从本质上把该互动不再看成是协作而是冲突。北方显然继续偏好与南方的联盟而不是没有联盟——即使要付出一场可怕战争的代价,但是南方当时偏好的是没有联盟而不是联盟。[200]较早之前,许多联邦党人也担心这样的冲突会出现并被用强制甚至专横的方式解决,但是他们仍然把天平看成倾向于协作的方面。

此契约非彼契约

当代词汇表已经把契约一词的使用扭曲或推广,以涵盖几乎任何包含一定赞成因素的东西。契约是这么好的一个词,有这么正面的含义,以至于对和它可能关联的最微小迹象,它也会被自然地加以利用。在属于社会契约论教义的时代,契约的明确内涵在于双方之间对某种交换的真诚的相互赞成。援引"社会契约"这一术语的全部原因是去表明我们在社会的政府之下参与社会的自愿 115
主义。义务被假定从自愿主义中得出。可以认为,当一元教会瓦解以及独立国家(不是他们使用的术语;他们毋宁谈及政治社会)的增长促使重新考虑政治义务的来源(如第一章简要讨论的那样)时,这是16至18世纪中政治哲学最大的单个争论点。但是,针对认为宪章并不隐喻地类似契约的主张,在此考虑三个可能的反对观点,这些反对观点在某种意义上认为,归根结底此契约终究并非彼契约。

首先，有人可能假定婚姻契约对于契约与宪章的区别来说是个反例。然而，仅仅是犯了时代性错误的当今用法才把婚姻看作一项契约。甚至在今天，它总体上鲜有或者没有作为两个家庭之间契约的任何标志，而仅仅是一个依法规定的安排，当事方对于该安排除了进入与否几乎别无控制。在与哈里特·泰勒（Harriet Taylor）结婚前，穆勒写了一篇文章，清楚地解释他为什么反对那些给他权力而给她义务的法律规定，并且他本质性地抱怨说，假如法律许可的话，他将和她就一个更合理的安排订立契约。[201] 由于法律不会允许他这么做，或者不会承认这种行动，他只能表明他将这样行动的强烈愿望，好像他们的结合受这样一个协议的治理那样，仿佛它合法地约束着他，尽管事实并非如此。然而，现在的婚姻尤其是第二次婚姻中，越来越多真正的契约被用来支配财务安排。这些契约普遍且正确地被称为婚前（pre-nuptial）协议或契约而不是婚姻契约，因为它们主要涵盖婚前的财富或成就，并且它们不能规制一些被法律特别支配的事项，比如在离婚情况下对孩子的监护。[202]

116 其次，像劳资协议这样复杂的安排，被描述为像宪章那样考虑整个世界的多边契约。由于两个原因，这个类比不成立。第一个原因是，劳资协议事实上是相对短期的非常详细、明确的双边协议。实际上，最高法院干预劳工法的早期历史基于这样的主张，即，工会协议将侵犯工人个人以自己选择的条款来订立契约的权利。可以认为，这个看法的目的是可耻的，但这不妨碍它与当时实际看法的部分连贯性。事实上，对法院来说，事情在于是否工会可以被算作一个法人。在一个特别的虚拟之下,很早就确定了公司可以被算作法人(当然,目的是使他们有能力加入契约)。它对世纪之交工会和罢工案例之观点的可耻一面在于,它不知何故假定围绕资本组织起来的团体可以是虚拟人,而围绕民众或者其劳动组织起来的团体则不可以。

劳资协议和宪章之间类比不成立的第二个原因,和工人或者股东个人在此类集体协议中的实际角色有关系。在当代格兰特·吉尔默、伊恩·麦克尼尔以及其他人关于契约终止(death-of-contract)的争论中,这是一个主要考虑。[203]这些观察家指出,契约手段正在被那些规定各种互动内容必须是什么的规制性实体法所取代。你我不能通过契约规避某些权利或者规制性要求。麦克尼尔通过谈及新社会契约来解决这个问题。因为他对于传统契约手段使用减少以及它们被指令性法律替代的所有观察都很有说服力,他也许本来应当坚持他自己传统的契约观念,而对他认为我们现在面临的问题使用一个不同的术语。然而,被他置于新社会契约的,不是劳资协议,而是这样一项类似契约对工人、股东、其他雇员以及普通民众的规制上和判例上的牵涉,所有这些人都以某些方式被那个事实上的契约所牵涉和束缚,尽管他们不曾签署它并有可能反对它。这的确听起来是更具宪章性而不是契约性的。各方 117
被迫做法律要求的事情而不是他们赞成的事情。

最后,许多长期契约以与宪章同样的方式自我实施。因此,它们并不像传统契约可能被认为的那样,那么依赖外部权威的强制。这是一个非常复杂的主张,值得切实讨论,以说明这两种自我实施的安排是如何在实质上不同的。这里相应的相同点在于,宪章和长期契约都典型地蕴涵着对未来激励因素的策略性操纵。它们以不同的方式这么做，主要是因为*它们基于不同的策略结构*。自我实施的长期契约是一项经由习俗的契约，而一部宪章则不是。

当我们卷入一个其形式是囚徒困境的重复互动时，我们通常会发现一项以合作为目的的习俗，良好地解决了互动的情况，而不是让它们一个接一个全部归于合作失败。把这个出现一项习俗的过程，像上面讨论的那样称为*经由习俗的契约*，是有道理的，因为它如同契约那样，解决囚徒困境互动，但是它做到这一点是通过建立一项习俗，通过在解决互动问题的一个模式上进行协调，而不是通过一项可以由外部强制的字面上的契约。[204]在某种意义上，它是内部强制的，即，通过习俗的当事双方，如果一方停止合作的话，另一方可以立即停止合作。这个过程可以是自发的并且不受规制。精心地创制一部宪章显然与此不同，但仍然在某些策略性方面有些相似。它既不是一项正式契约，也不是一项自发的习俗。

请注意，就像 1787 年至 1788 年两年间在合众国发生的那样，一部宪法的建立是一个大致上一次性的行动，其方式和建立一项习俗经常所采取的不同。当然，它的许多重要性随着时间消逝而被开放性地阐释，但是在创制本身之中，存在明确的固定性。经由契约的习俗和一部宪法的创制之间，一个主要的差别在于这一点。后者是一个非常总体的行动，它是在对未来选择的范围极其无知的情况下作出的，而它却将要帮助治理这些选择。像上文指出的那样，它是一场豪赌。一项经由习俗的契约一点一点地从非常明确的一类互动中生长出来。它是一场小赌，因为就像一项在自然
118 状态下的契约，它可以被随意取消。尽管它可以被作为例子来影

响解决其他类似互动的方式,但它不大可能获得任何接近于总体范围的东西。相反,一部宪法起初只不过是这样一个信誓——既解决各种涉及冲突的互动,又解决各种也许不涉及冲突的互动,后一类互动几乎是完全协作问题,在这些问题中,为了成功协作,所要求的只不过是集中发出信号。然而,起初的信誓可以创建制度,这些制度为它们自己取得发号施令的职能。

这是如下普遍看法的真相所在,该看法认为我们经常能够赞成决定某事情的程序,甚至当我们不能欣然赞同对事情本身作出何种决定时也是如此。对于在提出任何具体事项之前很早就建立一个程序,这种看法甚至更有说服力。[205]实际上,对一个特定程序进行辩护的最令人信服的考虑之一,仅仅在于它已经被使用了一段时间。这经常是在某种特定境况下被引用来解决争论的《罗伯特议事规则》之说服力所在。当给他们展示了那本产生于长期经验的乏味书籍中的某一条神秘规则之后,那些强烈不同意如何继续进程的人们几乎都立刻放弃争论。

在正式采用一部宪法的过程中,我们可以赞同以某种方式而不是另一种方式进行协作。但是我们仍然不能全面掌握所发生的事情,因为我们可能逐渐地倒向做可行的事情,而不是我们赞成过做的事情。这是习俗作为社会规制工具的优点之一:它们不需要受错误的空想观念的约束;和一个特定的宪法起草者群体——比如 1787 年在费城州议院(现在叫独立厅)的那个群体——所能得到的理解和经验相比,它们可以包容远为广泛的输入。因此在大多数契约中,可能的不确定性的范围比人们能想到的一部新宪法的不确定性要小得多。如果我们假定得自可以实现的协作的收益将超出我们可能面对的冲突中的赌本，那么接受一场对这种不确定性的赌博似乎将是值得的。人们可以敏锐地认识到，作为经济进步的经验，这在总体上是正确的。

在费城的讨价还价

119 上述论证清楚表明 1787 年宪法是一项协作而不是契约。但是，有许多作者认为它是一项宏大契约，并因此认为费城各会期主要专注于对最终协议中妥协部分的讨价还价。部分地来说，各会期的确用来对宪法的具体条款进行讨价还价。但是，这些条款大多涵盖的是相对次要的问题，这些问题之所以出现，**正是因为存在对于建立一个真正的全国性政府的共识**，该全国性政府不像《邦联条例》下假定的政府那样，**它因为商业目的而凌驾于州之上**。甚至对于更具体的如何组织该国家的问题，如本杰明·怀特所指出的，“任何宪政政府面临的许多最困难的决定，尽管没有通过任何具体行动，但在事实上，在联邦制宪会议召开之前就已经作出了”——作为各州在各自宪法中解决这些事项之努力的复合结果。[206]

我们可以把争论中的问题分为两类：关于该政府将要做什么的实体问题以及它将如何运作的结构问题。制宪会议的大部分讨论在于后者，因为前者的核心得到赞同(纽约的多数代表以及来自其他州的一些代表个人不同意)。一些东西横跨这些类别。例如，麦迪逊广为人知地想要联邦对州立法的否决权。这没有被许可，麦迪逊通过以下说法而挽回颜面，他说情况逐渐明朗地表明这样的任务将淹没国会，因为将会有太多的法律以至于来不及审议。

麦迪逊被攻击为真正想要一个全能的全国性政府。但是,他所考虑的也许只是要通过让其法律和谐而使得州和联邦政府组成的整个系统连贯一致。最终,他很大程度上达到了目的,后来最高法院指令纳入对州法律进行是否符合联邦宪法的司法审查,就像汉密尔顿在《联邦党人文集》第80篇和第81篇视为当然的那样。此外,制宪会议对这些问题实际上的争论被转化为对全国性政府结构的争论。

在早期美国宪法争论中,对实质问题存在三个明显的分歧。120
首先,存在反联邦党人和联邦党人之间的分歧。其次,存在农业和工商业利益的分歧,这体现在杰斐逊和汉密尔顿身上。第三,对于许多北方人来说,把接受奴隶制作为代价而将南方州纳入新国家是个非常勉强的邪恶交易。只有最后这一点成为制宪会议持续争议的题目,因为只有它直接影响政府制度的设计。但是,伴随大州与小州存在利益冲突的假定,州在全国立法机构中的代表权问题在制宪会议争论中是远为重大的问题。这本质上是一个有关如何使政府有效运作的结构问题。像麦迪逊后来写给马丁·凡·布伦(Martin Van Buren)的那样,制宪会议上"危险的角逐"在于各州是否以及如何将在新的全国立法机构中被代表。"角逐与妥协,开启了授权之路,尽管在有些情况下非常重要,却并非死结。"[207]让我们考虑这四种分歧,从大小州之间的结构问题入手,然后转向三个实体问题。

大州对小州

具有讽刺意味的是,费城制宪会议中最揪心的问题之一,在于小州和大州利益之间被假想出来的冲突。实际上，麦迪逊写道，这一冲突“对制宪会议制造的难堪和担忧，比其他所有冲突加起来还要多”。[208]这本质上是一个虚幻的冲突，仅仅因为人们错误地相信它，它使得协作更加困难。罗得岛坚持到了最后，它是害怕被诸如马萨诸塞、宾夕法尼亚以及弗吉尼亚这样的大州支配的小州之一，就像特拉华州那样，而后者是第一个批准宪法的州。

《邦联条例》部分地是被设计来减少不同州之间发生战争的可能性，尤其是减少大州攻击小州的可能性。如果《邦联条例》即将废止，该问题在1787年就仍然存在，但是在产生一个新秩序的前
121 景下，大州在一个完全代议制政府下开始支配小州的可能性是主要的顾虑。该问题通过两院制手段得以解决，人口由众议院代表而州由参议院代表。

自从宪法被批准以来，小州和大州之间还没有发生过任何显著的冲突。有人因此可能推断，如果不是宪法的结构解决了该冲突，那就是这一被广泛认为的冲突事实上很少有或者没有意义。特别是，有人可能假定，宪法配额无视人口给每个州两名参议员以及禁止任何时候以修正案改变这一规定，保障了小州的利益。一个宪政主义者无法找到更愉快的结果了。

然而，看起来更合理的是，正是宪法的存在这个总体事实保护着小州的利益。该问题本质上是个误解。只有在某些事情上存在系统性的不同利益时，小州才对大州有所恐惧。它们可能有系统性的不同利益的唯一问题，就是那个早先的征服威胁，一个被可行宪政秩序的建立解决了的问题（第1章第10节，重申了《商业条款》的考量，并且阻止任何州自行使用军事力量）。全国联邦意味

着两州间面对面的冲突不再是个问题,因此资源尤其是人口资源之间的不平均,不再对安全造成影响。成功创建一个全国性政府是对小州利益最好的保护。宪政主义者及其反对者认为他们在该问题上进行的赌博,其实根本就不是赌博。假定世界联邦政府有一线希望,让我们想象一个今天国际层面的类似争论。小国的如下担心将是幼稚的,即,担心面对大国时,这样的政府实际上会把它们置于比没有这种政府更不利的地位。甚至在欧洲一体化的较低层面上,非常小的比荷卢经济联盟国家(比利时、荷兰、卢森堡)一直典型性地属于最强烈地赞同加强欧洲联盟的国家之列。

在费城制宪会议上,小州与大州之间被假定的冲突是主要的争议点。然而,如同麦迪逊在那里所讲的,它没有真正的影响,因
为一旦新的宪政秩序存在了,该问题就将会消失。它将会消失是 122
因为事实上小州联合起来反对大州的问题几乎永远不会出现。[209]用当代社会科学行话说就是,冲突中的实际阵营与州的大小不相关。

这个结论看起来清楚且无可辩驳。当然,在两个多世纪里,事实一直如此。也许唯一能使大州对小州的冲突显露的问题,将是一个终止小州在参议院优惠条件的建议。那么为什么 1787 年时引起了那么大的关注?以下是一个特别可信的解释。各州只是近期才成为没有共同政府的单个殖民地,而且在殖民地时期,许多人一定担心与其他殖民地的冲突。比如,马萨诸塞与罗得岛之间如果发生一场冲突的话,也许对罗得岛来说是毫无希望的。独立战争中,大陆军曾进军魁北克,试图在那里制服英国人并把加拿大纳入邦联。马萨诸塞自己本来也可能愿意去征服。但即刻改变了想

法，它考虑到各州在一个国家里，而不是在国际政治漩涡中事实上各自为国，可能是非常困难的，尤其是在当时的情况下，反联邦党人正在声称甚至在合众国之内州也拥有主权。

但是，由于从历史中类比思考，小州的代表们几乎破坏了通向其安全的最自然的道路。罗得岛的选民们，那个时代愚蠢的边缘人，直至第一届政府稳固就位之后很久，都坚持反对联盟。这仅仅是几个严重的理解错误之一，这些错误扭曲了宪法商讨，并导致了对在宪法之下这个国族前行之路的错误判断。

反联邦党人对联邦党人

反对宪法的群体中，最主要的群体是反联邦党人。[210]他们对新
123 联盟首要的反对是，它将制造出一个无力表达社群利益的庞大而乖张的国族。他们论述说，一个共和国必须小才能有效运作，因为它必须有一个足够小的公民群体以拥有**同质性的利益和信誓**。在一个已经适度商业化的社会中，这是一个奇怪的论点，在该社会中**分工是公共福利的源泉**。分工意味着**异质性的利益**。然而反联邦党人却引人注目地始终坚持这个经验事实中不连贯的主张。

作如下假定是不可信的，即，以为这一本质上是社群主义的、广泛散布然而不合逻辑的看法单独出现于全国数十个社区里人们的心中。反联邦党人凭借何种才能而得到这些严密一致的看法？首要地是由于阅读孟德斯鸠思想的才能，更适当地说，是由于听说他的思想，孟德斯鸠陈列了支持小规模共和主义的论点，这些论点今天不再有说服力，但却曾被许多反联邦党人欣然接受。他们声称一个大规模的共和国将遭受来自于容易被误导的多数之暴政，

它将需要军事力量来使那些更疏离于政府的人遵守秩序，并且它将把每个人缩减成一个模样。与此相反，麦迪逊认为小社群将更容易遭受来自于地方多数的随意暴政，一个大国将更和平、更好地容许个人自由。如一贯所是，麦迪逊更有灼见。在某种意义上，该争论非常古怪，因为它非常抽象，除了对往昔社会的机会主义提及之外，几乎没有奠基在实际经验之上，这些往昔社会总可以适合一个观点，非此即彼，有时还被极度简化。但是，这些观点本质上是社会性的观点，因此它们需要经验事实支持，可没有人为此而费心。没有经验事实支持而做出经验论证的政治传统具有古老根源。

在第二层论证中，许多情况下，反联邦党人关心其社群的**道德**特性，他们想要阻止可能凌驾于这些社群自治之上的政治或者经济安排。他们是他们那个时代的严紧派(Amish)。他们持有理查德·亨利·李的看法，“商业精神就是贪婪的精神”，并且他们不想要一项宪政安排中推进这种精神的任何部分。[21]李和许多其他社群主义反联邦党人遗漏了孟德斯鸠的核心主张，即，认为商业将使 124
生活更甜蜜并使民众更文明。他们捡起了他著作中糟糕的、关于小共和国的一半，而忽视了良好的、关于商业精神的另一半。联邦党人们主要考虑经济机会，也许还追求国家伟大。两个群体都强烈地信誓于个人自由，但是在社会学意义上，他们对这些个人自由如何可以最好地得到保障，意见相左。

社群主义者对宪法以及他们认为宪法可能支持的政府类型的反对，在李的评论中得到很好的表达。实际上，道德理论从整个中世纪直到大约大卫·休谟和亚当·斯密时代，几乎完全是德性理论的一种变体，在其中道德范畴是特定的个人美德，比如诚实、仁慈以及虔诚。在基督教影响下，仁慈被抬高到美德的首位。当然，它的反面罪恶是贪婪，贪婪因此被当作万恶之首。

伯纳德·门德维尔在其著作《蜜蜂的寓言》中嘲弄了这种道德，他在该书副标题中雄辩地提出他的观点，即，贪婪是善的：私人罪恶，公共利益。[212]这是新兴市场经济给出的天翻地覆的一课。门德维尔被谩骂，但他帮助道德理论转移了对德性的专注。仁慈不久就从被吹嘘到道德理论之巅的地位上跌落下来，并或多或少跌出了讨论范围。[213]实际上，仁慈的功能——帮助穷人——大体上被国家接了过去，并因此被提到个人美德之外。但是基督教德性理论的影响没有立即消失，甚至休谟也把自己本质上的功利主义理论用德性术语作为框架。李和这个新国族中的许多其他人仍然处在认为贪婪是首恶的强大看法的阴影之下，这并不奇怪。在一个即将成为所有社会中最商业化、最贪婪的社会中，他们的重要性正在减退。在政治上，他们只是个余数。

在制宪会议中，社群主义反联邦党人被轻松击败，如前所述，
125 由于他们自己的错误，他们在那里没有得到充分代表。联邦农夫(The Federal Farmer)痛惜“许多优秀的共和主义人才”尽管被他们的州任命为代表，却没有出席制宪会议。[214]他们必须一起结伙去终止普遍的反社群主义霸权，但是集结成为一个更大的实体本身与社群主义关于小规模的思想观念相悖。制宪会议之后，尽管在批准辩论中，他们时常对宪法提出清晰的反对意见，反联邦党社群主义者在最终所有十三个州对宪法及其全国性政府结构的压倒性批准中被粉碎。

有人可能认为,社群主义天然的支持者是农场主——他们就像在马克思对 19 世纪中叶法国农民的极端论述中那样,在其利益、风俗以及价值观上真正地相似。[215]由于 1788 年人口中压倒多数的是农场主,有人可能感到疑惑,为什么反联邦党人会输掉批准投票。在罗斯特对关于支持与反对批准宪法之地理因素的评估中,支持者在城市和沿海,反对者在农村和内陆。[216]然而,虽然农场主在宪法批准时是合众国选举权拥有者的主体,他们仍然未能选举出敌视宪法的州代表会议,只有纽约和北卡罗来纳也许加上后来的罗得岛是明显的例外。实际投票率非常低,不过投票率总的来说都很低,而并不仅限于农场主。按贝尔德的计算,从大约 300 万人口中只投出了 16 万张票,只有不到三分之一的合格成年男性投了票。[217]

在梅恩对宾夕法尼亚、康涅狄格以及新罕布什尔三州代表会议的分析中,农场主只占代表数的 21%(24%职业不详)。这些人中间,依据可得到的有限传记证据,34%是反联邦党人 126
而 14%是联邦党人。[218]这符合关于农场主应当相对倾向社群主义并且敌视强有力全国性政府的假定,至少在社会和政治控制问题上如此。在对州代表会议代表特征的一项更全面的统计分析中,发现把农耕作为批准投票的自变量在统计上不显著。[219]这些是相反的发现,但是在两个案例中,与他们在选民中可能的比例相比,农场主占了代表中非常小的比例。因此,如果他们是反联邦党人的话,他们在为自己利益投票这点上疏失了,就像反联邦党人的领袖们未能出席费城制宪会议以试图影响其商讨一样。

这是宪法批准的政治中一个不寻常而且明显没有得到分析的事实，即，农场主作为唯一真正可能符合反联邦党人花言巧语的巨大群体，却没有被动员起来反对宪法。一个似乎有道理的原因是，少有农场主把反联邦党人领导者的利益认同为他们自己的利益。反联邦党人领导者毕竟通常是律师和地产主，对真正农场主的感受来说，他们和麦迪逊甚至汉密尔顿一样陌生。此外，不像麦迪逊和汉密尔顿，他们是那些农场主们不得不与之打交道的人，是农场主们必须经常与之处于经济冲突中的人。他们也许把他们的社群看作寡头性的而不是田园诗歌式的。只有社群主义精英们才能从寡头统治中看到田园诗歌。

如第二章所讨论，霍布豪斯关于对生活之社群治理的抨击，对于生活在诸如纽约州州长乔治·克林顿此类反联邦党人阴影下的小农来说，一定是个自然的考虑。麦迪逊担心小社群（甚至像单个州那么大的社群）会处在暴虐多数的威胁中。那些不如麦迪逊精英的人可能更自然地担心他们会遭受寡头统治之苦。反联邦党人的一个最大失败，就像今天的精英学术社群主义者所犯的那样，在
127 于他们没有透彻思考他们对那些民众之设想的负面意义，而这些民众不得不生活在那个设想中。

在批准宪法的争论中，麦迪逊在《联邦党人文集》第 55 篇中一定程度上严肃地对待了反联邦党人的立场，他反驳了他们认为社群在那个太小的众议院里不足以得到充分代表的抱怨。但是，他在《联邦党人文集》第 56 篇中要么缺乏理解要么缺乏同情，用实质上普世主义的观点反驳他们的抱怨，而那些观点正是他们所反对的。

在从反联邦党人的角度考察他们之后,斯道因总结说,他们当时之所以失败,是“因为他们的论点较弱。他们就像 Publius 说的那样,试图去调和诸多矛盾。在合众国不存在创立小共和国的可能性”。[220]但是,可以肯定,拥有糟糕的主意并不一定导致政治上失败。尽管他们的思想糟糕,反联邦党社群主义者在政治理论中仍有二流的地位,因为宪法批准之争论内在地是或者赞同或者反对宪法的争论。在这个问题上,只有反联邦党人反对。甚至在当时,他们被慎重地对待,只是因为不可能确信社群主义和联邦主义看法的分布——可以想象社群主义者可以在如纽约、北卡罗来纳、罗得岛、也许还有弗吉尼亚集合选票,从而由于给潜在的国家留下裂洞而破坏该计划。因此,他们给联邦党人提供了理由,使其写出了美国人所提出的最好的政治理论的一部分,并且他们自己也贡献出了为小社群辩护的著作中最清晰但仍然有很深缺陷的文献之一。然而,在宪法批准之后,他们及其后继者在全国政治争论中最多也只是发出噪音而已。

奴隶制

对奴隶制的邪恶讨价还价变成了蓄奴州代表权如何操作的结构性问题。在商定宪法以使最坚决的蓄奴州——南北卡罗来纳以及佐治亚——加入新国族的过程中,存在一个真实的协作因素,因为这个更大的国族很可能会更繁荣。如果蓄奴州不被 128
包括在该国族中的话,也存在因西部土地而发生冲突的可能性。尽管如此,存在讨价还价的巨大因素。北方人不得不极其克制以容忍奴隶制,而南方州不得不为一项不确定的安排而放弃对它们未来的部分掌握。对计算奴隶人数的方法存在一个结构性讨价还价,对结束奴隶贸易的日期存在一个实体性讨价还价(宪法规定在1808年)。[221]

如麦迪逊所言,甚至在制宪会议上,人们已经认识到州之间主要冲突性分歧产生在那些蓄奴州和无奴州之间。[222]约翰·C.卡尔霍恩在为其并行多数原则(principle of concurrent majorities)辩护时,把保护小州免受大州侵害引作前兆,在该原则下南方州和北方州均须多数投票赞成立法,该立法才能通过。

> 当宪法形成时,强烈的印象在于,冲突的趋势将会在大州和小州之间,并且有效的防范措施相应地被做出以防备它。但是,经验证明这是个错误,冲突存在于两大部分,而不是当时假定的那样。[223]

奇怪的是,明显厌恶奴隶制的麦迪逊已经思考出一种途径,来实现卡尔霍恩后来想要的那种保护。[224]但是在1861年底,围绕奴隶制的冲突超过了制宪者们联合蓄奴州和无奴州时所看到的互利。对两三代人足够良好运作过的宪法,因而整体地失败了。

种植园农业利益对工商业利益

129 种植园农业利益和工商业利益之间的分裂潜伏在背景中,但是没有变成制宪会议争论的焦点。事情也许没有得到良好理解。假如农业主们预见到其宿命的话,他们本来也许会阻止任何形式的全国联盟。同时,工商业利益的拥护者愿意在任何增进州际经济协作的联盟上进行协作,他们可能也误判了自己最终的重要性,这是由于他们太轻易地根据其当时的次要地位进行概括。

种植园农业利益和工商业利益都甘愿把他们的冲突置于宪法之外。也许种植园农业主们认为他们无论如何都将获胜,哪怕没有政府协助,就像他们在不久之后杰斐逊—杰克逊霸业下那样,当时人数远为众多的其他农业人口加入他们,一起形成了一个联盟。重商主义立场在制宪会议上被早早剥夺了投票权,因为纽约的约翰·兰西(John Lansing)和罗伯特·耶茨(Robert Yates)反对汉密尔顿赞成以强有力全国性政府替代《邦联条例》的看法,州代表团作为一个整体投票形成了绝对多数。当七月份兰西和耶茨撤出制宪会议时,他们留下了汉密尔顿一个人,因此没有投票权。(我将在第六章更广泛地讨论工商业一农业分裂,在那里讨论的是它在宪法运行中的角色,而不是在宪法采用中的角色。)

事先合理化

支持宪政主义的观点内在地是一个事先(ex ante)论点。这引起了一个困难的规范性问题:为什么我们偏好事先评估而不是事中(in medias res)评估?在许多情境下,这样做看起来是错误的或者非理性的。例如,我可能事先谢绝去做你邀请我去做的某种一旦我开始做的话会在事中极为喜欢的事情。在这种情况下,有人可能假定,我的事后(ex post)评价将适合我的事中看法,与我的事前看法形成对照。我可能因此被说服去行动,因为他指出我将在事后为我做了它而感到高兴。

这个问题揭示了一个我们可能轻易迷失其中的混乱观点。也 130
许我们可以对一项制度约束或者宪政约束做出逆转论证。事后,我们宁愿在事中被阻止做出违反约束的某事。这个事后判断可能是来自经验的,就像我事后评价做了你邀请我做的事情那样。例如,我们可能在做的过程中开始理解我们的行动,认识到我们非理性地行动了,并且可能回顾性地希望我们当初没有那样做。但是,事后判断可以被看作仅仅是有关如何在将来处理类似情况的事前判断的一个变种。无论哪种情况,事前判断和与之相反的一个事中判断相比,事前和事后判断的结合似乎把天平倾向了前者。当然,对于事后考虑来说,在采取行动时不存在民众主权,而只有对已经采取之行动的溯及性赞成——即使该行动的采取没有得到普遍赞成。因此,我们事后倾向于事中没有主权者。这似乎是为反对全面民众主权的一个规范性主张奠基,而与它肤浅的高调相反。

对事先原则的辩护被以下事实所折中,即,许多用来约束我们当前选择的事前手段并不是我们的手段,而是早先世代人们的手段。我们约束自己,就像美国立宪者那一代人所做的那样,并且我们也被过去世代所做的事情所约束。后者听起来没有前者那么理性。但事实上,我们被过去世代所做的事情广泛地约束和赋能。我们这一代从过去得到了疫苗接种、电子产品、丰富的食物以及数不胜数的好处,包括许多使生活更轻松更舒适的制度。我们也在许多方面选择更窄,未开发土地和水源更少,许多资源更少,当然制度也经常妨碍我们。所有这些过去的遗留都是人类行动的结果。我们容忍来自过去的约束性制度,这样做的内在合理性,并不少于我们容忍所面对的其他一般约束,哪怕包括地心引力以及土地和资源的可获得程度这样的物理约束。如果我们可以协作去修改或者替代正在约束我们的制度的话,我们可以这样做,就像

1787 年至 1788 年的宪政主义者们所做的那样。

对事前手段的辩护也由于它们的含糊不清而变得复杂。在费城使接近共识(near-consensus)得以达成的部分原因，在于对一旦 131
政府开始运行最终将发生什么缺乏全面评价。[225] 如第五章所讨论的那样，工商业利益和种植园农业利益所知道的，都不足以猜测宏大的经济变化，他们本来可能想要控制这些变化——只要他们对这么做知道的足够多。那些变化最终摧毁了核心意见共同体中的两个群体之一：种植园农业主。如果没有主要种植园农业主——包括那位几乎不可或缺的首任总统——支持的话，那部费城宪法将永远不可能开始治理一个包括弗吉尼亚和南北卡罗来纳的合众国。

一个决策理论家也许会说，那些在费城的人以及参加各批准会议的人们所做的似乎是合理的，即，他们面对巨大不确定性依照其最佳见识做出了选择。一个具有契约论倾向的道德理论家也许会补充说，因此让他们对从该宪法得出的东西负有义务是正确的，因为他们在不确定情况下支持了它。然而，大部分社会科学家有可能根本上同意杰斐逊的道德观点，即，世界属于当前世代，他们不应被几十年前或几个世代前的决定所束缚。并且多数务实政治家以及公民也许认为，如果他们曾经做错了，他们现在有权利设法改正。事前观点不足以当时得胜，或者至少不足以在今后所有时间都获胜。

在一个宪政秩序下的实际生活中，偶发因素极其重要，就像它们在使宪法起初形成时那样重要。在美国宪法之上的协作也许要求预见上的失误。有两个预见上的重大失误给了那部宪法一个机

会。首先是猜测将来经济变化的失误。假如宪法当初是被通过表达一种相关经济理论而写出来处理那些变化的话，它也许已经在
132 经济变化的力量面前最终破产了。因此，如第五章所述，美国宪法根本没有体现一种经济理论，这是建设性的，因为如果它这么做了，它将会是一个糟糕的理论——也许像杰斐逊的农业主义或者汉密尔顿的重商主义那样糟糕。

可是，那部宪法的确由于它对奴隶制的宪法保护而体现了一个糟糕的社会理论。并且该宪政秩序仅仅严重地失败过一次：在这个糟糕的社会理论上。甚至这个问题在重要的因果意义上也没有得到充分理解。无论奴隶制的北方反对者还是南方支持者，都没有充分预见到该国家向新领土扩张将对奴隶制地位的冲击，该扩张伴随着新州的建立。他们也没有感觉到奴隶制最终的经济重要性。甚至几十年后，麦迪逊仍然假定奴隶制可以通过购买奴隶的自由而被废除。[226]

卢梭声称，"商讨越重要和严肃，占优势的意见就越接近于全体一致"。[227]第七章的证据表明，如果我们有开放的民主政府，这一箴言是正确的。在最基本的问题上，我们必须相对协调。根据第五章的证据，以下情况也是正确的，即，许多问题越模糊或者越不确定，我们越有可能对它们达成全体一致；因此，我们越有可能在一个中央政府上进行协作。可以认为，成功的协作必须是在明显无差异的问题上（比如靠右或者靠左驾驶）进行，或者在其界定如此模糊，以至于人们无法辨别其所带来差异的问题上进行。一部宪法在许多问题上归于后一类型，或者大体如此。

反联邦党人布鲁图斯（Brutus）争论道，费城宪法绝对属于后

一类型,并且它本质上把中心事务留给该宪法许可的政府自行处理。他尤其反对第1条第8款第18项中的模糊授权:"制定为执行上述各项权力所必要且适当的所有法律"的权力。布鲁图斯写道:"不可能发现比这些更含糊的条款了,并且很显然,立法机关自己必须判断什么法律对于目的是必要且适当的。"[228] 133

布鲁图斯抱怨的问题在于,当实现使国家有能力、使人民繁荣昌盛的目标之时,以一种足够明确限定的方式去细抠语言将是困难的。没有足够的理论去说明什么会是长期来看要走的最佳道路,甚或在相对短期也是如此。在费城以及最终在13个州,会议代表们在其上协作的,很大部分是一个对政府将相当良好运作的期望。他们有必要把对国家的实际治理交给最终出现的政府。他们难以比那做得更好,因为他们难以更确切地说出他们想要政府做什么。再说一遍,假如当初他们更了解,他们很可能难以协作。

为什么是一部成文宪法?

把建立宪政程序看作解决冲突的简单手段是错误的。这些程序是在远为深刻的意义上,使得我们有能力行动以及把我们约束在相应方式中的手段。对于那些使得订立契约有用的手段来说,这也是正确的。当我订立契约时,我所做的是把自己约束于特定方式,但是我约束自己是为了自由地去完成某些事情。[229]更一般地,某人信誓于行动A意味着阻止他自己采取行动B、C和D。正是通过约束,我们才有能力在与他人的策略互动中取得那些要求联合行动的结果(实际上,以下也通常正确,即,甚至为了独自行动，一个人也必须放弃其他行动）。一部宪法的关键在于，为了规范我们的双手用于更多产的用途，而在某些情形下捆住它们。这一点在《联邦党人文集》第63篇被正如Publius这样的权威认为是"悖论性的"。该章论证说，当选官员对选民看法变化的过快反
134 应，会导致政策中的无效率变动。因此，立法者任期不应该太短，因为短任期——更不用说频繁的公投——不符合选民的利益。

这个看法有时被推测为表明Publius——在此处显然是麦迪逊——不信任选民，并且有几分反民主。与此相反，该看法看起来只不过反映了常识而已。甚至在一个人的个人决策中，做出决定然后继续生活而不是保持问题悬而不决的能力也是有益的。决策成本可以被弄得如此之高，以至于从决策中剩不下任何好处。因而，约束即赋能，这并不是个逻辑悖论，尽管在第一次陈述中可能显得古怪。任何人如果已经开始理解现代经济学家关于几乎每件事情都是权衡问题的看法，就不应该再把它视为古怪或者悖论性的——它是习得机智（learned good sense）的精华。消极地讲，制定一部宪法以及创立特定制度的要点，是为了迫使我们沿着某些而不是其他路径前行，而在我们的道路上设置障碍。它使得我们有能力更容易地为进步而组织自己，而不是把我们的精力耗散在任意方向上。

假定某人同意以上几节的中心主张。尽管如此，他仍然可能感到奇怪，如果不存在像契约性目的这样模糊的东西，为什么有人会不辞劳苦地创制一部宪法。显然，我们可以依照从来没有人投票表决过的习俗来生活。实际上，有人可能夸大，并表示英格兰宪法只是所谓的一部宪法——它真正地是一组习俗，已经发展了很

长时间并且现在看上去很盛行。[230]在这方面,它类似于被制定为道路法律之前盛行于英格兰的特有的英格兰行车习俗(许多这样的“习俗”像任何宪法那样是被政治性地采纳的文件)。此外,关于契约及其实施的法律通过习惯法法庭的习俗而早于美国宪法。那么为什么要一部成文宪法?显然是为了加速相应习俗的形成,并且指引它们走上某些而不是另一些道路,这种指引是通过让人们即 135
刻自我信誓而不是蹒跚至一个结果,一个也许会是某暴君凭借武力而兴起的结果。

但是一个人不可能简单地自我信誓并使之固定不变。这是霍布斯嘲弄下述可能性的全部原因,即,一个主权者可以被它自己所通过并实施的法律所治理的可能性。一个人不可能自主决定他自己一定做某事,当时间到来时,这个人可能不想做。契约有效不是因为今天我说我明天会付账,而是因为我今天顺服一个可以明天强迫我付账的权威。[231]主权者不能在相同的外在意义上顺服该主权者自己,而是必须从当前信誓自主决定未来行动。一个人在文件上的签字或者一个人对它的赞成票,一般都类似地不能使这个人在它之下或者针对它所作的信誓一成不变。

是否霍布斯的论点一定程度上距此不远呢?是的。一个人可以做的是自我信誓并接着做出安排使它固定下来。那正是当尤利西斯(Ulysses)既想要听塞壬(Sirens)的歌又想活下来时所做的,也是我们所有人经常做的。实际上,我们中间许多——也许大多数?——人设法把我们的一些信誓固定下来,采取了与合众国未来公民设法固定其信誓的同样方式。如果我们不遵循自己设定的信誓,那么我们就当众把自己树立成了被愚弄的对象甚至更糟。

如果两个世纪前有足够多的州没有批准宪法的话，诸多习俗以及也许其他正式安排可能仍然在规制它们之间的关系，或者在这些州中人生变得更短、更丑陋。然而，一旦它们中足够多州批准了，背弃就变得困难，并且随着时间流逝越发困难，接受宪法治理这一习俗就变得更为有力。最终，那些南方州在内战中发现背弃是何等困难。今天，一个人不需要“热爱它”，但是如果一个人想要背弃，这个人必须“离开它”或者变成罪犯。

在这种境况下关于信誓的论点常常被表达为好像它们是个人问题，就像在霍布斯的主权者问题中那样，该主权者被假定为不能自我信誓。帕斯卡(Pascal)记述了一个人可以单独使用的手段，
136 以通过一种心理适应而引起这个人的信誓。尤利西斯让别人把他绑在桅杆上时，他使用了外在的、非心理的手段。然而，对宪法性的甚至习俗性的社会选择尤其重要的信誓，是**从集体行动的困难以及一个协作结果到另一个结果之重新协作的困难中**产生出来的那些种类。这些不仅仅是内在心理自律的问题，它们在维护一个体制时非常有效，因为它们典型地使变更系统的成本根本性地高于只是遵守甚至顺服它的代价。它们偶尔会被克服，就像 1787 年至 1788 年宪法在合众国被用以替代《邦联条例》以及在许多革命情境下那样。但是，它们可以是阻塞某些而不是另一些路径的巨大障碍。此外，它们可以适用于某个霍布斯也许认为是主权者的人，对于他来说它们意味着此人可以由于一时兴致改变其看法并且有权力支持该兴致。[232]

1787 年宪法最终有效实行了，因为足够多的相关人士足够长时间地在它的界限之内工作，使得它在每个人的预期中树立了起

来,认为不在其界限内工作是不可行的。在美国宪法下最初几十年中,由任何个人做出的最重要的单个行动,也许是约翰·亚当斯总统在杰斐逊及其共和党1800年选举获胜之后毅然离开职位,这个行动使得初生的美国民主制在某种程度上有意义,它在任何对民主制有感染力的定义中一定居于核心地位。那些输掉选举的人离任或者留在职位之外;那些赢得选举的人获得职位或者留任。

亚当斯的行动也强化了宪法,该行动今天看来很平常,但那时在任何地方对许多人来说都一定显得不同寻常。自然地,当仍然在位时(当时是选后四个多月,不同于现在的两个多月),他竭其所能地通过选后法官任命以及其他行动,使他的政治蓝图在其任期之后继续存在。当时处于整个美国政治史上最紧张时期之一的顶点,[233]但是他就那么轻易地离开了,并且在任期结束后回到马萨诸塞州。可以认为,这是在整个宪政政府历史上任何人做出的最重 137
要的单个行动,因为该行动不仅显示出以那部宪法来治国的原则战胜了任何个人或者党派的统治,更重要的是,它显示出宪法治国可以实际上有效,甚至在某一党派付出如此明显高昂的政治代价时也一样。它得以在该情形下运转,因为甚至1800年的失利党派也可以从继续忍受新宪政秩序中得到比试图推翻它时更多的收益。即,它之所以有效运行,是因为与力图取消它后所能做的相比,保持它更有利于其中主要党派的互利关系。

这的确是与亚当斯一起失利的亚历山大·汉密尔顿的看法,他运用自己正在减退的权力去确保杰斐逊而不是阿伦·布尔(Aaron Burr)被选为总统。这是一个由于该宪法的失误而导致的问题,宪法设计者们没有预料到用来控制选举的政治党派的发明和运用。总统是被选举人团选出来的，其中每个选举人为两个候选人投赞成票。得票最多的候选人如果得到多数选举人票的话，将成为总统；得票次多的候选人如果得到多数选举人票的话，将成为副总统。杰斐逊的党投票赞成他以及阿伦·布尔，目的是阻止副总统来自对立的联邦党的可能性。这意味着杰斐逊和布尔战成平局，并且该平局不得不在众议院被打破，在那里联邦党人控制着结局。汉密尔顿说服了他的同事，认为一个有能力的共和党人做总统比一个无赖做总统更好，然后杰斐逊当选了。因此，两个最有影响的联邦党人，即汉密尔顿以及亚当斯，使最重要的共和党人担任总统成为可能。再一次，互利取得了胜利。

某些人对美国宪法的赞同对他们在它之内工作也许很重要，但是赞同不是唯一的、甚至也不是一个特别重要的激励因素。许多人一定是仅仅因为那样做对其利益最有好处而在该宪法之内工作。他们也许宁愿继续在《邦联条例》或各州宪法之内工作，或者宁愿在反联邦党人本来可以建立的框架内工作。我们中间大多数人在大多数时间不是政治性的或者不是被政治性地激励的。我们只不过在我们发现自己所处的社会中尽量享受生活。

138 从一开始起，就时常存在在次要方式上削弱该宪法的努力，并且这种努力看来很可能继续下去——只要有一些群体有一些可以由于一个稍微不同的宪政秩序而在一定程度上得到进一步改善的利益。甚至还存在过人们可以合理地称为非宪政努力的东西，被用来增强该宪法的影响范围，就像当杰斐逊——号称为早期宪政主义者中最喜好民主的人士之一，他是如此喜好民主，以至于对该宪法的采用感到不安——选择专断地越过其总统权威去购买路易斯安那领地时那样。看起来没有一个今天有重大政治影响力的群体会认为,它的利益通过彻底颠覆由1787年宪法而来的秩序而能更好地得到供给,尽管南方州在1860年大选之后以及别的各种群体在其他时间想要甚至试图做出这样的颠覆,并且将来也许会出现其他群体,比如现在的反政府民兵群体。

本杰明·富兰克林评论道,“我们的宪法正在实际运作;每件事都预示着它将继续;但是除了死亡和税收,这个世界上没有什么东西是确定的。”[234]此后它已经部分地维持了两个世纪,并且在某种程度上该事实使得它看起来实际上终我们一生都是确定的。但是,该存续更令人瞩目的寓意是它在以下解释中扮演的角色,即,对在该宪法之下我们的激励因素的解释。该宪法及其所生之政府的长期存续给我们的预期提供了力量,认为它将接着存续,并且那些预期的力量是它也许将接着存续的首要原因之一。因此,它普遍地使我们的下述个人行为有意义,即,我们作为个人在该宪法帮助产生的秩序上进行协作。这暗示着那个保守主义信条——存在的就是好的——的策略基础,至少在某些时候在某种程度上如此。[235]

布坎南及其合著者把他们在宪法层次上对全体一致的要求框定成一个契约主义的道德原则。对其观点来说不幸的是,几乎没有人会接受这个原则。这个事实似乎把它诅咒为一个**契约主义**的原则。

有人论证说,宪法选择所要求的多数之规模,应当与该宪法下 139
随后选择所要求的规模一样。经常,这也被框定为一个道德原则,仿佛它是从不充分理性原则得出来似的。但是,存在一个坚实甚至明确的理由，使得对制宪时刻和宪法下日常时刻的要求不同。**我们想要宪法成为并保持为一个成功的协作，因为它然后将是自我实施的**。一个成功的自发协作可能发生，仅当存在相对广泛的一致同意，就像对于《商业条款》以及对于秩序的普遍向往。宪法下的继发选择甚至在它们只不过是讨价还价或者妥协时，也可以成功，因为这些可以被产生于宪政协作的权力强制实施。

如果我们不能在该宪法上协作——例如，如果它只不过像一项普通契约安排中的讨价还价——它将不是自我实施的，我们也不能期待对继发选择的宪法约束有很大强制力。遗憾的是，我们是否能够协作很大程度上是个运气问题。阿根廷人在19世纪上半叶无法协作，因为在那个唯一的全国性口岸布宜诺斯艾利斯征收的关税，无法由一个互利的自我实施安排来管理。[236]卢旺达人今天无法进行值得称道的协作。并且，也许没有一个发达社会可以在彻底平等主义上进行协作。

美国宪政协作中运气的成分将在第六章中得到更全面的讨论，那里的焦点集中在一部宪法开始执行并面对经济变化时的可行性。13个州的部分运气在于，不像阿根廷，它们拥有很多得到良好发展的天然口岸，除了新泽西和北卡罗来纳以外，每个州都有一个。因此，它们需要协作来结束对进口税的竞争性过低定价。使关税成为全国性职能是《商业条款》的部分目的，而该条款本身是宪法的主要目的。假如有类似的口岸分布，阿根廷的宪政史本来可能是
140 根本上不同的。最低限度上，布宜诺斯艾利斯也不至于扮演如此遭人怨恨的角色。口岸多元化是美国初始协作的一个原因；布宜诺斯艾利斯口岸的独一无二是阿根廷初始协作的一个障碍。

正是无法抓住一部成功宪法的自我实施性质,使得将政府之宪法视为一项契约——仿佛我们的基本问题是去克服一个囚徒困境问题——对那些持此种看法的人来说,如此令人烦恼。因为它不是一项契约而是一项习俗,一部宪法并不将其实施依赖于外在制裁或者自主信誓,后者除了猜测的或者假定的赞同之外没有任何基础。确立一部宪法是一个宏大的协作行动,该行动创造出这样一项习俗,它的维持取决于其自我产生的诸多激励和预期。假如订立契约如何能够有效解决我们的宪法问题是个不解之谜,那么我们应当对该问题是如此,以至于我们没有必要有一项社会契约而感到高兴。

第四章　民主:赞同还是默认?

141　当一种崭新形式的政府被创造出来时,有赖于全体人民或者接受或者拒绝它,……在这一情况下,他们通过什么品行来发现他们可以感知自己的利益呢?……通过温顺和驯良的性情,其他人同时……在建造那艘帆船,可以……将他们带到憩息和幸福的港湾,如果他们将没有分歧地登船并且没有反叛地前行的话。

恺撒,第2篇(1787年10月17日)[237]

同　　意

第三章中的一个中心问题是宪法是否以某种方式与大型契约类似。显然不是。这个论点完全是关于契约和宪法的不同性质的,也就是关于描述性和策略性问题的。但是在政治哲学对政治秩序、特别是对民主的契约主义辩解中,存在着对契约隐喻的另一种用法。民主将政治秩序建立在被统治者同意的基础上。但这是一个内在分殊的观念。我们被迫考虑何时同意应当决定结果。是在宪政的还是在管理的时刻?是在事先还是在事中?尽管习惯用法和逻辑在有关同意理论的大量文献中是不一致的，但民众主权和社会契约学说主要是在制宪时刻有意义。我将保留民主这一术语为宪法下的决策，或者更恰当地是宪法下的决策的一部分，即，通过某种方式付诸投票的决策。正如第三章讨论的那样，宪法典 142
型性地限制民主的范围——否则就没有必要去创造许多宪法典型性地要求的妨碍性制度。

因此，我们能将同意理论划分为两个分支：宪政的和后宪政的。民众主权和社会契约理论在很大程度上适合于第一类；民主适合于第二类。一个人在提议改变一部宪法时可能求助于民众主权或契约主义的同意。然而，在实际操作中，甚至宪政设计也必须通过某种很难符合完全同意解释的程序来实现。例如在美国，在标准的宪法修正过程中，只不过要求有不固定的绝大多数州（它可能在少数投票人支持的情况下发生），因此宪法修正是通过民主操作的，而不是通过诉诸民众主权或一项社会契约进行的。在某种要取得成功就必须要求有大众信誓的极为重要的主动提议事项（发动一场重要战争就是这样）中，一个人也可能在标准的民主程序之外提出要求。但是对宪政体制下产生的大多数问题，一个人将只诉诸多数主义者的民主要求，而不诉诸任何像普遍同意一样的模糊的东西。正如霍布豪斯写道，“实际上只是有时在某些重大而简单的问题上，人民才作为一个整体可被说是有意志的”。[238]

无可否认，政治修辞不必受逻辑约束。比如，在1994年以少数合格选民的微弱多数取胜之后，众院共和党的领袖们宣称拥有一项通过他们计划的“授权”——仿佛他们是经他们身后所有人民的同意在说话。这是民主政治常见的一部分。或许政治词汇中没有任何一部分比有关同意的词汇更加受到激励性的和自我膨胀的修辞的扭曲。甚至公正也不致如此严重地被滥用。但我在这里将聚焦于有关这些问题可能被人冷淡地称为分析性结构的东西，而不是经常激发这些问题的政治热情。

143 尽管有大量的文献讨论主权的性质，但却没有一个就民众主权（它或许更一般地是政治言论而不是政治理论的一个术语）进行写作的宏大的现代传统。民主理论是一项主要的事业，特别是自现代民主国家兴起之后，但至少早从雅典民主之时起就是如此。[239]社会契约理论也是大量尽管其频繁的分析很空洞却仍令人吃惊地增长着的文献的主题。正如第三章讨论过的，这样的理论在数个世纪内已从实际契约经过默示同意，转向理性主义契约，并且现已转向所谓合理赞同的版本。实际契约尽管仍然被不当地调用为宪政主义的隐喻模型，但在其他方面是一个已死的政治理论。实际契约和默示同意将其理由基于某种类型的客观同意。理性主义和合理赞同两种契约主义将其基础放在假设的同意之中，假如我们在相关约束之下考虑问题的话，我们本来可以赞同（或者不那么严格地说，本来不会反对）这个基础。[240]

就像对功利主义的道德理论纲要、义务论、美德理论[241]及大多数其他主要理论的道德和政治纲要来说是正确的那样，民主理论和契约主义是运动而不是单一的、关注一点的理论。民主理论或许是作为一种直接参与的理论开始的，但现在几乎完全是关于代议制政府的理论。曾经有过无数契约主义的理论，其中许多是在对有关这个运动中以前理论的强有力的批评的反应当中被创造的。做出贡献的包括霍布斯、洛克、卢梭、康德、穆勒和许多当代的理论家。

产生自社会契约、民众主权和民主的论点都是同意理论的一部分。这三个标签的显示性的差别是,一个人能够建立一个完全集中于程序和实践而不是正当性的严格实用的民主理论。另两个 144
标签似乎差不多内在地大部分是关于正当性的。[242]这个差别适合这些理论的宪政和后宪政作用。然而,在多数主义程序的使用从事先同意的主张来解释的意义上,关于民主的规范理论的大部分本身是契约主义的。解释性和描述性理论的大部分日益是从理性选择角度出发的。

最后,存在着另一个有人可能希望置于同意理论之下的概念:协作。然而,在某种意义上,协作依赖于任何听起来像是真正同意的、完全是有意识的或表达清楚的事情要比依赖于不反对不管什么现存秩序的程度要小得多。一旦一种宪政秩序存在,协作就是一个不参与叛变的问题,就如同联邦党人恺撒在这一章开头的引文中所说的那样。与其他类型的同意不同,协作适合于宪政秩序的所有两个方面:既适合于事先又适合于事中。如果我们不能协作,那么我们就不能创造出一个能发挥作用的宪法。并且,如果在我们创造出了一部宪法后它却不能充分地协调我们,那么它就将失败。

一部成功的宪法与许多规范分享着这一事实:它是由足够多的人的协作维持的,这使少数人的叛乱代价过高而不能有吸引力。[243]在这个意义上它是自我实施的。麦迪逊、托克维尔和其他人曾普遍担忧民主会产生多数人的暴政。罗伯特·达尔不同意这种担忧:"更为相关的问题是,在多数成年人或选民被动默认或冷淡的情况下,社会中各种少数人集团将会互相挫伤对方的程度。”[244] 按照美国历史的实际事实,恺撒对了而麦迪逊错了。

协作及其影响力在接下来的所有讨论中都是处于争论中的,它们将不会被分开来对待。在它们起辩护作用的用法中,同意、契
145 约主义和民众主权被用来意指我们都赞同我们的秩序的公正性。在协作中,我们只不过是个人性地意识到默认而不是叛乱是符合我们的个人利益的,而且不需要有任何信条或者主张说这么做符合我们的集体利益,也不需要任何关于明确赞同的主张。有人可能称它为默示赞同,但如果这是默示赞同所意味的东西,那么它就没有洛克想从中得到的道德力量。

在接下来的部分,我将讨论当被应用于民主理论时具有不同外表的契约主义。然后我将讨论民众主权的一般问题。再往后我将把宪政主义作为民主应用于公共选择之两阶段的一部分来加以讨论,我也将把作为秩序的正义当作最清楚以及也许是最重要情况来讨论,在其中我们将会规范性地要求民主选择仅**在事先而**不是**在事中**得以运用。随后我将转向对政府广泛的大众控制的实际不可能性,其中有对政府机构的非计划性质的讨论。接着我将讨论与民主的应用有关的理性选择问题,[245] 以及关于民主的替代性观点。最后,我将讨论代议制的内在困难。

契 约 主 义

令人奇怪的是,在它表面上已湮没在思想史中时,在许多并没有参与早期争论的人——比如詹姆斯·布坎南、托马斯·史可隆、

大卫·高瑟、布伦·贝瑞之类的学者以及在某些解释下的约翰·罗尔斯——的著作中,关于社会契约的谈论又回来困扰我们。[246]部分原因可能是想将政治哲学的义务论观点从它们在过去两三个世纪中受到的功利主义观点的全面痛贬中拯救出来。[247]更大的原因可能是为了赋予这种观点以力量:我们在道德上有义务支持我们的政府采取的行动,因为我们像是那些如同传统想象的那样自愿 146
加入契约的人。如第三章所论,像1787—1788年宪法一样的宪法很肯定地说不是一项社会契约——如这个术语通常使用的那样,因而这个术语是令人误解的。

在霍布斯、洛克和无数其他人的社会契约隐喻中,你将一些权力让与政府,以换取我也这样做。如果我们有足够多的人加入这个交换,政府就是可能的,我们能拥有秩序,甚至我们可能拥有集体提供的许多建设性利益。有趣的是,霍布斯在他的《论公民》中明显地看到了这个变动的实际不可能性,他在其中写道"没有人能以自然方式转让他的权力"。[248]然而,在与他本人翻译的《论公民》英译本同一年出版的《利维坦》中,他躲开了这个问题,只是断言我们新选择的主权者:"根据国家中每一个人所让与的这一权威,他可以运用授予他的如此巨大的权力与力量,以至于通过因此而来的震慑,他有能力形成他们所有人的意志。"[249]

格林哥·卡夫卡和简·汉普顿清楚地认识到,授权的问题是严重的,而且即使我们订立了契约,在我们的新主权者致力于将我们带入秩序时也仍面临集体行动的严酷逻辑。[250]正如尤尔根·哈贝马斯写道的,"只有当相应的决议授权给行政机构并在同时将行 147
政机构包括进来时,关于目标和行动计划的理性推动的协议才是有效的”。[251]霍布斯意识到对于实现秩序来说权力是必要的，而权力不能通过单纯的同意魔法般地产生。但他不知道如何解决这个困境以使社会契约能够产生国家。也没有任何其他的契约主义者曾明显地解决了这个困境。

有人可能会认为，因为霍布斯意识到了这个变动中的实际问题，他因而推断政府不必在这样一个契约的基础上建立，而更可能是征服和篡夺的结果。然而，实际上驱动霍布斯解释的问题是他那个时代的革命性混乱。这个问题没有因一项社会契约而解决，霍布斯也没有争辩说它会如此。毋宁说，他争辩的是我们甚至应当服从一个由征服或政变而产生的国家。有人可能反对说，通过征服来命令一个国家的人只是政治，而契约主义是哲学。但政治是霍布斯的中心兴趣。他希望激发对国家的服从，只是出于改善一个人命运的原因而反对暴动。他的理由只不过是：试图革命即使能在什么时候符合一个人的利益，也是极罕见的。他不需要求助于对义务的道德论证或道德教化的观念。利益和服从就足够了。因此，他并不真正地是一个社会契约理论家。

因为征服产生的政府可能是好政府的观点，霍布斯有时受到嘲笑，特别是被那些否则会把霍布斯算作他们观点的一个早期支持者的契约主义者的嘲笑。更常见的是他因这一观点而完全被忽视。然而，我们应当给予他因这一观点而应得的荣誉。在20世纪，两个损失最惨重和最邪恶的法西斯主义国家——德国和日本通过他们的占领者强加给他们的民主秩序，被塑造进入最伟大的民主国家之列。就日本而言，自第二次世界大战以来统治着这个国家的宪法是道格拉斯·麦克阿瑟将军监督的一个委员会在一艘美国海军战舰上起草的,然后它就被美国以武力强加。[252]类似地,西方的同盟国在纳粹主义和战争的废墟中创造了西德。在这两个 148
例子中,占领军延期到政府看似已运转良好。这些外来强加的政府为他们的人民创造了异常的繁荣,并且,更为值得注意的是,他们大体上像任何在表面上由其人民自己创造的政府一样是真正自由主义的。一部独裁者强加的宪法对智利可能最终也是同样有利的。最后,我们要遗憾地指出,将费城会议转变为制宪会议超出了对与会代表的授权。但是当超出是可行的并最终被接受时,我们倾向于忘记它可能是有罪的。正如霍布斯坚持的那样,为其政府组织服务的可行性以及成就,而不是其起源,应当成为判断一个政治秩序优劣的标准。

霍布斯关于社会契约的寓言是一个社会学意义上的动议,而不是道德的动议,并且,即使根据他自己的观点,它也很明显地是一项社会学意义上的失败。一个人将权利转让给他人时,就像在订立契约时那样,"谓之有义务或受约束不得妨害那些接受他所转让的权利的人享有该项权利"。他通过表示(signes)来转让权利,但"这种表示有时只是言词,有时只是行为……使人们受约束或担负义务的契约也是这样:这种契约之所以有约束力,并不是由于其本质(因为最容易破坏的莫过于人们的言词),而不过是由于畏惧毁约后所产生的某种有害后果而来的"。[253]

社会学家塔尔考特·帕森斯和拉尔夫·达兰多夫因此将霍布斯视为一个冲突理论家而不是价值共识的理论家。帕森斯因而认为他误入歧途;达兰多夫认为他是深刻的。[254]就如第一章中指出的那样,我认为霍布斯更确切地说是一个协作理论家。但帕森斯

149 和达兰多夫在不把霍布斯的理论当作根本上规范性的方面是正确的。许多评论者过分轻易地忽视了霍布斯写的许多东西，并把他那被别人假想的契约主义吹捧得比他对基于任何可运作政权的协作之思考还高。

对第三章中讨论的契约和宪法之间的实际相似性的忽略表明了一项真实的社会契约的不可信性。部分是由于休谟粉碎了被用来支持历史上那些所谓合法政府的任何这类契约的神话，我们时代的哲学家已向着一个十分不同的方向使用社会契约理论。[255]就像康德那样，他们提出了关于政府的协议的内在合理性，并称之为契约。他们是理性主义的契约主义者。

卢梭主张公意——它抵制一个政体的成员各种各样的私利，使其统一。他对这样一个意志的主张似乎产生在一个它表面上的必要条件在很多地方已不存在、并且很快将在几乎所有地方消失的历史时刻。他在小城日内瓦谈论公意，日内瓦相对统一于一个强大的宗教，人们对唯一正确的生活和被统治方式的信仰虽然受到怀疑但却仍是可信的。康德将卢梭的观点与传统的契约观点结合了起来。他说我们的“原始契约”实际上不必把我们结合在一起形成共同意志（“并且它的确是完全不可能的”），我们的祖先也没有为了用这样一个契约束缚我们而制定任何实际的协定。“相反，正是理性的一个纯粹观念——而且只是一个——拥有不容置疑的（可行的）现实性”。[256]

在最近几十年来，理性主义的契约主义已失去了其形而上学特性及一度曾有过的不管什么样的连贯性。契约主义现在更一般地由这一主张支持：我们应当信服合理的赞同。这些言词是许多当代政治理论的开门咒语和口令。我们要政府以同意为基础,就像在较早世纪的契约理论里那样。但我们不能似是而非地以为有像契约式同意一样的模糊东西来巩固我们的政府,我们怀疑存在这种东西。唉,我们不再是形而上学主义者——至少在公共生活 150
方面,我们也不相信将我们自己在政治上组织起来的理性演绎的正确道路。如果我们还能相信在相关条件下我们将会在某事上达成一致,那么我们就可以认为政府能以道德上类似于同意的事物为根基。

我们仍然希望避免与康德、阿兰·格沃思及其他许多人一样假设我们能得出每一个理性人必定同意的正确原则。[257]我们所有关于同意的说法是关于政府的公正性和默认其行动及需求的公正性的纯粹的理性主义理论的伪装。在其《正义论》中,约翰·罗尔斯处于理性主义的契约主义(卢梭和康德的传统)和更近的源自合理赞同的论点之间的过渡阶段。他从无知之幕后面(那儿只有一个代表性的人)进行的论证看来是个理性主义的论证。那一个代表性的人能够发现我们都要同意的政府形式。罗尔斯有力地提出他的论证是政治的,而不是形而上学的,但是他的立场可能是不连贯的,因为它没有抓住对他的理论的实际论据。[258]

当代的契约主义者提出,我们实际上能期望的只不过是合理赞同,而不是演绎性的理性主义的赞同。并未明确界定的"合理"变成了希望潜藏着某种东西的宣示。我们通过诉诸规范性地受到约束的客观协定来避免对同意的理性主义溯源。也就是说,如果我们首先服从特定的对我们所做选择的规范性约束或我们使用的选择程序,合理赞同表面上就是我们同意的东西。例如,在查尔斯·贝茨对投票的研究中,“合理”的作用仅是包含这样的考虑:我们怀着在政治制度问题上达成一致的愿望加入讨论。[259]有时,这个标准转变成了把合理赞同界定为我们不能反对的东西——尽管这个表述没有解决潜在的大量合理赞同的要点。托马斯·史可隆将
151 这种方法称之为合约主义(contractualism),以区别于早期的契约主义(contractarianism)。[260]有人可能会将这个观点与哈贝马斯对话语的规范性前提要求联系起来。[261]

有一位牛津的道德哲学家据说曾在对一个主张合理赞同的哈佛人所做的学术评论中通过模仿挖苦了合理赞同观念。他要求他的听众想象乘火车从伦敦到牛津。在车厢里有几个人,其中包括一个光头和一个不知道有某些人存在的哈佛人。这个哈佛人提出了一个政治话语:“你喜欢何种理想组织?”他问道。那个光头以几乎对所有问题通用的反应回答他:“滚开。”很明显,这个对话使有关话语的规范前提以及哲学上适当的政治话语所要求的无论何种其他规范约束的试验失败了。然而,不幸的是,它在何点上使这个试验失败并不明确。[262]

任何合理赞同的理论家都不是实际的契约主义者。因此,除非当我们提出一组制度是否被解释为正当的问题时(比如在政治哲学或规范法学中),一般不会有达成协定的实际讨论,解释的试验不是转向我们是否有这样的讨论,而是转向我们的制度是否是这样的,以至于使我们在讨论时不能合理地拒绝(比如,仅仅因为其他一组制度可能更好地服务于我而不接受我们现有的制度,是不合适的)。如果一种同意理论不想沾有旧契约主义的涵义——赞同构成正义或善,那么合理的、理性的或其他这样的限定词似乎

是必要的。这反映了新合约主义令人困惑的特性。我们将会达成协定,因为我们同意的将是在某种意义上正当的或善的东西。但是,只是因为我们不再相信存在一种我们都被迫同意的、由理性推导出来的正义或善,我们需要一种非理性主义的契约主义。我们认为不同的人可能有不同的公正和善的观念,它们都是有根据的。那么我们为什么会认为我们将同意?经验表明我们将不同意。理 152
论至今仍将这一问题置之不理。

霍布斯意识到只有我们能将宗教狂热和追求荣耀排除出去不再作为政治上可接受的善时,在生存和繁荣问题上的一致才是可能的。尽管有人可能认为恶性的利己主义是当今比追求荣耀更严重的问题,但人们自从霍布斯时代以来并没有重大的改变。如果关于一个人能期望他人想什么,我们不能说出相当稳定的事情的话,对我们民主理论家或其他理论家来说,合理赞同的标准就没有缺损。如果一个人相信合理赞同对多样化的人们的庞大集体来说是可能的,那么他也可能相信那些人必然分享着相似的基本道德直觉。但是道德理论的不同学派之间两个世纪的激烈争论表明,我们可能在每一个重要的基本道德原则上都充满敌意地互不一致(在提倡社群主义的思潮风行之前,有人可能说普世主义是一项普遍共享的道德原则。现在它也处于攻击之下)。除非有人能使我们确信现在我们没有人相信什么——即,我们所有人在政治秩序的观点上充分相符,以至于我们能合理地达成一致,合约主义都是一个徒然的愿望。它最多变弱为在相对一般的原则上协作的可能性,就像在第三章支持宪政逻辑的论证中一样。

民 众 主 权

民主选择一般地被设定为超越政治结果的民众主权的一种形式。然而，在任何复杂的政体中，正如战后民主理论的大量文献所表明的，这一假设最多是隐喻性的。[263]在典型背景中，民众主权是
153 一个经验性、或许还是概念性地不连贯的观念。只有在它受政体中重要集团在维持不同制度的问题上的互利的协作约束的程度上，宪政体制才是受到“控制”的。宪政政府的长期成功依赖于这种协调的利益。认为在一些社会里存在着对政治的某些相对模糊的方面（几乎每一个人都在协调这些方面中拥有利益）的大众控制，可能在概念上是敏感的。例如，我们可能大体上都同意对经济繁荣和对个人自由的一般保护的信誓。但是不可能存在大众对政府实际所做的许多事情的控制。

（主权这个术语在许多有关宪政主义、政治理论和国际关系的读物中，以及在政治争论中，被赋予了沉重的涵义。这个沉重的涵义是典型地不连贯的，因此这个术语通常是令人误解的。一个人能几乎毫无意义地使用这个术语，仅把它作为一个由通常存在着的不管什么程序决定的事物的无调的标签。我将不按这种方式使用它。）

诉诸民众主权已典型性地成为并不对更大规模的政体心怀感激的精英们支持统治的一个诡计，这在政治思想史中是极为常见的。罗马帝国的皇帝、神圣罗马帝国的皇帝，以及中世纪意大利城市的统治者（communal ruler）宣称他们的权力来自人民，而他们

大多数都是专制君主。[264]英国动荡的17世纪,议会自称为民众主权的化身,其实只不过是数量更大的精英们对保王党人的抨击。伊曼德·S.摩根认为在美国的宪法争论期间,民众主权在很大程度上也是一个虚构。[265]时至今日,民众主权的主张更多的是起修辞上的合法化的作用,而不是对民主政府的描述。

在《安娜·卡列尼娜》中,托尔斯泰的化身列文为他同父异母的兄弟科兹涅谢夫对人民意志的祈祷感到沮丧:"人民这个词太模糊了",列文说道。"地区办公室的职员、中小学校长、千分之一的农民可能知道它意味着什么。剩余的八千万人……不仅不表达他们的意志,而且对他们要表达什么连一点观念都没有!那么我们还能说什么是人民的意志?"科兹涅谢夫认可选举不能表达人民的 154
意志,但却愉快地假设这一观念中仍具有能从"有教养的世界的一致意见"中发现的涵义。[266]他后来补充道,有思想的人表达公共观点,就好像赋予空虚以内容。[267]

诉诸民众主权也是现代革命修辞学的一部分。1789年革命的法国《人权宣言》宣布"整体主权的原则本质上归于国家。除非它是清楚地发源于国家,任何团体、任何个人都不能行使权威"。在1946年的法国宪法中,"国家"被更适当地翻译成"人民"。[268]美国宪法著名地开头,"我们……人民"。许多坚持独立的殖民地的宣言诉诸相关人民的主权来决定他们自己的命运。在法国的例子中,等同于主权的人民不包括大批即将被国家的新政权镇压的人。在美国和许多其他例子中,人民不是一个包容性的标签。主权显然是一个杂乱的东西。

然而,我希望处理大众控制政府的明显不可能性,而不是对付民众主权的修辞学及其与现实的不相符性。大众控制的失败大体上是由于两个相当不同的原因。第一，由于社会选择的标准问题，大众的观点通常不能汇成集体观点，而且个人既不能被激发充分理解公共问题从而对它们发挥作用，甚至在他们确实理解时也不能采取行动（在后面“民主的逻辑”中将予讨论）。其次，这是由于机构性政府的性质。政府为了有效就必须通过机构来运转。但是机构的结构及最终的行动在相当大程度上是意外的后果、机构膨胀的结果，而不是大众选择，甚至不是任何体系选择的产物（在后面“长成的政府”一节中将予讨论）。

“民众主权”这一术语在政治哲学中通常有双重涵义：描述性的和规范性的。作为一个描述性概念的民众主权包含一个合成谬
155 误——霍布斯至少隐含地理解而许多现代著述者却忽视了它。一位君主在其能决定重大行动并能将其坚持到底的意义上是主权者。一群人民在这个意义上不能容易地成为主权者。这群人不能充分地一致去决定任何事，即使的确一致了也不能将任何事坚持实施到底。

那些关心它如何运转，而不是它的理想形态的人，已普遍地看到了民众主权概念实际上的不连贯性。例如，约翰·亚当斯在为被提议的 1787 年宪法辩护时，被麦克曼特·尼德赫姆（Marchamont Nedham）的主张——人民“是他们自己自由最好的守护者……因为他们从来不想侵占其他人的权利”——所激怒。亚当斯轻蔑地问道，“然而谁是人民？”他接下来继续批驳尼德赫姆著作的谬误及随之产生的愚蠢。[269]

第二个描述性的问题受到了大得多的注意。霍布斯假设主权

的统治者不能被任何他们自己的法律所约束,因为如果是真正主权者的话,他们能轻易地选择强制改变法律。因此,在两个意义上主权者高于法律:主权者创造法律以及主权者不能被法律约束。这一特征就像适于陀思妥耶夫斯基的神——神创造法律,因而于其而言不存在法律——那样,清楚地适于个人(比如君主)主权者的逻辑。[270]但是另一层意义上,社团主权者(corporate sovereign)(比如立法机构或一个政治组织)能被法律个别地约束。[271]这样的立法机构不能被限制改变"它的意向",但该立法机构的个体成员能被限制遵守该立法机构尊之为法律的不管什么东西。因此,社团主权者在第二层意义上未必高于法律。如果它完全将它的成员免除于法律的覆盖范围,那么它仍能在这个意义上高于法律。例如,芝加哥市议会在 1987 年将它的成员从道德规范法令的管辖范 156
围中排除了出去(该法令管辖所有其余的芝加哥政府公职人员)。

现在转向民众主权的规范意义。通常认为主权者所要求的是正当的,或者更典型地在现代,至高无上的人民所要求的是正当的或至少是应当去做的。民众主权的虚构观念修辞上的吸引力大概是受民众主权承载更大的规范重要性的意义推动的。这大概是 1989 年东德街道上省略内容的圣歌的力量:"我们正是人民。"很明显,如果描述主权有困难,那么从中抽出规范推论也有困难。民众主权当然是民主理论的中心考虑因素。当主权不是民众的,而是独裁的时候,它就不是不连贯的。例如,一个全能的君主可免于切削主张集团一致性要求的著作的谬误。不幸的是,不论该观念在大多数场合是多么不连贯,民众主权都有一个引人注目的赋予它异常的修辞力量的规范性的特征。

对民众主权和民主的大量规范性批评是，即使我们拥有它，它也是无益的。标准的保守批评是，它会与反复无常和恶性的暴民统治一样。菲利普·格林反对这样的批评，他争辩说我们需要更多而不是更少的民主。他认为在西方主张扩大参政权的人和其他人，以及东欧波澜壮阔的1989年的民主激进分子的大规模直接行动，都是处于现代民主的更好时机。[272]在某种意义上说，1989年的行动是创造民主政府的时机。格林希望有更多的直接行动激活现存政府中的民主参与。与他的愿望相反，现实可能证明大众选择的首要时机是做出大规模的结构选择、并且围绕做出何种选择进行相对广泛协作的制宪时刻。日常的时刻不能为民众主权的运用提供机会。

宪政主义和民主

157 如果宪政主义依赖于大众在核心问题上的协作，那么随之而来的会是成功的宪政政权中民众主权在统治吗？是的，但仅在一种相对模糊和宏观(overarching)的意义上。试想我们已经在现在决定我们政策的政府体制上进行了协调。由此就认为，因为我们在该政府体制的事情上集体性地安顿了下来，所以它所做的就是我们现在被要求做出的，这是正确的吗？不。该两个阶段决策过程预先排除了“我们”想在第二阶段得以实现的东西。我们甚至不需要有证据来表明我们想要什么东西在该阶段得以实现。事实上，我们想要得以实现的，经常是政治领导人和政治机构已经做出的事情之结果。例如，在伊拉克入侵科威特以后，直至布什总统将整个国家拖入战争,美国公众对于参战都心怀矛盾。随后公众都压倒性地支持战争。民众主权一般地对于我们如何做事可能决定很多,但对我们要做什么却只能决定很少或什么都决定不了。

在制宪的时刻人民有其呼声——或者说,在这些时刻不管是谁做出的选择,如果要确实具有约束力的话,都必须在某种相当强的意义上——协调人民——符合人民的利益。在其他时刻,尽管人民可能有发出呼声的机会,但是所做的选择符合他们利益或将他们协调好的紧迫性就小多了。做出选择的程序应当充分地将人民协调好以避免选择破坏宪政的协作,这就足够了。这通常是一个相对轻微的对选择的约束,它使政府相对自由地就广泛的可能性做出决定。

在第三章对宪政政府的两阶段解释中,我们想要建立处理不同问题的制度以实现妥善解决这些问题,因为我们显然不能期望在没有特殊的劳动分工的情况下很好地处理这些问题。这是一个十分普遍的制度问题,而不只是一个民主问题。在一个组织内部,我们给每一个人安排角色,然后每个人被期望根据他们的角色定位而不是根据他们每个人在每一时刻想象最能贡献于组织目标的
事情来行动。对于实现我们的许多共同目标而言,组织是有价值 158
的,甚至是必需的,因为独立行动的个人不能够与正常设计的制度做得一样好。[273]例如,我们可以设计组织来实现功利主义或义务论的结果。的确,在与其他人共同行动来产生相关结果时,他们将会遵照他们角色的规定。[274]

类似地,我们的民主选择应当经常在决定政治制度的设计时被应用,而不是在此后决定这些制度采取的特殊行动时被应用。

机构所作的决策——它们不是直接由民主选择作出的——通常并不是与最重要的民主原则相冲突的。这个关于结果的民主决定的两阶段解释在宪法的创造中是很明显的。比如,美国宪法包括许多对政府机构——它们将会在特殊情况下阻挠多数主义者的行动——的直接约束。有一个对议会的直接约束:它不能通过剥夺财产和公民权的法案,这其实是个人对他们不需要经历法庭程序时的行动的立法信念。这清楚地阻碍对"惩罚"问题的民主投票。[275]但如果我们事先将主动地、民主地努力去阻碍这样的行动——正如费城制宪会议和州对宪法的批准意味着我们将会做的那样,那么这就不是对民主规范的违背。

有一种对契约主义政治论点的奇怪滥用:它经常被同一个理论家既应用于单个细节,又应用于整体结构——尽管他们认识到*整体结构的用处是解决单个细节的方式*。但典型地,契约主义者认识到了第三章详细讨论过的政治解释的两阶段结构。霍布斯和洛克提出以社会契约建立政府,但然后便将管理留给政府去做。
159 詹姆斯·布坎南和戈登·图洛克要求在制宪阶段一致同意,在做出政策选择的第二阶段某种程度的多数主义。[276]约翰·罗尔斯的正义论讨论的是将做出实际的分配及其他选择的上层制度的结构[277](通常,对第一阶段的论证是规范性的;对霍布斯来说它完全是注重实用的——我们需要政府来继续做其他事情)。

在合理赞同的理论家之中,贝茨坚持认为,我们在没有首先建立一个整体的制度结构的情况下,是不能赞成民主参与的特殊细节的。我们必须从合理赞同的立场出发解释这个结构。个人对他们自己公正待遇的担心是被融合在对这个体制的解释之中的。因此,个人没有进一步的根基去支撑反对体制正确运转的要求。[278]特别是,一旦合理赞同的标准被成功应用于整体的制度结构,个人就不能利用合理赞同的标准来反对程序或结果的细节。

作为秩序的正义和民主

要注意民主是如何可能与两阶段解释相冲突的。当代的自由主义政治是由几个并不总是充分相合的原则推动的。自由主义政治和自由主义政治理论同时致力于民主和个人自由或自主。对暴民统治的批评通常都明确地导向关于保护个人自由的讨论,因为关于某些个人自由是否应当被约束或忽视的问题的大众决策可能是高度特殊和人格化的。暴民可能向单个的人证明他们是谁而不是他们做了什么。这就是暴民行动的历史,比如1941—1942年在西海岸反对日裔美国人的暴民行动和在美国大多数地方反对无以计数的黑人的暴民行动。大多数宪法和政治理论占压倒性优势的 160
关注点是约束民主决策以保护个人自由,典型的是通过程序性保护——它把运用法律的权力从大众性团体(比如政治组织或立法机构)手中拿走。许多宪法所要做的是事先民主地选择约束特定的决策阶层。

对个人自由的程序性保护经常被刻画为"作为秩序的正义",它是任何对正义的讨论的一个重要部分。的确,正义这个术语经常被用来仅指作为秩序的正义而不包括分配性正义。[279]一般地,很难将作为秩序的正义在本质上视为目的。功利主义者将作为秩序的正义视为实现总福利的方式,相当程度上是因为它保护如下预期，这些预期使个人能对相应未来有合理信心地采取未来导向的行动。放任自由论者和其他主张自主权的理论家视其为保护自由的一种方式。

作为秩序的正义可能、而且很典型地经常与民主冲突，在某种意义上这不必讨论。我们可能当其产生时民主地决定每个问题。例如，我们可以投票决定某人是否犯罪，就像雅典人对苏格拉底（他的罪行是传授他的哲学）所做的那样。但是对任何连贯一致地构想的民主来说，这仅是表面上的一个问题。它在实质上是何地、何时运用民主选择的问题。

自由的社会是那些对霍布斯提出的生存和福利价值有相当广泛一致性认同的社会——即使在许多其他重要的事情（比如宗教信仰、道德原则、或者对超出纯粹生存和基本福利的好生活的设定）上很少有共识。正是这个核心的共识使关于个人保护、并且在某种程度上关于事先给政府授权的事先协定得以发生。然而，后一方面在许多自由主义国家，特别是在美国经常处于争论之中。的确，在美国宪法中，中心的授权动议是将州际商业和外贸的管理
161 权转到了联邦政府手中，这是一个可能被敏感地当作一项毋宁说是精心策划的剥夺州政府权力的动议。在这个意义上，它一般是对政府的约束而不是授权（将在第六章讨论）。

在对民主控制（作为秩序的正义事务）的结构的两阶段理解中，民主和作为秩序的正义之间没有冲突。只是在运用民主选择之前和过程中有冲突。如果事先的选择是控制，那么它通过按这种方式设置机构必定阻碍事中的选择。如果事中的选择是可能的，那么它就会无视事先的选择、使其不相关——因为它不起决定

性作用。宪政主义是一切关于事先授权和约束的事情。事先的选择将趋向于体制性和抽象性而不是个人化。因此,它们将趋向于是普世主义的。[280]

当然,对我来说有一种心理学上的可能性:既要求对立法机构有一种一般的约束以使其不得通过剥夺财产和公民权的法令来限制我,又要求立法机构能够通过这些法令来制约你。但是我简直不可能推荐赞成这样一个可能符合民主要求的偏隘体制。因此,我希望能够采纳的最好体制是要么对这样的法令有整体上的限制,要么没有限制。

因为法国大革命是没有强大的事先民主约束的事中的民主,所以它造成的恐怖是如此可怕和破坏性的。因此,它变成了暴民统治,决策快速地从一端翻转到另一端,今天完全支持罗伯斯庇尔,明天却将其处死。那是没有原则、甚至没有民主原则的政治。

长成的政府

一代人在宪政层次上决定的东西,后代们主要是将其作为一组赋能性和约束性的制度来面对的。这些制度不能轻易被改变去适应后世可能要求的东西,即使后世的人能一致地思考这些问题、 162
得出结论并同意他们的解决方案。此外,发生在宪政秩序中的变化通常不是民主的变化。例如,在美国,它们很少遵循标准的准民主修正过程。[281]毋宁说,它们是制度内的和演进性的,通常是机会主义和充满冲突的。美国内战和第二次世界大战之间巨大而深刻的经济变迁引起了美国政府形式的重大变化——它只不过是以无法确知的方式民主地决定的。当然，那些经济变化甚至侵略性地将大量政府的政策制定从民主决策的第一阶段移向了非民主决策的第二阶段。例如，日益兴起的商业权力引起了某些制度的产生，这些制度将有关大众关注的问题的政治从大众舞台移走，将其庇护在商业利益可能更容易控制的官僚世界里。

回想一下霍布斯的假设：主权政府不能受任何它们自己法律的束缚。这个假设已经向许多思想家指出了一个公认的悖论。如果我是主权者，我应当能够约束我自己的未来行动。但如果我能在未来被束缚，那么我就不能算是完全自主的。因此，根据时间逻辑，我实在不能算是主权者。这个难题在英语法学界已导致了一个长期存在的、有点重要的争论——如果当前的议会不能约束未来的议会，那么议会是否真正拥有主权。如果当前的议会能约束未来的议会，那么未来的议会就因为以某种方式受到约束而不能拥有主权。因此，如果议会是拥有主权的，那么它就不能拥有主权。英语世界在议会主权问题上的争论在历史上只不过是装腔作势。[282]但处于其核心的问题是现存政府的性质，它必须以不能被任何人完全控制的方式向前发展，更不用说被如此行事的政治组织控制了。因此，实际上甚至整个的政府形式都不能是完全民主地决定的。

163 在《联邦党人文集》最后一篇中，汉密尔顿强有力地抨击了这种抱怨：宪法在被投票决定付诸实施之前应当尽善尽美。他引用了休谟的话：

> 在一般法律方面欲平衡一大国与社会，无论其为君主或共和政体，乃极为艰巨的工作，任何人间才子，尽管博学多能，

亦不能仅靠理性与沉思可以期冀完成。在此项工作中必须集中众人的判断;以经验为先导;靠时间以完善之,在其初次试验中不能避免发生的错误,须由实践中感到不便时加以改正。[283]

汉密尔顿隐含地推荐道,选民可将他们的政府交由未来的发展来决定。他们应当利用他们假定的主权去节制至少大部分的现存主权。

本杰明·康斯坦塔甚至更为激烈地提出了休谟的要点:

宪法很少是由人们的意志安排的。时间造就了它们。它们以一种几乎觉察不到的方式被逐步提出。然而在某些环境下制定宪法成为绝对必要的事情。但是只有那些绝对必要的东西会被制定为宪法。请为时间和经验留出余地,以使这两种改革性的权力在改进已经做了的事情和完成仍在做的事情的过程中,能引导你已建立起来的权力。[284]

托马斯·克里斯坦争辩道,我们用以实施我们的一般选择的制度结构本身不必为了成为民主政府的一部分而经由民主的方式产生。[285]的确,因为制度至少在大部分细节上很典型的是无意的结果,所以我们的民主选择无一例外地是通过并非我们民主创造的制度得以实施的。根据这样的一种解释,甚至长成的习惯法也能与民主政府相一致。

撇开一个人是否希望将长成的政府称作是民主的不论,这一点显然是真实的,即,许多政府典型地是长成的而不是被选择的。那么从哪一方面我们能说政府在其上面发展的政体仍然是高于政 164
府的?真的,政治体系通常至少在原则上能改变它的政府长成的因素。但是它不能要求没有这种因素。并且它也不能似乎合理地在所有这些因素增长时清除它们。因此，在某种相当大的程度上，政治体系不可能是完全自主的。此外，就拥有政府长成的因素可能是必要的（如果政府想要在实现它的许多目标方面有效的话）这一点而言，它不应该要求是自主的。

请考虑政府长成的一个重要因素。在19世纪的功利主义中，特别是在约翰·斯图亚特·穆勒的著作中，对使大众理解并同意政府（和道德）的原则的关注是一个主要的话题。对穆勒来说这个问题是要让政府发挥作用，并且他假设如果公民抵触或未能理解政府的政治的话，政府就不能良好运转。他的公开性原则——规则应当是可理解的和被知晓的——是一个功效原则，对功利主义解释来说是一件自然的事情（在当代政治理论中，对公开性的讨论通常过分抽象以，至于不能达到它们自己的标准。经验性地来看，在我们时代对功效的更大关注更多地是社会心理学而不是政治理论的关注点，尤其是像在解释程序公正在激发对法律的接受中的重要性时表现出来的那样）。

程序正义是与民主冲突的吗？在一种不寻常的程度上，程序正义实际上更适合回顾性而不是事先的理解。对处于作为秩序的正义之体系中的个人的程序性关注的部分影响依赖于经验性的理解。我们大多数人可能很少实际关注这个制度除了相当明显地反对严刑折磨、残忍野蛮之类的事情外，应当如何对待人民。一个设计师可能设计出一套优良的程序。但更可能的是，一套实际的程序相当于是正义体系中的相关官员多年来根据经验修补的结果。程序更多地是几乎靠修补聚合或生长起来的，而不是设计的。虽然普通公民的经历可能影响程序的内容，但除了在非常间接的意义上民主选举的官员干预它们的增长,那些程序将不会是民主选择的产物。一个程序性公正的既存制度因而很可能像习惯法而不是成文法。

当然,程序性公正将会与民主潜在地冲突,就像作为秩序的正义将与民主潜在冲突一样。那些程序将会阻塞大众在特殊情况下将会发生什么问题上的观点。这似乎只是在民主选择如何运用的问题上事先考虑与事中考虑对立的另一个例子。但是如果既存的程序不是事先民主决定的,并且如果民主选择将会对抗这些程序,那么程序公正将会在各个方面与民主选择公开冲突。一般来说,实际存在的有关程序公正的所有规则(比如说在美国)将会经受住民主考验似乎是难以置信的。特别地,这似乎是可能的:大众观点将会支持更加严峻的警察强制,并倾向于在不允许有逃避定罪的程序设计的情况下接受起诉人的选择。因此,实践中的程序公正可能实际上与民主选择冲突。尽管有这个结论,程序公正仍可能使民主的法律更加得到支持,就正如托姆·蒂勒及其他人所争辩的那样。[286]因而,虽然民主选择可能反对程序公正的实际原则,但民主和作为秩序的正义都可能因之而运转得更好。 165

民主的逻辑

安东尼·唐斯的《民主的经济理论》有两个并列的论题。[287]第一个,即中位投票人模型,考虑公职候选人的理性选择:在两党体制下,候选人必须将他们自己置于政策空间的中心,否则他们将会被从侧翼包围,仅剩下少数人的支持。第二个论题考虑的是投票人的理性选择。在某种层次上说，对投票人来说理性不存在问题。投票人将只是投票赞成与他们自己立场最接近的候选人。这个问题产生于这个阶段之前。难道理性的选民将会冒着麻烦去投票
166 吗？并且选民会冒着麻烦去充分了解哪一位候选人的立场是与他们自己最接近的吗？对唐斯来说，这些就是自利所产生的理性问题。但是它们也强调了一个人应当更广泛地做什么的规范性问题。

如果个人因不能影响结果而没有理由参加投票，那么他们如果参加投票的话也将没有理由为了明智地参加投票而知道得足够多。这一事实有几个规范涵义。第一，它暗示民主的局限需要民主公民角色的个人责任方面的局限。第二，它影响——或许极大地影响——赞成民主参与的自主性的观点。第三，它削弱了对民主的、表面上一致同意的结果之正当性进行辩护的契约主义主张。

公民责任的限度

民主公民的责任受限制的方式反映了对民主的自然限制和约束。至少有两类问题：对多数人决策的体制性实际倾轧所产生的问题，以及民主参与的性质所产生的问题。第一类问题代表将民主应用于更深的冲突而不只是边缘问题所引起的民主的失效。这一失效提出了有关公民遵守民主决定的责任的问题。第二类问题代表个体公民的激励与对民主程序的要求之间可能的不匹配的逻辑涵义。

有关第一类问题的一个例子，请考虑使胡图人以民主方式执政的布隆迪 1993 年选举。他们确信如果民主的多数主义者的偏

好得到顺应的话,就能够无限期地掌握权力,因为投票的结果显示,他们大约数量上以二比一在超过图西人。假设这个民主选举的政府对居于少数的图西人实行歧视,或许还是严重的歧视,[288]那么,很难说直到下次选举之前,这个有些恶毒的政府由民主选举的
单纯事实可以赢得图西人把他们的忠诚转向政府。可以认为,图 167
西人将不欠负任何忠诚,不会比胡图人可能对以前独裁的图西人政府所欠的忠诚更多。

相似的结论可能适用于许多正面临或最近刚经过土地改革的当代农业国里的农场工人或大农场所有者。它也可能适用于某些少数人语言集团,尽管并不适用于许多其他的少数人语言集团。许多少数人语言集团因其被政府统治下的特殊社会半同化而获得的利益远大于他们能从其他任何可能选择中获得的利益。有人可能认为他们仍应被赋予语言特权或特殊关怀,但是,由于这是处于普遍受益的秩序甚至财富背景下的一个边缘性问题,因而它将会是一件民主决策范围内的事情。

现在转向第二类问题——个人激励与民主要求的不匹配。民主制度中公民责任的关键是公民角色的因果性功效和个人要求获得相关知识的正当性理由。如果其角色是完全无效的,那么就没有社会理由去获得知识,公民就可能理性地维持无知状态。正如熊彼特写道的:“如果没有来自直接责任的主动性,那么面对大量不管有多么完整和正确的信息,无知都会持续存在。”[289]我获得知识的理由可能是因为它给我快乐,而不是因为它在我通过自己的公民角色产生良好公共效应方面是有用的。

可以想象,如果我们都民主地参与,那么我们所有人的境况都

将改善。我们因而将可能对没有投票的人施以罚款，就像许多国家所做的那样。但这不足以保证他们有智慧地投票，甚至根本不能保证他们有知识地投票。我们可能以某种方式要求一些对这个问题相关研究的证据。但随之我们就开始冒让国家决定什么算是相关知识的风险。因此，尽管我们可能克服缺乏参与的问题，**但我们或许不能克服愚昧参与的问题**。

如果我们为了能够有智慧地投票，确实都投入时间理解选举问题，那么我们的境况都将会改善，这种情况可能是真实的吗？在边际上看，想必大多数个人将不会因为把他们自己变得有知识的
168 单个努力而获得境况改善。但或许我将从使每个人更有知识中获得境况改善。出于一个不正当的原因，我将不会这么做。这个不正当的原因就是，使人们更有知识将会把每次选举都变得更像是集团普查。但这将使政治更具分裂性，并可能摧毁延续民主政府的可能性。

除了这个可能的反常现象外，试想变得有知识典型地意味着每个周末花一个小时学习目前的政治（不仅是耸人听闻的性越轨故事，而且是政策材料）。这一个小时可能占用工作时间、休闲时间、娱乐时间、与家人相处的时间或睡眠时间。最可能的是，被改变方向的努力将会产生真正的损失。甚至这样以后，与众多的官僚、选举官员和专家相比，大多数新获得知识的公民也将是令人同情的业余人士。如果不是这样，我们就能随意改变后者。这个讨论本身是业余性的——不只是因为问题在有关公民责任的文献中似乎没有被严肃地提出。最后，如果我们主张公民有责任知道比他们现在一般知道的更多的东西，那么我们需要这一主张的理由。

而且这个理由将不得不考虑权衡公民知识的增长。似乎可以合理地认为，不存在能够经受住这样的检验的理由。

石黑一雄的男管家史蒂文斯争辩说：

> 就某一点而言，毫无疑问……在像我们这样的国家里，人们的确可能有特定的责任思考重大事务并形成他们自己的观点。但生活就是这样，怎么能期望普通百姓真正对形形色色的事情都有“强烈的观点”呢……不仅这些期望不切实际，我甚至宁可怀疑它们是否值得。毕竟，普通百姓能学习和知道多少东西有一个真正的界限，并且，要求他们每个人都在国家的重大争论中贡献“强烈的观点”当然不能说是明智的。[290]

史蒂文斯在为那个具有纳粹心理的贵族工作时，可能夸大了他的无知，但他的怀疑主义是明智的。

理性无知的条件并不是应当受到谴责的，或在某种意义上不道德的或不负责任的。它是使我们的生活更富裕的劳动分工的一项自然涵义。我们所有人都与索尔·贝娄笔下的塞姆勒先生一样 169
无能，他说，“我在某些事情上比在其他事情上更愚蠢；并不是在所有方面都一样愚蠢；我不是才智匀称的人”。[291]如果我是一个具有代表性的公民，我则专长于制造物品、农事、提供专业服务、音乐创作，或其他任何事情。我将十分擅长于我所做的事情，可是在提供专业服务、音乐创作、或大量的任何其他事情方面，我可能是极为无能的。如果只是在比我做自己的主业低得多的能力层次上的话，所有其他事情我也都能做。正如熊彼特所说的，一旦进入政治领域，我可能类似地陷入“更低的智力表现水平”。我可能争辩并分析“在某种程度上（我）将认识到自己在（我的）真正利益领域里是幼稚的”。[292]如果我投入若干年的准备和每周40个小时，我可能在政治方面做得很好。但是如果我从事了政治而不是原来选择的事情，那么整个社会将会受到损失。

熊彼特的评论被几乎每一个当代的民主理论著述者所引用。对于如何改变这一事实，除了表达愿望之外没有人提出过更多的东西。这个事实难以改变，因为它是如此不同寻常地有道理，以至它就是事实。这个事实在诸如阿波·卡特及直接行动问题的其他理论家所讨论的许多小的环境中可能被克服，比如，对儿童来说危险的十字路口是否应当有停顿标志。[293]在迹象最终似乎十分明朗的特定的非常大的环境中，它也可能被克服，比如在越南战争后期当不同政治信仰的美国人都开始同意这场战争至少是得不偿失的时候，以及比如在东欧1989年剧变的日子里。

由此得出的不仅是我们对于公民参与民主政府的责任最多只能提出有限的要求，而且，民主不能通过诉诸它根基于实质性的公民参与而被证明是正当的。不管这个词语的起源和它在大众及学术话语中被典型性地使用的方式如何，或者民主不能以大量的公民参与为必需，或者它与现代政体中的实际操作是不相关的。

个人自主权

170 民主通常因其被认为对个人自主权的发展有贡献，或因其被设想为拥有自主权的个人构成的社会的理想类型的政府，而受到拥护。因为经济繁荣、安全和各种其他方面的福利在发展自主权方面也发挥着非常大的作用，所以政府在保护民主参与的同时也必须保护这些事情。的确，可以认为政府应当首先使这些事情得到保护,然后再关心民主参与,因为这些事情而不是政治参与,才是对大多数人实现自主权必不可少的。出于明显因果性的缘由,在像美国、甚或瑞典一样大的国家里,政治参与不可能是绝大多数人自主权的一个重要部分。有人怀疑政治参与甚至在微小的冰岛或卢森堡都没有什么重大价值。就如管家史蒂文斯在前文曾部分引用的段章中断言的,“任何人认为应以”其对政治问题的掌握来“界定一个人的‘尊严’,都是荒谬的”。[294] 因而,要么自主权是一个自相矛盾的狭隘概念,要么它并不严重地依赖于参与。

因为无论民主对公共事务的影响如何,它都促进个人自主或性格,所以就认为民主是有益的,这种观点可追溯到穆勒。但是因为民主对我们的个人发展有贡献而认为它是有益的,这种观点即使在穆勒自己的讨论中都是令人有些奇怪的。在对如果我们的行动要有意义则需要因果性功效的解释中,他取消了这个观点:

> 一个人必须对自在和自为的智力练习有十分不寻常的品味,当智力练习没有外向效应时,他将把自己置于思想的麻烦之中;他或者使自己胜任他没有机会去承担的职责。对于一代人中的少数有才智的人中的任何人来说,对智力运用唯一充分的激励是某些实际用途产生结果的前景。
>
> 对真正有活力的思想——发现真理而不是凭空梦想的思想——的检验,乃是成功运用于实践。[295]

穆勒以这些主张赋予了熊彼特—唐斯观点——大多数公民甚至没有充足的理由为了明智地投票而知道足够多的东西——以力量,因为他认识到“处于一个范围超过单个小城镇的社群中的所有人,都不可能亲自参与公共事务的任何微小部分”,以至于他们没 171

有充足的激励在政治上运用才智。[296]

有人可能笃信民主而不管它在某种其他意义上是否运转有效。有些著述者，特别是大众媒体中的作家，有时声称把民主当作一种绝对价值而信誓于它，好像它在与所有其他价值冲突时必定战胜它们一样。这不是一种可信的观点，它也不必严肃讨论。实际上即使在所有的政治决策上，都没有人坚持民主。标准的、极为常见而明显的例子，是战时政策制定中需要保密，以及在舆论中偏好正义，在法庭判例中偏好利益。第二次世界大战末期盟军攻入欧洲的形式不是一个适于民主决策的主题。某人对其罪行内疚的问题也不是一个适于这种决策的主题。

除过这些标准的例子，似乎有道理的是，上个世纪管理型政府的兴起主要是对民主形式在处理大范围政府政策方面无能的一种反应。就像在许多国家一样，在美国民主在很多情况下已被降至相对软弱和有限疏忽的地步。许多批评者认为这种发展是民主形式的腐朽。自由主义者认为这在规范性上是错误的，因为它引起了未经事先同意的强制。但是几乎没有人提出处理相关问题的严肃的替代方式。

主要的实用抱怨和建议是关于管理型国家中不重要的问题的，诸如什么可以宽泛地解读为一个机构越过了其法定权限之类的问题。有人可能认为，机构的存在性超出宪法权威是一个更深入的问题。无论如何，我们似已民主地同意激进变革和政府的去民主化——尽管除了选举和重新选举对政府结构进行以上修正的人的投票之外，没有其他名副其实的投票。按联邦党人恺撒的话来说，我们只是已然默认——直至目前已延续了数代人。

没有必要争辩说其他形式的政府击败了民主,显示出了民主 172
并不总是所归之途。一般来说,民主在特定环境下(前文已罗列)可能是最好的政府形式,即使它的类型有时(比如可能在管理型国家中)可能更多地被违背。但是在一些条件下,包括我们自己的民主在内,相对有限的民主可能普遍地(而不仅是偶尔地)偏好全面的民主。

正当的结果

许多民主理论本身是从特殊的道德原则(比如功利主义或康德主义的原则)演绎而来的。在这些理论中,对民主结果的正当性进行独立判断是可能的。例如,一个功利主义者可能认为实现功利主义结果的最不致犯错的设计是民主的决策程序。但是这个设计只不过是有条件地最不可能犯错的——它并非确实不犯错误。因此,功利主义者可能推断,在对这些程序的特殊应用中,出现了错误的结果。

然而,在契约主义理论中,实际上可能的是,我们所选择的是正当性的标准——并不存在独立的标准。[297] 在关于民主的许多讨论中,有一种表面上的假设或涵义:我们以民主方式选择的不管什么东西都是正当的。或许这些结论得自一种隐含的契约主义观点。不过,这些结论经常只不过基于一种直觉的判断:民主是善的,因而它所实现的东西就是善的标准。

不幸的是,任何把同意作为正当性或善的标准的契约主义理论,对现代政体来说基础都极为不稳。在一个即使适度规模的国家里,前面已经说过,典型的公民很少或没有可能有充分的理由去足够好地掌握尚待民主决策的问题以富有智慧地为这些问题的解决做出贡献。况且,即使他们确实掌握了这些问题,也几乎没有希望使用他们所掌握的东西影响民主选择。制约他们投票的非常重要的可能性是无法克服的。1994 年新泽西州地方选举中出现过平局投票(tie vote)——这次原本微不足道的投票成了全国性的
173 新闻,因为它是极为罕见的平局(其中多一张选票就能使结果迥异)的例子。

在更大规模的选举中也有过实际上是平局的投票——计票错误太大以至于无法知道在极为接近的得票中是谁真正胜出。在1974 年新罕布什尔州美国参议员的选举中,路易斯·韦曼和约翰·迪克以每人 111000 张选票实际上处于平局,在选票争议中,有些机构给了共和党人韦曼以轻微优势,而另外一些机构给了民主党人迪克以轻微优势。最终,参议院宣布这次选举无法分出结果,它作为一次特殊的选举进行了重选。一般来说,一次特殊的选举可能会有利于共和党,因为参加投票的人将会减少,更加近乎为中产阶级所主宰。反之,参加投票的人相当大地增加,迪克就会大幅取胜。因此很清楚,仅仅出于不可能精确计票的实际原因,即使在和新罕布什尔州一样小的政体中,多增加一张选票也不可能使选举结果有异。单个投票者实质上并不起作用。

因此,如果掌握需决策问题的负责任的公民希望影响政策,那么他们将不会通过投票(它几乎是许多公民参与的全部故事)来实现。毋宁说,他们将不得不采取行动影响那些已当选的人、可能竞选公职的人,或如不努力动员则不正常投票的人。这些都是相对苛刻和高代价的尝试。很多人从未在任何严肃的层次上进行这样

的尝试。一大部分确实进行了这种尝试的人可能意欲建立政治生涯,因此这些尝试是面向未来收益的投资,而不只是对某种更大的善的有公德心的贡献。有些荒谬的是,对用参与的结果来衡量善的民主理论家来说,个人的职业利益必定经常——甚至是典型性地——比对民主选择结果的重视更为重要(历史学家威廉·L.奥内尔发现这是二战时期美国政治的令人悲伤的方面。[298]这只不过就是平常理解的政治而已)。

有人可能赞成一种理想的民主概念,其中所有或大多数公民富有见识地参与。但是这个理想的概念不能用来为实际的民主的结果辩护,也不能用来批评实际的民主的结果,在实际的民主中, 174
参与严重地受制于个人利益偶然的意念。的确,有人可能赞成具有性质蜕变的参与的民主制度(它是一种根本性地违背了理想概念的制度)的优良性。这样的一种制度也可能使许多潜在的冲突——如果尖锐的话则成为使民主难以实行的冲突——性质蜕变。**使民主有效运转的因素也使民主不能通过理想概念的检验。**

这并不是说公民的无知本质上是好的。的确,因为公民的无知,一个像斯洛博丹·米洛舍维奇(Slobodan Milosevic)一样的粗俗和刻毒的政客可能对舆论和信誓产生巨大的破坏性影响。好的东西是这个背景事实:大多数个人能在政治之外的其他方面发现他们的利益。因此,他们没有动力去高度参与,从而他们也没有动力为了良好参与而足够获知。政治可能使我们富裕或贫穷,可能提升或破坏我们——对20世纪的一代德国人来说,政治作了所有这些事情。但是我们一般地并没有充足的兴趣去尝试影响这些结果。此外,我们应当为这个事实而感到高兴,因为我们无法设想一个数百万人(甚至2.8亿人)的民主应当占据这数百万人生活的一大部分。每一个人都应当是能够相当大程度地专业化的,高度的专业化、甚至我们的专业化中首要的当属我们的生活。在专业化的情况下,我们实现了对实质性的创造和福利来说必要的劳动分工。

在某种意义上说,我们个人的生活对于更大的政治结果来说是微不足道的。我们要在一个相对优良和稳定的政府与秩序、经济与社会背景下谋划我们的生活,我们要所有这些政府与秩序、经济与社会因素给我们留出个人创造、娱乐、家庭、甚至个人涉入政治的空间。但是,除非大多数人将无以为生或政治是灾难性地侵入的,个人卷入政治都不是必要的。对我们大多数人来说,长期过分激情地参与政治必会导致凄惨的结果:失去我们个人的生活,我们在国家、政党、种族或一项事业的名义下变得渺小。20世纪30年代那些不是政治或新闻专家的欧洲人的回忆录和文学,在个人被淹没于那个时代的政治(通常直至最乏味的细微问题的层次)的程度上,经常唤起抑郁的悲伤。

替代性观点

175 哲学的自由主义在20世纪已在不同的方向有所发展,其中许多日益远离我们日益增长的大众社会的真实期望。约翰·杜威主张一种自我实现的伦理学。[299]与他的实用主义和一般认识相反,他认为这能部分地通过民主参与来实现:“选举权代表直接和主动地参与对那些条款——在这些条款的基础上,联合的生命得以维持、对善的追求得以持续开展——的管理。”[300]这从那时起已经成为一个美国式的主题——或者应当称它为美国梦。如果我们自我实现的任何重要部分必定来自政治参与,那么我们必定是可悲地未能自我实现的人。第二章引用过的托克维尔的主张,是对提供公民话语和参与的观点空虚性的一种校正剂:民主的美丽之处不在于民主为我们做了什么,而是在民主之下通过私人机构发生了什么。

奇怪的是,这确乎是有道理的:1989年前的东欧比任何西方民主国家,都有更多的生命通过政治“参与”——通常是在地下出版物中——得到了实现。在东欧,反自由主义引起了激烈的反应。拿歪曲了的穆勒观点来说,美国不需要参与——美国政治通常并不激起强烈的参与。对这一点的重要例外是争论和批准宪法的短暂时期,当时十分普通的人变得善于表达和富有思想,达到了很多人从未达到过的层次,而麦迪逊及少数其他几个人则成为了伟大的思想家。在20世纪50年代反共产主义的狂潮、民权运动、越战期间的反战运动等时期,都有强烈的参与,既有右的又有左的。但是持续的强烈参与的想法一般来说是荒谬的,即使不是荒谬的,也是令人压抑的。

在一个半世纪以前,托克维尔和穆勒都为一种巨大官僚国家和一种传统的一致性将会统治的文明所困扰。[301]为了理解他们的 176
担忧,请回忆在1914年前的那个世纪,在英格兰典型的公民几乎只是从邮局和警察那儿来理解国家。在仅仅第一次世界大战前夕引入收入税之前,美国联邦政府主要是由关税收入维持的。在穆勒和托克维尔的时代,政府只对一小部分的国家支出负责。今天,政府已变得对大部分国家支出负责,在一些自由民主国家里政府甚至对超过一半的国家支出负责。然而穆勒和托克维尔当时已经为官僚政府的膨胀而担忧。他们将会对当今政府的规模和干预性而感到恐惧。

如果政府和民主制具有穆勒和托克维尔所预期到的影响，那么我们必须在当今发达的民主中发现传统一致性的破坏性倾向。但是要决定什么是一致性的倾向是极为困难的，部分是因为反向的因果性变化。乡村生活肯定是比城市生活更大的一种促使一致性的力量，但是乡村生活在发达社会已基本上消失了。此外，在许多发达社会，都已宣称不同民族（peoples）的混合，尤其是在北美和澳大利亚，还有英国和大部分欧洲。穆勒同意凡·哈姆波特的话：个性要求自由和"多样的情境"。[302] 导致了更大政府的社会进步，也导致了对不同情境的多方面接触，不只是限于把大批人口从维持生计的农业生活使人愚笨的局面中转移出去，以及使许多人接触与他们自己的文化不同的文化。

在我们的时代，穆勒—托克维尔关于趋于恶化的一致性的论题得到了许多思想家的响应，左、右、中的都有。在目前的美国，它是一种奇怪的反自由主义类型的社会保守势力的一个特殊主题。保守的观点包括阿兰·布鲁姆（Allen Bloom）的观点，《走向封闭的美国精神》（*The Closing of the American Mind*），该书有时候被无礼地嘲讽为《一个封闭心灵的想法》（*Thoughts of a Closed Mind*）。最能抓住穆勒和托克维尔早期观点的是罗伯特·穆斯利（Robert Musil）的《没有品格的人》（*The Man without Qualities*），
177 它很适宜地无休止唠叨，还留下了未完成的数百页零碎附加物的草稿。这就是我们如何丧失才能以及被分散湮没而不是接近回转

的终点。布鲁姆的抱怨被索尔·贝娄的一些小说以一种更高尚和较大气的方式表达了出来。社群主义者将我们假想的文化和道德堕落及萎靡归因于过分地注重个人礼节、丧失联系紧密的小社区,以及宗教归属感的衰落。他们当然普遍喜欢生活在美国的城市,他们当中的学术人士典型地偏爱最好的世俗大学。他们表面上的虚伪并不致使他们的观点错误,但人们一定这么怀疑。

在不固定的中派当中,通俗的心理学家将我们假设的堕落归因于电视、吸引人的体育比赛,以及当今已不常提及的官僚制。[303]惯常的情况是,中派比左派和右派都更少趣味,但却更为精确。

从左派来看,我们被激励着模仿东欧(特别是捷克斯洛伐克以及它解体后的捷克)创造新公民文化的热情。针对这种无论如何是我们都能作为正常生活达到的自然状态的假设,凡·哈姆波特狡猾地观察到"对保护自由的关心比实际的享受自由更令人满意"。[304]捷克的热情被一个目的——创造一个自由社会——所驱使。除了仅仅兴奋和事业的共同性之外,在已经自由主义的社会里人们应当出于什么目的模仿捷克,是不清楚的。无目的的热情将会消退。麦迪逊、托克维尔和穆勒要求民主是因为他们想使政府更加注意促进公民的选择,同时他们想使政府更少地替公民做选择。参与性左派的一些人想要民主对政府实施更大的控制,以使政府能对我们的生活实施更大的控制。一些人很明显地只是想要更多的民主而不管民主是做什么的。对参与性主张的赞美所涉及的谈论似乎远远多于任何时候政治所涉及或者可能涉及的谈论,除非是在像 1989 年一样的异常时刻以及巨大危机的时刻(比如美国的越南时期)。对我们截至目前所知的民主病症的治疗方 178

案被设想为是更活跃的民主——并非有关我们社会需要什么政治的更多和更好的想法，而只不过是在做我们所做的事情中更多的参与。

关于民主做什么或应当做什么的笼统主张必须针对它能做什么的可能性进行估量。它甚至显然不能做麦迪逊认为它将会做的事情：限制政府。对民主的更大影响的批评也应当被对它的约束的考虑所缓和。因为民主属于互利理论，因此不能太明确地期望它能引起或防止社会中的传统一致性。毋宁说，只要存在着相对重要的关于政府价值和需求的一致性的背景式协作，就能期望民主发挥作用。穆勒正确地批评了托克维尔过分轻率地把本是发展中的美国商业生活之结果的东西归功于美国社会的民主方面。许多当代的表面上针对民主和自由主义的批评，更恰当地说是对巨大的、经济上生产能力强大的社会中的生活的抱怨。一个人或许应当同意许多这些抱怨，但应当把它们看作是有关存在的，而不是政治性的。

实质性代表

美洲殖民地反抗英国统治是因为他们的公民在决定他们命运的议会里没有代表。英国财政部（它监管在殖民地征税）的一位官员托马斯·华特莱反驳了他们的观点。华特莱写道，殖民地居民没有比绝大多数英国人承担更大的责任，这些英国人也没有投票，但却在议会中被"实质性代表"。"所有英国国民都真正处于相同（的境况）；没有人在议会中被实际地代表，所有人都在议会中被实质性地代表;对每一位坐在下院的议会成员来说,他不是作为他自己的投票选民的代表,而是作为威严的议会——大不列颠的所有平民都被它代表——的一员。”[305]

华特莱的观点——甚至那些被剥夺投票权的人也仍然在他们 179
的政府中被代表,从功能上来看,不过是对国王的神授权力论点的一种滥用。在华特莱的时代这种观点在英格兰仍被广泛信奉。[306]一位在围绕美国的代表问题的喧嚣争论结束后的1794年写作的律师弗朗西斯·波劳登(Francis Plowden),坚持认为英国政府是以“自由意志和自由人民的同意”为基础的。[307]可叹的是,在洛克的宽容学说的原则下,波劳登作为一位罗马天主教徒,不被允许投票,因此他的同意或缺乏同意就是与议会无关的问题。他似乎并不为他对英国代议制政府的辩护的不合逻辑而感到悲哀。

除了它荒谬的不合逻辑性之外,实质性代表观点的独特之处在于,它似乎很容易地与一个公然相反的观点——受本人没有参与制定的法律统治的人是奴隶——形成对照。“爵士阁下,奴隶的定义是什么?”1780年一位爱尔兰律师向诺斯爵士问道。“难道不是一个人被他从未同意过的法律所约束,并且处于他无法控制的权力掌控之中的情况吗?”约翰·菲利普·雷德认为,“诺斯和大不列颠或殖民地的其他每个政治领袖都会回答是”。[308]

约翰·亚当斯和殖民地的其他人对华特莱的实质性代表观点的拒斥所具有的讽刺意味在于,他们开始创造一个只不过解放某些人——适度地限于男性精英——的政府,而使绝大多数的人口(根据他们自己的看法)仍然处于实质性代表制度的奴役之下。然而,华特莱的观点和相反的观点(一个没有参与法律制定的人是奴隶)今天仍存在于我们当中。毕竟,它是有关这样一个事实性质的问题:现代民主中的大多数个人在决定统治他们生活的法律之内容时,只不过起着一种得到正式界定的、但实际上空洞的作用:他们最多是在华特莱的意义上被实质性地代表。

的确,美国的制宪主义者给实质性代表的可能性增加了一种新颖而特别值得谴责的诀窍——对此大概甚至华特莱都不会同
180 意。他们只给那些被更加悲惨地奴役的人分配了五分之三的实质性代表权。而且甚至这些代表权也是由他们的白种主人所掌握,他们的白种主人因而在国家的立法机构中实际上有过多的代表,他们能使用他们的过度代表权(overrepresentation)维护他们对他们的被实质性代表的奴隶的控制。赞成实质性代表的标准论点是,比方说,利物浦的人民不需要在议会中被直接代表,因为他们与布里斯托尔的人民有共同的利益,布里斯托尔人民的代表因而就通过代表利物浦人民的利益讲话,实质性地代表了他们。当南方奴隶主欣然颂扬它给他们的奴隶带来的好处时,大多数观察者会认为南方的白人代表并没有代表——即使实质性地代表——奴隶的利益。

对大多数公民来说,比正式界定的建设性作用更重要的是,他们并没有在反对政府的过程中进行协作,他们没有叛乱。的确,在赋能给政府的过程中,没有协作去反叛是公民最重要的贡献。这是同意的空洞涵义。正如雷德所断言的,围绕同意的争论中夹杂着悖论。[309]然而,在对宪政主义和民主的规范性维护中,同意是到目前为止最常见的论点。同意理论的统治是一个陈旧而不寻常地变化的文字游戏。在我们时代的自由主义宪政民主的实际背景

下，它必要地而不是在字面上是个实质性同意的问题。它像托马斯·华特莱对没有代表情况下的征税的辩护是针对北美殖民地一样，是欺骗性的和非常令人气愤的。

这个文字游戏是如何迷惑我们的？或许我不是能回答这个问题的人，因为同意理论的文字游戏并没有迷惑住我。它是一个乐趣太少而无法解释参与努力正当性的游戏。如果我是1773年的波士顿人，我会要求把有关同意理论的著述抛入水中，就好像它们附带着对由一个反复无常的外国强权或——更可能的是——一个形而上学理论家的阴谋集团强加的严肃讨论征取的税收一样。对同意理论的生存所作的一个严厉的解释是，同意理论家投身于解释他们所喜欢的国家的正当性的努力。这个观点可能适合华特莱及许多其他人，但它对大多数当代的同意理论家（他们中的许多人对现存的国家持批评态度）来说或许是错误的。一个替代性的解 181
释是，当代的同意理论家毕竟是理论家，作为理论家他们有一种进行抽象——这把他们提升离开他们实际生活的背景——的倾向。

如果我们的安排实质上只是那些自由主义的宪政民主，那么我们如何解释其正当性？当然我们必须同意，对我们大多数人来说在大多数时候代表最多只是实质性的；甚至对我们大多数人来说在*所有*时候都是这样。因而，如果我们想解释我们的安排的正当性，这个解释不大可能依赖于我们有些人已以某种方式选择了这些安排或默认了它们的事实。对于某些种类的解释来说，这可能是显而易见的，比如从效用或自治、自由出发的解释。但是，孤立地看，对民主表面上的主张与实际上能碰巧直接产生出一种解释的东西很不吻合。从同意出发对真实的政府的论证最终是抽象的和不相关的。

结　　语

任何民主选择都必然或是事先的或是事中的，或是关于制度结构的或是关于即期政策的，这两个方面可能且或许经常冲突。民主因此必须被局限在两阶段理论中，否则它在实践中将是不连贯的。尽管如此，除了在制度设计的第一个表面上民主的阶段以外，不可能有很多的民主。诉诸民众主权因而倾向于只是修辞性的，并且在正常的政治过程中只有很少或没有内容。

乔治·凯特卜写道，对美国宪政主义者来说，存在着高于多数主义的价值。[310]这并不是根据他们在具体问题上的反多数主义论点得出来的。他们只不过赋予宪政的多数主义比后宪政的多数主义更高的价值。凯特卜进一步写道，“成文宪法规定的政治性生存的观念冒犯了”多数原则。[311]不幸的是，多数原则并不是独立于时
182 间因素的。我们可以事先援用它来控制未来的行动，也可以在事中援用它改变我们过去的决策。我们甚至能够在事后用它来为事先就事中的选择设定的障碍进行辩护。

至少有限的民众主权的最引人注目的声明之一存在于所谓的阿拉贡誓言当中：“我们与你一样的尊贵，倘若你能保全我们的法律和自由，我们就以你为我们的国王，倘若你不能，我们就绝不以你为王。”这其中隐含的民众主权在几个方面是有局限的：它仅适用于召回授权，它仅包含现存的法律和自由，以及它只是由部分民众提出来的。与这个誓言的美丽动人一样令人悲哀的是，它显然

是16世纪的一项虚构而不是几个世纪前阿拉贡王国的实际誓言。[312]然而,说来奇怪的是,如果这个誓言曾有过任何效力的话,它就是没必要的,因为阿拉贡人能轻易地废除任何侵犯他们自由的国王。在当今的大多数社会,此类誓言不可能有任何效力,因为不可能指望我们(即人民)一起行动来实施它(尽管残余的暗杀者集团可能声称实施它)。

在美国和许多其他自由政体中,在对经济繁荣和普遍保护个人自由的信誓上的大体一致,有理由被认为是大众观念的主要核心。民众主权如果确已实行的话,主要是为了通过一部宪法并修正它来影响这些信誓。在将国家拖入一些战争以及使国家摆脱两场战争(朝鲜和越南)时,民众主权或许也大体上被运用。在刚经过内战之后国家千疮百孔之际,它也被用来强迫南方各州进行变革。在所有这些情况下,民众主权最多是在大体上被实行,因为在实际情况中存在着对这些行动的巨大反对因素——尽管在部分这些例子中,支持水平可能远高于华盛顿时代之后任何全国选举中的支持水平。当今存在着相当规模的会愉快地限制自身的许多公民自由、或者可能激烈地声称他们没有从经济繁荣的政权中获益的少数人集团。

诉诸民众主权、社会契约和民主,与阿拉贡人的"倘若你不能保全我们的法律与自由,我们就绝不以你为王"一样美丽,或许还经常一样错误。它们通常基于虚构并且没有分析的锋芒。但是它们显然仍有感召力。但当它们实际上能被明智地援用时,那是因 183
为它们在相关的背景下协调我们。在此当中,将许多领域的民主程序制度化的最大价值在于,它们打破了寡头政治领袖对议程和政策进行的任何连贯的控制,或至少是削弱了其前景。它们并不严格地要求领导人负有责任,而是在关键时刻或主要问题上能扰乱领导人早已做好的计划,并迫使他们默认我们总体上的协作。

第五章　自由化及其困扰

当我去委内瑞拉的时候……我认识到关于自己国家的某个东西，它是我以前在那里从来没有看到过的：那种内在于被我当作物质主义和个人利己主义而[在美国]经历的东西中的理想主义。我发现对于其经济发展刚刚起步的委内瑞拉人来说，……，物质消费大众化以及诸多机会的出现——**对于那些有能力抓住它们的人**——真正地是个自由化理想。 184

莉萨·皮蒂(1969)[313]

向两种自由主义的转型

由于存在两种自由主义，所以也存在非自由政治体系可以作出的两种主要自由化转型。它们可以变得政治上自由，也可以变得经济上自由。有可能一个社会最终必须同时在政治上和经济上自由，如果它在其中一个方面如此的话。然而，尽管有许多论述为这种假设辩护，证据表明，至少政治上不自由的社会可以在几十年甚至更长的时期在其经济管理中是相对自由的，并且政治上自由的社会可以对其经济进行非常强烈的中央控制。[314]在本章以及下

185 两章中，我希望讨论在许多社会中成功自由化的前景。本章中，我将致力于初始自由化的诸多问题，它本质上是一件从一种政府秩序形式转向另一种的自发重新协作的事情。在第六章中，我将讨论在一个宪政政权之下管理经济变化的诸问题，这是北美和西欧成功的宪政政权已经掌握的技巧，在有些案例中已有几个世纪之久。这是一件在现行政权之下进行制度化协作的事情。然后，在第七章里，我将讨论民主在以下社会中的问题，在这些社会里，宪政主义所要求的在决定性政治制度上的广泛协作是困难的，甚至是不大可能的。

近年来，在西班牙、拉美、东欧以及前苏联加盟共和国中，存在许多政治自由化努力。在东方国家社会自由化当中，存在三种主要困扰。它们是：围绕经济改革的诸困难、包括激烈族群冲突在内的群体冲突之令人沮丧的兴起，以及对平等主义方案及其希望的丧失。其中前两个可能对自由宪政主义设置障碍；第三个可能是自由化的一个代价。所有这些都可能随着时间推移变成远为严重的问题，许多人担心这些问题中的这一个或者另一个将会如此。它们典型地相互关联。正是经济改革在戗杀——也许已经被遗弃——对平等主义的希冀。并且群体冲突经常围绕着经济冲突并被它所激发，这些经济冲突由于改革政策而被推入到人们的关注范围之内。

引人注目地，在许多这些社会中，最迅速完成了的那一项任务是政治自由化——伴随着几乎立刻对民主的初生宪政政府的创立。亚当·米克尼克讲述了来自一个法国朋友的一则讥讽，他说："波兰有两条路可以走出它那骇人听闻的危机。第一条是通过常识：……天使们将降临以将波兰从共产主义解脱出去。第二条是通过一个奇迹：波兰人——同时包括共产党人及其反对者——将彼此达成一个谅解。”[315]令所有人吃惊的是，奇迹发生了。西方社会科学被这个区域这一非凡的成就弄得措手不及，美国针对该区域曾经准备了两万枚核弹头以及差不多同样数量的专家。亚当·施沃斯基评论道，这个变化的来临令人吃惊地容易，这显示了比较 186
政治学领域的智力破产。[316]阿尔伯特·赫茨曼指出，基于我们对1989年可能发生什么完全缺乏理解，“当要对人类社会之未来做出声明时，需要极度审慎”。[317]审慎对于预期来说，也许太过分了。

我的目的不是去解释或反思比较政治学的失败或者东方的初始变化。我猜想那些变化至少在其时间上严重依赖于米哈伊尔·戈尔巴乔夫，他的第一个举动是拆除那个根本上紧张过度的核威慑系统。他的第二个同样令人惊奇的举动是几乎一夜之间废除了那个苏维埃帝国。随着其苏维埃军事支柱的清除，东欧华沙条约国的政权在对于政治和经济自由化的要求面前崩溃了。目前明显的问题是这些新政权能否成功建立稳定的自由秩序。在简要考察第二、第三章讨论过的自由主义的兴起以及宪政主义的本质之后，我将转向东方人在政治和经济自由化中面临的各种困难。

在许多东方国家中，对任何听到跨越这些国家的族群冲突新闻的人来说，尽管存在把这种冲突刻画为非理性性质的误导倾向，自由化最主要的两个障碍之一也立即显而易见。[318]我的任务将是把这种冲突和自由主义以及宪政主义联系起来。第二个潜在障碍的本质在一个多世纪里一直被争论。其中，卡尔·马克思、约瑟夫·熊彼特、米尔顿·弗里德曼以及曼库尔·奥尔森提出了经济与政

187 治自由主义可以互动的诸途径。[319]对这个问题，我所关心的将是，当政治和经济自由化被先后实行时政治将如何约束市场，以及经济自由主义是否可以被成功地宪政化。

与正在自由化的国家相比，美国在1787年处于一个极其不同的位置。在其现存宪法下创建新国家的那个奇迹，很大程度上是个偶然时机问题以及下述问题，即，它是这样一个社会的产物，该社会当时已经在政治和经济上是一个自由社会。如托克维尔所言，美国没有经历一场民主革命——它不需要。[320]因为它是双重自由的，其公民已经在对秩序以及对一个有效经济的考量中联合起来了。反自由的、社群主义的反联邦党人反对这样一个大规模的秩序。但这是唯一的冲突：规模。反联邦党人想要在村庄层次上的民主——在村庄中对道德和政治事务可能存在近乎一致的同意，而不是在大国层次上可能践踏村庄心态的民主。

宪政自由主义

让我们简要地把第三章和第四章的话题集中起来，以聚焦于有关自由化的问题。现代自由主义历史性地分两部分兴起：经济的和政治的（见第二章的讨论）。经济自由主义，或者经济行为和选择的市场组织，在欧洲尤其英格兰是毫无总体设计或计划地兴起的。当诸如伯纳德·门德维尔以及亚当·斯密这样的著述者出来为它辩护时，市场已经在很大程度上有效运行，以至于他们的任务主要是去描述以及理解已经存在的东西。政治自由主义的历史稍有不同。它部分地被虚构出来，以表达关于不平等以及宗教冲突的特定困难问题，前者如平等主义者(Levellers)提出的那样，后者如洛克提出的那样。洛克的《论宽容》是对自由主义的一个理论和一个呼吁，而不是对他那个时代实际政治的描述。[321]洛克为了取 188
得更大政治和平，想要把宗教差异推出政治之外。作为一个清教徒，他当然认为宗教信仰是个私人事务而不是集体事务。在东方，一些当代转轨拥有几乎相反的特征：政治转轨一直是自发的并且主要来自底层，而经济转轨则由上层管理。在俄罗斯，可以认为，两种转轨都是先后由戈尔巴乔夫和叶利钦从上引入的。戈尔巴乔夫对民主原则的倡导以及苏维埃帝国的解体，几乎立即导致了他在全国领导层中被取代。

有时候有人说没有经济自由就没有政治自由。这至少部分地是对事实的歪曲。比如，印度直至最近都拥有一个虽然不完全但也是广泛社会主义化的经济。[322]但伴随着一个对第三世界来说很不寻常的民主政治历史，它也是所有当代国家中政治上最自由的国家之一。就像美国在1800年之后曾经历的那样，印度在几十年中有一个占绝对优势的政党，这也许有助于其宪政秩序的稳定。尽管如此，弗里德曼主张的那样也可以是正确的，即，认为拥有市场经济以及拥有牢固公民自由之间有强烈的因果联系，虽然也许没有他认为的那么强烈。[323]

通过生产和交换为经济成功以及本质上为互利创造条件，是托马斯·霍布斯关于那个独裁的全能主权者之理论的中心考量。霍布斯假定这样一个主权者对维持国内秩序是完全必要的，没有国内秩序经济繁荣是不可能的。此外，霍布斯公开地敌视政治自由主义，它预示着可能破坏繁荣甚至安全的反叛和混乱的恶兆。

189 在20世纪中，存在着对霍布斯原则的巨大求助。世界上许多地方的共产主义统治，在不同政权推动经济和社会目标的努力之中，政治上是不自由的。法西斯统治同样被部分地导向政治镇压来支持经济秩序以及种族支配。第三世界的各种政权，经常是军事政权，使用不自由的政治来控制经济以及军事秩序，尽管许多其他政权也使用了非自由政治却不是为了明显的社会目标或者社会收益。伊斯兰世界近乎普遍地被灾难性的诸多独裁政府统治，却少有或者没有对经济的远见或理解。

许多政治不自由的政权甚至在实现其经济目标上也最终失败了，并且它们在以下引人注目的意义上失败了，即，它们比世界上许多政治上更自由的政权做得更差。但是，一些这样的政权似乎成功了。假如其计划不被纳粹的战争和征服欲望所压倒的话，纳粹德国本来有可能成功。韩国、新加坡、智利以及其他地方成功了大约一代人的时间，并且其中一些尽管有不时微恙但也可能继续成功。在一些个案中，经济成功可以最终钝化试图引入极不相同系统的革命性政治努力。对其中一些国家来说，从不自由的独裁政治向相对民主的政治之转变，可能几乎是作为一场改革而不是作为一场革命性变动出现的。例如，在智利对民主制度的不情愿的再引入，看来几乎是容易而且平静的，几乎就像政党权力更替而不像作为政权更替：独裁者们仅仅是输掉了他们所召集的选举。

在东欧和苏联，独裁者们经常甚至连一场选举这样的东西都没有就已经退缩了，在有些国家中的政治暴力，甚至比美国在越战高峰期或者法国在20世纪60年代末所遭受的还要少。虽然在立陶宛以及特别是罗马尼亚发生了暴力对抗，但独裁制度终结后的真正暴力发生在后继的国家中。格鲁吉亚、纳戈尔诺—卡拉巴赫(Nagorno-Karabakh)以及车臣在政治凶杀年谱上追记了悲惨的篇章。对于这些地区中的一些来说,霍布斯认为任何可以维持秩序的政府胜过改革风险的看法可能是令人瞩目的,至少在短期是这样。

东欧以及前苏联自由化中的政权面临的首要任务是去创建有 190
力支持自由实践的稳定结构。因为一个人不能依赖特定人群的信誓或正直去维护自由主义,这些国家总体上一定要建立可以设计能够持续的政府制度的宪法。在理论上,这只要求一件事:用自由的制度来匹配激励因素。如果支持自由制度以及遵照这些制度所规定的去做符合每个人的利益,这些制度就会成功。如果这样做不符合任何人的利益,它们将很快失败。

当激励因素相配时,我们可以说一部宪法或者一项制度是自我实施的,因为它的设计保障了对它的支持。一部自我实施的宪法给那个古老而似乎简单的问题提供了一个复杂的答案:人治政府和法治政府哪个更好?政府的最佳形式是这样一种政府:在其中人们在治理,但他们在一个法律和制度把他们的激励因素与政府目标尽可能紧密匹配的设置中这样做。

如果我们今天要理解前独裁国家的自由化宪政经历,最好先观察它们首要的宪政问题是在一个无法实施的契约上进行妥协,还是在一旦实行就自我实施的一组互利安排上进行协作。经常,这些国家面临制宪的双重问题。它们必须既实现政治自由主义又实现经济自由主义。如果它们的宪法想要是自我实施的,这些宪法必须在两种自由主义上都成功地协调主要利益。

族群冲突

为什么在成功的政治自由化中存在如此巨大的差别？东欧以及前苏联中的几个国家似乎名副其实地面对一个相对简单的协作问题。如果这些国家中有一个只能赞同一部宪法，它的民众将没有诱因去违反该宪法安排。实质上每个重要群体共享普遍秩序中的利益。在一个有秩序的政权内，所有群体和个人可以追求他们
191 有利于互利的各自优势。这些国家中的一个——比如波兰——本来可以选择一部相当不同的宪法，这部宪法也许可以和它所选择的那部大致一样好。初始的任务仅仅是在单一宪法安排上进行协作。这是美国在1787年制宪会议期间所处的情况。

前捷克斯洛伐克、乌克兰、最具戏剧性的南斯拉夫，以及许多其他东方国家并没有明显地面对如此容易的协作问题。许多东方国家面对的唯一容易的协作是推翻它们的旧政权。但是它们并不需要被德国人称之为建设性不信任投票的东西也可以做到这一点，在建设性不信任投票中，一个政府仅当一个替代政府能够赢得议会多数票时才下台。东欧人可以在驱逐旧政权的同时，并不创建新政权。通过把他们的任务分成这样两部分，他们可以容易地在解决问题前半部分上进行协作。

在许多这类国家中，除了在结束旧政权问题上之外，互利的简单协作的首要障碍是族群划分。阿塞拜疆的阿塞拜疆人可以相当容易地在一项互利的宪政安排上进行协作。但是阿塞拜疆人和在阿塞拜疆的亚美尼亚人在一起却显然做不到这一点。在美国宪法

争论期间，反联邦党人反对一个强有力的中央政府，而金融利益、种植园主以及国族主义者支持它。最终，反联邦党人没有方案来反对那个联邦主义方案——因此也当然地失去了他们的名称。但是，对那部联邦党人宪法之成功甚至更重要的是，一旦它产生并运转，反联邦党人从试图废除它之中得不到任何好处。该宪政安排变得自我实施，反联邦主义从美国政治中几乎完全消失了。一部在波兰、匈牙利或者俄罗斯设计相当良好的宪法，可以类似地是自我实施的，至少对于政治自由主义问题是这样。但是在南斯拉夫或者阿塞拜疆，也许没有任何一部值得称道的宪法是自我实施的，因为不存在一个所有人可以在其上协作的互利秩序。当然，任何冲突中在双方都遭受了足够摧毁之后，在结束摧毁这一点上进行协作也许终将足以带来秩序。

政治自由主义长期以来面对着这一难题：宽容的自由主义可以宽容不自由的政治运动吗？例如，一个自由政府必须允许纳粹 192
种族主义者在一个诸如伊利诺伊州斯科基村(Skokie)这样的犹太人社区游行吗？在某种程度上，当潜在的危害足够大时，答案最终必须是否定的。但是，不应当轻松地假定这一程度已经达到了。洛克认为天主教徒不应当被完全宽容，因为他们忠于一个英格兰之外的政治权威，即在罗马的教皇，或者是资助信奉天主教的詹姆斯二世国王(Catholic James II)的西班牙菲利普国王(King Philip)。20世纪在美国，德裔美国人、日裔美国人、纳粹分子以及共产党人由于类似原因——或者由于纯属对他们可能不忠诚的怀疑——受到反自由的对待。针对德国人、日本人以及在近期海湾危机和战争中针对阿拉伯人的大众种族主义，暴露了对自由理想的敌意。但是,只有在两次世界大战以及冷战中对某些此种群体进行拘留或者镇压的国家行动,才类似于洛克针对天主教徒的问题。

但不幸的是,大众反自由主义以及国家发起的反自由政策可能一起出现。当的确如此时,对大众政府很难有轻松的辩护。这不是如下的老生常谈,即,认为我们可能必须用反自由主义来对付反自由主义,就像对纳粹党以及三 K 党的镇压那样。它是一个理论上更令人头疼的主张,即,自由的政治手段可以制造出反自由的政策甚至反自由的政府。例如,在整个共产主义反自由的统治时期,亚美尼亚人和阿塞拜疆人之间的关系相对文明。他们只是随着独裁权力瓦解、随着大众政治表达以及地方化镇压的机会而在行动上变得凶残。

今天在世界上许多地方,这样的族群冲突具有和洛克时代英格兰宗教冲突同样的政治地位。但是,存在一个显著的差异。在宗教改革时期的宗教战争中诸信仰互相冲突,就像它们在当今世界许多区域某种程度上所是的那样,尤其是在中东以及缅甸(Myanmar,旧称 Burma)。因为诸信仰导致战争和冲突,诸利益也在早前的宗教冲突中面临危险。但这是该冲突本身的一个偶发结果;它不是该冲突产生的原因。今天,在五花八门的族群冲突中,诸利益在因果性上意义重大,因为它们甚至在存在战争或者政治搏斗之前就已经处于冲突之中。

通常的断言认为,国族主义和族群冲突是不理性仇恨或者记忆中往昔冲突的产物。例如,亚美尼亚人和阿塞拜疆人有长久的
193 冲突史,阿塞拜疆人在不时针对亚美尼亚人的镇压甚至种族灭绝

中，站在其同族土耳其人一边。因此，我们假定在这两个族群之间只能期望不理性的、自我毁灭的冲突。针对这个肤浅断言，我们还应当在这个以及其他似乎难以解决的冲突中寻找濒临危险的利益。[324]

那些濒临危险的利益是什么？纳戈尔诺—卡拉巴赫是位于阿塞拜疆境内的一块亚美尼亚飞地。阿塞拜疆的阿塞拜疆人或者至少其领导人认为，如果纳戈尔诺—卡拉巴赫地区成为亚美尼亚的一部分，他们将成为失利者，而如果该地区不成为亚美尼亚的一部分，纳戈尔诺—卡拉巴赫或许还有那些亚美尼亚的亚美尼亚人将成为失利者。当然可以想象，如果针对该地区发生一场长期并且艰苦的战争的话，和上述任何结果相比，所有人都会是失利者。但是，即便如此并且双方都认识到这一点，随之而来的也不必然是有一方有积极性向另一方就此退让。为了赢得对纳戈尔诺—卡拉巴赫的控制，每一方都可能不得不使对方相信本方的不理性，相信本方愿意通过战争在长期遭受更大损失而不是通过放弃其领土主张在短期遭受较小损失。国家领导人们因此可以鼓动暴民行动以及暴民宣言，那些幼稚的人们随后可能会把这些解读成仅仅是自然情感的产物。有可能，生活在纳戈尔诺—卡拉巴赫的亚美尼亚人普遍相信他们在阿塞拜疆人手下生活的前景，比他们在一场反对阿塞拜疆的全面战争中的短期前景更糟糕，以至于他们不需要通过展示不理性而说服别人相信他们对长期顽强斗争的信誓。

在利益冲突的情形下，我们常常有能力达成一个妥协，在其中分享那些得失攸关的益处。在国家间冲突中，妥协经常无法做到，因为双方都努力坚持得到每样东西。当国家信誓成为成功坚持的主要条件时，甚至去给出一个关于妥协也许可以接受的信号，也是给对方一个激励去坚持其永不让步的非理性。在信息本来相对不完全的地方，对选项的讨论不是一个中性的策略举动。但是，只有当信息不完全时，该讨论才可能有价值。

194 也许，一个在阿塞拜疆内部给予纳戈尔诺—卡拉巴赫亚美尼亚人相对自治地位的妥协，可以使每个人的境况比在一场血腥战争之后更好。但这不是一个稳定的妥协，它不是自我实施的。如果阿塞拜疆人以后决定更恶劣地统治那些亚美尼亚人，亚美尼亚的干涉成本也许会升高，使得那些亚美尼亚人看起来甚至更不可能成功，甚至比现在就斗争代价更大。因此，阿塞拜疆人也许不会有足够的激励去遵守那个互利的妥协。与此类似，那些亚美尼亚人也许某一天会认为，他们可以在一个阿塞拜疆人虚弱的时刻成功地废止早先的妥协。

因此，就像对于许多契约性讨价还价那样，这样一个妥协仅当存在某一比如联合国这样的外在权力去强制其执行时，才可能是可信的。在苏维埃霸权的岁月中，阿塞拜疆人和亚美尼亚人之间相对而言几乎没有暴力冲突。

与让纳戈尔诺—卡拉巴赫亚美尼亚人被阿塞拜疆人所包围相比，边疆移动以及民族迁移，也许会使一个临时妥协更容易有效运行，并且也许最终有助于形成一个自我实施的现状。不幸的是，有人可能猜想，以边境重划和人口重置使亚美尼亚和阿塞拜疆更接近于族群单一，将导致两个国家之间最终不断复发的仇恨。联合国可以恰当地监督国家边界的稳定，以挡住不同国家中敌对族群间的冲突。但是，内部政治安排难以如此容易地由一个像联合国这样权威严格有限的外部权力来保障。有人可能把前苏维埃政府看作一个在规制亚美尼亚人和阿塞拜疆人之间潜在冲突的外部权力。但是它在压制冲突中的成功也许依赖于其行动甚至治理权威的渗透。特别是对大众的、自由主义的政治手段的引入，通过使它屈从于针对群体的分配性政治决策，正在为冲突的产生提供空间。

经济冲突

对于这个讨论，让我们以以下假定为条件，即，在长期内，一个 195
经济体的市场组织总体上比指令组织更多产。对一个经济体非常重要的部分的中央指令可能比市场组织更好。例如，对于任何社会中战时的短期问题、或者对于一个落后经济体的早期工业化、甚至对于高速公路或者卫生保健这样长期职能的供给，中央供应可能更有效实施，也更有效率。我们可以假定市场应当总体上决定该生产和消费什么东西（也许受限于相对的外部成本），但是不应当由市场独自决定收入。但是，让我们仍然约定，根本上让市场运转比试图从中央具体地控制它更好。

我们还可以约定，从指令经济到市场经济的转轨，将给许多短期内的失利者和某些长期内的失利者施加代价。[325]因此，虽然有人可能主张，理论上的市场比一个指令经济更有效率，但是不能说*变换*到该市场在帕累托意义上是有效率的，即使某些人改善同时没有人变差。如果转轨中的损失是随机分布的，所有人可能面对平均的预期收益，那么该变换可以是一个全体一致的选择，并因此是*事前*有效率的。但如果某些长期内的失利者是*事前*可识别的，则该转轨不可能是有效率的。民主政治根本上决定了，没有可能和失利者达成交易去保证他们得到更高生产率中的一些收益，因为将来的民主选择不可能完全被一个当前的协议所约束。

转轨中损失的可能性，激起了对被当代德国人称之为 *Besitzstandswahrung* 的顾虑，它可以被宽泛地翻译为对一个人所持有的东西（*Besitzstand*）或者地位维持的保护（Wahrung），仿佛它是一个个人财产问题，是一个仅仅由于在某段时间对职位或者地位的
196 占有而产生的权利赋予问题。*Besitzstand* 同时涉及在英语中被称为地位和财产的东西。和现代英语的财产概念相比，它更多地具有洛克财产概念的特征。德国公有企业的雇员一直反对私有化，因为它将伴随着他们公共官员地位以及该地位所有保障和特权的丧失。一个重大经济转轨必然改变地位和持有物。这是其要点或者不如说其方法的很大部分。反自由的经济政策产生出特定的地位和持有物，以及特定的隐含权利。自由的政策则废除这些东西。

存在两个与大规模不自由经济政策长期盛行相对立的相关外在事实。首先，诸国家不是自给自足的，不可能总体上把它们自己和来自其他国家的经济竞争隔绝开来。如果一个国家试图驻足于国际经济市场之外的话，其民众仍然很有可能心理上被其他地方更富有的景象所影响。因此，更自由的国家可以比其他国家更繁荣，并且有影响较不自由国家之经济政策的倾向。其次，技术革新可以把一个国家的经济从市场被阻碍的区域带到还没有被反自由地规制的新区域。但是在一个世代或更短的短时期内，这两个修正因素可能不足以有效地推动一个不自由政权采取自由的经济政策。用以保护市场的宪政安排因此可能在短期内不是自我实施

的。

不幸的是，对于已消亡的苏维埃帝国的那些新近自由化的国家来说，短期正是难题所在，因为正是在短期它们必须做出通向市场经济的转轨。也许它们最大的希望在于其政府相对无能。如果这些政府在维持秩序和支持契约之外无力规制新兴市场，它们就不能阻止市场手段的蔓延。但是，假设民众政府对民众要求的响应比这更成功，那么自由的政治手段可以造成反自由的经济政策。尤其是，可能会出现对垂死或者已消亡产业中之工人的卢德主义(Luddite)保护，或者出现价格控制。

在政府受制于民主控制的情况下，经济改革的短期成本可能妨碍长期收益。就像印度一位支持改革的反对党领导人评论的那样，“经济改革将带来长期优势，但是其缺陷必须是可以忍受的”。随着破产国有企业的关闭，80 万工人被列入失业名单。不信誓于 197
经济自由主义的强大工会是政府及其政策的一个障碍。[326]被刻画为捷克绵里之针的万・克劳斯(Vaclav Klaus)在某些群体面前摇摆不定，他提出的政策如果真被执行的话，将是有害的。[327]当前自由市场经济奇迹被归功于皮诺切特的财政部长，他声称其他寻求自由市场改革的国家首先必须经过智利在皮诺切特恐怖独裁之前的种种混乱：“只有糟糕到无以复加，普通大众才会接受重大变革。”[328]甚至在那时，大众将更有可能“接受”由严厉的军事力量撑腰的变革。

在美国以及其他工业化国家，经济变化已经最终摧毁了农业在历史上对其他经济活动的优势地位。尽管存在巨大的公共努力使农场主在保持与社会整体的福利收益相称的同时，能够留在土地上，但上述情况仍然发生了。在只是作为略微极端案例的美国，现在不足百分之三的劳动力从事农业，但是却生产足够的食品使得这个国家成为了一个食品净出口国。苏维埃帝国里大多数最终形成的国家将要接近那个数字。但是在波兰以及前苏维埃帝国许多地区，农业利益集团现在威胁着经济进步，因为大规模缩减加上对巨额补贴的理性终结导致了大规模的极度痛苦。[329]在美国以及其他工业化国家早些时候的缩减，也在政治上经历了艰苦斗争，而在这些地方，痛苦显然并不是一个由于大众政府蓄意政策而导致的问题。

当然，在这些国家里，农业利益并不是形单影只的。其中绝大部分将要过时的重工业、许多种类的国家机关，以及诸如老年工人和官僚之类长期受保护的群体，都想要坚定的政府保护继续下去。
198 作为当前剧烈变革两大动力来源之一的经济变化，在过去的主要失利者们受到保护和维持之时，无法顺利进行。诸如亚洲四小龙这样的国家和地区胜过那些曾经比它们更发达的国家，很大一部分原因可能是因为它们没有 *Besitzstandswahrer*，即对他们地位的捍卫者。[330]

土地改革是 20 世纪最残酷的重大短期政策之一，它把小块农田提供给数以百万计的前依附农工。该恩赐的残酷之处在于它发生在一个注定要逐步衰落的产业中。马克思在《路易·波拿巴的雾月十八日》这部 19 世纪社会学最令人瞩目的著作之一中，分析了法国传统自给自足农业的荒谬性质。他的图景是一个非霍布斯的世界，在其中尽管有稳定的秩序并且没有致命的冲突，生活仍然是丑陋而粗野的。土地改革的伟大人道主义动机总体上适得其反，制造出了长期延续的、跨越几代人的痛楚。马克思写道，拿破仑土地改革在两代人之内把法国农民还原成了类人猿。[331]在许多国家，土地改革同样制造出了一个庞大的利益集团，其存在扭曲和破坏了经济发展。

在农业领域，波兰、南斯拉夫的塞族部分以及印度更像拉丁美洲而不是前苏联的各国家。波兰集体化终止于1956年，南斯拉夫和印度都在一定程度上进行过土地改革。这些国家现在存在一个过时的农业经济中的诸多既得利益。东欧的其他国家已经以私有化方式把土地改革和对农业及食品政策的经济改革结合了起来。在这之前，价格曾经被人为地定低（低于生产成本），但是农业劳动力却得到极大的补贴，因此农业人口和食品消费数量人为地过多。因此在某种意义上，私人所有权和更高的食品价格被作为补偿换取取消或者减少补贴。消费量现在应当有所下降，生产应当更有效率，并且令人痛苦地意味着，农场主一定会变得贫穷，或者他们的数量一定会很快极度缩减。至少从原则上讲，进口农产品是一个替代方案。以下事实表明存在和这个替代相反的努力：许多拥 199
有贫瘠土地和不宜气候的国家只有依靠低成本劳动力的帮助取得竞争力，以及它们保护其很大部分的潜在市场以防农产品进口的影响。在短期内，所有权也许使得经济改革令人惬意。但是，当百分之十到二十的劳动力相对于世界市场价格和正常需求过于庞大时，它还会保持令人惬意吗？

这是一个总体上更加引人注目的问题。今天在一个经济体的市场组织中，许多无望有竞争力的领域存在庞大的劳动力队伍。在第六章中，我将讨论对所谓休克疗法的使用：几乎立即完成从中央控制经济到市场经济的转轨。在那里，焦点在于那些东方国家经济的长期变化以及那些变化如何可能影响政府稳定和自由政治。在这里，简要考虑一项转轨政策在短期对一个民主政府的影响。在短期，政府的任务是从对经济自上而下的制度控制转换为自下而上的经济活动的自发产生。

各种群体之间的经济冲突是实实在在的，因此只针对这些事项不可能有可在其上进行简单协作的互利安排。就像在族群冲突的政治问题中那样，反自由经济政策的潜在可能性是自由的政治手段的产物。安·克鲁格(Anne Krueger)考察了从 20 世纪 50 年代强加控制时期到 20 世纪 80 年代废除许多控制的改革时期发展中国家的经济发展政策。这不完全等同于许多观察者提出的建议，即，认为东方国家的改革应当由中央政府渐进运作，但它是建设性的。在克鲁格的研究中，一旦一个群体或产业受到比如关税这样的保护，该群体或产业就会增长，并且支持维持和扩大保护的选民也会增长，而同时反对的力量减弱。一次又一次，克鲁格讲述了诸多国家官僚机构控制经济运行的努力之微妙且多样的后果。不管其目的如何令人称道，每项干预似乎都有其荒谬的间接后果。该问题是一个政治问题而不是经济问题，但其结果是经济扭曲增加。该后果是出现自主的官僚国家，或者从更严厉的观点来看，出现自主的掠夺性国家。[332]当拉吉夫·甘地于 1985 年在印度试图改
200 革该体制时，1700 万官僚的利益受到了威胁。这是玛格利特·列维的掠夺性统治理论的一个特别的集体变种：一个掠夺性的**官僚**国家。[333]

这是一个为人熟知的故事，几乎是一个从理论得出的推论。

曼库尔·奥尔森更普遍地论证说，特殊利益集团的历史成长以及获得授权阻碍着连贯的经济政策。[334]在奥尔森看法正确的限度内，有人可能预期波兰在农业上的问题比其他东方国家更大，因为波兰很早就给农民授权，让他们选择置身于国家所有权之外。在前共产党世界之外，印度可能要渡过私有化和解放市场的一个特别困难的时期。数十年民主参与和政治组织已经制造出可能轻松阻止带来短期代价之改革的强大集团。

今天为了市场制度而进行起码协作的问题远比北美 1787 年时的困难。那时，政府制度最多也当然是相对软弱的，并且它们肯定对经济事务状况的掌握相对贫乏。今天，政府制度远为强大和普遍深入，它们掌握着有关相应经济数据的大量机构。目前的政府通常支出其国家三分之一或更多的国内生产总值。在 1787 年，这种水平的政府开支几乎是不可思议的。政府当时甚至无法征收足够赋税去消费国民产值的一个较大份额。当前美国所谓的国防预算所消费的国内生产总值份额，在绝大多数历史时期比整个全国性政府的份额还大。在 20 世纪公司税和个人所得税在重要性上取代关税之前，美国政府在一个多世纪里主要依靠关税来提供资金。整个世界知道有无所不在的现代政府也超不过一个世纪。

虽然当今政府拥有巨大权力，但它们缺乏理论上的理解，去在取得对财政政策、货币、通货膨胀率、某些投资方面以及诸如退休保障等各种福利项目的某些控制之外，获取对经济发展的真正控制，实际上，经济学家们缺乏这种理解。[335]但是有一些事情政府可 201
以做得很有效果。特别是，政府可以通过简单地安排必要的资金或者通过干预性地规制经济的相关部分（比如，保护性关税、准入限制或者事实上对垄断的准许)，来推进社会中某个小群体的福利，至少在短期对该群体现有成员的职业来说是这样。该努力可能在分配资金或在其对该经济体的更大影响中令人遗憾地没有效率，在分配资金时它会用光所有它所支配的资金，但是这样的政策并不超出一个典型工业化国家政府的能力范围。因此，当今任何一个这种国家的政府都有能力扭曲自由的市场运作。

美国政府在其最初几十年中，除了由于关税差别带来的扭曲，它的这种扭曲能力要小得多。除此之外，它可以被视为大概不会比除了提供秩序框架之外做得更多，个人和群体在该框架内可以进行互利努力和交换行动。但是，只要仅仅考虑它在经济中的角色，那只意味着美国宪法起初可以被视为在一个可以提供这种秩序的政府之上对社会进行协调。对那些两个世纪前寻求经济秩序的人来说，扭曲趋势本身不是一个重要考虑。实际上，该宪法主要支持者的首要呼吁，是它将消除州际贸易关税的扭曲，是它将有力地创造一个全国市场。

当前东西方工业世界中主要经济政策变化的特别困难之处，在于这种变化无法被看作仅仅有利于互利。它们被正确地看作是内在地受冲突支配的。现在的经济政策过于具体，以至于无法服务于互利关系。存在的不仅仅是秩序以及对特定特权的授予。还存在着管理公司破产、合并、解雇工人、投资，或者采用特定技术之
202 条件的诸多政策。在相对高度发展的东欧经济中，为了用一个市场替代指令经济而进行的干预，和在一个原始经济中建立一个市场相比，是不一样的。在一个像 1960 年的韩国那样原始的经济中，转向一个市场可能使几乎每个人都在他们的一生中境况改善。

但是许多50岁以上的俄罗斯人可能有理由料想他们在后半生会成为市场成功引入的失利者。

在一个保持不受大规模政治干预的市场中，生产力可以总体上是自我实施的——那里应当存在选择最适宜生产者的强烈倾向。但是，该市场本身无法同政治隔绝开来，因此不可能是自我实施的。当政府可被利用来干预市场关系以保护落后者以及生产率低下者之时，经济自由主义不可能容易地自我实施。如果我所在的群体在上一轮政策中失利了，它现在可能会努力争取修正。各群体想要的修正常常不顾市场力量，去为他们自己谋利。但是，根据霍布斯所定义的我们置身其中的境况，没有政府就不会存在很成功的市场。实际上，如果没有至少和前苏联所有的一样稳定的法律体系，正常的市场将会失败。[336]因此，我们置身于一个逻辑困境，它根本上注定经济自由主义有时候要失败。

平等主义

对 *Besitzstandswahrung* 的考虑，不是一个横亘所有人的公平问题，而仅仅是一个对于每个特定个人绵绵一生的“公平”问题，此时公平仅仅被定义为一个连续性预期的问题。在《论美国的民主》一书中，托克维尔关心如下条件的平等问题，他认为该条件是“似乎所有其他东西得以衍生的最根本的事实”。[337]按照托克维尔的说明，这个条件密切并因果性地和民主制相联系（尽管对他来 203
说，这可能是一个定义性的而不是因果性的观点）。正是在它们走向政治条件平等——例如在法律面前平等——的斗争中，欧洲的旧政权在托克维尔的时代趋向民主制。在我们自己的时代，平等主义的迫切要求更典型地在知识上和经济条件相联系，并因此和社会主义相联系，而社会主义在现实政治中一直和不民主的政府相联系。实际上，苏维埃式政治体系捍卫者们的花言巧语经常提出，党领导的独裁政府对于保护人民免受自由民主制度以及市场的不平等蹂躏是必要的。

对于任何争取平等主义经济结果的努力来说，中心问题在于经济生产由于在获取结果方式上的多样性而兴旺繁荣。我们想要许多不同的方式去满足各种需求，目的是让我们筛选它们以实现一种良好或者(甚至)最佳的满足，或者让我们中间一些人选择一种满足而其他人选择其他的满足。平等主义者面对的第一个问题是，市场组织生产带来的这种结果是否可以被中央集权的手段所仿造出来。至少在原则上说，也许是可能的。然而不幸的是，这些结果很可能困扰于在总体成就上的巨大偏差。一小撮制定生产和消费政策的长官们可以把那件事情做得极其糟糕，也可能做得非常好。尽管在几十年中，涉及的国家数目和人口数量极大，东方的经验仍然是有限的，该经验是那种偏差趋向于生产率低下。在经济发展的某些阶段，生产上可以简单模仿更发达经济体的中央集权手段，在制造有竞争力的生产和财富增长速度方面，有可能做得相对比较好。在发展的其他阶段上，甚至动机最良好的中央政府也没有希望比得上经济的市场组织。

我们可以在当前东方诸社会再组织中间分辨出两种迫切要求。起初的迫切要求看来曾经是米哈伊尔·戈尔巴乔夫以及无疑其他领导人对改善经济表现的考虑。受到青睐的解决方法是去引入某种程度上的市场经济来取代中央经济控制。第二个迫切要求是民众对来自民主制度之政治平等的呼吁，而这些民主制度被假定为适宜于新的经济秩序。引入市场以及资本主义也许远比引入 204
新的相对民主的政权要花费更长的时间。

这些变化可能引起对一项关于收入平等的政治方案之可能性的疑虑。对一两代人这样的短期来说，根本问题不是是否可能会有共产主义。问题在于是否甚至会有社会主义或者适度的少量平等主义。苏联、东欧的领导人们的结论似乎是，不可能存在可以与资本主义相竞争的社会主义。在波兰改革早期，有一句流行的口号：自由、平等、创新。这听起来像一个古老主题的小变奏。但它不是。在这个新口号中，自由意味着开办企业的自由，平等意味着所有财产形式的平等。[338]该口号中的新词——创新——是其中唯一直白的术语。不管如何作出关于机会平等的修饰，它的力量根本上是不平等的。

平等对效率

在西方，认为收入平等和生产效率内在冲突的观点几乎变成了一项信条。[339]罗尔斯在他的正义理论中假定，如果不平等导致如此之高的产出，以至于使得甚至处境最差的阶级或群体在该社会中也比他们处在一个更平等主义的体系下境况更好，那么该不平等可以是正义的。[340]这是他这一方对于如下表面上的可能性做出的让步，即，更多财富和收入的经济激励因素对于激发更高水平的生产必不可少。它可能表现成为一个极其保守的让步。但是它并 205
不比道德理论家的格言做出的让步更大：应当蕴涵能够。说我们应当去做我们不可能做到的事情是不正确的。如果经济学家关于更高生产率要求差别薪酬作为激励的信条是正确的，那么假如没有至少罗尔斯意义上的不平等，我们就不可能有更高的生产率。[341]

直至最近为止，东方集团国家一直宣称对平等主义的信誓。并且，虽然它们的实践没有满足它们宣扬的志向，但是在工人、专业人员以及官员等以工资为生的人中间，在东方存在着比西方更平等的收入。当前向资本主义投降的一个明显后果是，把工资从中央决定中解脱出来并且引入必然减少收入平等的个人收益。领导人们可以讲得就像这些变化不会伤害任何人似的，哪怕它们会增加不平等，它们也会提高对于每个人来说的最低标准。如果这样做的确有效，他们的举动本质上就是罗尔斯式的。与这种乐观期望相反，只考虑一个像许多其他群体那样将不适应新结构的次要群体：巨大数量的马列主义教师和教授们的确已经在转轨中遭受了损失。[342]许多科学家以及其他明确的经济集团同样遭受了损失。[343]并且，至少在早期回潮中，妇女们在包括被遗憾地称为新“男性民主制”的“父权复兴”中完全受损了。[344]

东方国家为这个平等对效率的主题提供了一些独特的证据。该证据目前鼓吹的是它们当前的经济困难。但是这个证据非常模
206 糊。总体上，东方经济体近年来看起来在其增长率上落后于某些处于类似发展水平的资本主义经济体，但是它们和拉美大多数非社会主义经济体共享着这个不幸命运。无论如何，差别不是那么大。实际上，保守的美国经济学家赫尔伯特·斯太因总结道，那些微小的差别无法解释对资本主义的投降。[345]那些差别甚至可能是短暂的。在 20 世纪 50 至 70 年代的时候，许多西德书籍采用和下

列书名类似的标题:《东德经济的粉碎》、《东德经济的崩溃》、《东德五年计划的灾难性失败》等等。这些书籍指出尽管东德人到那时为止一直勉强维持,但他们一定不久就会崩溃。直至 1989 年,东德经济仍然没有崩溃,尽管其表现水平也许没有西方情报机构所认为的那么高。

在西方对效率和平等之间假定的冲突所作的争论,普遍是关于总体产量的,而不是真正关于更狭义的效率的。它是关于不平等酬劳在激励人们去工作时的角色的。[346]东方经济体经受了另一个无效率问题的折磨:无法生产出想要的产品。即使生产中没有更大的投入,消费者需求本来也可以得到更好的满足。这一无效率产生于中央控制以及对激励因素和生产什么的错配。

收入平等和生产效率之间冲突的真正证据不那么明显。请注意在东德这个稍微特殊案例中的四类证据。

首先,在东德政权后二十年中,经济压力使它允许公民收取来自西方亲属的硬通货礼品,从而使得平等主义信誓被严重削弱。很大一部分东德人以西德马克的形式取得了这种支持,西德马克可以用来购买各种商品,甚至可以用来立即开始使用单元住房,而不需要经受正常排队,这些队可能要排长达十年之久。这种购买 207
许多都是名义上非法的,但是它们由于对硬通货的需求而被公开容忍,如果没有这些硬通货,缺乏外销商品的国家就无法享受世界市场的好处。获得硬通货对每个人都有好处,尽管它对一些人的好处多于对另一些人的。

其次,东方国家在几十年中越来越容忍某些黑市,甚至使其中一些合法化。用以国内消费的许多农产品的生产,转向那些也在自己地头上工作的农民，他们同时还在其集体农庄通过雇佣劳动挣取他们主要收入的很大部分。那些擅长私人生产的农民，其努力在实际市场价格水平上得到了丰厚回报。在东方集团整个工业领域，存在一些套利交易者，他们为了追求由不当行为带来的收入而促进了对生产投入要素的交易。这种行为有一些对于该体制大概是寄生性的，就像在民主的资本主义社会中它们常常所是的那样。但是其中某一些似乎真正是有促进作用的。那些由不当行为带来的收入是不平等报酬，给了经理们以及其他人一个付出额外努力的激励去使得事情运作得更好。

第三，在柏林墙竖起之前的岁月里，东德由于出境移民而遭受了严重的工人数量损失，几乎所有的移民都到了西德。移民并不是随机的，而是和东、西德职位以及潜在收入差距强烈相关的。存在一个大约是向西迁移数量百分之三十的相反流动。[347]最终迁移结果是高度熟练工人以及专业人士抵达西德，而不熟练工人来到东德。尽管因为没有人有兴趣搜集而导致数据是主观的，阿连德(Allende)统治下的智利据说也经受了类似的头重脚轻的出境移民经历。较少戏剧性的类似经历也曾折磨过整个东方集团。这个问题暗示着，平等主义在一个不平等激励因素以及不平等报酬盛行的更大世界里面临着特殊的障碍。可供选择的其他报酬可能诱发不利的退出。

关于第四项证据，让我们返回 1989 年剧变之前最后二十年的诸多失败。据我们所知，当时社会主义经济体中的诸多问题本来
208 可以被度过，那些经济体本来可以开始出现实质性增长率以及技术和组织创新。西方普遍的看法是，创新严重依赖于对企业家精

神的激励,因此依赖于某类资本主义所有权的变种。那也许是正确的,特别是对于新技术,比如在当代的电子以及计算领域。但是,以下情况似乎也是正确的,即,一些诸如杜邦以及丰田之类的庞大组织是卓越的创新者,它们领导着而不是追随着经济变革。捷克经济比一些非常有创新性的企业更小。然而,那时候那些东方经济体面临的似乎是,当领导者经济通过使所有行为服从于信息技术而获得巨大发展优势以及国际支配力时,它们在从追随者经济向领导者经济进行重大转轨中的困难。

在几十年前,领导者经济并不明显地拥有这种优势。由于缺乏自上而下作出转轨的领导能力,那些东方国家濒临于通过分散经济控制甚至制造资本主义激励因素来力图存续的境地。然而,如果当时不存在资本主义世界市场或者这些市场当时没有那么成功的话,社会主义国家本来不会有任何激励去重新考虑它们的组织。在20世纪30年代,资本主义的前景看起来足够黯淡,以至于导致了大众支持对社会进行法西斯主义重组,从而建立准社会主义经济。斯太因在其前述关于东西方经济体比较经济趋势的讲演中指出,该讲演是在“资本主义最大危机发作六十周年”两周前夕作出的。[348]他引用了德国经济学家莫茨·J.保恩(Moritz J. Bonn)在1932年所写的两段话:

> [该]问题出现在数以千计的心灵和头脑中:如果在这个世界上最富有的国家里,资本主义体制无力形成这样一个秩序,来保证一个被公认为勤劳能干的相对稀疏的人群获得一个生存辅助,以满足现代技术发展出的人类需求,并且也没有数百万人时不时沦为乞丐并依赖施舍处和临时收容所,那么

> 该体制还能够被证明是正当的吗？
>
> 美国危机真正的重要意义存在于以下事实，即，今天不仅仅是当前经济领导力和经济政策，而是资本主义体制本身正在被质疑。[349]

209 对对象作出轻微变动，保恩的宣言听来耳熟。现在，社会主义似乎经济前景黯淡，并且该体制本身受到质疑，尽管其经济问题远没有资本主义在20世纪30年代所遭受的严酷。

对于诸如保恩1932年那样的判断来说，它们经常只不过是过渡性的，而不是根本性的。熊彼特反驳了对短期评估、尤其是对资本主义短期评估的信赖：

> 因为我们面对的是这样一个过程，它的每个因素都需要相当长的时间来发现其真实特征以及最终后果，所以根据一个特定时刻的印象而评价该过程的绩效是不合道理的；我们必须根据它在几十年或几百年展示出来的情况来判断它的绩效。一个体制——任何经济或别的体制——能在**每一个**特定时刻充分利用它的可能性达到最有利的程度，但在长期可能还不如在任何特定时刻都做**不到**这一点的体制，因为后者做不到这一点，可能就是达到长期绩效的水平和速度的一个条件。[350]

尽管如此，也许从没有竞争力的到有竞争力的社会主义经济的转轨如此之难，以至于导致在短期崩溃，故而，即使挑战仅仅是短暂的而不是根本性的，做出向资本主义的一个替代性转轨在当时仍然可能是最明智的政策。

奇怪的是，主要问题可能是一个简单的组织僵化问题，当那些组织开始面临技术革新时，它们有很强的员工保护政策。

*Besitzstandswahrung*通过超额雇佣(把无所事事的工人保留在工作岗位上)或者类似措施而变成变革的障碍。但这不是社会主义，它仅仅是策略性错误设计的社会福利主义。在一个自由市场经济中，对老企业僵化的反应可能是由其他企业甚至是新产业来替代它们，这些新产业利用了更多产的新技术，并且也许雇用了受到不同训练的工人。差异性激励因素最有效的形式当中，包括在东方无法实现的破产以及失业。加尔布雷思通过狡猾地曲解一句老口号而讽刺了西方经济学家们对这些令人痛苦的激励因素的信誓："各尽所能，各取所需。"[351]在一个中央控制的经济里，取代一个僵 210
化的产业或企业要求有人进行果断行动，而不仅仅是由一群年轻人在他们的车库里工作以与当时庞大的 IBM 公司进行竞争这样不知高低的行动。

奥斯卡·兰格、约翰·罗默以及其他人论证说，社会主义企业是可以像杜邦和丰田那样有竞争力的。[352]它们仅仅需要不成为垄断者并且面对真正的竞争。但是创造私人财产的总体理由是给创业者提供机会。正是创业者的创造性而不是财产，是绝对重要的。在真正竞争性市场中——即有许多买方和卖方的市场——创造财产可能有效地使创业者天赋以及首创精神带来高得多的产量，就像苏联和东欧发生在准私有土地上的蔬菜生产那样。但是在这种意义上，不存在多少真正竞争性的市场——仅有的几种有任何重要性的也许是蔬菜种植、餐馆以及少数服务业。这些在工业国家中构成了国民经济非常微小的部分，并且它们在东方集团无法适应国际市场的问题中并不处于中心地位。仅仅通过把企业转交给那些管理它们的当前官僚来创造财产，而在其他产业中没有企业家，这不能在短期改变许多，甚至可能由于把资本捆绑在病态企业中而在长期阻碍发展，尽管这些企业伴随着自由贸易必然不久会顺利发展或者破产。

在一个社会中的平等主义

让我们重新回到上述关于共产主义下东方国家没有效率的第三个问题。设想两个在许多相关方面类似的邻邦。它们的人口、经济发展水平、教育以及人均国内生产总值都相似。但东方是一个收入和财富相对平均的国家，而西方是一个收入和财富不平等的随心所欲的市场经济。西方成功的企业家可以积累大量财富，
211 多如比尔·盖茨(Bill Gates)(从其计算机软件公司“微软”中得到数百亿美元)或者山姆·沃顿(Sam Walton，在死于年迈之前，他从其零售折扣连锁店“沃尔玛”中获得了200多亿美元)。假设在西方不平等的收入和财富来自市场力量，并且存在许多个人品质使得这些人远远处于中位收入之上或之下，而且个人都趋向于知道自己是否拥有这些品质——如果不是在他们工作生涯初期的话，那么也是足够早地知道。

在东方的平等可以来自各种手段。东方可以有对生产(减少基于企业家精神之不平等的可能性)以及分配的社会主义所有制。或者，它可以根本不是社会主义的，而可以让市场总体上决定生产什么以及消费什么(也许受某些规制性约束的限制)。为了取得更大的平等，它可以只有一项税收政策，通过收入累进税以及高额财富税来生效。

假设东西方不压制它们之间的人口迁移，故而它们本质上有

一个共同的工作市场。我们可以预期那些具有高收入品质的人将会形成一个从平等主义的东方到非平等主义的西方的稳定人流，并且那些具有低收入品质的人将会形成一个从非平等主义的西方到平等主义的东方的稳定人流。这可以反映前述柏林墙建立之前，东西德之间大规模移居的岁月（1949 年至 1961 年）。[353] 如果总体上的确是高收入倾向于落入更高产的个人手中，而低收入落入较低产的个人手中，这些移民潮将在经济上系统地有利于西方而不利于东方。结果将是在非平等主义的社会中略微更高的总生产率增长，这将在大约一个世代之后导致高得多的生产率。作为一个结果，人们可以预期到，和那些在非平等主义的社会中的经济前景相比，平等主义社会的经济前景稳步恶化。这种恶化经历足够长时期之后，人们甚至可以预期平等主义社会的中位福利将远远落后于非平等主义社会的中位福利。迁移的政治自由可以因此摧毁一个平等主义社会。

在一个由非平等主义社会组成的世界里，平等主义不是自我实 212
施的，除非人们受到规范性激励而喜好它。如果人们绝对地或者哪怕很大程度上是自利的，平等主义在一个存在非平等主义替代选择的竞争性世界里就可能要求有实质性的持续的干预来实施它。这种干预很有可能代价高昂，并因此削弱生产力。因此，在平等主义和独裁制度之间很可能存在伴随性的联系。一国可以由于民主的、政治上自由的手段而成功地实现适度的平等主义，如同瑞典看起来所作的那样。但如果大众不认可、外在世界竞争过于强烈或者向平等的步子迈得过大，甚至一个像瑞典那样的国家也会面临衰退。

当然，这不仅仅是一个理论上的结论。其正确性有赖于经验联系,比如认为市场不平等与生产力相关联的主张。许多社会科学家和其他人似乎相信这个主张。不幸的是,这个主张掩盖了一个概念上的问题:生产力和收入是循环相连的。对于许多对我们有重要意义的东西来说,如果不同社会生产出的在种类上足够相似而数量上根本不同时,我们可以在这些社会之间比较生产力水平。如果很多东西是由国家提供的而没有对需求的市场度量,我们可能在进行估计以比较这些东西和其他东西的时候面临困难,并且我们可能屈从以下谬误,即,通过投入而不是没有标价的产出来度量它们。最终,随着两个社会消费模式日渐分歧,甚至对东西德生产力非常仔细的比较也变得越来越空洞。从一种经济组织方式转变到另一种相比较而言可能会使得转变后的经济看起来很糟糕。

在我们想象的一对国家中,东方用牺牲生产力来换取平等了吗?如果存在产生于实施平均分配的真实的资源代价或者生产机会丧失,那就是肯定的。东方还在与西方的劳动力竞争中损失了生产力。这一损失并不内在于东方的平等主义体制本身,因为它取决于一个西方的存在。但它可能使得东方平等主义在我们的世界里站不住脚。

没有社会主义的平等主义

213　对效率和生产力的顾虑似乎在东方摧毁了社会主义。那么平等主义仍然在这个世界上有一席之地吗?在西德吞并东德的快速进程中,西德小说家甘特·格里斯(Gunter Grass)定期在电视上出现,叹息正在失去的东西。伊恩·布茹玛(Ian Buruma)写道:

> 他不断地提起“奥斯维辛”(“Auschwitz”),把它当作一种针对统一后德国的避邪物,这带着一种某人失去其伊甸园幻象的绝望气氛。的确,他的伊甸园不是前民主德国(GDR[德意志民主共和国])。但对于格里斯来说,至少民主德国带着如下希望:一个更好的德国;一个真正社会主义的德国;一个不存在贪婪、不存在好莱坞、不存在永远潜伏着的法西斯主义的德国。[354]

可能存在其他方式,把某人的热望寄托在一项平等主义政治纲领上,而不是引证一个在实践中腐化了的理想。但布茹玛在格里斯的怨言中解读出的绝望可能是真实且可以理解的。

在西方用法里,“社会主义”和“共产主义”在关于普通政治的日常语言中明显不同。“共产主义”是个标志性的术语,指的是东方集团刚刚完结的那些体制,是苏维埃式的经济和政治体制。“社会主义”是一个值得称道的政治目标,它处于和东方集团的那些体制相当不同的诸体制之下。它不是非常乌托邦式的,至少对于当前经验来说,它更多地是理想而不是现实。在东方用法里,“共产主义”一直最多也不过是个乌托邦式的渴望。在东方,“社会主义”是个具体的术语,相当于西方词汇中的“共产主义”,它由于和那些刚刚完结的体制相联系而被抹黑。对那些体制的抛弃使得引用“社会主义”这个术语在政治上不可接受,好像“社会主义”作为一个术语完全被齐奥塞斯库分子和昂纳克分子窃取了似的。就像米歇尔·沃茨悲叹的那样,“共产主义让社会主义背上了恶名”。[355]

甚至在西方,社会主义也可能由于和东方判断的联系而失去其吸引力。由于那些东方社会把社会主义和政治压制以及独裁制

度相联系，它们似乎也把资本主义和政治自由以及民主制度联系了起来。两种联系都可能在因果关系上是正确的，尽管我们没
214 有一个有说服力的理论表明为什么它们一定是正确的，并且它们可能仅仅是标志性的。西方许多人也同样认为资本主义和自由以及民主相联系，并且西方对社会主义的反对者长期以来一直把社会主义和压制以及独裁的联系鼓吹为因果规律。[356]奇怪的是，这些平等主义政策的反对者现在可能利用东方观点来支持他们的立场。

如果没有社会主义的渴望，为平等主义制定一个方案就是困难的。霍布斯时代的英格兰平等主义者以及边沁与老穆勒时代的激进功利主义者集结起来呼吁平等，但是与过去一个世纪甚至更长时间里政治上和知识上强大的社会主义运动相比，他们无法创立持久的运动。短期来看，似乎对更接近于平均主义的收入政策的支持，很大程度上有赖于许多不会从此类政策中获益之人的善意，许多西方国家中的近期证据表明，甚至这种善意动机也在减退，税收政策已经变得累进程度更小，而福利项目已经衰减。

许多报告指出，在很多东方国家保持了对经济平等主义的强烈信誓。实际上，弗里德里希·卡茨(Friedrich Katz)认为对东德领导人隐秘特权的辛辣讽刺之所以激烈，是因为昂纳克及其同伙背叛了人民所共有的对平等主义的信誓。[357]但即使有这样的情绪，也可能不会剩下任何政党支持平等主义。没有社会主义作为党派以及政治经济的可能形式，人民能够热切期望更大平等吗？

民主政治似乎具有某些平等主义倾向。它在平等化财富、收

入甚至政府提供的福利方面可能作得不是很好，但是它可以在许多权利赋予方面奋力争取一视同仁。他们违背这种一视同仁，可能是东德人不满昂纳克以及罗马尼亚人不满齐奥塞斯库的另一个原因。在美国，政府机构资助那些把受试者分配到不同对待组的社会和医疗实验已经变得困难起来。关于福利项目对人们工作的 215
激励因素之影响的各种理论，可以通过被选人群试用不同福利体系而进行检验。国会对这种实验检验变得颇有敌意，与其说是因为它们是实验或者因为国会某些成员认为显然某一理论或项目是对的，不如说因为许多人认为它不公平。例如，对在其他方面处境类似的人们提供有差别的工作激励。与此相似，在艾滋病治疗新药能够达到统计上可靠的结果之前，对它们的检验已经被阻止，理由是给人们不同的生存机会是不公平的。但这些与民主制的相互关系是平等问题的次要例子。历史上，有产阶级一直担心民主政府的平均倾向，就像《联邦党人文集》的作者们那样。在民主制与财富以及收入巨大不平均并存的现代经验中，这个问题实质上已经跌出考虑范围之外了。麦迪逊也许会对在美国民主制对财产的威胁如此之小大吃一惊。

无论民主制具有哪些平等主义倾向，结束对平等主义的期望对于东方当前宪政转轨不会造成任何障碍，因为那里不存在任何支持平等主义的党派。平等主义本身不是一个利益。诸群体拥有的全部利益是为它们自己取得更多更好的东西，而不管对于跨群体平等问题的影响。如果我们所知的现代社会中平等与生产效率在实践中的确冲突是个令人沮丧的事实的话，甚至更令人沮丧的是它们在民主制之下可能尤其相互冲突。

1989 年的双重任务

历史上经济体和政治体成长的一个惊人事实在于，没有人真正面对过东欧人此刻面对的任务。在东欧，创建民主制度并使之运转的任务以及创建基本上是资本主义之市场经济的任务被同时承担起来。尽管某些民主趋势在主要西方经济体诸多发展之前就已出现，但基础广泛的民主参与以及民主制度几乎总是随着经济
216 体中市场要素的增长而出现的。1989 年的那些事件似乎在许多东欧国家制造出了瞬时民主制，几乎没有自由经济制度的准备（最值得注意的例外是匈牙利，其经济改革在 1989 年之前就充分进行了）。

现在轮到这些新民主政权创建新经济秩序的时候了。它们能做到吗？一个需要多数支持的政府能够经受得起在导致巨大失业的同时，关闭几乎整个行业、暂时减少经济生产吗？在大萧条期间，对胡佛总统的抱怨不在于由于某种原因他蓄意导致了它，而在于他没有能够更早结束它。在把他们的经济转换到资本主义组织方式上的时候，东方领导人们可能面对这样的谴责，认为他们导致了一场转型灾难，类似于那场在十年或者更长时间里败坏人们生活的灾难。戈尔巴乔夫的种种犹豫，可能因此而当然地被所有东欧领导人所共有。但是，从 1989 年后大约十年过于短暂的视角出发，对于在几个东欧国家成功实现双重自由化的前景，有审慎乐观的很好理由。至少，有很好的理由去假定迅速退回旧形式将非常困难。

对关于许多东方国家经济改革的看起来数不胜数的分析进行印象性的阅读，可以发现，和较不具体的总体论述相比，更具体的叙述更为悲观。也许这和关于协作的看法相一致，在协作中可能存在许多方式去取得基本上同样价值的东西。最终，那些安排的细节并不像他们的总体特点那么重要。南希·贝尔米奥曾经比较了对东方前景的悲观论述以及20世纪50年代对西欧国家未来的类似悲观论述，并做出了赞成审慎乐观的结论。[358]尊重迄今为止诸成就的一个基本原因，在于在任何宏大社会结构上进行大规模重新协作的极度困难。许多东方国家已经克服了这个困难，该困难可以说是两种自由主义最大的障碍。

尽管如此，下述想法仍然或许是合理的，即，认为和许多乃至绝大多数东欧国家可能会有的市场经济加民主相比，中国在做出通往市场经济和民主制的转型中可能更成功。一些国家沿着像韩国那样的道路而另一些国家沿着罗马尼亚那样的道路发展。[359]但 217
是，如果民主伴随着成功的经济变革而不是不得不去激发和操纵该变革的话，它存活的希望可能要大得多。对于任何信誓于自由优先的人来说，那一定是个令人沮丧的忧虑。

针对这个主张，阿根廷前总统阿方辛(Alfonsin)反驳道，“在拉美，在政治改革之前先实现经济改革的策略曾经被反复尝试。它从来没有成功过。”[360]推测起来，他所指的经济改革主要是走向社会主义的改革，并且实际上这种改革从来没有在拉美有效运行过，或者如果没有像在瑞典那样以自由民主制为先导的话，它也没有在任何地方有效运行过。在皮诺切特独裁统治下，将经济相对摆脱政府控制的智利经济改革的确成功了——以极大的野蛮行径和增大了的不平等以及贫困为代价，并且紧接着出现了相对开放的民主制，在其中皮诺切特在一场自由竞选中被击败。与此相似，在匈牙利和韩国，民主改革都随自由化经济改革而至，并且人们可以合理地期望在其他国家出现类似的成功。[361]

在西方，对市场的讨论经常看起来把它的效率当作教条而不是精心论证的结果。然而在某些情境下，它看起来是解放性的(liberating)，正如本章引言中莉萨·皮蒂在新近自由化的委内瑞拉吃惊地了解到的那样。在这样一个案例中，市场带来的那种解放的感觉，归功于靠自身努力成为企业家的自由程度，可能和归功于更大财富之前景的程度不相上下。并不只是市场效率，使得那些突然面对一个对他们开放的市场的人们振奋不已。使他们振奋
218 的东西，更类似于那种伴随着政治自由主义的解放。但是，当我们可以假定市场的财富效益将在长期带给几乎每一个人(无疑是不平等的)时，我们不能轻易假定那些“自由效益”将被带给每个人。在东欧许多地方，农业改革的吸引力在于农业自由化可以伴随着私人企业所有权，而后者被公认为是一项非常可取的自由效益。但并不是每个人都可能在高效率经济中成为一个企业家，该经济要求许多业务得有巨大的规模。因此，很少有人从自由效益中受益，而许多人甚至几乎所有人可以从与更大经济自由有关的更大经济生产力中受益。

在实际经验中，政治自由主义同样只对相对极少数人具有极大吸引力。实际上，并不是每个人都把它评价到西方修辞学和政治哲学通常看来假定的那种高度。托马斯·潘恩(Thomas Paine)有时候似乎认为它是唯一重要的东西，但他是当时或者任

何时代最古怪的人之一。A.J.阿耶写道,尽管极少数人会公开驳回潘恩的民主主义辩解,但"它们无论何时也仅仅是在非常有限的程度上曾经被转变到实践当中"。[362]对此并非最不重要的原因在于,对于许多人来说,热切的民主参与并没有太大价值。对他们来说,如果要有一个赞成重大政治自由的论点的话,该自由必须对包括他们自己在内的人民的普遍福利以及未来前景有总体影响。对这些人来说,只有企业家们除了给自己也给他人带来繁荣,并且积极的政治参与总体上有利于良性政治和良性政策时,经济和政治自由才是值得拥有的。在一些东方国家中,可能有对于或多或少普遍有利的良性效果之前景的整体信心。在另一些东方国家中,不可能有,并且我们可以正确地假定,这些国家中的许多群体可能被动员起来寻求不自由的政策。

采用自由主义的宪法可能不会把所有东欧以及前苏联国家置于通往自由主义之路。当政府无法对一个经济体进行中央控制的时候,自由主义、民主以及资本主义可能一起成长。对于自由主义政治秩序,民主投入可以是有作用的。而对于经济秩序,则未必。
自由与富足之间可能有心理上的联系,故而最终一个自由经济体 219
只有在政治自由主义的背景下才能良好运作。但是,来自亚洲诸多独裁政府长期主持急速发展的经济的证据,至少在常年快速经济增长方面与任何这种联系背道而驰。

内在于重新协调东方经济体的诸多困难如此令人生畏,以至于人们必须对许多这些国家的成就肃然起敬。比如,捷克共和国或许还有俄罗斯已经把倒退回总体中央控制变成对任何政权在不远的将来而言不可置信的选择,尽管政府在经济中的份额可能仍然相对很大。但是，倒退现在将成为另外一个一开始就会导致巨大损失的大规模转轨。公众对于在位的叶利钦以及瓦文萨之类领导人的看法是误导性的，因为他们被这些领导人个人控制一个表面上分散、开放且非统制性的体制的强烈欲望所损害。然而，俄罗斯和波兰的经济政策已经日益走向消除许多政府控制以及对许多政府所有公司的解散和私有化。

自由化的不可逆转？

在正经历着任何种类的向自由主义转轨的所有社会中，一个主要考虑是该变革是否不可逆转的。当然在某种程度上，它不可能是决定性地不可逆转的，因为可能会有军事政变、重大灾难、毁灭性外部战争以及不同群体利益的重大变化，这些都可能导致逆转自由主义安排的努力。但如果没有重大冲击或灾难，任何一组适度自我实施的制度都有生存下去的良好前景。那么，对于许多正在转轨中的社会的关键问题，首先是它们有多大可能在自由化上前进得足够远以使得它成为自我实施的，其次是一旦相对自我实施之后，它们有多大可能去面对严重到足以逆转其自由化的冲击。

美国的经历中一个或许特殊的教训是，一个在贸易和国防问题上非常强有力的协作可能在一个道德问题——奴隶制——上被
220 打破。这不是不可预测的或者完全意想不到的——麦迪逊在费城
制宪会议上已经注意到了这个危险。[363]终其一生多次表达过对奴隶制反对意见的杰斐逊，在1820年的一封信中有些含糊地表明了

他对该国家的忧虑，他在信中讨论了密苏里妥协（Missouri Com-
promise），该妥协在一个蓄奴州对每个自由州的规则下把奴隶制
扩展到了新州中。在其最广为引用的比喻之一中，他说：“我们在
耳朵里听到狼来了，但我们既不能控制他，也不能安全地让他走 200
开。”[364]该道德问题特别具有分裂性，因为它具有深刻的经济影响。
奴隶是许多南方人的主要财富，并且奴隶制使一种没有奴隶将很
难——尽管并非毫无可能——彻底改造的生活方式成为可能。今
天，许多国家最接近于这种冲突的事情是族群冲突，但无论任何族
群的偏激分子主张什么东西，后者都很难装扮成一个真正的道德
问题。它被广泛地假定为是发自肺腑的，就像面临暴力对抗时它
经常所是的那样，但它和奴隶制问题的经济性质同样严格。

政治自由化

在其近期政治自由化中，许多国家几乎立即在实质上形成了完全一致。有几个国家已经举行了第二次或者更多次全国选举，把政府赶下台并把新政党选上台——所有选举都没有重要的超出宪政之外的努力去推翻或者阻止选民的选择。在许多观察者惊异的视线中，这是个主要并且充满希望的成就。除了一些存在伊斯兰原教旨主义党派的国家，比如阿尔及利亚和前苏联边疆共和国以及俄罗斯自身（如果其经济病症延续的话），似乎几乎没有以民主选择终结民主制及其伴随的自由主义的可能性。那么，首要风险似乎很可能来自军事或者准军事政变，或者来自打破基于商业利益之协作的重大社会变动。

在许多正在自由化或者潜在自由化的国家里，唯一最有威胁 221

性的社会变动是族群冲突，比如已经摧毁了南斯拉夫并且苏联解体后最初几年在格鲁吉亚以及阿塞拜疆具有支配地位的族群冲突。叶利钦对俄罗斯自由主义政权长期稳定性做出的最重要的贡献，很可能是打破了苏维埃联盟——尽管他也曾试图通过在车臣的一场战争留住俄罗斯自己的一片领地。苏联后期的各民族（peoples）也许是幸运的，他们的解体是通过一个令人吃惊的和平方式而不是通过一系列蓄意的内战。甚至关于车臣的那场相对小规模的战争也对俄罗斯自由化进程损害非常大。如果当时发生关于乌克兰、哈萨克斯坦以及其他共和国的更大战争的话，那将会是毁灭性的。解体实际上和平的部分原因在于，它符合叶利钦的利益去通过耍手腕把戈尔巴乔夫赶出权力圈。戈尔巴乔夫的权力位子在超国族（supranational）层次，而把他赶走最轻松的方式就是消除那个层次。这个案例中的机会主义政治通过消除否则可能是一系列折磨人的族群问题的东西而扮演了一个有益的角色。波兰、捷克共和国、斯洛伐克、斯洛文尼亚以及其他一些东方国家同样没有面临族群危机。

前苏联加盟共和国中看起来最自然地与西方以及西方经济相谐和的是波罗的海三国。然而，其中两个面临严重族群冲突，这三国可能遭受将凌驾于经济信誓之上的畸形政治之苦。一场族群冲突的存在内在地有可能制造一场经济冲突，因为一个族群要在短期增加自己的份额，最容易的办法就是去损害另一个族群的份额。这是发生在南斯拉夫、布隆迪、卢旺达以及许多其他国家的骇人听闻的事情，在这些国家任何经济自由主义的方案——更不用说政治自由主义的方案——都被短期邪恶的贪欲所颠覆。[365]原则上，在一套经济自由化方案中最难成功的问题似乎特别是经济问题，重要群体之间的族群冲突差不多由于所处事态的逻辑而典型地是经济冲突。在此，经济和政治自由主义可能因而一起死亡，即使它们并没有被逻辑性地绑在一起。

经济自由化 222

正是那些经济自由化产生出诸多更复杂的事项，并且这些经济自由化也更不安全。到达一个相对开放经济的成功转变不可能瞬时完成，而且倒退或者逆转起初发展的可能性是显而易见的。在东欧存在这样的第二次选举，这些选举中基于针对各种自由化政策的抱怨而发生斗争。波兰、保加利亚以及匈牙利的选举把起初的自由化政府赶下了台，并且把被前共产党强硬分子控制的政党选上了台，这些政党显然反对新经济方案的很大部分。不过，后继政府延续了经济自由化的总体方案。

支持对于继续经济自由化信心的一个有力根据，在于这样一个特别的消极观点，即，认为无论如何没有人有一个用来反对经济自由主义的替代理论。每个政府都扭曲其经济的诸多零碎部分，有一些政府甚至可能扭曲它们经济中的许多部分。每个政府都从事一定的保护主义，既有国内的也有国际的。每个政府都有规制性政策、税收政策、补贴政策以及其他扭曲市场运行的政策。并且政府典型地试图通过操纵经济而不是通过直接转移支付来实现某种分配性的福利。但所有这些都是草率的、特定的、不系统的举动。它们是由政治激发的，而不是建立在理论基础上的。今天，没有一个政府拥有关于如何系统地操作一个经济体的令人信服的思想。并且,过去10到20年的压倒性的教训是,如果政客们走得太远的话,他们只能给自己抹黑。在75年里,苏维埃式经济一再得出如下教训,即,针对过去一年问题的解决办法往往制造出新问题,有时比原来的问题更糟糕。[366]

如果在基于经济自由主义的协作中,中心的共享价值是商业繁荣的话,那么自由化政府应当以两种非常不同的方式对该秩序
223 作出响应。首先,它必须拆除过去的东西——有时候是诸多用来控制商业的庞大体制。其次,它必须创建促进商业的诸体制。必需的体制中首要的是金融制度以及有效的商业法。许多正在自由化的国家里最困难的任务,可能是去树立一个用来处理商业关系的有能力的司法系统。这是一个必须几乎从头开始的任务。商业法可以嫁接到现存的法律传统上,但也许为它开辟新天地会更有效。

如果这样的问题没有得到解决,可以想象一个自由主义经济体可能最终无法完全扎根,并且经济运行可能最终把一个政府拖垮。可以帮助一个国家成功实现相当快速繁荣的某些条件,在一些正在自由化的国家中比另一些中更明显。例如,如第六章所讨论的,比起大多数其他前苏联加盟共和国,俄罗斯较少能有机会得到劳动力队伍增长以及可以为新产业提供工人的经济结构变化,并且和在其他加盟共和国或者波兰相比,自由化可能因此需要更长时间,以在俄罗斯显示出它的好处。因为在那些国家的人们可以足够容易地了解自由化预想要带来的好处——他们相当熟悉在西方生活可以如何美好(他们甚至可能夸大它)——所以,自由化政权面对的最大风险可能是成功得不够快。它们的成就可以被一

个普通的公民所衡量。

50 岁以上的公民很可能根本不会把自由化看作是成功的。许多更年轻的公民，尤其是那些刚刚开始其职业生涯的人，已经发现自由化是成功的，至少对他们自己是这样的。[367]随着时间流逝——10 年或者 20 年——失利者的重要性消退，那时情势下的众多受益者将成为民主制以及市场持续的首要保障。这两种自由主义将在那时变成自我实施的。

结　　语

据说杰斐逊曾写道，“对公共利益最好的推动，来自每个个人 224
以他自己的方式追求他自己利益时所做出的努力”。[368]当华盛顿总统致信罗得岛州长以欢迎该州在它最终批准宪法后姗姗来迟地加入联邦时，表达了他的类似看法。华盛顿写道，“我们是这样一个社群的成员，我们的独特或者个别的福利有赖于该社群总体的成功”。[369]这不是在第一章讨论过的塔尔考特·帕森斯的看法，而是斯密的看法，并且它是得到麦迪逊之宪法和经济以及政治自由主义推动的看法。它是居于第二章核心地位的看法。它和宪政主义以及民主相一致。它并不总是驱驰着美国政治，后者常常是卑鄙而乖张、独裁而不自由，以及恶性帮派主义和反民主的。

如反联邦党批评者所批评的那样，美国政治还一直被批评为某种和贵族制接壤的东西——被一个与正常的普通公民远离的特殊阶级统治着。直至安德鲁·杰克逊(Andrew Jackson)为止，在贵族出身的杰斐逊之后所有总统都来自精英家庭——麦迪逊、詹姆斯·门罗(James Monroe)(一个反联邦党贵族)以及约翰·昆西·亚当斯(John Quincy Adams)。甚至今天,美国全国性政治职位的在位者也比他们表面上代表的民众远为富有、更文雅以及受教育程度更高。就像参加费城制宪会议的代表那样,律师占有绝对优势。反联邦党人抨击这样的人是贵族,对其中许多人来说,该抨击是足够准确的。但是其中许多人是自己致富并且自己闯出职业生涯的。在这一点上,他们与诸如本·富兰克林以及亚历山大·汉密尔顿这样的联邦党人的相同之处,和他们与反联邦党人的相同之处一样多。

其他国家尤其是那些20世纪末叶正在民主化的国家情况如何呢?如果政府职位不能成功地换取大量的贪污机会,以使对于来自一般大众的雄心勃勃的野心家来说,政治成为一个有前途的职业,那么似乎极有可能它们也趋向于被富有的、受过相对良好教育的杰出人士所治理。来自平民大众的美国政治领导人,最通常地出现在城市工业时代,当时选票和候选人可以被公开收买。如
225 果存在对这些总体趋势的持久例外的话,他们很可能出现在民主仅仅在帕森斯的加尔文主义者意义上进行统治的国家——一个目光狭窄的宗教特权阶层在其中进行统治。这个平常趋势的一个几乎无法阻挡的原因在于,好的政治和其他任何值得做的好事情一样。它要求分工来发展天赋和专长。当那个宪政主义者本杰明·拉什(Benjamin Rush)在1786年以笔名奈斯特(Nestor)写道"政府是一门科学"时,他也许夸大了实情。但是,他以下的说法是对的,即,那些"花三年时间去获取一份他们的国家之后马上禁止他们从事的职业"的人不可能做得很好。[370]

V. 哈维尔(Vaclav Havel)有时候被视为我们时代中一个公民社群诸美德的化身。但如果他很好地为其国家效力的话,将不是因为他把他的捷克同胞率领到公民美德之路上,一旦他们国家的自由主义被牢固建立起来之后,该道路将浪费太多个人天赋和精力。那是因为他成功地扮演了捷克之乔治·华盛顿的协调角色。他一直是这样一个人,似乎置身党派之外并团结除了某些野心勃勃的斯洛伐克领导人之外的每一个人。他协调政治以使得捷克人可以在自由主义诸原则上重新组织他们的社会,这些原则使个人有可能成功到让社会繁荣的地步。

尽管和华盛顿或者哈维尔相比,鲍里斯·叶利钦和列·瓦文萨更有个人野心,并且看起来对他们自己管理一切的能力更充满骄傲,但他们在俄罗斯和波兰分别扮演了类似角色。所有四个人都很大程度上从他们起而反对过去强权的大无畏经历中获得了声望。对那些自由主义转轨来说,哈维尔、叶利钦以及瓦文萨站起来反对反自由主义比他们站起来支持任何特定的东西都更好,因为前者使他们超越了党派。党派非常快地出现,并且接手了捷克共和国、俄罗斯以及波兰各国政府的很大部分,就像在华盛顿之下它们飞快接手了美国政府一样。在美国,一定程度上,现代政治党派特别是为了获得对政府的控制而被发明出来的。

所有这些国家也都有它们的亚历山大·汉密尔顿,从事于金 226
融稳定以及使得自由的经济活动成为可能,就像西德更早之前有它的路德维希·艾哈德(Ludwig Erhard)。贝尔德认为汉密尔顿是美国实验中的真正灵魂,罗斯特对这一感想表示共鸣。[371]有人认为万·克劳斯(Vaclav Klaus)是捷克实验中的真正灵魂。这两个人都没有多大希望在广泛的公众圈里被有好感地记住，因为和他们的总统不一样，他们做出了影响诸多利益的实实在在的决策，而有时这些影响是痛苦的。但汉密尔顿使得华盛顿看起来卓然超出美国成功之上成为可能，如果捷克能成功的话，将来回顾起来，克劳斯可能也使得哈维尔看起来是捷克成功的巨人成为可能。具有讽刺意味的是，汉密尔顿的成功也许有赖于以下两点，即，他早些时候无法取得一个能实现其重商主义梦想的宪法，随后他无力通过国会推动他关于经济发展的重商主义计划。由于被迫使用更受束缚的权力，他被迫成为了一个根本上的经济自由主义者。

华盛顿的威望使得一个由相互嫉妒和敌视的人组成的政府合作了八个从根本上极度重要和困难的年头，把美国宪法设置到了之后可以存活的制度形式中。许多美国宪法争论者嘲笑了被他们称为“羊皮纸”障碍的东西。他们幸运地有八年时间把他们的那片羊皮纸变成了血肉、激情甚至是石头。哈维尔及其政府似乎也很有可能为捷克共和国做同样的事情。其他一些东方领导人——瓦文萨以及也许叶利钦——可能在他们的国家里更不适合这样的任务，因为他们使得他们的领导地位更个人化以及更具独裁性质。叶利钦为生存付出了巨大代价，包括他对国会的军事摧毁以及他对车臣的那场挫败士气的战争。瓦文萨把自己降低到如此低劣的程度，以至于他几乎没有机会可能再获得他曾经拥有的地位。

认为国民只有通过像华盛顿、尼赫鲁以及戴高乐这样的人才能齐心协力的那些人，一定对许多东方自由化进程的未来感到困
227 惑。然而，如托克维尔雄辩地断言的那样，如果自由主义景象本身是令人信服的，自由社会就并不依赖于集体层面的领导才能，而有

赖于由那些有能力独立行动的个人组成的大众。实际上，如同托克维尔以及穆勒假定的那样，一旦其政府已经充分开始运行，美国社会就不需要特别优秀的领导人。在这个图景上，瓦文萨、叶利钦以及其他人必须首先不要挡道，他们必须做的只是把他们的社会充分协调到没有主要群体不久即造反。正是他们的国民不久将对自由主义、宪政主义和民主提供最终检验。

第六章　宪政性经济转型

228 宪法不是为了体现一种特殊的经济理论——无论是关于公民与国家之间家长式政治以及有机关系的理论，还是自由放任主义的理论。

霍尔姆斯法官，在“洛彻诉纽约”案中的异议

中性的宪法

在他那短小而精悍的对“洛彻诉纽约”案的异议中，奥立弗·温德·霍尔姆斯法官宣称宪法在经济政策上是中性的。[372]总的来说他是错的，因为有些宪法已成功地体现了特定经济理论。甚至对美国宪法来说，他在某种程度上也是错误的，因为美国宪法确实体现了有限程度的自由放任主义——如果亚当·斯密的理论是基本正确的话，它足以给予资本主义至少相对于社会中的任何其他经济组织方式的优势。资本主义主要需要的是自由市场，而美国宪法成功地规定了市场不应被服务于那些狭隘利益的州所羁绊，这些州的行为有悖于其他州农场主和生产者的利益。[373]

然而，1787 年宪法对于不同理论的胜负相对留有余地，从这

个意义上说霍尔姆斯在描述上是正确的。不同集团喜欢的三种经济组织体系之一是种植园农业主义。种植园农业主义最终失败 229
了，但它并非天生注定要失败。它在经济上的失败是由于面临不可抵抗的资本主义时它自身的原因。但是宪法的缔造者并未有意地将资本主义写入宪法。他们只不过设计了一个经济上差不多中性的——至少在种植园农业主义和资本主义之间是中性的——全国性政府，这实际上是资本主义所要求的全部事情。他们甚至在没有十分理解的情况下无可置疑地践行了这一点。

这一陈述或多或少使用了制定宪法的那一代人曾经用过的术语。实际上，种植业只不过是许多工业和其他经济活动中的一种。因而，如果耕地是私人所有的(如其所是)，那么它就是完全与资本主义相一致的。只不过是有关社会应当如何被管理的农业意识形态使得种植园农业主义似乎与资本主义相对立。对这样的一种意识形态来说，资本主义的重要麻烦是它允许整个产业根据经济条件繁盛或衰落。任何特殊的产业都没有特殊之处。对任何产业来说重要的是在市场中如何胜利或失败。种植园农业主义者相信他们的秩序将会无限期地持续下去。商业派显然对它的未来缺乏把握——汉密尔顿因而要求一个重商主义的政府，但仍确信他们观点的公正性。在对他们不同观点自负的信仰中，这两个经济集团可能在宪法的设计中共谋，因为每个集团都认为只要终止国家层次的对其市场的干预，它的观点就足以胜出了。

这是一个无意的良好选择吗？在根本性的重要意义上，在面临未来几个世纪的巨大经济转型的情况下，对于宪法和政府更长期的运转有效性来说它是优良的。一个过分狭隘界定的处理一组经济条件的政府，在它必须处理极为不同的条件时可能是一个灾难。20 世纪 80 年代东方社会主义政权的问题是，它们实质上被设计出来对落后经济进行动员，以使之快速具有更高的生产力。的确，它们被设计出来对第一次世界大战后俄国向工业经济的转型进行管理。当这些国家的经济不再受益于在其他地方有良好表
230 现的中央控制的动员时，它们的共产主义政府就成了按照其他方式发展的一种障碍。[374]就如单个州的准重商主义是对独立战争后处于联邦协定之下的美国总的发展的障碍一样，类似地，18 世纪在法国、英格兰和其他欧洲国家的重商主义是对新的工业时代早期数十年经济发展的障碍。

在宪法设计中根本性的重要问题是**激发而不是阻碍经济转型**——它并没有预先得到良好理解。实现这一点的方式本质上是消极性的。正是具体化的经济理论的缺乏可能与动态的经济转型十分符合。在缺乏正确经济理论的情况下，为了激发和加强经济中的自发发展，政府的权力必须部分地受到限制。或许某一天这一主张将不再继续。它不是一个理论，也不是一个理论的轻易可知的涵义，而仅是对政府管理经济的历史的一种怀疑性解读。在这一主张的背后存在着准理论性的立场。例如，弗里德里希·哈耶克和奥地利经济学派认为任何人和机构实际上不可能知道管理一个经济所需的所有相关事实，因为这些事实中有太多分散在人口当中而不为国家所及。尽管如此，一个国家是否能知道在某些环境下经营一个经济所需的充分知识仍是一个悬而未决的问题。

在美国的宪法实践中，必要的行动是**在单个州的层次上**破除原始的重商主义与以邻为乞（beggar-thy-neighbour）的竞争的混

合，并借此创造一个庞大、多样和相对自由的市场。在东方的前社会主义国家当前的宪法设计中，必要的行动是在以前受阻碍的地方创造相对自由的市场。在这些国家，这不得不**通过破坏一大批全国性机构**（它们被用来控制生产、分配甚至消费）来完成。在全国性政权问题上的相对简单的协作，对美国的州来说是足够的了。东方的国家要求一场剧烈得多的转变。

霍尔姆斯认为宪法可能是经济上中性的以使政府能在没有严 231
重约束的情况下选择经济政策。对美国宪法来说他实际上是错误的。反联邦党人的社群主义部分地是一种最终被美国宪法排除在外的经济体制。反联邦党人的后继者或许应当对这一事实表示感谢。霍尔姆斯在提炼出两种广泛类型的经济体制方面无疑也是错误的：很难想象一种在国家控制和非国家控制的经济体制之间完全中性的有意义的宪法。虽然正如霍尔姆斯所声称的那样，没有什么像赫尔伯特·斯宾塞的社会静力学一样具体的东西被写入美国宪法，但某种不明确地导向自由市场的东西却被写了进去。

美国宪法起码激发了资本主义——宪法的制定者们并没有完全理解的一种制度，并且阻止了集权的命令经济。它也通过保护奴隶制加强了种植园农业主义——尽管种植园农业主义最终不可能度过即将来临的经济变化（它将会使农业成为经济的一小部分）并在经济变化来临之前被内战所摧毁。的确，托克维尔已从他1831年的旅行中发现，种植园农业主义注定要成为美国经济和政体的一个日益缩减的部分，这远不只是因为事实上所有新移民都去了北部和西部各州而不是种植园州。[375]他们这样做，当然部分因为那里是工业所在地，而且部分因为那里有给贫苦农场主的土地。

在托克维尔访问时，离杰斐逊去世才六年，而麦迪逊仍然在世。与麦迪逊尖锐的双关语——他那时不过是在苟延残喘——相一致，他也几乎苟活得比宪法允许种植园和商业利益在对贸易简单保护的基础上轻松共存的时代更长。在托克维尔访问之时，两种利益正处于生死攸关的冲突中，种植园注定要失败。有人可能认为，如果不是在内战中失利，它们可能作为农业综合企业因素进入了 20 世纪。这似乎是不可能的，因为农业综合企业就其依赖于机器取代工人而言，是真正工业性的。即使南方成功地退出了联
232 邦并无限期地支持种植园制度，建立在奴隶制基础上的种植园制度或许可能与大钢铁厂在面临技术创新时的命运一样。大钢铁厂不得不解雇大部分工人；种植园很快将不得不解放大部分的奴隶。最终，南部联盟可能会成为北部迅猛发展的联邦的一个相对贫穷的邻邦。它甚至将很快把某些农业出口市场输给伊利诺伊和艾奥瓦州更繁荣、生产力更高的农场。更一般地，它将与大多数步入长期衰落的商品经济具有相同的命运。

在标准的资本主义经济学中，一个重要的考虑是预期的稳定性，它会给投资以激励。任何能在企业家自由的背景中创造出稳定预期的宪政都尤其促进资本主义。可能有一种经济体制，在其中预期的稳定性在激励人们提高生活方面不起强大的建设性作用，但很难想象适合于生产的经济能在没有相对稳定的预期的情况下运行良好。共产主义意识形态的部分内容是创造一种社会主义的人——他将受社会或道德信誓而不是个人收益刺激的激励——的可能性。在许多情况下奴隶制的方法部分就是使用暴力和恐怖来激励。无论道德信誓还是恐怖似乎都不可能引起广泛的

创造性和创新，但是如果无论道德信誓还是恐怖，或者如果某种其他的不依赖于稳定预期和激励的制度能被制造出来运行，那么我在这里将要说的许多话可能就是不切题的。

在接下来的部分，我将讨论预期和宪政稳定性在经济关系中的作用。然后我将转向美国的经验，讨论制宪时期美国的冲突性的经济和政治观点，《商业条款》及其从州和外国政权的细小干预中将贸易自由化的目标，以及宪政体制随后而来的总的增长和经济转型问题的解决。接着我将着手东方的问题，讨论锤子和镰刀时代经济关系的对立的象征性观点，东方政权在将民主与经济转型结合起来时面临的独特的复杂问题，以及人口变化对经济变化所产生的和能够产生的作用。我将以美国和东方实践及前景的一 233
些总的比较作结，包括它们的宪政体制的明显成功中蕴含的幸运因素。无论在美国还是东方的例子中，焦点都将是宪政秩序的运作方式而不是使其发生的政治活动（关于这个问题，针对美国例子的讨论在第三章，针对东方例子的讨论在第五章）。

预期和宪政稳定性

在国家的生存中，经历实质的经济转型是很常见的。当今的许多国家正面临着一场比通常的转型更伟大的转型，他们致力于从中央计划转向相对自由市场的组织。巨大的经济转型总的来说对于宪政政府可能是最重要的挑战。一个稳定的政治体制管理这样一场转型可能没有太大困难。但是当今的许多转型伴随着至少临时性地不稳定的从独裁向相对民主的政府形式的宪政转型。这其中有些转型的问题被种族冲突进一步复杂化了。[376]

在经济环境中稳定的预期是异常重要的，因为对于给定的投资平均预期收益水平，结果的不确定性越小，投资（在资本、技术和声望等方面）将普遍越高。如果你能轻易地通过掷硬币使你当前的财富倍增或完全丧失，那么你就不可能喜欢赌博。在社会背景下，赌博通常甚至比这更糟，因为潜在的损失使潜在收益大打折扣。例如，试想越南农民为了提高他们的水稻平均年产量，能将种植的水稻种类转变为另一类——但却必须冒着特定年份完全失败和饥饿的更大可能性的风险。于是他们合理地选择产量较小的种
234 类。[377]类似地，一家可能进入经常被封禁的邻国市场的企业将会在为该市场提高产量上投资较少。一个拥有这样的短期化预期的人，没有什么理由为未来储蓄。[378]

麦迪逊用相当直截了当的经济术语优雅地为稳定的价值申辩。他和汉密尔顿在《联邦党人文集》的许多篇目中讨论了这一问题。[379]在《联邦党人文集》第62篇，麦迪逊首先指出了政府和政策方面的不稳定的有害涵义：它给了某些人一种激励——计算他们根据情况变化从不善算计的人那里窃取利益的花费，而不是提高生产能力（这听起来可能像是对资本家的奇怪批评：对他们来说这是华尔街有关的一切：通过预见“从不善算计的人那里窃取利益”来赚钱）。接着他提出了这个标准的例子：

> 对公众机关缺乏信任，使人不敢贸然从事有益的事业，因为事业的成败利害，往往取决于现行安排是否持久。如果个人的筹划还未及执行就有可能被判为非法，有何老于此道的商人肯冒险把财富投入新的行业呢？如果由于政府反复无

常，个人预先付出劳动或资本，难免反受其害，有何农场主或制造商肯把本钱下在号召生产的农工产品上呢？[380]

霍布斯认为自然状态的不稳定将致使我们只生产我们差不多能即时消费的东西。引入稳定的预期能相当大地刺激未来导向的行动。因此，一个使预期稳定的有效运行的宪政秩序对经济生产力和福利是极为重要的。为了在更长的期限内稳定预期，这样的一个秩序必须促进经济发展——或者至少不阻止经济发展。

美国宪法长期的成功无疑来自它与发展经济的适应性。《商业条款》的目标对最初的十三个州和 1787 年制宪会议的召开缘由 235
是重要的，对没有政府控制的大规模经济组织的可能性也是重要的。[381]它差不多是经过修改的自由放任主义原则——使其至少对国内经济来说是操作性的而非意识形态的。宪法及其商业条款的支持者要求统一的国家关税以使他们当时的关系处理得更好，特别是在大不列颠对各州分而治之的贸易政策背景之下。或许有的思想家具有远见，能够想象到在宪法实施之后的世纪里会发生什么巨大的经济变迁，但是似乎不可能有人因为《商业条款》和全国性政府能促使制宪的那一代人所知的世界里的革命变迁而赞成它们。麦迪逊、杰斐逊，无疑还有许多其他人都期望经济能或多或少地永远保持农业性质。他们所设计的东西历经了最终的经济革命，这在很大程度上是一个机遇而不是有意设计的问题。

顺便提一下，稳定的预期也在政治自由主义中具有至关重要性。在政治统治中稳定预期的一个方面是任意性。在整部《联邦党人文集》中最强的段落之一是第 47 篇，在其中麦迪逊引用孟德斯鸠的话说任意的权力使用是暴政的核心。对孟德斯鸠来说，在立法、行政、司法部门之间分权的要点是为了减轻让任一部门完全控制权力所引起的任意性的机会。[382]该论证实际上是这样的观点：要求多个部门行动起来剥夺一个部门的自由，这通过退回到中间
236 状态增加了一个部门的安全性。与一个统一的单一部门将是任意性的相比，两个或三个部门远不可能在任意压制某人的自由中进行协作。

早期美国的经济和政治观点

在制宪时期对美国未来的争论中，有三种观点。这些是关于全国性政府诞生后社会的性质的决定性观点。它们是托马斯·杰斐逊的种植园农业观点、亚历山大·汉密尔顿的商业观点，以及农村反联邦党人的社群主义观点。这些观点中的最后一个在许多州（特别是纽约）批准宪法的争论中起了中心作用。但相对强大的全国性政府的诞生有效地粉碎了这种观点，因而1787年宪法一经批准，它就只具有很小的政治重要性。因此，我在这儿将不讨论它——它的作用在第三章曾予讨论，第三章涵盖了宪法起源和批准过程。

杰斐逊和汉密尔顿每个人都要求许多东西，但对把他们的名字作为他们观点核心部分的标签进行限制是有意义的。每个人都对社会一经正常管理将会如何运转提出了隐含的理论，但这些理论未必包括在他们的观点之中。例如，杰斐逊似乎认为世界能够且将会继续由农业考虑因素组织起来直到文明的终点。他在一封给麦迪逊的信中写道："我认为我们的政府将在许多世纪里保持美

德;只要它们还主要是农业的;这就是只要在美国的任何一部分还有空闲土地。”[383](自从这一世纪早期,只剩下了很少的空闲可耕土地。一些仍然空闲的土地现今居住着各种各样的民兵团体的狂人。)汉密尔顿总体上相信商业进步依赖于代表商业经营的强有力的国家行动,以及重商主义者对经济的指导。他们观点中心的、决定性的部分是他们关于即将繁荣的经济之性质的不同看法。

还有另一种更近乎是结构性而非实体性的观点:詹姆斯·麦 237
迪逊的国家观点。这是关于一个能对它所面临的世界作出反应的统一了的国家的印象派观点。实际上,这一观点支持了设计宪法的费城会议,宪法随之成为了霍尔姆斯所谓的杰斐逊和汉密尔顿经济观点之间的中性仲裁者,同时它摧毁了反联邦党人观点的希望——小社区和独立农场完全控制他们的生活和命运。

从概念上来看,杰斐逊、汉密尔顿和麦迪逊都支持的这部宪法的惊人之处在于,它既能适应汉密尔顿的观点又能适应杰斐逊的观点——因此它明确无疑地实现了麦迪逊的观点。确实,宪法的最惊人之处在于,在某种强制性的意义上它开始产生效力。特别是,它得以使新国家开始运转。在对一个成功的宪政政权的解释中,有两个相当不同的问题:(1)大体上在第一代内成功制定宪法,(2)在许多代的更长时期内宪法成功引导和约束政府。在这个有众多宪政转型的时代,这两个问题中最迫切的是第一个。大多数宪法仅在实施后的几十年内就在很大程度上或完全失败了。

是什么因素使一部在短期内足够成功的新宪法在长期内也是成功的?实质上,要害在于协作。实施一部成功的宪法本身很典型地是一个协作问题,而且通常是一个自发协作的问题(第三章讨论了这个问题)。但是更长期的成功依赖于随之而来的政治体系对稳定预期(或许特别是经济预期)的制度性协作。

一部宪法何以能适应汉密尔顿和杰斐逊的两种对立的经济观点?在很大程度上,它之所以能这样,是因为杰斐逊的种植园农业社会和汉密尔顿的城市商业社会都要求他们市场的全国性组织,以及除了建立全国性市场以外,宪法并未试图控制总的经济发展。因为经济发展的理论总的是贫乏甚至荒谬的,保存宪法体面的办法就是不供奉任何这样的理论。杰斐逊的观点最终失败了,因为
238 他的理论是错误的:农业的统治地位将不会是永久的。汉密尔顿却因为他的理论也是错误的而最终胜利了:商业不需要政府指导而凭自繁荣。

托克维尔有先见之明地声称,美国政府的力量在很大程度上是民主的无能的结果:它不如君主制或独裁政府那样一致和有效地管理国家和经济。[384]这是迄今为止对美国政治和经济成功的所有评论中最锐利的洞察之一,但不光是民主产生了这个结果。在宪法产生后的经济转型中,麦迪逊的宪法或多或少是一个中性仲裁者。因为各种势力总的缺乏对经济未来、未来的利益组合及他们的重要性将会如何的了解,中性的宪法相对容易获得同意。此外,它可能比一个更确切的宪法更稳定。亚当·施沃斯基曾评论道:“在各种力量的关系未知或不明确时采纳的制度最可能成功度过不同的环境。”[385]我们应当对这个评论加以限定,认为不体现不合时宜的经济理论的宪法更可能持久。而如果各种力量的关系没有被完全理解,则宪法更不可能体现任何理论。因此,经济理论的模糊性和宪法的持久性之间直接的相关性如果存在的话,也将是

似是而非的。[386]

在十二年试验性政府之后，杰斐逊和杰斐逊主义者执掌了处于依然新的宪法之下的美国政权。在那时，这必然像是辛辛那图斯*的胜利——他能保证农业党派的稳定。从我们回顾性的观点来看，这会是——至少在经济上是——一种灾难。在随后长达大约一个世纪的时期内，商业被确信要变成主导性力量，而杰斐逊的农场主们注定几乎要消亡——尽管在杰斐逊的有生之年不必有人理解这个趋势。随后值得注意的事实是杰斐逊主义控制了早期的政府，或许包括马丁·凡·布伦(1837—1841)的总统任期，而与此 239
同时商业利益似乎控制了这个世纪美国政府的许多政策。C. E. 林德布洛姆认为，商业利益既然与政府所要的东西是如此多地合拍，以至于商业甚至不必公开地努力施加影响。[387]从农业社会到工业社会的经济转型是一个阵痛，尽管这一曲折的变迁在人们的生活中扩展了数代人，并且通常表现为单个人的而不是集团或国家的、进而是个人的而不是政治的。

汉密尔顿和汉密尔顿主义者在约翰·亚当斯总统领导下迅速在政府中获得了支配地位，他们并且在不甚明确界定的乔治·华盛顿总统任期内与农业利益集团分享控制权。因为杰斐逊主义者持中间观点，他们是介于反联邦党人和汉密尔顿主义者之间的来回摇摆的集团。因而很难想象汉密尔顿的联邦党能像杰斐逊的共和党那样持续摇摆长达一代还要多。我们仍然可能要问，共和党人和联邦党人之间对统治权的更平等的竞争会意味着一个更不稳定的宪政政权吗？这个问题应当分两个部分来回答：近期的和更长期的。

对于近期而言,美国的宪政秩序开始运转可能部分是因为一方获得了数十年的统治权。至于是汉密尔顿主义者还是杰斐逊主义者获得了统治权可能关系不大。但是是否**没有任一方**获得了统治权,以及是否有随之发生的对抗和对部分潜伏的冲突的更好的定义,这些可能是大有关系的。当权的每一方可能投入很大精力对另一方先发制人以在没有统治观点的时期保护他们自己的观点。尤其是,两个对立的集团可能努力把他们错误的经济理论强加于政府,使政府难以控制与两种理论都不符合的经济转型。约翰·亚当斯在他及联邦党人 1801 年离任时对联邦官员的午夜任命,只是此后的真正竞争中发生的事情的一个迹象。战后许多行业的社会化和私有化之间的逆转造成的在英国预期的不稳定性,
240 更加显示了杰斐逊主义者和汉密尔顿主义者之间早期意识形态战争引起的危害。在英国,每一方都认为它的观点是正确的,而另一方的观点是错误的。但双方回过头来看的话都应当同意,频繁的重新考虑比在任一政权下的稳定性都更糟。

或许仅是因为杰斐逊和农业派如此轻松地掌握着权力,他们才没有花费心思努力保护他们更长期内的利益。因为除了在约翰·昆西·亚当斯(1825—1829)执政期间之外,他们持续掌握着权力,杰斐逊主义者可能对他们自己的领导权充满信心,并且可能放弃给任何非农业主义的观点设置制度障碍的努力。早期的美国民主因而可能得益于相对缺乏竞争。

在更长的时期内,汉密尔顿还是杰斐逊胜利实在是关系重大。宪法没有禁止国家介入经济,只不过是阻止了特定类型的国家干预。当汉密尔顿的重商主义政策受到阻碍时,那是因为种植园及

农业利益是与它敌对的。汉密尔顿遭受了立法上而不是宪法性的失败。这或许部分是因为政治方面被调动了起来，以至于汉密尔顿支持的任何事情都激起了杰斐逊和麦迪逊的反对。

不管是因什么原因失败的，政府管理经济的努力的失败使制度适当地协调起来对抗这样的管理。此后，要克服它们的协调，就要有某种类型的巨大的外部震荡——最终，先是第一次世界大战（它好像是一切可能的事情的试验场），但接着便是大萧条和第二次世界大战。因此，汉密尔顿对中央管理经济的设计的失效，在防止政府阻碍后来的经济发展方面可能有根本性重要的意义。**汉密尔顿的失败本质上加强了作为美国政府默许规则**的自由放任政策。杰斐逊主义者后来反对汉密尔顿的重商主义政策的年代，这在更长期内可能是很大的幸运。汉密尔顿的失败是由农业利益集团——他们在几代内将缺乏代表其利益的联邦干预——的压力造成的。

让我们回到杰斐逊主义大约40年的短期统治。为什么稳定性能导致稳定性？在其他条件相同的情况下，长期的稳定减少了**预期的**易变性，这引起了对未来收益的更大投资，更大的投资导致 241
提高了的未来产量，提高了的未来产量又支持和加强了正面预期。随着秩序的持续，宪政秩序的稳定成为自我巩固的了。当然，其他条件未必总是相同，并且可能有扰乱预期趋势的外部和内部的震荡。例如，大约到1850年，美国的宪政秩序开始为汉密尔顿观点对杰斐逊观点的优势所削弱。东北部成长中的城市的工业生产和新西部各州没有奴隶制的农业生产使政治平衡出现了倾斜，偏离了以前的有奴隶的州和没有奴隶的州之间的相对均势的平衡。

汉密尔顿观点的胜利对秩序可能的削弱甚至比它实际造成的削弱更大，但是，这一观点并不需要一个政党领导它去取得胜利。在相对软弱的政府之下，它会自行取胜。此类事情没有从任何政党获得什么利益，尽管个人和单个企业经常得到巨大的利益——有时是通过贪污受贿和特殊恩惠，有时是通过较一般的政策。在其极端的19世纪末期、20世纪20和80年代，这些利益曾经极为广泛，特别是使相当多的人富了起来，并且通过严重削弱随后的政府能力不经意地加强了汉密尔顿主义者的一些观点。

《商业条款》

《商业条款》——授权联邦政府管理跨州和对外贸易——被透过不同的镜头看成是作了许多不同的、有时是相反的事情。它被认为加强了联邦政府，削弱了联邦政府，作用很小或没有起什么作用。或许，虽有正常的细微差别，所有这些观点都是正确的。该条款简言之即："议会有权……管理与外国的贸易，几个州之间的贸易，以及与印第安部落的贸易。"[388]这听起来像是一种授权。但在当时，这个《商业条款》给反联邦党人带来麻烦，主要是因为它从各
242 州拿走了权力并将它给予了全国性政府和经济利益集团而不是给予了他们自己，而完全不是因为它创造了政府权力。当这项权力被州所运用时，它是破坏性的。州竭力从与其他州贸易的税收和关税中创造它们的公共收入。对联邦党人来说，这一条款——商业条款——的焦点是其推动力问题。对于反联邦党人来说，他们所反对的问题是把控制权放在全国性而不是地方政府。这两个关

注点是逻辑上不可分的。如果一个集团赢得了它的问题则另一集团必定输掉它的问题。

《商业条款》意味着联邦政府拥有对商业征税的权力。但它也意味着对跨越州界的国内贸易选择性课税的终结,只留下一般的特许权税和向对外贸易征税。甚至对后者来说,政府只能对特定种类的进口统一征税,以使它不能有差别地影响两个或更多州里竞争的商业激励。就商业利益而言,宪法将美国转变成了一个单一的市场。

对于通过调整关税、协调货币及发展联通的航道来提升经济前景的措施,曾有过广泛的预先鼓动。许多作为费城会议先导的文件清楚地表达了对在《邦联条例》下州的分裂性贸易做法的顾虑。[389]甚至一个坚定的反联邦党的费城会议代表——康涅狄格州的罗格·谢尔曼(Roger Sherman),也声称管理贸易与防御外国入侵、防止州之间使用武力及缔结国际条约并列为会议的少数几个主要目标之一。[390]然而,甚至比需要对市场进行全国性管理的主张更遭异议的是对会议目标的最强烈的反对。正如前面提到过的,罗得岛州拒绝派代表参加会议,纽约州三个代表中有两个在会议进行过程中早早就退出了会议。麦迪逊把纽约和罗得岛州的顽固态度归因于它们反对《商业条款》的目的。在《邦联条例》之下,
这两个州通过以邻为乞地使用其港口从邻州(特别是马萨诸塞和 243
新泽西州)榨取财富而获益良多。[391]支持者与反对者同样都清楚会议的目的:结束这样的分裂性做法。

在许多方面,《商业条款》可被看作是减少了总体上的政府管理经济的权力。然而,在当时它被批评为过分强化了联邦权力。

不过这一反应是有关这一争论的性质的假象，这一争论的性质是州的权力是否应当被转移给联邦政府。毕竟，这一条款是**施加于州而不是经济企业的**。的确，它大体上减少了全面的政府权力，并且减少了实际操作中对商业和贸易总体上的强迫。它相当大地削弱了州而没有使联邦政府十分强大。[392]因为在宪法制定以前的年代里，州的权力的运用在经济上是分裂性的，因此用《商业条款》消除它有利于商业甚于有利于联邦政府。当他要根据《邦联条例》将该权力授予议会时，甚至极端的汉密尔顿主义者也把它描述为做善事的公共权力。在驳斥那些认为商业会自善其事的人时，他争辩说商业确会这样——但仅当州停止干预它时。相应地，他认为为了繁荣，商业需要政府的管理之手。[393]他错了。如果贸易要繁荣，只有州需要全国性政府的统一管理之手。

当许多欧洲国家反对放弃权力、将其转给欧盟时，关于美国宪政的某些争论的被误导的性质现在又重现了。首先，这不是那些国家在做的事情。的确，它们正在减少政府对经济总体上的权力。欧盟拥有的经济权力比成员国所放弃的要弱。**最主要的权力转移是从各个层次上的政治家到商业及其顾客**。这种情况可能发生，
244 即，随着欧盟的发展和它的法庭对其权力的解释，欧盟将会具有大得多的权力，就像美国政府和许多其他国家政府随着时间的推移拥有越来越大的权力一样。但最初它的效应是减少了政府对商业的权力。

《商业条款》在现今听起来近乎空洞无物。它并未说州没有管理商业的权力，而只是说联邦政府有这种权力。有人可能假设断定州没有该项权力实质上是一个逻辑推断，因为联邦政府能明确

无误地压制州的行动。但是在联邦政府压制它们之前州似乎有这种权力。联邦政府有制胜性的权力,但却并不拥有唯一性的权力。现在这一条款听起来如此空洞的部分原因是,它的要点得到如此好的理解,以至于没有人需要更全面地阐述它。在费城召集制宪会议的原因是建立对商业——对外贸易和跨州贸易——的全国性权力。甚至控制对外贸易实际上也是一个跨州贸易的问题。它之所以是一个急迫的问题,是因为大多数州喜欢统一关税的政策,然而在《邦联条例》规定的一州否决权做法下,它们无法实施这样的一种政策。因而,对从英国进口态度强硬的州(比如马萨诸塞)就将英国贸易丢失给了其他州(比如罗得岛州),这些州可能再将英国商品转运给前面的州。[394]

那些熟悉大陆会议、费城会议及后来各州批准宪法会议的人,对《商业条款》的重要性不可能有严重的误解。这不是一个从最初的目的到正当性的规范性的论点——它只是有关这一条款如何产生和它在当时实际上如何被理解的解释性论点。对宪法起初的成功来说重要的是它是否使积极的预期得到了协调。与《商业条款》有关,预期已得到协调,宪法主要发挥了建立能够实现这些预期的制度的作用。因此,它不是像后来法庭决定中那样的《商业条款》的实际操作问题,《商业条款》的实际操作关系重大,但仅是关系到这一制度性事实:取消州实施州际关税的权力,并将制定对外贸易 245
关税的权力交给全国性政府而不是州政府。

《商业条款》、制宪会议以及更大的宪法本身的中心要点,就是阻止州运用宪法赋予联邦政府的商业权力。这得到了如此彻底的认可,以至于它甚至没有被明确地写出来。这个表面上的疏忽部分地产生于宪法对《邦联条例》下的先前政府的傲慢观点——它在很大程度上忽视了先前的政府，好像国家是由其未来的公民重新创造的一样。

在美国宪政史中有一种论点认为，国家对商业权力的霸占是由法庭在一系列案例——它们给予联邦政府越来越大的权力——中实现的。根据这种观点，《商业条款》最初曾经是联邦权力的障碍。据说正是《商业条款》的"潜在权力"逐渐被法庭行动所唤起。[395]但是这种"潜在权力"的学说后来成为一种修饰物，被用来说明法庭规则的正当性而不是对它们进行解释。

对这些案例的一种替代性的解释是，它们使对政府能够做什么的广泛理解更加清晰明确。这种理解的一部分可能是联邦政府不会像单个州所做的那样对商业使用多变的权力。毕竟，这一条款的直接力量是终止了州制定跨州贸易关税的权力。将此视为联邦政府对权力的霸占又是一个错误。它减少了总体上的政府权力。实质上，联邦政府是相对自由放任主义的。就像重商主义者汉密尔顿所要求的那样，明确授权政府在经济中发挥积极主动作用的观点，在制宪会议上被慎重否决了——尽管（如上所讨论的那样）汉密尔顿曾试图采用行政和立法手段引入它。

246 后来的"潜在权力"就像《商业条款》最初那样，主要致力于国家干预以控制跨州贸易，但却是通过不同于关税的办法。这个问题现今在诸如州层次上的环境立法领域（比如当加利福尼亚要求比其他州更严厉的污染控制标准的时候）仍然十分活跃。通常，对于法庭来说，难题在于决定这样的管制是否真正是阻碍跨州贸易的设计。比起《商业条款》管辖的早期年代，在有着庞大的全国性公司和许多州里的企业的年代，这个问题或许不太尖锐。

因此，认为宪法限制了全国性政府的观点并不是没有根据的。但是它对全国性政府的限制在《商业条款》里并没有明确表达。美国或任何其他宪法里有很多都是这样的，这一条款的重要性有很多是没有写明的。表面上成文的美国宪法仅在一定程度上不同于表面上不成文的英国宪法。后来被称为《商业条款》的潜在权力的东西和自由放任主义的一般学说都得到了良好的理解，并且都被制定宪法的那一代人认为是理所当然的。正是在这个有限的意义上，如萨缪尔·贝尔所说的那样，资本主义自是存在于宪法之中。[396]

如果宪法实质上是一个启动的措施而不是永远的强制性指南，那么为了使它能建立一个最初的秩序，对它的涵义充分理解的解释就不必写进去。如果最初的理解改变了，那么部分未写明的宪法就将随着时间的推移丧失它的明确性。但是，在任何情况下，它也将不再是预期的一个重要的指南，预期将日益建立在现存的制度和安排基础之上。这些近来的制度和安排中有许多可能被宪法赋予它们最初的形式，但它们可能经过长期的演化而脱离最初的形式。[397]

在指导我们自己的决策时，对我们大多数人来说，注意现存的制度比注意这些制度推测性的起源可能更重要。说最初的宪政安排此后永远会影响我们是正确的，但这点是微不足道的。例如，小 247
州与大州冲突的解决方案部分地是给予各州在参议院中平等的代表权。这在解决方案中不是一个重要的部分，这是由这样的一项事实所表明的——在参议院历史上的第一代人的时期，参议院是相对不重要的。如果小州与大州的冲突十分紧迫，那么参议院当然立刻会承担重要的作用。然而，对一个人的政治生涯来说，参议院甚至不是一个有吸引力的活动场所，全国性领袖的多数竞争者主要来自众议院而不是参议院。参议院的重要性上升是引人注目的领导层结束弗吉尼亚霸占总统职位的努力的结果。[398] 例如，亨利·克雷(Henry Clay)在众院变得十分著名，但是当他在担任了国家公职后再回到议会中来时，他选择了新近变得重要的参议院作为他的家。

参议院的存在现在是美国政治生活的一个重要事实。确实，如果它没有被包括在宪政安排之中，那么现在生活在美国的人就没有可能被生育下来，美国的公民也将由完全不同的人构成。这两个事实对宪政主义来说没有什么重要性。对宪政主义来说重要的是，后来参议院在管理宪法争论背后的冲突中的成功(如果这些冲突是持续的)，或者换言之，宪法在使国家完全摆脱小州与大州冲突中的成功。就后一点来说，尽管参议院在不同情况下在解决大州与小州冲突方面是不重要的——大州与小州的冲突在一旦有全国性政府阻止它们之间的军事冲突时就自然消失了，但按照宪法创造参议院，在使文件作为一项启动设计开始发挥作用方面是重要的。的确，这个问题消失得甚至更早——它在批准宪法的争论中不是一个主要的问题。对一度潜在的冲突的解决方案来说，重要的事实不是参议院如何缓和冲突(它并没有做到这一点)，而是一个真正的全国性政府的存在使它不再成为一个问题的方式。就如在使贸易政策统一中的利益一样，各州之间的和平合作问题
248 是一个几乎所有州一致同意的协作的问题。

在自由放任政策上最初的一致意见不如在阻止州干预商业上

那样广泛。如上所示,汉密尔顿并不要求自由放任政策——他要的是一个经济上积极能动的全国性政府,它将会投资于港口和航道,并能帮助为商业的扩充提供金融支持和管理。在《联邦党人文集》第85篇中,他宣称"一个十分睿智而敏感的作者"——大概是指亚当·斯密——的反重商主义的观点被过分夸大了。自由放任政策对许多人(包括种植园主)的巨大吸引力的一部分是,它将促使商业在不需要农业利益资助的情况下依靠自身获得成功。它给予了种植园主几乎所有他们期望从全国性政府得到的东西。致命的是,它没有给予他们的是保护他们免于最终的经济衰落,如果他们预料到了衰落那么就可能要求这种保护。它通过限制多变的州政府,给予了商业利益一个全国性市场,而没有给其汉密尔顿最低程度要求的积极的、支持商业的政府。

奇怪的是,两个集团似乎都误判了未来,在未来,商业利益除了自由放任政策以外不需要任何东西来使其统治这个国家。并未公开写明的自由放任规则为商业所做的是,使其能够领导从乡村农业到城市工业经济和政体的伟大经济转型。如果日益衰落、但仍然居于统治地位的农业利益能使用对经济的更大的宪法权力阻止或减慢转型,那么转型就可能更难。农场主被削弱的很大一部分原因是精英主义的杰斐逊式的种植园主已经先发制人地、或许是无意地削弱了任何有利于相对不受约束的个人创造性的集团。

经济增长与经济转型

《商业条款》对种植园主和商业利益都有直接的价值,因而他

249 们能在创造宪法的过程中进行协作。虽然他们在创造一个既有利于南方种植园又有利于北方商人和金融家的全国性政府的过程中联合了起来，但他们对新国家的理想未来有截然不同的哲学理念。汉密尔顿希望未来属于城市和银行，尽管他的观念仍然沾染有斯密就在最近谴责过的重商主义。杰斐逊期望未来属于农场，尽管他那来自他的蒙特塞勒(Monticello)小山顶上的观念将这扭曲成了种植园。每一个集团必定都完全理解对方的观念。他们的差异是属于价值和品味方面的，并且是被公开承认的。

当然，两个集团都认为他们自己的观念在复杂的因果性方面也是更胜一筹的。例如，农业派相信政府应当是共和的，而只有农场主能够成为公民中的共和党人；[399]汉密尔顿主义者则相信政府应当为商业服务。然而，他们的争论从来没有上升到对反联邦党人的社群主义进行争论的高度，这或许是因为当时没有重要的选择掀开观念上的这些区别。随着时间的流逝，农业主义观点由于它与种植园(它建立在奴隶制的基础之上)表面上的联系而严重失色。[400]蓄奴州和废奴州之间的差异，以及与它有因果性关联的种植园农业主义和城市商业主义之间的差异，就如麦迪逊在制宪会议期间所提及的那样，本身就是一个已被意识到的潜在冲突。[401]但是，尽管它在制宪会议上激起了真正的争论，并且可能已经在南方对新宪法的某些怀疑后面展现了出来，奴隶制的区别仍旧只是一个由权宜妥协来管束的小问题。毕竟，使用奴隶的州需要开放的国内和国际贸易——他们不可能消费他们自己的产品而繁荣起来。杰斐逊主义的农业观点被南北内战所粉碎，随后在西部自给
250 农场主的想象中被重造。它的生涯自此以后急速下降，并在我们

的时代最终被减弱为家庭农场的微不足道的利益信条，辛辛那图斯已经辞世太久远了。

奇怪的是，无论汉密尔顿主义者还是杰斐逊主义者都没有理解他们将是致命的最终冲突的因果性质。双方都在表面上认为它是一个关于国家将走何种道路的选择问题。它不单是一个选择的问题。如果农业派不首先在政治上击败商业利益——这尽管在其他国家发生过但却是不可能的，商业肯定会在经济上粉碎农业派。在制宪时期，大概没有人曾抓住非农化及向更大经济发展的加速趋势。[402]在制宪时期，商业和农业具有潜在的冲突，但这些冲突与某些工业产业之间、或某些农业利益之间的冲突在性质上并没有重大的差别。例如，它们在谁应当承受为政府提供财政的关税的冲击问题上具有经常性的冲突。

美国面临的根本性的变化是财富和消费的惊人增长。当然，在1788年以后根本性地更大量的食品消费就是没有必要的了。因此，这一增长来源于更大的劳动生产力，它意味着劳动能离开土地进入其他的生产形式。这一趋势将是农业视景的毁灭。然而，更大的农业人口，特别是种植园主，也需要城市商业利益需要的东西——他们需要《商业条款》所界定的那样的轻松、稳定的进入国内和国外市场的渠道。

因为农业视景的全部吸引力都只是在农业社会中有机会，所以杰斐逊那一代的农业人口所持的观点不可能在更长时期内保持完整。杰斐逊主义者的观点同时是保守而又浪漫的。在认为农业生活能被维持方面他们是保守的。在认为这样的生活是有益和美丽的方面他们是浪漫的。杰斐逊的农业观点内在地是精英主义

的，它们与他的平等主义观点奇特地不相一致。他是美国思想中的一个异常的人，一个经济保守主义者和一个政治激进主义者，因
251 而或许对那些具有奇怪的多样兴趣的人来说他是一个似乎合理的英雄。

杰斐逊巨大的地产及其种植园同伴并不能代表杰斐逊时代大多数农场主和农场工人的农业生活条件。大多数农场主为了生计而奋斗；他们享受不到杰斐逊那耕种的悠闲及他在蒙特塞勒的图书馆。这些自给农场主的大多数在日常生活中从《商业条款》中得不到什么益处——如果他们从该条款中获得了益处，那么就是通过更长期内的经济转变及其机会。然而这是一种他们许多人——或许是差不多所有人——将会反对的利益，因为这是一种来自对他们生活方式破坏的利益。在杰斐逊时代的美国，大多数农场主就像东欧和前苏联国家许多失败的工业产业和农业中的工人。假如有机会否决工业革命和《商业条款》带来的变化，他们可能就已否决了。他们的否决权会产生巨大的代际效应，因为它只能通过陷害自给农业中的下一代而产生作用。

费城会议集中关注的是大州和小州之间的冲突。在批准宪法的争论中的国民及其新闻界，以及此后的许多宪法学者都集中于联邦党人与反联邦党人之间的冲突。**但是不可避免的和高于一切的冲突是由汉密尔顿和杰斐逊代表的冲突**，他们是两个基本上没有在制宪会议上出现的显赫人物。在这场冲突中，杰斐逊表面上胜利了。汉密尔顿在与阿伦·布尔(Aaron Burr)的决斗中不光彩地早逝，而杰斐逊创造了一个党并建立了在美国政治中的霸权——直到它在19世纪50年代被奴隶制问题所击败。但是，到

他1826年7月4日(独立宣言50周年纪念日)去世的时候，杰斐逊大概已能从这个国家及其人口统计的变化事实中看到他的农业主义者们注定难免厄运。他们是被相对减少的农业就业人数和任何其他行业日益增加的就业人数的最终交叉的趋势曲线所注定如此的。

杰斐逊是一个靠他的种植园的剩余产品生活的农业主义者。这样的农业主义者可能被误认为是社群主义者。纽约上州、新英格兰以及宾夕法尼亚州的一些富有农场主真正是社群主义者。但杰斐逊和种植园农业主义者不是社群主义者。与许多社群主义者
一样，杰斐逊式的农业主义者具有对一个在地方社区层次组织起 252
来的社会的政治优良性的信念。这样的一个社会能够支持公民共和主义的公开辩论和广泛参与。

实际上，杰斐逊主义者在这样的一个社会将会是什么样的问题上可能是错误的。亚里士多德曾论证说，对于民主来说，一个农业社会将是最好的，因为它的公民忙于他们的农作，**将太忙而不能广泛参与政治**。他说，除非有巨大的政治报酬，否则对农场主来说耕作的确要比政治更快乐。[403]亚里士多德关于农业社会产生最好的民主的观点，有时被断章取义地用来说明某些像美国反联邦党人社群主义者的农业观点的东西正是共和民主所需要的。杰斐逊主义者像通常一样，思考的不是农业社会而是蒙特塞勒和为种植园主提供悠闲的种植园社会。亚里士多德可能认为这样的社会对民主不太好。在现代经济条件下构建一个共和社会的唯一途径最可能要求种植园社会的精英结构——尽管据推测它将会要求全面的奴隶制。

尽管他们专门从事农业生产，但就他们渴望使他们兴旺的全国性经济而言，杰斐逊主义者有别于社群主义反联邦党人。许多南方的种植园主在其他条件相同的情况下，可能偏好小社会的政府，但除非他们获得了与其他社会开放的贸易，否则他们不可能在这样的政府下生活得好。除了具有商业条款的全国性宪法以外，没有什么能适合他们的利益，他们的利益支持开放的经济安排和抵抗军事进攻的安全性。在他们的利益和他们模糊的公民共和主义理想之间，他们选择了他们的利益。[404]

假设在美国，政府在人民生活中比两个世纪以前更加重要了。
253 或许我们能想象对许多像杰斐逊、汉密尔顿、麦迪逊及许多其他人一样活跃的人来说，参与和生活可能已成为什么样了。但事实上，认为这些人的数量比过去多得多似乎是完全不可信的。有的人必须生产物品，特别是食品，同时也不得不生产这些人头戴的假发和他们写字用的纸张。这些积极参与政府管理的人是一个有闲阶级——汉密尔顿或许远不如其他人有闲，这可能部分解释为什么他们很快就施计将他逐出权力之外。

那么公民共和主义对社会来说将会意味着什么？它不可能意味着费城会议的正式文件会整个地覆盖这个国家的生活。直到南北内战以及再一次地到第一次世界大战和大萧条以前，全国性政府没有太多的事情可干。除了战时以及在过去六十年之前，公民通常只在与地方邮局局长打交道时才遇到全国性政府。[405]的确，A. J. P. 泰勒写道，在第一次世界大战以前，“一个有判断力的守法的英格兰人可能终其一生而几乎注意不到在邮局和警察之外的国家存在”。[406]自从第二次世界大战以来全国性政府已经侵入了我们的生活。在杰斐逊的年代，大多数男人只能在地方层次上——也就是说仅在对社会的相对小规模的社群主义组织中——很深地参与政治。多么沉闷的思想——浪费了杰斐逊以及甚至很小的地方政治中的较不重要的政治活动家们的才华。

认为农业还是商业利益取胜最初是一个机会问题的观点是错误的。在农业控制上的协作不是一个随机翻转的问题。18 世纪后期和 19 世纪早期形势的许多特征给予了农业很大的优势。最重要的是在最初的选民中，独立的土地所有者的绝对多的数量。商业社会仍处于新生的状态，商业所有者人数很少。尽管纽约、费城和波士顿暗示了未来，但城市的显著增长仍待将来。此外，一旦杰斐逊执掌政权，他和杰斐逊主义者就能通过把许多新的选民融入他们的政党来扩充选票，进而提高他们赢得未来选举的机会。并且西部土地的开放总是意味着农业的扩张。

同样地，后来向商业利益优势的变化跟随着人口统计上的变 254
化。商业在经济中的上升意味着工人的利益部分地与商业的利益一致而与农场主的利益相悖。农场主在人口统计上的下降已几乎完全将他们从选民中除去(现在不到 3%的美国就业人员从事农业)。大约到 1820 年，杰斐逊主义者将选举权扩充到所有白人男性的动议得到了完全实现。这提高了农场主在选民中的比例，并进而在表面上确保了农业的控制地位。那不是更长期内的结果，这一点可能已被南方种植园州的政府所采取的非民主形式所暗示，在南方种植园州，种植园大亨的寡头统治有足够的控制力把南方拖入内战。他们只占不到 10%的选票，但实际上占据着这个地区所有的政府。小规模的，特别是自给的农场主在南方几乎没有政治重要性。

从我们回顾性的立场来看，好像在美国宪法的早期，商业所要求的只不过是政府在国内的自由放任政策、保护大的国内市场免于地区和州的障碍，以及统一的对外贸易期望。《商业条款》大体上给予了所有这些。另外，商业可能曾受惠于稳定的货币政策(再一次地，减小预期的易变性提高投资)及国际贸易和保护的优惠关税。在这里农业和商业利益当然总体上是冲突的。农场主要求更自由的有通货膨胀趋势的货币，他们还要求对农业进口的高关税和对工业品免除关税。但是宪法给予了商业如此之多的它所要求的东西以至于它能在杰斐逊政府下繁荣。的确，它实质上能在一场工业革命中爆发出最终超过欧洲的财富和创新。

实质上，汉密尔顿主义者在制宪会议中获得了胜利。但因为从农业到商业的趋势是由周密考虑的政治和政府计划之外的力量所驱动的，他们可能最终在任何情况下都赢得经济竞赛。美国宪政秩序的稳定性因而可能依赖于为商业清除了道路的宪法保护。这些保护远达不到代表商业本身进行干预的地步。它们只不过就
255 像对农场主——他们能为他们州之外的和国外的市场进行生产——的保护一样多。但它们对商业比对农业更为重要，只不过是因为商业有更大的扩张前景。

锤子和镰刀

苏联及其追随者的十字交叉的锤子和镰刀是共产党内工人和农民利益联合的象征。它是一个不合逻辑的象征，因为它代表一

种实质上不可能的联合。城市工业化将会带来大多数农民及其后代农业生活的毁灭。当这一象征在莫斯科上空的旗帜上飘扬时，这种由经济决定的命运肯定已被许多人意识到。当杰斐逊相信他那农业观点的精英主义变种时，它的不可能性迹象还不明显。到1917年，当领先的工业国已经开始将农业甩在后面，农场主大量离开土地时，这种非精英的农业观点的不可能性是明显的。在1993年12月俄罗斯议会选举中，当遗留的共产党已分裂为主要的共产党和残余的农业党时，[407]这个象征就破碎了。

这个矛盾的象征主义在苏联并不要紧，因为农业利益在宪法上没有获得权力。同样，杰斐逊的农业观点也不是十分要紧，因为它除了保护拥有奴隶的权利以外也没有被上升到宪法层次——或许是因为他和其他的农业派认为这一观点作为只不过对事情的自然状态的描述，是理所当然的。在美国的例子中，**最好的宪法是让杰斐逊主义和汉密尔顿主义的观点在经济而不是政治组织中斗争决胜负的宪法**。政治很难影响结果，但是政治可能被试图影响它的努力所破坏。

国家典型性地制造出来的最大的经济转型是从农业生活向更大的全面繁荣的转型。它是导向现代国家的变动、任何热心的马克思主义者或资本主义者必定要求的变动。然而，马克思主义在我们的时代固执地变成了农民造反的意识形态。在美国，农业劳动力已从占总劳动力的80%以上降至不足3%。这一变迁历经了 256
大约两个世纪，但其最有特征的阶段是民粹主义的时期，那时农民从主要社会阶层中滑了下来，并使杰斐逊的党随他们而衰落。民粹主义是布热德主义(Poujadist)运动的一种形式，布热德主义运动兴起于一个集团的命运似乎已被清楚地决定、其具有抱负的领导人为打断下降的趋势进行最后一搏的时候。民粹主义时代的纸钞战或易得货币(easy-money)战实质上是对农业生产相对价值下降所涉及事项的一种没有希望的抵抗。

回过头来看,有人可能轻易下结论说农业生产和所有其他形式的生产相对价值的巨大变化是人类历史上最伟大的利益之一。但同时,对那些在农业中的机会下降的人来说它是巨大痛苦的来源。因为他们不能夺回政府,他们不能使他们的货币利益强制进入法律。

直到最近,农业观点和利益实际上在所有国家对政治争论和冲突都是重要的。它们处于法国革命的宪政争论,以及或许所有伟大的19世纪宪政尝试的中心。例如,阿根廷的宪政努力直至19世纪50年代最终成功之前,在农业利益和金融与航运利益之间的冲突面前,反复出现摇摆。[408]然后,阿根廷宪法在1930年前后农业萎缩——它可能是由导致了报复性的欧洲关税的美国保护主义关税所激起——的阶段被破坏。从墨西哥到中国到越南的革命都以农业利益和农民战士为基础。这些革命的最令人吃惊的事情是它们是公开自相矛盾的。它们农业的核心目标是机会主义的,如果革命在长期内能够成功,这个核心目标必定会被背叛。今天农民仍支持这样的运动,这些运动一旦执掌政权,除了减慢农民痛苦的转型(首先是将他们的孩子滞留在农村的贫穷之中)之外,对他们什么都带不来。

尽管农业考虑经常是欧盟辩论的痛处,但在当今发达的工业国宪政争论似乎不可能在农业问题上花费太多时间。正如杰斐逊

可能认为这些问题在他那个时代已经解决了一样，当今发达经济 257
中的大多数人合理地认为它们在我们的时代也已解决——只不过现在它们以反对杰斐逊农业主义的姿态得到了解决。当代对农业理想和所谓的土地伦理的辩护听起来更近离奇和不相关地浪漫而不是政治上的利益。[409]现在，只有在人均国民生产剧烈降至不到其现在水平的十分之一、并且庞大的城镇人口被消灭之后，这个理想才可能变成真实的。而这听起来好像是波尔布特(Pol Pot)开出的一剂猛药。

宪政民主中的经济转型

当前的俄罗斯宪政挑战和较早的美国宪政挑战之间的显著区别在于，俄罗斯经济中进行的转变可能是由周密策划的政府干预引导的，而美国经济发展几乎是随自由放任的政府而来的。在当今的俄罗斯，一个经济自由主义的政权必须由反自由的中央决定所产生。在美国的例子中，经济变化没有被广泛预见到，并且或多或少地能为公众和政府所接受。在俄罗斯的例子中，作为成功引入市场之结果的经济变化能被广泛地预见到，它们只有在克服了强烈的反对之后才能为公众所接受。

在俄罗斯和其他东欧经济的转型中存在着对所谓休克疗法的热烈争论。在休克疗法中，转型是迅速以一次大的转变完成的，而不是通过许多年微小的部分变化来展开的。那里有通过出售或自由分配企业股票对大多数公共企业的迅速私有化、把公共经营的集体农场迅速分配给个人农场所有者、迅速的货币改革，以及迅速

关闭许多以指导经济为功能的政府机构。最初的效应是许多地区
258 的失业和生产衰退。预期最初被粉碎了，但这个结果被认为是部分有益的，因为先前的预期经常是些错误的事情。此后，因为进一步的休克是不必要的，预期在随后的几年内开始稳定化。

许多西方经济学家支持东方转型的休克疗法。[40]许多对东方经济改革的表面速度的批评者争辩说进展慢一些将会更人道和更有效。[41]约翰·肯尼斯·加尔布雷思就这种对休克疗法的反对意见提出了一个明确的解释：

> 这不应当是对那种渐进和有思想地进行的转型的批评。第二次世界大战后西欧正常生产活动的收益——一种没有东欧和苏联面临的任务复杂的任务，是那十年中表现更好的部分。在英国，在货币可自由兑换之前花了七年时间，而食品配给和与之相联的价格控制同样得以继续下去。突然的行动再一次是对于那些他们自己并不经受其苦的人、行动前没有思考的人、按原则而不是事实行事的人而言的。只有在时间允许的时候才能为思想——适合于实际结果而不是原初意识形态的思想——留出时间。[42]

这个建议仅与一个稳定的、因而有各种可能性的专制政权（比如智利皮诺切特政权）相关，而与1989年后东欧那些或许不稳定的政府不相干。

休克疗法最初的福利损失可能很大，但根据推测，局部疗法总的福利损失甚至将会更大。在局部疗法下，相对降低的预期将会持续许多年。因此，投资在许多年内都将倾向于在最优水平以下迟缓不前，并且早些年份低投资的效应在随后年份将会按乘数增

加。另一方面,正面的预期在休克疗法之后将很快开始建立;因此,投资将很快开始达到加强正面预期的水平。在那些预期重要的人中间,当然有外国投资者,他们如果预期到高收益率就会急切 259
地投资——这在休克疗法之后比在长期的局部疗法过程之中更为可能。但是,甚至更重要的是对俄罗斯人(经济必定主要建立在他们的努力基础之上)的人员培训和职业的投资。因此,休克疗法和经济增长并不要求步步为营式的努力去投资还并不存在的资源;它们主要要求投资时间去创造技能和声望资源,并且,如果对这一投资收益的期望良好的话,这样的投资就会发生。

缓慢行进的建议是为了减少对特定个人的有害影响的严格的经济建议。休克疗法与《商业条款》有共同之处:它听起来像是经济学而实际上是政治学。它不是一种政治地组织经济的设计;它是**终止**经济的政治组织的一种设计。**休克疗法主要是一个政治的、战略的问题**。任何对休克疗法的替代方案都必然是在某种程度上——甚至是在很大程度上——使用政府运营经济的安排。一个民主政府典型地不能期待待在办公室去管理一场精心计划的温和的转型。然而,通过剧烈的政策取消阻挠企业家行为和市场增长的制度,它可能迅速取得成功。它甚至可能制造出这样有效的变革,以至于下一届政府将难以复辟旧秩序。对于除了专制政权以外的任何政权来说,缓慢行进都不是对快速行进的慎重的替代。

因此,赞成速度的慎重论点是在政治干预削弱更长期的发展之前把改革建立起来的希望。情况可能是这样的:在一些国家里土地改革的一个好处是通过给予农村人口错误的繁荣希望或甚至是生存的真实希望,减缓经济灾难降临到他们头上。如已经提到的那样，一个与之相伴的不利之处是创造了一种难于应付的利益。最令人惊奇的土地改革的例子之一是智利阿连德（Allende）政权所进行的土地改革。在一个已发展得远超出自给农业时代的经济中，阿连德实际上恢复了过去的死亡之手来阻碍经济发展。这是一个由表面上的社会主义政府所实施的反社会主义的政策。在阿连德的例子中，短期的错误希望是十分短期的，因为皮诺切特将军
260 用残忍的举动和足够的暴力进行干预，重组经济以加快农业的相对衰落。

在非常多的情况下个人的损失肯定是令人悲伤和深为痛苦的。试考虑在一个现在垂死的企业或破产的集体农场中接近退休的一对夫妇。这对夫妇的整个生活都靠国家的经济资助。有人可能会想，尽管没有办法保持他们的企业或农场即使仅能拯救他们免于失业的悲惨命运，国家仍然对他们退休后的保护负有义务。然而，国家过去的退休规划都没有要求储蓄或在设施上投资。国家通过只是让他们继续占用一套国家所有的住房，以及使他们通过他们的企业得到收入或使他们通过从他们的农场获得实物资助而得到供养，就把这样的情况处理为是他们自己的事情。他们（以及国家）都没有既存资源供他们退休之需。国家现在必须为他们的退休投资真实的货币，甚至是硬通货。这个任务可与一届美国政府在如果所有的退休安排以前都是由人们工作的公司处理的、而现在这些公司大量破产时将会面对的情况相提并论（只有一点点夸张）。如果这种情况碰巧在深重衰退和巨大财政赤字的时期发生在美国政府身上，它将不能很好地处理这一任务。[413]

不幸的是，在部分前苏联国家内关于休克疗法与局部改革优

劣的争论,被一个逻辑上不相关但在经验上有联系的问题复杂化了:政权不稳定。不稳定不仅是最初的创造一种新秩序的不稳定,而且是更深入和更深刻的经济方面的不稳定,以及在如何推进的问题上民主摇摆不定的持续不稳定。大多数当前正致力于经济转变的东方国家可能将会面临政权和政策的时常轮换。因此,一个 261
倾向投资时间与资源于发展技能、设施或声望的人可能认为最优的是在短期内尽可能地投资而把更长期内的投资留待以后考虑——因为更长的期限太难预测而不能为它冒现在的风险。这个一般的态度将倾向于使未来的商品比否则可能有的要少。然而,有些政府轮换导致了转型政策的延续,所以在有些国家可能有不断增长的乐观主义。

从转型前就已组织起来的集团或能从与以前的经济组织有联系的利益组织起来的集团,相对于新生的还未组织起来的与未来市场相联系的利益,具有直接的政治优势。对民主偏好的粗略计算因而可能坚持认为,社会中先前的利益分配应当受到保护。推至极端,这将意味着工业革命前夕的大农场主组织、封建等级或极其贫穷的自给农业。尽管阻止转型在短期内可能听起来对一些人有吸引力,但是对于许多转型来说,在长期内这是不可能的和愚蠢的。而且长期甚至不是十分长。试想一下如果韩国经济结构被固定在人均收入极低的1960年的状况,而进一步的变化受制于既存经济集团实质上的否决权。

因而,奇怪的是,把焦点放在短期就引出了英国卢德分子(Luddites)、美国民粹主义者(populists)、法国布热德主义者(Poujadists)地位的变化因素。这些集团为了维持他们曾有的地位试图阻止经济变化。正如第五章讨论过的那样，他们考虑的是*Besitzstandswabrung*，即继续保持他们的地位。他们都失去了过去的时光，因为这一变化给其他人带来的益处太大而无法被阻止，而且在任何情况下，当这些集团试图阻止变化时，他们的个体成员和他们的子女常常选择加入到变化中去。在没有政治干预的情况下，经济只能有一种设计来完成从过时的活动转变到更有生产性的活动：失败。政治干预能通过三种方式之一来挽救那些失败的人：政府能帮助那些失败的人移到其他活动中去，在他们离开其失败的活动时政府能用现金支付直接支持他们的福利，或者政府能
262 通过支持过时的活动间接地支持他们的福利。个人和集团通常所要求的是这些政策中的第三种，它必将毁坏转型的许多收益。正如新古典经济学家通常所指出的，衰退对于一般的市场经济具有一种净化效应，因为它们有助于取消失败的、过时的企业。[414]这对那些被“清除”的企业来说是冷酷的慰藉，但是企业和个人的这种失败是许多经济成功的一个主要部分。[415]

重组前苏联型经济在许多情况下所包含的是卢德分子、布热德主义者、民粹主义集团以及政府机构和代理人联合起来赞同一件事情——大体上为了当前一代人的生活而暂时停止转型。赞成休克疗法的主要观点是，只有这样的一种剧烈变动才能使焦点脱离政治而集中于大体上当前一代人生活的经济机会。活跃的政治在激发政治变化方面是有用的，比如在许多东欧和前苏联国家结束独裁。但它也能成为一种对经济活动的消耗，这种消耗在许多这些国家中因当前缺乏人口增长以允许新企业通过代际转移更快扩张而加重了。

正如已提到的，存在着对休克疗法严重的反对。被最广泛讨

论的是它对当前这一代人中许多人的危害，这似乎是不公正的。但是经济转型总是引起对一些人的危害。在向便宜的个人电脑的转型过程中，传统的打字员的消亡及大型计算机的衰落已损害了IBM的工人和股东。这个转型因而就应当被阻止或放慢吗？IBM的工人和股东应当得到他们损失的补偿吗？局部疗法只是在一个长得多的时期内扩散自由市场转型的这些效应，顺理成章地在总体上加重了这些效应。

第二个问题是休克疗法可能具有一种有害的政治效应。当一 263
个产业缓慢衰退时，工人们在一定时间内只少量失去工作，他们可能倾向于使他们个人对此负责。但当一个企业立刻关闭时，工人们不太可能使他们个人负责而更可能让企业和政府负责任。休克疗法这样就制造出了一个巨大的障碍：政治化的人民，他们情愿投票赞成某人（或许是一个军国主义者、一个准法西斯主义者或一个旧式的共产主义者）去撤销已给他们造成损害的转型秩序。

对西方的政府来说问题不是如何管理或控制、引起各种主要的转型，而是如何**不破坏性地干预转型**。部分是因为从农业向城市生活转型的整个范围没有被理解——至少是在主动的政治的层面上没有被理解，英格兰和美国的政府艰难度过了转型而没有使自身毁于转型。前共产主义国家的问题是它们试图控制各种转变，特别是从农业向城市生活的转变。表面上政治行动被要求取消政府行动。我们可能有一些例证表明强大的独裁政府能激发工业化，就像在“亚洲四小龙”以及或许几十年前的苏联。但我们没有民主政府能周密地管理这样一个转型的例证。

一个相对民主的政府不可能期望长时间地坐在办公室来实现

一场缓慢的、精心规划的转型。如果它引入一个激进的变革，它或许能够充分地放开经济指导的集权机关，并确保足够的新生市场组织发挥作用以使倒退成为不合理的。后继的政权可能仍然引入缓和无效率做法之损失的政策，而这可能减缓市场的增长。从转型前就已组织起来的集团或能从与以前的经济组织有联系的利益组织起来的集团，相对于新生的还未组织起来的与未来市场相联系的利益，具有直接的政治优势。对新政权中民主参与的粗略计算因而可能支持这样的认识：社会中的利益分配是最坚决地反对改革的。如果经济现在不是由国家经营的，那么不稳定的政治预期就未必对经济绩效是有害的。

总而言之，因为民主政府不可能在其政策上保持一致，所以我
264 们有理由怀疑它能在不使经济预期不稳定的情况下微观地管理一个长期的转型。[416]这是在一个新生的正在自由化、同时在民主化的国家里赞成休克疗法的主要论据。

可靠的预期对于经济增长并非必不可少的，经济增长甚至可以在面临短期或不稳定的预期的情况下发生。例如，在莫斯科中心有一家麦当劳快餐厅，因为情况处于剧烈的不稳定之中而冒有一定的风险。然而这家麦当劳在短期内能做得非常好。而且，事实上，它的预期可能真的比那些没有相关外国支持的俄罗斯企业家要好。这家麦当劳享受着林德布洛姆归之为美国商业在美国享受的那种特权地位。它的利益和俄罗斯政府与美国以及更一般的外国投资者保持良好关系的利益是一致的。奇怪的是，一个不稳定的国内政权因而可能给予外国投资者相比于国内企业家的巨大优势，因为它给予了它们相对更好的、更稳定的预期——只要这些

预期已经适当地存在。当然，所有投资者和企业家都将从更好的、更稳定的预期中获得更好的益处，没有这样的预期的话，经济转型就倾向于更缓慢，甚至缓慢得多，慢到足以降低新政权中的政治预期。

经济转型和人口增长

试考虑一个存在和不存在人口增长的简化的经济转型模型。假设事业持续 50 年。在没有人口增长的情况下，比如说每 10 年有 100 万人：他们处于 20、30、40、50 和 60 多岁。如果每 10 年有 10%的人口增长，比如说，110 万人处于 20 多岁，100 万人处于 30 多岁，91 万人处于 40 多岁，83 万人处于 50 多岁，76 万人处于 60 265
多岁（每 10 年 10%的人口增长意味着大约经过 70 年便人口翻番）。假设每一个新工人都进入新企业，新企业每 10 年有 10%、20%、30%的生产率收益，而老企业维持停滞的生产力。

表 6.1　20 年后的产量增长

生产率增长（每 10 年的百分比）	劳动力增长 每 10 年为 0 速度（绝对和人均值）（百分比）	劳动力增长 每 10 年为 10 绝对值（百分比）	人均值（百分比）
0	0	20	20
10	8	32	26
20	18	44	37
30	28	58	48

从这个简单的模型可以得出，在向新方向（无论是组织形式还是生产部门形式）的转型阶段，经济生产率享受着劳动力增长的巨大乘数效应，如表6.1所示。如果劳动力按10%增长，那么新企业中生产率每10年增长20%，在20年内会导致**总产量44%的增长**。否则，如果没有劳动力的增长的话，就**只有18%的产量增长**。

在没有劳动力增长的时候，产量的绝对增长等于人均增长。当劳动力扩充时，绝对增长超过人均增长，而人均增长仍超过没有劳动力增长时的产量增长。因此，人口增长从几个方面贡献于经济过渡和转型。第一，它产生了能被征税用以提供更大公共利益的人均剩余。第二，它帮助新形式更快地获得对旧形式的支配权，并唤起了对预期的乐观态度，进而激发了对转型的进一步贡献。因而这一情况的出现并不令人惊奇：快速经济增长的衰退通常伴随人口增长的下降。正如常被论证的那样，下降的出生率可能是
266 由经济繁荣引起的，然而也促使经济增长放慢。这些彼此相反的发动机使增长率部分地是自我限制的。

在这个模型中，产量增长的效应来自两类源泉：第一，新企业中的生产率增长；第二，劳动力增长的乘数效应。第一类源泉至少有两种极为不同的形式。首先，存在着标准的从旧的向新的经济活动部门的过渡，其中最大的历史事例是从农业向制造业和其他生产活动的过渡。其次，存在着来源于中央控制的经济向市场经济的转变的明显的生产率收益。在这里，不必有从一个部门到另一个部门的转变，但可能有从旧的无效率的企业到新的企业家的

考虑一下韩国从大约1960年到现今经济扩张的高速生产率增长。韩国生产率的提高有许多源自它的经济从农业和农村向工业和城市生产的转轨。中国目前正在享受来自这样一个转轨的全面的产量增长。这个转轨的大部分已经在俄罗斯发生过了,尽管部分可能收益被抛弃在了对经济的窒息控制之中。[47]现在可供俄罗斯人民用来在未来几十年可预知的劳动力稳定基础上实现增长的很多是以前被抛弃的那部分收益。可供利用的剩余部分是从重工业和无效率的农业向更有生产力的部门的过渡,那只不过是发达经济正在进行的过渡。因此,即使有成功的政策,俄罗斯也不可能实现韩国或中国的增长率。而且,如果它一年又一年地以低增长率前进,它就将压低预期,进而压低对增长的投资。正在自由化的俄罗斯政权的不幸在于,先前的苏联政权攫取了农业向工业的 267
经济转型和人口增长的大部分收益,现在新的俄罗斯政权必须在大众的细察下生存,却几乎不能从总的部门转型或实际上已停止的人口增长中获益。

最后,这个模型抓住了对不包括在代际转变之中的那些人的福利的涵义。在所有条件下、在所有的10年内他们生产的人均收益都只是零。如果他们的生产率不能提高到与新企业的收益匹配,他们就是变迁中相对的失利者。如果他们是相对的失利者,他们也就可能成为绝对的失利者——只要他们当前消费和要求的许多事情随着需求类型的变化,而相对于他们的工资变得更加昂贵。但他们通过提升政府对公共工厂、福利项目以及教育和再培训被替换的工人的投资,也能够从变迁中获益。

如果转型不仅是代际性的,而且是通过关闭或减少旧企业来进行的，那么即使在经济处于总体繁荣的时候，作为一个直接的结果，许多人的福利也将会绝对地恶化。这些人在进一步的政治变动中是潜在的卢德分子。加在一起跨越从农业到制造业到官僚组织的许多种类的行业和企业，他们可能构成经济改革的一个阻碍集团。如果下一代和未来各代有投票权，那么改革将会毫不费劲地传递下去。但投票的是当前的一代人，而且在当前这一代人中许多人（特别是那些年老的人）的利益，并没有被改革很好地满足。因而人口增长对一个正在进行经济转型的民主政权比对一个非民主政权可能更加重要。在人口增长的情况下，从转型中获益的人数更快地上升，变成了工作人口的主体。

在一些前苏联的共和国里，通过雇用新工人进入新企业而不是关闭老企业进行调整的经济转型通常得到人口增长的推动。但这些地区中有一些现在滑入了破坏性的种族集团主义，为了占有当前资源和控制政治机构而斗争。它们因而可能错过调整它们的经济的好时候，即调整能够通过代际转变更快地发生的时刻。如果它们确实错失了这一时机，那么人口增长的速度就会继续降低，
268 它们往后在没有人口增长乘数收益的情况下，可能面临更严酷、更具冲突性的转型前景。

法国工业革命成功缓慢的一个原因是，法国在19世纪和20世纪早期实质上人口稳定，很少或没有人口增长。而德国人口在同一时期增长得相对迅速。因此，这一漫长阶段，始于法国作为欧洲的主导权力之时，结束于德国作为主导权力之时。德国的主导权不仅来自更大数量的人口可作军事服务，而且来自于在这一时期的后半段人口更快地移入创造了国民财富并为国家权力作出贡

献的现代工业。美国和澳大利亚都得益于快速的人口增长，这推动了各种经济事业相对自由的发展。美国创新的声望可能很大程度上得益于迁入的移民人口，这使工人相对容易地移入新领域成为可能。人们不必离开旧工作去修建铁路或为计算机编程；他们能离开旧的国家。

人口变化可能在中央计划经济中像在市场经济中一样发挥作用。但是，一般来说，它最大的效应是通过新产业和企业（它们逐步取代或代替旧的已建立起来的产业和企业）的增长实现的。铝和塑料取代了钢铁。微芯片取代了电线、电子管及其他的电子元件，并且，电子设备取代了机械设备。钢铁工业不必为了帮助我们完成一个有益的转型而进行重组。如果它未能改变，它只是需要不能动员政府来保护它对抗未来。**在这种转型的时刻，一个不能轻易被垂死的企业或产业动员的政府是有巨大好处的。**

迅速的人口增长能给宪政秩序带来问题，或许就像现今的肯尼亚和孟加拉那样。但它能极大地方便经济转型（它包含劳动力比例在不同职业和产业中的转移）。这样的转型通常是在代际之间发生的。年轻人进入新企业，把衰退的和过时的企业留给可能遭受经济衰退的老一代。计算机世界提供了一个稀少但却显著的年青一代主导权的例子。计算机世界或许充斥着最大量的前所未 269
见的富有的年轻企业家。对于来自新移民团体及其子女的人来说，这个世界也可能比美国的任何其他行业都更开放。有时亚裔美国人被认为在这个世界中有更大的自然能力，或许真是如此。但对他们来说可能更重要的是，这些机会本质上是在一个扩大中的世界中是最好的，而现在这个扩大中的世界正是电子学。

美国和东方的比较

美国宪政的广泛经历只能推广至拥有多样的经济或潜在多样经济的国家。一个其在国际市场中的最好收益来源于单一或很少特殊商品的国家从一项商业条款或近似的等价物中只能获得很少好处。但可以得出一个更一般的教训。《商业条款》实际的重要性是减小国家对经济发展的权力而不是授权给全国性政府。有些荒谬的是，或许美国宪法在管理经济关系中最大的力量在于其软弱性。它没有授权政府在经济生活中做很多事情。尤其是，它没有授权政府除恳求商业以外做过多的事情。[418]它在面对商业时所拥有的许多表面上强大的权力是商业要求它使用的那种权力，就像公民几乎都欢迎使用改善交通的权力一样。宪法或政府或社会超常的力量在于政府没有能力超越它从脆弱的宪法获得的授权的软弱性。

面对不可控制的和只被贫乏理解的经济转型，在那些最重要的宪法规定中，特别是在它影响商业和经济时，肯定是那些最终限制政府而不是授权于政府的规定。这不是一个先验的主张，而只
270 是从许多社会的经验归纳出来的观点，一个只与很少事例（当然全部都是过去的事例）不符的归纳。最初的《商业条款》以及机会主义地卷绕着它的更大的宪法被制定出来，不是为了削弱美国的全国性政府的权威。毋宁说，它是为了削弱单个州的权威——一种已经使它们集体性地把它们自己带到经济崩溃边缘的权威。如果它的目标得到实现，那么《商业条款》就必须被授予一个适度有能

力的中央政府,因而一个胜任的政府就为它而设计了出来。《商业条款》实际上为了商业利益而保护全国性政府。前面引述的林德布洛姆的论点——商业不必施加控制就能充分地控制政府,因为政府在管理社会中需要商业的合作——已被朦胧地写进了美国宪法。

尽管美国的政府在两个世纪内已经变得非常强大,但美国的中央政治持续太弱而即使在不同情商业的利益控制了政府时也不能很强地打击商业。俄罗斯的中央政治则是极为不同的,它仍有许多以前的苏联政治的特征。俄罗斯的领导人能相对不受惩罚地无视宪法约束,就像鲍里斯·叶利钦在解散全国议会时所做的那样。此外,在俄罗斯现在对商业的威胁不是地方施加关税的威胁;因而,一个单纯的商业条款对于保护企业家努力是不够的。重要的威胁是全国性而不是地方性政府干预的可能性。因而,除非这个威胁被阻止,否则保护经济机构为其未来而投资的宪法约束看来还不能足够有效地刺激长期的积极预期。

18 世纪 80 年代的美国需要一部能够打破**各州**对商业关系的权力的宪法。《**商业条款**》**使联邦主义不会危及贸易和商业**。俄罗斯需要一部打破**全国性国家机器**对生产和分配的权力的宪法。苏联的过去要求强大的俄罗斯行动来建立新预期。俄罗斯人具有比美国人艰难得多的任务。正如麦迪逊早先对更简单的问题所做的评论那样,“从我见证的实验出发,我预言在说服立法机关放弃权力 271
的每一次努力上都将遇到巨大的困难”。[19]应当把这告诉叶利钦。

休克疗法最终的好处是这样的可能性:迅速解散商业控制的国家机构,将通过削弱政府使以后干预更加困难。一个能任意干预商业交易的政府的缺乏,有助于稳定预期。如果一个政府具有更少的用于这种干预的工具,那么它就可能干预得更少。这一趋势不足以使严重弱化的政府获得合法性,因为一个人仍可假设存在着如果国家能够干预而情况将会更好的时候。因此,一个人必须平衡更大和更小的国家权力潜在的成本和收益。前苏联国家似乎将压倒性地可能得益于充分弱化的中央政府。强大的中央政府未能使苏联经济繁荣起来,这不仅是因为它不同寻常地是社会主义的,而且也因为它总体上是控制性的,况且经常还是愚蠢地控制性的。

或许,正如麦迪逊所担心的,政治家制定削弱政治控制可能性的宪法似乎是不合理的。但是,在其内含的任意干预的文化下,俄罗斯对不能轻易干预的政府有特殊的需要。一个赋予政府十分有限的权力的简单的宪法,在短期的一代人及合理的更长期的许多代人之内,是对当前强大的控制类型(叶利钦即使在终结政府的名义下仍采用的一种类型)唯一明智的反应。但是一部弱的宪法本质上是不足以消解权威主义政府的。这样的一部宪法通过解散大多数仍保留的管理经济的体制而能被赋予力量。给予它这样的力量将极大地提高对经济重建的预期,这不只是因为它将意味着比如说从叶利钦到日里诺夫斯基的变化不会轻易地破坏经济趋势。只要这些制度是可用的,可供选择的办法就可能继续是没有中央计划的中央控制,这实质上是早期的重商主义所是的那种不太信任理智或理论的控制——基于经验和直觉的控制(seat-of-the-pants control)。

从比较性的宪政经验中可能还能得出另一个一般性的教训。
272 在早期的美国保证市场可能很好地帮助保护了民主,或许在新民主化的国家也能发现这个教训。但是保证市场通常可能削弱更大国内平等的前景。在工业社会中平等显然要求政府权力。的确，平等根据定义几乎是一个集权的概念。如果经济生产力要求政府弱化，那么生产力和平等就是冲突的。这个结论处于比经济学通常在平等与效率冲突的题目下讨论的观点（第五章曾予讨论）更一般化的层次上。它不仅是实现更大生产力或平等的特定政策之间的冲突。**它是在总体上缺乏阻止巨大生产力的权力的那类政府与拥有周密地管理平等的权力的政府之间的冲突**。

约翰·罗默评论说，苏联对中央控制经济和压制市场的信誓只是它们的第二大错误。最大的错误是对社会本来能从中学习的反对的压制。[420]这两者虽然不是逻辑上联结在一起的，但却可能实在很自然地联结在一起。压制某些特殊事情的权力本质上就是一般的压制权力。即使我们能克服使效率与平等冲突的激励效应，我们仍可能合理地放弃拥有那种能保护平等的政府。

现代美国政府的增长是由军事和福利考虑所驱动的，最终它可能获得大规模地以生产力换取平等的权力。苏联的政府既未能实现效率也未能实现平等——尽管它们有时可能比美国和许多其他后来的国家做得更好。或许唯一系统地成功实现平等的社会是原始的、极端非生产性的社会。然而，面对这个巨大的令人悲伤的失败，许多俄罗斯人可能仍寻求创造一种许诺更大平等的秩序而不是一种许诺更大生产力的秩序。如果他们与各种坚持过去经济结构的布热德主义者结盟，那么他们或许能被引向支持强政府，而强政府可能是无法民主地阻止的。因为准法西斯主义者日里诺夫
斯基的支持者与叶利钦的支持者在 1993 年末俄罗斯宪法的公民 273

投票中，同意赞成有强大总统权力的宪法，所以这些不同的集团可能产生出一个如果被任何其他集团控制则他们就没有人会要的政府。因为一代人的霸权（比如杰斐逊主义者所享有的那种霸权）在民主的俄罗斯大概是不可能了，所以这个被采纳的宪法如果延续的话可能就是一场灾难。

在宪政争论中，华盛顿坚持主张《邦联条例》应当尽快检讨修改。"否则"，他写道，"就像一座失火的房子，在争取最正规的灭火方式时，建筑已化为灰烬"。[421]华盛顿认为，我们所需要的是任何可靠的全国性政府。在1787年参加费城会议时，麦迪逊对什么是最好的有着清晰的想法，但他很快就将注意力集中于什么将是能有效运转的。俄罗斯人可能最终因没有一个麦迪逊仅将注意力集中于实现一个能有效运转的全国性政府而受苦。

在关于休克和渐进疗法的争论中，渐进主义者（实践者而非理论家）可能假设有一条最好的道路完成渐进变革。但是，因为政策制定者将是变化的，所以他们将经常重新思考什么是最好的道路。因此，"最好的"可能是一个空洞的类别。正如华盛顿所强调的，决定一个规则并让经济按这一规则运行比试图设计一个完善的政府——或者，我们可以加上，在缺乏一个完善的理论的情况下，设计一个能在任何时候都完美地管理经济的政府——更为重要。有许多规则可能是件好事——如果它们被始终一贯地应用。在这些规则中，似乎合理的是，唯一能被一贯地应用的是减少政府控制的规则。然后政府就能集中于直接改善在转型中失利的人的生活的福利政策，而不是通过干预转型间接改善他们生活的政策。转型可能被停止，但或许只能通过阻拦俄罗斯人民。

如果表 6.1 的模型是大体上正确的，那么在适当时候的人口增长就能贡献于新秩序下积极预期的增长。**更一般地，经济繁荣时期对建立一部新宪法是特别有利的。**创造一种新秩序来面对直接的经济失败，引起了负面的预期并增强了这个秩序失败的可能 274 前景，比如在《邦联条例》时的美国、魏玛德国，以及可能还有今天的俄罗斯、罗马尼亚、塞尔维亚及其他几个国家。负面的经济预期与新政权的意外联合，可能影响到对政权本身的预期。许多革命性的政权和小集团之所以能执掌政权，是因为旧政权面临着毁灭性的危机。新政权经常可谅解地失于管理危机，因而招致了对它们能力的低预期。

反之可能也是正确的——有利的环境能有助于一个政权巩固。美国版本的有巨大的永久政府的现代福利国家的创造——它产生于 20 世纪 30 年代富兰克林·罗斯福当政时期——经常被称为第二次美国革命。这个政府被接受部分只不过是出于这样一个事实：它诞生于一场成功的、受欢迎的战争完成之时以及复苏的经济繁荣之时。这个政府的认识是，它在人民眼中变得有合法性是因为它致力于挽救经济。相反的观点是实质上的凯恩斯主义战时动员政策从萧条中挽救了经济。与这种观点不同，罗伯特·黑格斯争辩说，真正的影响是关于想象中崩溃的经济的预期的变化。[422]如果后两个观点都是大体上正确的，那么美国福利国家就是因为它与积极趋势的意外联合而有了合法性。俄罗斯和其他正在民主化的国家里的新政权将受益于相似的联合。它们中的一些国家将更可能遭受与经济衰退的联合。

结　　语

面对我们对未来总体上贫乏的经济理解，我们应当读一下霍尔姆斯的评论：宪法“不是为了体现一种特殊的经济理论”，它毋宁
275 是一剂药方而非一个理论的或描述性的主张。在有些环境中，被成功采纳的对宪法的短期要求违反了对宪法的长期要求：它应当是经济上进行赋能而非进行命令。在这些环境中，我们能合理地预期宪政秩序的最终失败。例如，在许多革命性的环境中，一部可接受的宪法将不得不要求相对平等主义的结果、特殊的神权政治的社会和经济秩序或其他独特的社会意念（比如反民主的或种族的等级制）。在一个艰难运转的、竞争性的经济世界中，这样的宪法不可能长期是一个成功政体的有效指南。然而，如果它确实能成功地控制政府结构和政策完成剧烈的经济转型，那么它只有付出就像共产主义政治秩序所遭受的那样巨大的社会和经济成本才能做到。

还有使一个稳定的宪政政权的前景不定的其他复杂因素。例如，在 20 世纪 90 年代早期，东欧人同时面临两种转变：向民主的转变和向市场的转变。向民主的转变是迈向参与式政治和公民政府的公共运动。向市场经济的转变是一个私人化的变动。这两种转变可能互相冲突。但对两种转变的相对的共识可能最终战胜它们之间明显的冲突，特别是如果市场转变在创造经济增长和个人利益方面足够迅速地取得了成功的话。

第七章　边缘上的民主

抛开其他所有考虑，来自于占有对政府诸权力之控制的有利条件，以及从而来自其荣誉和薪酬的有利条件，二者本身就足以把……一个社群分裂成两大敌对的派别。 276

约翰·C.卡尔霍恩，《论政府》

分隔的社会

把我们的决策划分为进入制宪时期和后制宪时期，在前一时期基于模糊的总体问题进行广泛协作而在后一时期经常对于更次要问题出现根本上更多的冲突，这符合那些成功的宪政政权的情况。但在一个以前稳定的社会的危机时刻，或者在一个其起初协作是人为的或者虚假的社会中，可能会出现宪法之下的敏感时期——它具有制宪时期的特点。在那时无法在关于秩序的广泛总体原则上进行协作，可能意味着宪政主义和民主制的失败。

因为民主在其可行性上面临严格的限制，所以它不是政治的万能药。它只能在许多重要问题的边缘有效运作。民主可以处理的少数重大问题是那些基于广泛一致意见的问题——比如在联合王国和美国对于参与第二次世界大战的一致意见。许多类型的政府差不多同样可以处理这种问题。实际上,联合王国政府通过在战争中减少民主响应性而应付第二次世界大战。对于冲突性问题,民主只能依靠在秩序之上大体协作的背景才能有效运作。如
277 果没有事先本质上的协作,民主就是受到束缚的或者无关痛痒的。如果讨论的是精确的理论主张,即使存在秩序之上的相关协作,民主也只在它得出一个结论的意义上有效——但不是在它得出那个正确结论的意义上。实际上,一个民主主义者经常想要不是民主地作出来的决策。

如罗伯特·达尔所说,“在一种意义上,我们日常形容成民主‘政治’的东西只不过是谷糠。它是表面现象,代表着肤浅的冲突。[这些]关于政策替代方案的争执,几乎从来都是关于一组已经被簸到基本赞同的广泛领域之内的替代方案”。[423]这基本上也是托克维尔的看法:“如果一个社会真正建立一个混合政府——也就是说,当它平等地对待相互对立的原则时——它必将或者经历一场革命,或者陷入无政府状态。”[424]我们可以通过以下注解来限定达尔的主张,“基本赞同的广泛领域”需要的仅仅是一个在其中政治上有力的群体取得赞同的领域。

民主本质上是互利类别的理论中的一种。如果和我们可以民主地妥协的边缘问题相比,政治分歧切割得极为深入,那么民主似乎可能不再产生互利。它将制造出主要的——而非边缘性的——受益者和失利者。重大歧见把我们击倒。比如,民主没有能力处理美国内部在奴隶制问题上的冲突以及法国内部在阿尔及利亚问题上的冲突,它在独立的布隆迪甚至没有能力起步,该国的首次民

主选举恰恰是作为一场族群人口数量的对比而被示众受辱。

民主作为群体人口数量对比

当民主结果仅仅反映一个简单的人口数量对比——族群的或者其他任何群体的成员数量对比——时，它们开始变得过于冲突性而无法妥协，并且过于分裂性而无法继续维持秩序。通过群体人口数量对比而选举出的政府并不必然是一场灾难。该政府可能是通情达理、相对公平的。也可能没有任何基于人口数量的群体 278
处于对政府的支配地位。例如，在前南斯拉夫，假使有一场变成群体或者族群人口数量对比的选举，它可能也不会是个问题，因为没有任何群体可能获得压倒性胜利——大约占总人口三分之一的塞尔维亚人是最大的群体。

然而，在通常情况下，群体人口数量对比式的选举是灾难性的。克罗地亚、塞尔维亚、科索沃以及马其顿的族群人口数量对比可能会制造出一个群体对其他群体的巨大人数优势——就像克罗地亚以及塞尔维亚分别在弗兰季·图季曼(Franjo Tudjman)以及斯洛博登·米洛舍维奇(Slobodan Milosevic)要命的领导下所作的那样。1993 年布隆迪选举以接近二比一的差额，民主地把第一位胡图族总统选上台，这被图西族人斥责为一场事实上的族群人口数量对比。那场胡图族的胜利引发了一场图西族重新获得独裁权力的血腥内战(那场内战也许在随后卢旺达内战远为惨烈的暴力中扮演了一个发信号的角色，卢旺达内战在那里使作为少数族群的图西族上台)。斯里兰卡的近期选举都是族群人口数量对比，它们加深了冲突。印度存在不知不觉中陷入以族群人口数量对比代替其不稳固民主制的危险迹象。加拿大和比利时可能最终因族群人口数量对比而分裂。兰蒂·奎涅尔(Lani Guinier)以及其他人曾提议一个人为的地域性族群人口数量对比,以在美国选出更多黑人。实际创建出的实质上的黑人选区在1994年国会选举中具有相反的效果,它在南方各州使共和党获益。[425]

对于群体人口数量对比式的选举,至少存在两个显著的概念问题。首先,这样一个体制可能因**相关群体可变的结构**而搁浅。例如,在南斯拉夫以及其他国家的族群人口数量对比遗漏了作为异族婚姻产物的很大部分人口。如果存在经济变动,代表份额在经济上的固定就完全是误入歧途的。卢德分子及其相关群体可能经常在设置这样一些限制上取胜,它们将挫败总体上有益的经济
279 变动。如果某个群体的相对规模发生变化的话,在一个代议机构里给该特定群体分配固定数量或比例的席位——也许起初是基于民主代表性主张的某个东西——就可能导致严重没有代表性的结果。由于人口从农业中大规模地转移出来,在美国曾经讲得通的国会选区转变成了相对于城市利益来说,极度偏重农业和农村利益。在得克萨斯,最大的城市选区拥有相当于最小的农村选区50倍的人口数量。

有差别的人口趋势在比利时已经改变了平衡,并且使先前在新西兰国会给毛利人(Maoris)的固定席位配额日趋不公。从1994年的数次选举开始,新西兰的解决办法是制定两张重叠的全国选举地图,一张只供毛利人及其后代,另一张提供给一般选民。毛利人在每次选举前决定他们将在那个选区投票,由此决定毛利

选区的数量。奇怪的是，如果政府必须定期或者最终重新考虑分配给一个衰退中的群体之席位的比重时，该重新考虑可能导致和那个群体的直接冲突。在其新的宪政安排下，毛利和一般选区的分解每五年就由毛利人自己自动调整，因此重新调整比重不是冲突性的。[426]

其次，群体人口数量对比只有在这样的范围内才有意义，即，在政府决策中得失攸关的事项，是那些对它们的立场与群体成员资格十分强烈地系统性关联的事项。通常，只有对某些种类的事情才是如此。特别是，当政府处在可以对各个群体分配资源的位置，并且可能在那些群体支持的基础上这样做的时候，群体成员资格与政策立场相关联。但是对于这样的事项而言，政府并不对所有人提供互利，除非它在分配中无视群体成员资格，或者在分配中依据总人口或者劳动力队伍的比例审慎地中立。因而，群体人口数量对比也许对于决定分配比例是必要的，但对于选举一个政府则并非如此。

有人也许主张，群体成员资格和政策立场可能在某些其他政策上强烈相关，比如那些关于宗教信仰的政策。例如，在美国，天主教徒和反对堕胎合法化之间存在相对强烈的关联。在此，认为政府提供互利是不合情理的，除非和民主决策带来的一般秩序的 280
价值相比，造成分歧的事项被认为重要性较低。虽然在宗教似乎是最重要的事项并且极具分裂性的时代，霍布斯、洛克以及许多其他人一直在困难中挣扎，但如今认为造成分歧的宗教事项的重要性较低的看法，大体上是有希望的。今天，宗教想象已在可以预期的将来摧毁了伊朗实现民主制的希望，在阿尔及利亚以及埃及也同样如此。甚至在最稳定的民主国家中,也可能存在一个狂热的宗教少数群体,会不顾摧毁民主的危险去传播他们的看法。然而,假如对堕胎、同性恋、科学以及其他事项的宗教反对根深蒂固到足以在北大西洋社会中摧毁民主政府的地步,那将是令人震惊的。

利益和民主

在亚里士多德、涂尔干以及其他许多人之后,塔尔考特·帕森斯坚持认为,正是价值观的一致性使得一个社会凝聚在一起。[427]他假定没有任何其他东西有可能带来这个结果,并且认为以下情况是一个社会学意义上的事实,即,共享的规范是对社会秩序进行解释的必要部分。但是,考虑一下纯粹利益能够导致凝聚的可能性。保障我的大量利益的途径同时也是保障你的大量利益的途径。我们可能对特定法律略微相互吹毛求疵一番,但是我们总体上赞同那一整套法律。与此相似,在许多重大政策问题上,我们在某种程度上,而且经常是在很大程度上共享利益。当然,我也许情愿拥有以下特别设计的法律,即,仅仅把我从一些负担和妨碍中赦免出来——但是只有君主和元老院议员们可以例外地得到这种优待。对我次好的选择是,适用于我以及每个其他人的一套适度广泛的法律。在此基础上,我和几乎每个其他人都在协作中有利可图。

政府的第一个问题是建立秩序,以使得我们作为个人,可以在我们日常和别人相处以及为我们自身利益而工作时是安全的。如果这个利益足够大并且足够普遍,它的保护就是民主的边缘工作所必需的背景——就像它对于任何建设性的政府形式所是的那

样。如第一章所勾勒的那样，霍布斯的理论本质上是一个关于政 281
府的互利理论。[428]在英格兰当时的条件下，他认定要去创建另外一个或者另外一类政府的任何革命努力都会使我们几乎每个人都成为失利者。因此，他的结论是，最好是去效忠现政府，而几乎完全不管该政府碰巧是个什么样子。这个结论显然要求有较多的经验主张来支持。尽管对于阿富汗中世纪式的塔利班统治或者缅甸武装野蛮统治来说，这些经验主张可能似不合理，但至少对当前大多数形式的政府来说，它们看起来表面上是可能的。

如果民主制依赖于就秩序进行一般的背景性协作，那什么可以从我们所有人中间引发协作？当存在一个如果秩序崩溃就会得失攸关的巨大资本存量时，特别是就像在当代工业国家中那样，如果该资本存量在整个社会中相当广泛地散布的话，民主就运转得特别好。在这样一个例子中，如果重建该资本存量将花费浩繁的时间与精力，那么所有那些充分分享它的人都对维持秩序有利害关系。[429]在南斯拉夫，甚至在赤贫的卢旺达与布隆迪的战争中，人们在废墟中哭泣，或者他们重觅被毁弃的家园与被遗失的财物的揪心场面，例证了这些人在秩序中的利益是何等巨大。[430]

在劳动阶级的政治中，有这样一个陈旧论调，认为阶级政治将由于**资产阶级化**——工人们随着在家庭和其他东西上获得收益而财富增加——而变质。约翰·顾波等人论证说，英格兰劳动阶级对政治的态度并没有表现出**资产阶级化**的迹象。[431]但是也有可能存在某个**资产阶级化**的惊人且重要的后果，而他们的调查没有抓住。工人们本来应该在一个世纪前甚至在20世纪30年代就集结起来进行暴烈的革命行动。今天，在没有急剧的经济倒退的情况

下，令人无法相信他们能被动员起来进行革命。今天在成功工业
282 国家中的工人们，无法发动革命而不给他们自己以及最可能的他们的孩子带来巨大个人损失。除非事先发生了经济失败，摧毁了革命可能摧毁的那些东西，否则，革命性的阶级行动在这些国家里可能成为一件过时的事情。[432]

革命通常是由那些相对没有多少东西可失去的人进行的，对这些人来说，从头开始在根本上并不比从原来继续差多少。当然，青年是属于那些从头开始经常不是个大负担的人，他们对任何东西都还没有开始多少。对他们许多人来说，战火纷飞也许是轻松有趣的，并且可能是拖延作出人生决定的一种形式。在那些更为年长的人中间，有钱人可能鼓动政变，但他们并不经常进行革命。对这个主张，存在一个有些令人奇怪的例外，即，反对外来统治者的殖民地革命通常是由富人进行的。比如，乔治·华盛顿、托马斯·杰斐逊等等都是殖民地的精英，那些殖民地后来成为合众国。也许部分地由于这个原因，许多研究革命的学者不把这样的殖民地退出算作他们感兴趣的重大革命，比如合众国、肯尼亚以及当时北罗得西亚(津巴布韦)的退出。

也许，霍布斯关于甚至煽动造反者也动辄从中蒙受损失的洞见，要求有深刻理解力才能领会。但似乎更有可能的是，许多普通百姓也共有这一洞见，并担心在可能从革命获得任何好处之前，会有巨大损失。他们甚至可能预期到在长期内他们的损失会超过所得。尽管如此，普通百姓似乎乐意参加革命冲突和内战冲突，就像在当代南斯拉夫以及在卢旺达和布隆迪那样。对于大多数个人来说，解释可能仅仅是，一旦混乱开始，不管是否愿意，他们都被卷入

其中。此时，排斥规范(norms of exclusion)开始被用来制裁任何不去附和其群体的人。[433]

什么使南斯拉夫人、布隆迪人以及卢旺达人走向自我摧残的内战？他们中的一些人也许不认为他们是从秩序中共享物质收益以及其他收益，因此他们没有多少可以失去——但对许多人来说，283
这不可能是事实。他们当中一些人也许没有料想到在攻击其他群体时，他们自己的物质财产以及社会地位担负着风险。比如，对于波斯尼亚塞族人可能特别如此，他们主要是农村人，而他们对克罗地亚人和穆斯林的战争在城镇和城市进行，那些地方是其他更富有的人居住的。并且其中一些人由于在暴力攻击中的领导地位而就地获利。最后，并且也许最重要地，在秩序已经崩溃或者看起来非常不可靠的情况下，尽管暴力将意味着损失，但对于任何抢先攻击的群体，这些损失可能被降低。[434]在这一点成立的范围内，没有一个处于这种位置的群体可以被信任，除非它以某种方式令人信服地预先信誓于民主方式，或者存在阻碍寻求抢先攻击的制度障碍。但对于群体来说，有意义的预先信誓极度困难，甚至比国家还难作出这样的信誓。

来考虑图西族支配的卢旺达叛军，他们大约从 1990 年开始进行内战，反对胡图族支配的政府。三十年之前，敌视胡图族独裁政府的大多数图西族人和许多胡图族人被驱逐出卢旺达，并住在紧邻卢旺达的难民营里。他们的孩子是后来进入卢旺达的叛军的中坚力量，他们推翻了政府并结束了胡图族人对图西族人的屠杀。无论发生了什么，如果可能的话，他们也许会想要从头再来，因为他们在难民营中的生活是凄凉的。实际上，即使那样做的代价是在卢旺达去发动和赢得一场血腥内战，或许他们也想要重新开始。1959 年至 1961 年中获胜的胡图族人对他们自己的利益赢得了太多，他们、尤其是他们的孩子们日后不得不为此付出代价。

宪政的预先信誓

民主通常只有在拥有民主政府服务于各种利益之间互利关系的地方才运行良好。可能会有许多情景，在其中某个群体——通常是和大利益群体相冲突的一个小的少数利益群体——可能被假定为在阻碍或瓦解民主政府中有利可图。如果是这样，那么民主
284 就不是互利的——它很好地服务于一个多数群体而可能对一个少数群体不是这样。甚至在这种案例中，至少在原则上，也可能存在妥协的可能性，因为无法达成妥协会导致本来可以避免的损失。不幸的是，那些原则上的可能性可能不是实际上的可能性，因为无论较大群体还是较小群体都可能无法令人信服地预先信誓于遵循该妥协。如果该妥协的条款留有余地的话，则将会尤其如此。但就像经常所成为的那样，该妥协有必要略微留下余地，因为未来的冲突不可能被完全预见到。

为保证在一个可接受的妥协之下对各种安排的预先信誓，一个标准的做法是在一部宪法中把这些安排固定下来。不幸的是，这些情景下的预先信誓仅仅在以下限度内才能实现，即，它将在每个后来的阶段因为适当理由——它仍然符合相关各方的利益——而更新。如果利益或者参与方改变，起初的预先信誓就面临风险，也许是严重风险。如果它破裂了，那么民主就可能使现存群体中

的某一个能够获得和该宪法条款相悖的支配地位。因此，一项宪政协议可能带来如下荒谬的结果：**通过给政府授权，它最终授权给一个新生的多数来支配其他群体**。

甚至以折中协议形式出现的防止变化的宪政性绝对障碍也可能无法生效。诸如比利时这样的多语言、多文化、多族群以及多宗教的国家，可能试图固定政府中代表权的细则，以防止把一场选举变成族群人口数量对比。在更长时期，这种宪政障碍可能只是削弱宪政的可信性，尤其是如果人口变动对一个群体比对另一个群体更有利的话。

举一个艰难费力的宪政工程的案例，即关于铁托的南斯拉夫。在铁托领导下，南斯拉夫被划分成一些准族群区域，这些区域具有保护其假想利益的宪法地位——尽管声称这些群体在资源和权力份额分配的起码冲突之外还有实质性利益冲突，可能是错误的。与此同时，在实践中，铁托是个国族主义者——他实际上是个有克罗地亚、门德内格罗以及塞尔维亚血统的混血儿，他对以上任何一个区域都没有原初的归属感。这两个立场非常糟糕地交织在一起。一个真正的国族主义者应当更有可能把区域划分得不那么有倾向性，避免不同的族群“国家”和地理上特定地域之间表面上的 285
混乱。南斯拉夫总体上不应该把族群对应到各个地域上。例如，在它最大的城市和许多较小的城镇，有许多族群背景的人们杂居着。然而荒谬的是，几乎就像是件自然的事情，铁托的体制在每个地理区域中都制造出了那些有着他们自己族群和地域认同的领导人。随着南斯拉夫接近灭亡，这些地区领导人中某一些人的个人事业有赖于他们成功动员族群支持来反对铁托主义体制。只有在波斯尼亚(在那儿克罗地亚人、穆斯林以及塞尔维亚人也是接近于平均地分布),铁托的体制似乎才受到天然支持——当然,只是在铁托的体制由于斯洛文尼亚和克罗地亚退出而在全国崩溃之前。[435]

实质上,在南斯拉夫解体中发生的一切,都和对一个强联邦体制的预先宪政信誓相抵触。米洛舍维奇为了在全国加盟共和国和自治区委员会上多得两票而改变了科索沃和伏伊伏丁那(Vojvodina)的地位。由于塞尔维亚和门德内格罗已经支持他,两个不再是自治区的地方的加入使他得到了总票数的一半。接着,斯洛文尼亚和克罗地亚的退出使他获得了牢固的控制。这两个地区的退出事实上使残存的南斯拉夫成为一个塞尔维亚帝国,把波斯尼亚、科索沃以及马其顿人口中的多数人置于了危险境地。

如果对相同安排的持续信誓遵循着预先信誓的话,预先信誓就是极佳的。如果信誓动摇,那么预先信誓就举步维艰。本质上,除非以制度的或者其他防止背弃的障碍来赋予它们力量,预先信誓除了作为当前信誓是什么的一个信号之外,毫无价值。

美国的极端

在宪法之下美国的民主经历很有历史魅力,原因在于它代表了宪政民主的协作理论解释的两个极端。在其头半个世纪毕竟是
286 崭新和不确定的试验中,美国宪法非常有效地运作来协调国民。并且它在1876年到20世纪30年代之间的几十年间也运行良好。在这两个时期之间,它几乎和1993年布隆迪的短暂民主试验失败

得一样惨烈。

民主在美国有几次陷入极大危险。其中两次凸现出来：针对奴隶制进行角逐的时期以及在大萧条中针对经济政策的角逐。在这两次中的每一次，都有一个非常重要的事项似乎要求从一个方向或者相反方向作出一项决策，几乎没有互利妥协的余地；并且在两方都有人口中的巨大部分列队支持。在这两个时期，人口中数量举足轻重的部分似乎认为那个造成分歧的事项是当时最重要的事情，重要到值得毁掉政府以得到正确的结果。

围绕奴隶制的角逐事实上分裂了国家。如果战争以及最终的经济繁荣没有化险为夷的话，大萧条本来也可能已经分裂了国家。也存在过其他重要危机，包括向政党统治转轨的时期以及此后在1800年选举后的政党变动、1820年密苏里妥协（关于新州中的奴隶制）以及最近期关于越南战争的角逐时期。在这些案例中，妥协相对容易作出，因为相关角逐双方的领导人们倾向于不要损害宪政安排而进行转轨。例如，如第三章所讨论的，汉密尔顿本人就在1801年帮助策划把权力转交给杰斐逊。针对越南战争的角逐在下一点上和大萧条类似，即，它由于改变了关于"什么是可能的"之看法而最终得以解决——在这个事例中，认识到赢得战争本身的几乎不可能性以及继续力图获胜的压倒性代价。

在从制宪时代开始就对奴隶制作出的明显妥协中，可以看出民主面临的特殊困难的形式。在制宪会议上，北方的奴隶制反对者们任其存在，因为他们想要南方州加入新国家。作为南方人的妥协，他们接受不晚于1808年结束奴隶贸易（自然增长已经接近于取代对新奴隶的进口）。事实上，这个事项仅仅对南卡罗来纳州

和佐治亚州来说是个顾虑，它们是仅存的两个没有独立终止奴隶
287 贸易的州。但这两个州的代表在制宪会议上坚持，如果宪法终止奴隶贸易的话，他们的州将不会批准该宪法（结果，佐治亚批准宪法的会议全票通过了该宪法）。北方人指出，在新宪法中包含一项任何时间长度的对该贸易的正式保护，都超出了《邦联条例》所保证的东西。这是个普通的浮夸观点，因为《条例》允许单个州否决任何行动，这意味着除非所有州都愿意，否则那个大陆会议无法立法反对奴隶贸易。因此，安排一个结束该贸易的确定日期是个真正的讨价还价，它是基于这样的事实——所有十一个完全参与费城辩论的州希望十三州都首先成为新国家的成员，并且愿意在这个事项上讨价还价——才可能作出的。

也是在那次会议上，南方人想要在测定他们州的人口数时把奴隶完全计算在内，测定州人口数量的目的是为了决定在众议院中他们的代表数目。但是北方人想要完全不计算奴隶，因为他们是财产，而不是公民。两个群体决定把一个奴隶算作五分之三个人来作为代表权和人头税的依据。这是一件可以妥协的事情，因为与在南方延续的奴隶制的细节相比较，那些撰写该宪法的白种男人们在从强有力的经济联盟获得的经济繁荣中有更多的利益。然而，与总体击败社群主义利益相一致，该会议没有让步去对宪法批准的形式进行讨价还价，批准形式是在各个州通过特殊的代表会议或者公投，而不是像诸如罗格·谢尔曼（Roger Sherman）和路德·马丁（Luther Martin）等反联邦党人想要的那样由州立法机关批准。

1820 年立法性的密苏里妥协，从自由的缅因州和蓄奴的密苏

里州开始，通过对新加入的州在自由州和蓄奴州之间进行平衡，阻止了全国性终止奴隶制的行动，从而保护了蓄奴州未来的利益。按照威廉·莱克（William Riker）的说法，约翰·克里夫·波克（John Knox Polk，1845年至1849年就任总统）相信，19世纪40年代和50年代重新出现关于奴隶制的政治争斗几乎完全是机会主义的。[436]他假定双方潜在的领导人们为了在其政治职业中获得 288
优势，采取了超出他们自己信念的立场。但同时，大量选民在这个问题上投票立场坚定，并且某些领导人是真正的废奴主义者或者是执著信誓于维持奴隶制的。如此让波克忧虑的民主党（改名后的杰斐逊的共和党）即便不是肯定也是可能的毁灭，如果不是由该党的全国基础决定的，也至少是由其极大地推动的。而这个基础只有在该党可以继续在一个共同方案上协调南方和北方选民时，才给予它把持总统职位和国会的希望。

在宪法争论时没有预见到的是，对于广阔的南方来说，奴隶制将在经济上变得重要得多，而且这个国家向西部领土的扩张将把平衡倒向不利于蓄奴州。棉花产量从1791年至1795年大约每年500万磅增加到1856年至1860年每年17.49亿磅。[437]这个350倍的增幅急剧改变了奴隶制的价值。如前所述，新移民的洪流几乎完全涌向北方州和西部州。起初的经济人口统计（出于支持和反对奴隶制）因此同时被相关群体信誓的变化以及他们成员数量的巨大变化所削减。面对关于逃亡奴隶的困难案子，最高法院代表南方州的利益，坚持甚至超越该妥协。但是，全部男性白人都有选举权的1860年全国选民无视该妥协，把反奴隶制的亚伯拉罕·林肯选为总统，并且在国会中给予他足够的支持去动摇该妥协。起初妥协中以各种制度结构形式出现的用来阻止和妨碍变动的预先信誓，因此不足以满足南方领导人。该妥协被粉碎了，南方退出并在内战中被镇压，奴隶们在北方霸权下成为公民。

在大萧条时期的经济政策危机中，民主可能在赋能于罗斯福
289 总统和国会以在超出认可的范围去改变宪政安排上扮演了一个有力的角色。和孟德斯鸠、麦迪逊以及那部宪法的基本原则相反，他们戏剧性地扩展了那个准立法、准行政、准司法的规制性国家。不管他们的制度重新设计是否构思良好，它可能在当时抑制了来自左翼的政治并且因此帮助这个国家有能力走出严酷的大萧条并继续前进。但是最终的结果——来自立法、行政以及司法部门的监督极其有限的庞大管理性政府(administrative government)——事实上取代了政府原先宪政规划的相当部分，在该规划中起先并没有准自治的第四部门。[38]整个这一改组之所以可能，仅是因为总统和国会大体同意把责任转移给那些新机构，并且最高法院可能迅速被迫放任这些变革，仿佛它们是免受宪法审查的一样。

以上两个事件造成了宪法之外的巨大变动。内战冲突被在宪法之外处理，之后又被获胜的北方州在宪法之外弥合。1930 年经济失败带来的问题的处理更接近于是和谐的，但仍然是在宪法之外的。经常有人说联合王国在拥有一部不成文宪法这一点上几乎是独一无二的。事实上，美国现在在建立极其重要的政府第四部门上，拥有一项对其宪法的不成文变更。为什么这个新体制有效？就像十三州对初始宪法的采用那样，这个新体制是一个建立在广泛一致基础上的协作性解决方案。但是，20 世纪 30 年代的协作不是基于宪法本身，而是基于对付大萧条的经济萎靡。当时许多

批评者认为该萎靡本身就是政府以及宪法失败的产物，它的解决要求事实上的宪法修正。

我们可以大体上刻画美国自由主义、宪政主义与民主的整个经历。从1789年直至大约1850年，存在一个政治和经济自由主义、宪政主义和民主的政权体系。从大约1850年至1876年，出现了一次重大的协作崩溃以及宪政主义和民主的失败。这个时期始 290
于一段政治微恙的转轨阶段（仿佛是去印证穆勒和托克维尔对美国领导人的轻蔑评论，几乎可以说出所有总统名字的美国学童典型地无法说出1849年至1861年的那些总统——他们在这个巨大失败的时期无关紧要）。这个时期当然是被超越宪法之外的内战所折磨，并且它终结于1876年关于谁将"当选"为总统的超越宪法之外的讨价还价。从1861年到1877年，宪法被歪曲了。1877年堕落的解决方式把地方权力归还给南方州，并且把共和党（不是杰斐逊的党）的拉瑟夫·B. 赫斯（Rutherford B. Hayes）选为总统，因而做出了麦迪逊曾经何等努力去阻止的事情。它赋予南方州毫无顾忌的专横政府以极大权力，并且建立了对黑人的种族歧视统治。尽管如此，内战后前12年北方对南方的支配足以让正式奴隶制的终结不可逆转。

1877年到1937年这个时期，出现了宪政主义和民主的重建，在南方进一步削弱了黑人的能力。1937年之后的时期，在大规模经济事务上宪政主义的相当部分被终止，行政国家兴盛，同时黑人获得更大民主权利。两个世纪从头到尾，民主在最好的情况下也有所限制——这种限制在任何现实社会中实际上都是必须的，并且它还经常本质上无关痛痒。

表 7.1　自由主义、宪政主义和民主在美国

1789—c. 1850	政治及经济自由主义、宪政主义、民主
c. 1850—1877	在宪政主义及民主之上的协作崩溃
1877—1937	政治及经济自由主义、宪政主义、部分民主
1937—	政治及经济自由主义、部分宪政主义、民主

民主与经济发展

291 大多数现代民主国家相对缓慢地步入民主制。选举权在英格兰和法国的扩展非常缓慢，在法国还有过缩减。在美国，它刚开始扩展迅速然后就相当缓慢，黑人男性只是在内战之后才被包括进来，而所有女性直至 1920 年才获得选举权（在宪法第 19 条修正案之前，妇女在一些州就有选举权。怀俄明州的金蒂·兰廷（Jeanette Rankin）于 1916 年被选入国会。新泽西州在新国家诞生的前 10 年左右曾经存在过妇女选举权）。在许多殖民地国家，民主在独立时一夜之间被完全引入，就像东欧大部分地方在 1989 年或者之后很快发生的那样。

在更早时期，互利主张很可能对整个成年人口并不可行，但是对那些有资格投票的更少一部分人是有效的，比如在英格兰。显然，直至大约内战时期为止，在美国对于政治上世故的奴隶们来说，互利主张似乎是痴人说梦。恰恰是因为多数人转而猛烈攻击奴隶制，使得南方州在奴隶制问题上输给民主决策之前，抢先从联邦中退出。

或者考虑一下革命后的法国。拿破仑制造出了一个庞大的小私有农民阶级,他们本质上是自给自足的农场主。假如当时引入所有成年人都有选举权的全方位民主制,农民的农业利益将在数量上比所有其他利益加起来还要有绝对优势。难以想象围绕着自给自足农业利益而组织起来的政府可以把法国引向繁荣——也许在某个时候能够,但在随后的一个或两个世纪里肯定不会。毋宁说,进步有赖于把人们从这种自给自足的农场上移走,就像马克思认识到的那样,这是农民阶级可悲境况的核心原因。当他们的确投票时,如在 1848 年那样,他们愚蠢地违背自己的利益(马克思假定他们的利益在于社会主义)而选择了资本主义,因为他们保守地捍卫他们的生活方式,并且以为他们的问题由于某种原因是由糟糕的国家政策造成的,而不是由于以他们的方式组织生产并因此
而繁荣在经济上是不可能的。[439]按马克思的说法,如果他们没有被 292
授予投票权的话,他们本来可以活的好得多。

当今在农业国家里,土地改革仅仅在终止土地改革的政治这一点上才可能是实质上必要的。它可能事实上损害了几乎每个人,但是数量非常庞大的人期望从中获益,并且愿意参与实质性的政治活动来实现它。有人可能认为这是个不可能的结果,因为它不理性。但它只是部分不理性的。在边际上,如果我得到我的一份土地,我可能境况改善。但如果我获得它的途径是通过一个授予大多数农场主家庭各自土地份额的体制,那么我的处境可能不会改善。思考边际变化的倾向也许是个错误,但出于许多人在更总体的经济或者策略推理中缺乏特殊能力这样可以理解的原因,它是许多人在许多情况下所作的。

与农场工人不同,除非得到超出大多数政府能力之外的补偿,

当前人数甚少的种植园主或者大庄园主预料到土地改革会带来损失。自然地，他们也愿意加入到政治中，如果必要的话也会使用暴力手段。如果土地改革获胜的话，此后日常经济潮流可能把这些假想的获益者以及他们的儿女从那些土地上赶走。随着人们离开土地，通常并没有生产力损失，但经常可能有令人痛心的初始福利损失。比起假如他们仍然在农地上的情况，下一代可能趋向于境况改善很大，但当前世代可能终其一生都是失利者。

土地改革中涉及的所有权模式改革以及使小农贫困并把他们赶离土地的经济变革，都可以被称为结构变迁。但是，前者来自可识别的政治行动，而后者似乎以一种分散的、不受控制的方式发生。当然，存在一些集中控制，尽管在许多工业国家中，这种控制是通过各种补贴和保护措施而实行的，它们被错误地设计来帮助农场主留在土地上并把他们的孩子留在那里，就像发生在法国、日本和美国的那样。农耕作为一项职业的衰落，可能曾经引起强烈反应——通过极为有力的控制，把农场主或者农民留在土地上。但是，在两个世纪的根本变动——从对大批人口而言本质上是自给产业的农业经济中彻底迁出，进入一个多样性的、并且只有很小
293 但高效农业部门的经济——之后，那个立场丧失了可信性。

在走向更大民主的传统案例中，渐进民主化在长期可能极为有效。在这些案例中，假如当初试图实现带有普选权的速成民主的话，可能会很不成功，即使仅就产生一个有效的具有完全选举权的民主制而言也是如此。为什么 1989 年之后速成的自由民主制突然在东欧许多地方有效运行了？当然，在共产主义之下曾经存在过民主，但是没有竞争性民主或者真正开放的选择。毋宁说，存

在过选举，即使当时没有可选择的余地，也有去投票的强烈激励因素。因此，东欧各民族有过投票的经历和习惯，但是没有过民主的经历。

那么为什么他们能够使它有效运行？也许是因为那是一个独特的时期，当时对于**如何组织经济存在相对广泛的一致同意**，当时也已经在更基本的方面成功建立了总体秩序，并且后者不在争执之列。原先的经济秩序受到了广泛质疑甚至唾弃。一致同意的一个主要原因，在于比较经济和政治的广泛证据。比如，捷克和东德地区曾经在财富上堪与西德和法国匹敌并超过意大利，但那时却远远落后了，特别是在个人成功的层面上更是如此。并且他们的民族在各种自由方面受到了远为巨大的限制。许多东欧人认识一些去了西方并在个人生活上、职业上、经济收入上获得成功的人，甚至就有亲戚在其中。许多东欧人并不想为了成功发展而向外移民。相反，他们想把西方搬回家里。

尽管在所有这些国家都曾经并且仍然存在中央经济指导的拥护者，但那些被选举出来的政府几乎都选择了遵循某一通往市场组织的道路。波兰、捷克共和国、匈牙利、斯洛伐克、保加利亚以及斯洛文尼亚和克罗地亚这两个叛离南斯拉夫的国家，都已经痛快地走上了这条道路。而东德迅即用投票把自己送到了西德的市场中。在波兰和匈牙利，被选出来取代之前当选的非共产党人的前共产党人们，显然是倚仗了他们对自由化贯彻得太快太冷酷的抗议，尽管如此，他们仍然继续了那些基本政策。[40]尽管白俄罗斯的
经历与之相悖，但当时的确是一个这样的时代，即，一致同意也许 294
广泛到可以预期任何种类的政府都会去作出类似政策的程度。

当然，要断言民主的条件在这些案例中是否充分尚为时过早，存在有力的理由去怀疑俄罗斯以及一些前苏联加盟共和国做好了实行民主的准备。在对经济改革必要性的当前一致同意之下，可能存在程度如此深广，以至于无法通过日常民主妥协来弥合的其他冲突。在一些这样的国家中，实际上存在诸多族群冲突，它们在关于资源以及工作机会分配的经济决策上造成了非常深刻的裂痕。在另一些国家，伴随着来自相当部分的对中央经济控制的持续强烈支持，对于基本经济政策可能仍然存在过于强烈的意见相左。从中央指令转向市场经济产生了一些明确的失利者。与此同时，随着农业不断被工业所取代，随着基础性重工业被新的电子、通讯和其他高科技产业以及在旧体制下缺失而在当前涌现出来以满足现成需求的服务业所取代，肯定会有产生自经济需求变化的失利者。这两种类型的失利群体都构成对市场改革的潜在反抗（见第六章“宪政民主中的经济转型”一节的讨论）。

社 群 物 品

第一章曾提及塔尔考特·帕森斯的集体物品，其群体层次的一个版本支持着一些反联邦党人对费城宪法的反对。戈登·伍德(Gordon Wood)论证说，反联邦党人是抗争联邦党贵族的民主主义人士。[44]这至少在三个重要的方面似乎是根本错误的。首先，麦迪逊这个最伟大的联邦党人，是这样一个理论家，他研究一种可能
295 被挑剔的批评家称为民主式贵族制的民主制，就像可以从萨缪尔·贝尔(Samuel Beer)和杰克·里克夫(Jack Rakove)的系统论

述中读出的那样。[44]麦迪逊反对的是会导致勉强胜出的以及气量狭隘的多数的小范围民主，这样的多数会在直接损害地方上少数的情况下推行自己的利益。在许多文章尤其是最著名地在《联邦党人文集》第10篇中，他设想，全国层次上的民主由于其规模广大的优点，将产生更接近于响应更大利益并且更少受地方偏见驱使的代表，那些地方偏见将在全国层次上的商讨中互相抵消。

其次，反联邦党人主要敌视联邦党人的全国图景。他们反对的唯一贵族群体是城市里的有钱男子。他们中间的许多人，尤其是没有现身费城的那些人仅仅在非常有限的意义上是民主主义者。如第三章所提到的那样，只有那些可以自己掏得起路费并且从日常事务中脱身的人，才有能力在那里度过一个漫长的炎夏。最终现身费城的反联邦党人们自己就是相对贵族式的。他们和那些没有出席的反联邦党人最大的共同点就是对他们所在地方的首要忠诚。他们想要的是地方政府尽可能多的控制权。他们想要的是成为他们自己小天地中的寡头而不是在更广大世界中更接近于平等的公民。为了选举参加州宪法批准会议的代表，控制着纽约州立法机关的纽约反联邦党人把选举权扩展到了包括所有成年男性，其目的大概在于吞没该州南部的联邦党人选票。这种民主并不是他们选举州政府时正常政治生活的一部分，州政府被相对富有的男性所把持。他们之所以对宪法批准会议如此民主，大概是因为他们期望追加的选民会增强对那部宪法的反对。

第三，也许最明显的是，许多反联邦党人主要反对的是州主权的丧失，在《邦联条例》下，州主权由各州而不是个人来代表。尽管假定可以通过州的代表权来实现民主不无可能，然而它是一个令

296 人疑惑并似是而非的假设。民主思维的明显核心是每个人在某种程度上被平等计数。和个人组成的全国性政府相反，在一个由州组成的全国性政府里，一个州的50个公民可能只不过相当于另一个州的一个公民。正是麦迪逊以及其他联邦党人最为反对《邦联条例》政府之下州之间的匹配不当——麦迪逊想要的是通过人口而不是通过州来实现的代表权。被公认为民主主义的反联邦党人总体上倾向于《邦联条例》之下的政府而不是那部新宪法意味着的政府。

如果反联邦党人所信誓的不是民主本身，那么驱动他们的价值是什么？在他们的著述中，许多反联邦党人是意识形态上的社群主义者，他们最强烈的支持者包括哈德逊河滨、西宾夕法尼亚、普罗维登斯之外的罗德岛以及许多其他地方社区的社群主义者。就这些人信仰民主来说，他们这样做是因为他们相信会存在一个关于政府应当做什么的和谐的地方性看法。因此，民主产生的不是对冲突的仲裁，而是对实质上一致持有的观点的一个简单表达。

这样的民主主义者不是伍德所颂扬的未来潮流，即那些"为平等主义民主以及私人追求幸福的新兴世界辩护"的人。[443]后者是麦迪逊而不是反联邦党人的传人。反联邦党人不是未来导向的民主主义者。他们甚至比那些联邦党准贵族更加面向过去。实际上，他们面向的是一个已经毁灭的过去。他们是社会性的卢德分子。

查尔斯·贝尔德假定大多数费城制宪会议参加者几乎不具备关于政府或者政治的理论。[444]那么，在宪法批准论战过程中那么多理论被阐述真是令人吃惊。反联邦党理论家们，比如布鲁图斯、加图以及联邦农夫(Federal Farmer)，提出了社群主义观点，这些观点无疑主要来自孟德斯鸠。这是加图所言:“在一个共和国中,人民的风貌、情操以及利益应当是相似的。如果不是这样的话,将会存在针对对方的持久抗争。这将迟延政府的运作,并且阻碍出现那些将推动公共福祉的结果。”[445]这可能听起来意味深长,但它只 297
是意味深长地可笑。布鲁图斯对1787年宪法提出的反驳是反联邦党人的基本反驳:一个巨大的国族(当时大约300万人)不可能被一个小的立法机构真正代表。该社会肯定过于多样化,以至于一小批人无法足够好地了解它,甚至连考虑要代表那些大众的程度也到不了。

当然,布鲁图斯所识别的问题是真实的。但是,在任何适度商业化的社会里,那个即使一个小社会也可能有相似情操和利益的想法,是对那种可能性的理想化。在1787年,除了自给自足农耕(这涉及人口中的很大部分)之外,美国几乎所有地方都商业化了。商业通过分工以及专业化而得以运行。如果没有专业化,商业就没有依据。因此,小社区的直接民主产生的与所有人利益相符合的结果,几乎不会比在更广泛人口之上的代议制政府所产生的还多。多样化是那个威胁的本质。哈德逊河滨的反联邦党人反对那部宪法的部分原因在于,它会侵犯他们得自州级贸易规制的优势,这些优势与各个相邻的州尤其是新泽西州的利益相悖。在他们自己的经济生活中,他们依赖于分工。

一项主观评估显示,支持社群主义的论点只是出自那些本人并不置身于社群的人,以及那些也许可以被怀疑为一旦身陷社群就会悔痛不已的人。对于最主要的反联邦党人来说显然如此。比如,布鲁图斯被普遍认为是阿尔巴尼(Albany)的罗伯特·耶茨——一个富有的律师。加图是乔治·克林顿,一位律师,并几乎是终身政客——担任纽约州州长18年并最终担任副总统。和他的反联邦党人原则相一贯,他在作为副总统主持参议院时,投下了决定票,否决了对合众国银行章程的续修。联邦农夫的真实身份有争议,他最经常被认为是理查德·亨利·李,另一个非常富有的终身政客,作为一个弗吉尼亚人,值得赞许的是他为在他的州废除奴隶制而进行了斗争。在美国如果有任何人可以被有道理地称为
298 是个贵族的话,李就是个贵族。他的祖先是查理一世私人顾问班子的一名骑士成员,对其后代来说幸运的是,这位骑士在查理政权陷入灾难之前移民到了弗吉尼亚。

虽然这些人不是特别精明的理论家,但他们也许仍然是社群主义的理论家。联邦农夫被普遍认为是反联邦党作家中最好的之一。[446]但是,他远远低于麦迪逊、汉密尔顿甚至杰伊(Jay)的水平,可能是因为他要辩护的东西更困难。布鲁图斯对《联邦党人文集》给出了最好的回答,但却不是一个令人信服的回答。但是,不管他们的政治立场如何,他们之中没有人过着社群生活——除非它是一个特别精英的社群,这个社群依赖于一种分工把其他群体降低来支持他们被抬高的生活。他们不是实际社群主义者的恰当候选人。如果在职业方面存在一个成为社群主义者的不合格标准的话,从业律师肯定是不合格的——要知道,他们的生活被布鲁图斯定义为"持续反抗"他人的利益。因此,不幸的是,很难接受这些准社群主义者的看法——他们真诚地和孟德斯鸠保持一致,因为他们在自己的生活中就没有真诚地对待这些看法(在这方面,他们和大多数当代学术社群主义者相类似)。

反联邦党作家们可能有其他更好的理由去反对权威从州一级到全国一级的移动。对他们的情况而言，符合他们生活的核心部分，在于他们对自己在州内小天地中的位子负责，他们在这些地方是地方精英。李和耶茨在宪法采用之后没有活多久，但是克林顿在更大的联邦政府中接着从事了一份重要职业。[447]像许多活得足够长的反联邦党人那样，他在杰斐逊崛起之后获得了全国性的成功，杰斐逊具有反联邦党人的某些分裂性智力特征，尽管他具有在意识形态上对民主的知识，但他自身相信一种内在地是精英主义式的社会组织。

在安德鲁·杰克逊崛起之前，表面上是农业主义的杰斐逊的党既没有为大多数农场主说话，也没有向他们说话。实际上，那个党继续了汉密尔顿的政策甚至延续了一个全国银行，当汉密尔顿担任财政部长时，它曾经痛斥那些政策。一个进一步的奇特之处是，美国的农场主们只有当他们的时代本质上已经结束的时候才 299
在政治上变得认真起来。当他们本来可以把政府抓在手里的时候，他们却在总体上漠不关心。当他们终于做出努力时，他们却以为他们经济上的不幸处境是个货币政策问题而不是经济转轨问题，并且他们提名了一个油滑的候选人威廉·珍斯·布兰（William Jennings Bryan），他的主要主张是在其关于"金十字架"演讲中的浮夸之词，农场主们确实被钉死在了那部"金十字架"上。[448]他遭到三次痛击，并且可能对那些他所为之代言的人们带来的害大于利。

农场主们对宪法的采用几乎没有产生影响的第二个原因，也许是他们在政府的新方案中几乎看不到真正影响他们的东西。毕竟，他们的社群对州政府的控制并不会比他们将对全国性政府的控制多一星半点儿。并且，和那些中西部的谷物生产者以及便利了大规模出口的低价运输方式崛起之后的后期农场主相比，他们并没有以同样的方式很深地卷入商业中。农场主们总体上会从对制造业产品的低关税中获益，而制造业者想要保护性关税（并且他们立刻向新政府申请许多保护措施）。但是农场主们之前对州关税也几乎没有影响。在费城制宪会议上，他们的确实质上没有得到代表，并且对那个新政府的设计没有产生影响。[449]但是在那之前，他们对将被该宪法所取代的那个政府的设计也没有产生影响。

对于革命后最初几十年农耕利益在美国政治中的缺失，一个较不厚道的解释可能是马克思的：自给自足农耕的艰辛与孤独，加
300 上它缺乏相互强化的阶级意识，使人麻木到如此程度，以至于当农场主们真正投票时，他们可能投票支持这个党的时候和投票支持另一个党的时候一样多。[450]的确，在美国，农场选票在历史上是摇摆票而不是明确地和一个党结盟。在批准宪法时，罗斯特说道，“在人们主要为自足而耕作的地方，在印刷出的字句艰难渗透的地方，在生活艰辛并且眼见狭隘的地方，在那一块少有更优秀品类安居甚至更少有人起而成功的土地上，所能找到的是冷漠、慵懒以及猜疑。”[451]

无论如何，在那场论争以及关于新政府的决策中缺失农业利益，是个令人瞩目的证据，它是何等深入地表明政府依赖的与其说是支持不如说是缺乏积极的反对。它要求的仅仅是多数人不会造反。由于疏怠，选民中一个可能的多数任由麦迪逊以及他的国族主义同仁得胜，任由国族胜过地方社区。

群体正义与民主

第四章中讨论过作为秩序的正义，在其中对个人进行程序性保护的主要动因一直是普世主义的。从是—否或者有罪—无罪之间作出判定的二元问题，容易屈从于迅速协作，就像在暴民行动中那样，这样的协作在原则上可能无奈地在显然类似的案例之间表现不同。这将违背关于类似案例得到相同对待的普世主义原则。与此相反，赞成保护群体的大多数当代理论，其要点是反普世主义的。社群主义者的一个中心主张在于，群体关于其成员权利的看法不能从普世主义的角度来判定（实际上，大量社群主义著述表面上的主张是，关于价值的东西都不能从普世主义角度来判定）。[452]因此，诸群体必须被允许自主决定他们自己的权利。

社群主义者们经常明显想当然地认为，他们所考虑的那类群 301
体对以下问题具有一致看法，即，关于对其成员来说什么是正确的。[453]假如这个假设可以被视为正确的话，我们可以说社群主义理论的动因在于，通过阻止来自国家的或多或少普世主义的民主负担，在国家之下的诸层级上保障某种类似民主的东西。从这一观点来看，民主内在地存在矛盾或者在社会不同层级上是冲突性的，并且正是在更低的层级上，我们应当让它决定大量的社会秩序问题。

群体正义的诸原则可以被构想为类似于作为秩序的正义之诸原则；它们只不过应用于群体而不是个人。乍一看，这也许显得是个简单的类比，可以得到细致的解决，以产生出对群体而不是对个人自由的保护。不幸的是，对于成功解释作为秩序的群体正义这项工程而言，既存在概念上的难题，也存在经验事实上的难题。

从概念上来说，问题在于在一个给定社会中群体的多样性，每个群体关注相当不同的东西，并且对群体物品有不同的计量。在一个多元社会中，不同群体如何根据它们各自的原则来不同地规制其生活？假如在我们的社会中存在几个群体，对它们本身的秩序有相异的原则，并且有些人并不处于这些群体的任何一个之中。如果这些群体之间存在冲突，或者这些群体和非成员个人之间存在冲突，那么这些冲突必须由某个凌驾于这些群体和个人之上的权威来规制。谁的原则决定这些最高规则呢？

从概念上来说，还存在一个相关的问题，即，一个群体的成员资格是如何确定的。它是由群体领导人或者群体主管团体、由成员们的自发选择，还是由单个潜在成员决定的？是由阿亚图拉霍梅尼(Ayatollah Khomeini)、由邻居们，还是由世界上的萨勒曼·拉什迪(Salman Rushdie)们来决定？

在这些概念性问题之外，在任何赞同群体原则的主张中都很可能存在一个重大的经验事实问题。对于任何内容丰富的治理原则，很少有群体倾向于拥有真正一致的看法。通常，我们需要治理原则，部分地是因为一些人必须被违背他们自身意愿地带进秩序中。但是，我们所有人都可能需要某种监督，以保障我们遵循共同
302 目标或者行为准则。以上仅仅是一个两阶段分析的实例。我想要一个强迫每个人在各方面有秩序的强有力的法律秩序体系。然而，我可能也想有能力为了我自己的个人利益，比如通过从你那里偷窃，而违反这个体系。但如果我从社会角度来看是精明的，我就

不大可能想要那里不存在任何普遍法律秩序，因为如果不存在的话，将不会有任何东西可供我从你那里偷走。没有秩序，我们都会境况变差，既包括那些会遵守我们可能拥有的秩序的人，也包括那些会力图违背它的人。[454]这个关于民主约束的反唯我论逻辑，对于个人自由以及作为秩序的个人正义体系有效，但它可能对作为秩序的群体正义不起作用。我们的群体或者我们的群体加上其他盟友群体，可能很容易针对任何人比如亵渎了《古兰经》中那个神的人，投票做出一个类似于权利剥夺法的东西。

当然，这是激发自由宪政主义之共识的核心要点。甚至在一个把群体凌驾于个人之上的社会中，它也可能激发宪政主义。既包括思辨社群主义者，也包括实践社群主义者在内的社群主义思想家们显而易见的看法是，第三章中对社群的考量过于悲观。胜于在自由社会中那些我们在其上进行协作的有限并相对模糊的最高准则，社群中存在甚至数量更大的规范，在这些规范之上存在足够的共识去激发政治决策，包括事前宪政决策。实践社群主义者们可能经常认为他们的共识性规范等同于自然法，因此他们不需要具体的宪政约束去防止在事中作出的决策。然而在实际经验中，这个结论易于不是事实上愚蠢、不一致，就是在它使得领导者摆脱约束的意义上是暴虐的。

从经验事实上讲，任何群体中成员之间看法的不同，动辄包括关于我们应当对自己拥有什么总体原则的不同看法。如果我们在我们的群体内部民主地解决这个问题，我们中间在该解决过程中失利的那些人可能之后求助于更大的社会及其政府来阻止我们群体的规则。萨勒曼·拉什迪不同意某些霍梅尼希望推行的宗教遣

303 责。当然,拉什迪并不处在伊朗的直接法律之下,但他潜在地处于霍梅尼的教法裁决或者死亡诅咒的触及范围之内。1998 年,在霍梅尼去世很久之后,当伊朗领导层想要恢复联合王国的外交承认之时,伊朗政府公开撤销了那项教法裁决。之后不久,两个伊斯兰原教旨主义组织恢复了它,并且把赏金提高了超过 50 万美金,总数超过了 300 万美金。[455]

总体来说,超过少数几项信誓的群体共识很可能是个狂想。关于正统的历史是部关于分裂的历史。关于在规范之上达成共识的社群主义牧歌是浪漫而且虚假的。这是一个经验观点而不是个规范性的主张。但古怪的是,社群主义的规范性牧歌从定义上讲要求有一个经验事实上的共识,来使得在讲群体的民众主权时不存在合成谬误。因此,仅仅揭示事实并不与之相符就使那个规范性想象失去效力。

有人可能认为向群体授权就是去让它们从群体规范出发作出特定的决策。但是,事前与事中手段之间的区分对于群体规范来说,和对于个人保护来说一样有说服力。甚至群体成员也一定想要在事前拥有制度去阻碍事中的选择。例如,对于色情读物的社群标准应当被用来对法律制定而不是对法律实施施加压力。一项把决定什么算作色情读物完全交给一个陪审团来决定的法律,几乎不是一项法律。甚至一个社群主义者也应当想要一个陪审团去决定其案例的事实而不是去规定该法律的内容。

群体宪政主义将和普世宪政主义相似,不会个体化到个人头上。但它通常是群体特有的,而不是普世主义的。它将根据群体规范而进行包含和排斥。社群主义者论证说普世宪政主义事实上也是群体宪政主义，因为成为其基础的规范是属于一个特定心理状态的规范。例如，美国的宪政规范是属于资产阶级自由主义者的规范。实际上，虽然把霍布斯称为一个自由主义者看起来奇怪，但它们是被霍布斯关于生存和福利的考量所驱驰的。

与社群主义者的批评相反，人们可能注意到，为个人自由进行 304
辩护的逻辑，与为群体整合进行的辩护非常不一样，它赋能而不是限制，就像第二章中比较对自由的保护以及宗教限制时指出的那样。但是在实践中，社群主义迫切要求的力量很大程度上是去使得诸群体享有它们自己的生活方式以及去保护它们自己的规范。如果放任个人为了他们自己而去违反这些规范不利于他们所有人，那么该社群主义立场可以由某个类似于穆勒的损害原则(harm principle)的东西来给予辩护。这是可能的吗？是的。例如，很可能存在许多或者受到广泛尊重或者比较微弱的规范。夫妻间的忠诚、交易公平以及诚实都很可能由于更广泛的个案实践而得到支持，并由于总体上的放纵而被削弱。与此类似，宗教信仰必须极大依赖于群体性加强，后者可能会被广泛的怀疑所削弱。

然而，诉诸损害原则的弱点在于，社群主义的规范实施可能不仅是赋能，而且可能是损害许多人，就像在诸如严紧派(Amish)这样的封闭社群中，以及在其他被田纳西·威廉姆斯(Tennessee Williams)所珍视的受抑制的社群中那样。损害原则本身带有自由主义标志，并且从知识论角度讲不适合社群主义。

以下说法近乎同义反复，即，如果我们可以像霍布斯提议的那样，把其他更容易造成纠纷的价值排除在政治之外，我们就可以在核心的霍布斯式价值上做得更好。同时也正确的是，如果程序公平要得以良好实施,那么针对其他价值的侵扰,它必须基本上得到保护。当分裂、对立的群体价值侵入作为秩序的正义,那些不持有这些群体价值的人就处于危险之中,该危险来自事实上的暴民统治——它包含着权利剥夺法案的通俗变种。有可能在一个群体正义的体系中制定出关于程序公平的相关原则,但是缺乏一个普遍性的见识似乎容易削弱对于此种公平的考量。

在对于国际司法中的民族权利进行著述时,詹姆斯·克劳福德指出,如果少数之权利的确是集体性的,而不仅仅是个人权利的累加,“那么大概可以得出,诸少数群体中的异议成员可以被迫遵循该群体中多数的意愿”。他说,这只不过是与联合国关于对自决进行公投的政策相类似的情况而已。持有异议的“成员在有自决权的‘民族’中可以被强制去接受一种形式的自治政府,该政府被
305 该‘民族’中的多数所选出或者接受”。[456]这些可能在分析上是类似的,但有人可能作出相反的假定,认为它们在实践中不是类似的问题。几乎没有不存在政府也许哪怕是领地政府(territorial government)的可行途径。[457]甚至在个人考量基础上,通过多数决策来接受政府也是有意义的。[458]**不存在这种实践上的必然性,要求有强加在异议者头上的群体规范**——仅仅存在某个民族和其他民族之间深层的潜在价值冲突。

社群主义提出了一个关于主权的见解,对于结合性政治理论(articulate political theory)而言,该见解相对来说是个新鲜事物。作为一种规范性教条,社群主义享有某些关于民众主权的修辞性力量。不论霍布斯、约翰·亚当斯以及其他人认为在实践中该命题在其核心是如何不一致以及如何空泛,一个人怎么可能不觉得

诸群体应当选择它们自己的存在方式呢？不幸的是，群体民主制的实际问题，尤其是其反自由主义的压制以及对更大、更普遍机会的弃绝，可以破坏任何民主制度。实际上，它们属于诸民主制面临的最有破坏性的问题之列，特别是在关于种族、宗教以及族群的野蛮政治中尤其如此。社群主义著述者仍然需要计算这些困难，或者给我们提供对于这些问题的哪怕是一个答案所需的最初步的东西。

不平等协作

如果自由主义、宪政主义和民主本质上是互利理论，并且如果它们的实施因此有赖于公民和治理者所拥有的激励因素以在它们之上进行协作，那么，如果某个群体或者某些群体被排斥在总体上 306
有利的体系之外时，它们如何运作呢？在几乎所有自由社会中，这都是个难题，就像在美国早期那样，反联邦党人在起初协作于一个大的全国性政府这一点上成为失利者（对于反联邦党人的社群主义知识分子后辈来说，在当今美国它仍然是个难题，这些人赞同重返社群，却没有注意到如果该国家继续规模庞大的话，他们的设想就是没有希望的）。由于他们的存在，那个带来变化的协作并不对所有人都是互利的，而只是对一个明显的多数如此。

假设我们在一个宪政体系上有一个成功的协作，而该体系看起来并没有给某个群体提供平等的地位。然而该群体的成员可能发现他们的利益是在该协作中进行默认，就像反联邦党人默认那个创建了他们不想要的全国性政府的协作那样。与所能带来的任何收益相比，造反的代价可能过于高昂——哪怕假设不存在任何集体行动逻辑的问题，该逻辑使得即使行动符合群体的共同利益，这样做也不符合个人利益。该群体可能完全没有任何实质性的替代体系可以期待实现。并且如果成员们参与公开反对或者力图退出该秩序时，他们可能只会处境更差。故而，把他们置于秩序之中所需要的强制，和针对那些似从该秩序获得更多收益的群体的强制相比，也许没有分毫增加。

哈特论证说，政府的成功依赖于如下事实，即，确实觉得有义务去服从它的人足够多，以至于它可以征召武力去强制其他人服从。[459]对许多人来说，觉得有义务，或者至少在哪怕没有直接强迫时也觉得默认符合其利益的一个强有力原因，在于他们真正可以看到，在政府继续存在的限度内那是符合他们利益的。他们仅仅是在霍布斯被迫的意义上有义务。

我们必须接着回答的社会学意义上的问题是，什么时候人们不会把政府存在的情况视为符合他们的利益？要回答这个问题，首先考虑也许常见的关于两个群体的情况，它们在一个宪政秩序中共享互利，但是不平等地进行共享。在他们之间的是一个不平等协作，就像在第三章图3.3中表示的那样。对于行群体最好的
307 结果是在宪章(II, II)上进行的协作；而对于列群体最好的结果是在宪章(I, I)上进行的协作。对每个群体来说，次好的结果是在另一部宪章上进行的协作。相对于次优宪政秩序，没有一个群体偏好于协作失败，承受其附带的无秩序甚至暴乱。

不平等协作的例子包括以下人群之间的协作：讲英语和讲法语的加拿大人之间；讲法语和讲佛兰德语(Flemish)的比利时人之

间；全世界尤其是在技术界讲英语和不讲英语的人之间；布隆迪和卢旺达的图西人和胡图人之间；事实上也许在哪怕他们有时并未感觉出其状况的人们之间。

考察一下这些案例中的一个。在当前加拿大宪政安排之下，讲法语的加拿大人广泛地相信他们处于相对不利的地位，因为英语在加拿大政府以及商业界中处于特权地位。对于讲法语的加拿大人来说，一个更好的秩序将会是一部在其中法语和英语真正平等或者偏向于讲法语者的加拿大宪法。这样一部宪法可能在政治上是不可行的。哪怕它在政治上是可行的，它也不会是自我实施的，因为大多数讲英语的加拿大人将没有兴趣把法语学得足够好来使得它实际上有效。许多讲法语的人明显地接受在当前宪法之下处于不平等地位。假如讲法语的加拿大人在该宪法之下处境甚至更糟糕的话，与独立可能带来的损失相比，他们可能不会偏好于持久的不平等地位。在那一刻，讲法语和讲英语的加拿大人在其不平等宪政安排之上的协作，就不再是一个互利的问题。

有人可能假想，在这样的案例中，自发的民众反对可能迫使一个政权发生改变。与此希望相反，比起所有人都由于诸多治安员所强制的秩序而繁荣的时候，当该社会中某个庞大部分置身绝望处境时，只有一个治安员的无政府状态可能要求极少或者不再需要更多治安员了。我们从某些批评家那儿听来的副歌可能是首错误的副歌，这些批评家认为美国并不认真考虑灾难，或者认为美国将招致来自其城市贫民区的旋风，这些贫民区可能在某一天把整个社会吞噬到阶级斗争之中。贫民区穷人的问题在于，他们甚至缺乏过体面生活以及寻找机会的包括组织技巧在内的资源。这意味着他们缺乏资源去发动公开战争或者游击战。贫民区居民可能把他们的一些暴力罪行输出到邻近地区。但是受到来自公民自由
308 考量的限制并不比任何欧洲或者日本警察力量所受到的更多的一支警察力量,可以阻止并搜查任何有关的人,来消除进行轻易犯罪的工具。[460]

在许多自由化国家中更小的族群飞地,可以被排除在一个对于更好生活的总体协作之外,其容易程度可以像黑人被排除在大部分美国成功史之外那样。例如,如果不去使在罗马尼亚的匈牙利人成为变革的巨大受益者的话,罗马尼亚也许已经在政治以及经济自由化方面走出了很远。那将是具有讽刺意味的,因为1989年齐奥塞斯库垮台过程中,匈牙利族人扮演了发信号的重要角色。在蒂米索托(Timisoata),匈牙利族有如此数目的人进行示威,以至于该政权不通过极大暴力就无法压制他们。

数量如此庞大的人们敌视该政权并且可以公开蔑视它而不受灾难性的惩罚,这一事实也许启发了在首都布加勒斯特的一伙民众在这之后无法无天的行为,后者给包括齐奥塞斯库在内的每个人发出了明确的信息,表明他的统治极度不受欢迎。因此,匈牙利族人启动了那次民众协作,该协作在一场出奇温和的革命中摧毁了那个政权——虽然比那些发生在捷克斯洛伐克、东德以及波兰的暴烈,但是以传统革命标准衡量仍然相对温和。[461]他们无法同样地指望在一项关于赋予匈牙利族人平等机会或者自治权的纲领背景下,协调罗马尼亚族人。因此,在一个受大众欢迎的罗马尼亚政权之下,匈牙利族人无法协调对该政权的广泛反对来取得对匈牙

利族更好的地位。

以下也许是一个关于政府的社会法则，即，它的基础越广泛，它维持秩序所要求的强制就越少。然而，这个主张有两个困难之 309
处：一个是社会学意义上的，一个是概念性的。从社会学的意义上来说，对强制的反应有可能是极度弧线型的，故而所需要的只是关于强制的可信威胁，尽管它可能会偶尔展示实际强制来给该威胁提供可信性。因此，与较不独裁的国家相比，实际运用强制的水准在一个更为独裁的国家中可能更低。

然而，从概念上来说，关于一个政权引起响应的力量，这不是事情的全部。对于每个人，强制潜伏在背景之中。许多人可能不受公开强制或者不被公开地以强制相威胁，而是仅仅默认，就像恺撒指出的那样（见第四章引言）。实际上，在我们的政府所做的或者没有做的事情上，我们几乎每个人都仅仅是进行默认。在实际社会中，民主政治的一个特色在于，几乎每个人在以下意义上都输掉了几乎每次选举，即，几乎每个人都无法正好或者哪怕近似地得到他们想要的东西。我们大部分人承受着和反联邦党人同样的命运。面对不给我们提供更好选择的现状，我们默认了。这或多或少是为什么互利理论本身不能提供一个规范性辩护的原因：在某个其他可能的政权之下，我们每个人的处境都可能得到改善。作为一类互利理论，诸多契约理论只能装作是真正规范性的。卢梭、康德、史可隆、贝瑞以及其他人求助于理性主义或者合理赞同主张，这些主张看起来除了说服哲学家之外，不能说服任何其他人。不光是那个杜撰的乘火车去牛津的光头无法严肃地对待这样的诉求。[462]

结　语

民主内在地是一个用来规制边际性政治冲突的手段。当它运转时的确如此，这表明缺乏胜过总体秩序之价值的深刻的分裂性冲突。如果它建立在群体人口数量对比的基础上，它就无法良好运作，并且，实际上为群体人口数量对比进行辩护的主张，只不过是一个认为冲突对于民主来说过于严重和广泛的主张。民主属于
310 霍布斯关于互利的一系列手段。一个采取互利方案之形式的现存政府，在它比改变到一个替代方案要更好地服务于我们的利益的限度内，有益于我们的协作。也许，除非是那些因果性主张——即，认为比起其他政府形式，民主可能更好地取得某些成果，就像在穆勒对自由民主的辩护中的那样——其他为民主的规范性价值辩护的强烈主张不具有说服力。如果互利是民主的规范性基础，那些互利得不到供给的个人或者群体就几乎没有规范性理由去坚持民主原则，除非由于因果性原因，他们的坚持将有利于影响某种产品，例如总体福利。

最后，如果民主被用来在正在进行选择的团体中决定成员资格，那么民主选择就不可能轻易地保持一贯。这个最后结论可能相当程度地意味着，某些尖锐分裂的社会不可能轻易地维持任何一种一贯的民主选择。成员资格无论是通过什么规则确定的，它必须是无法取消的，或者必须经受针对民主复议的非常强有力的保护。关于某个人或者某个群体是否拥有完全公民权的溯及性民主复议，类似于一项公民权利剥夺法案，并且可能会是深刻分裂性的。

跋：无论是否得到赞同

证明整体的正当性

前面的几章提出了几个规范性事项。首先，显然是那个关于 311
我们如何可以证明一个自由、民主、宪政的政权及其行动合理性的问题。从社会学意义上来说，作为解释性理论，自由主义、宪政主义和民主可能提出关于许多社会之政治秩序的有说服力的解释。如果它们符合在现代社会中政治上最重要的诸群体的互利关系，这一点就是正确的。但是，它们通常在任何特定社会中都不可能服务于每一个人的互利关系。[463]就像华盛顿在费城制宪会议之前致信麦迪逊，说他的希望是“该制宪会议不会采纳任何临时的权宜之计，而是把那部宪法的诸缺陷深究到底，并且提出诸多根本性的纠正措施；无论它们是否得到赞同。”[464]

我在此希望处理以下棘手问题，即，比如在制宪时刻或者在自由化进程中存在机会的时候，关于下述可能性的诸多约束，该可能性是关于为了在社会秩序中做出改变应当做什么的。根据前述各章，应当明确两点。首先，自由主义宪政民主在其实行时可行的原因在于，它在社会学的意义上符合政治上有效力的诸群体的互利关系。因此,假如霍布斯的社会理论对人类互动关系的可能性不是那么悲观的话,它本来可以是霍布斯可能支持的一种体制。其次,它得以运作这个事实乍一看不能给它带来道德上的合理性,尽管它的可行性是一个和道德相关的事实。特别是,如果应当蕴含
312 着可能的话——即,如果我们不能在道德上辩称人们应当做无法做到的事情——那么对于道德上正确的社会秩序来说,可行性就是一个必要的部分。只不过它不是道德的充分条件。

有人可能从各种道德理论的视角出发,能够对美国宪法及其政治秩序或者对其他宪法提出规范性辩护或者批评。例如,一个现代功利主义者、亚里士多德主义者或者康德主义者可能认为,当自由主义、宪政主义和民主有效时——就像它们似乎在许多国家有效运作那样,我们无法比通过它们来治理社会做得更好。然而,也许除非是在一个非常有限的范围内,对于任何国家,那似乎都不是从类似同意理论的角度来试图实行的,而对民主的规范性辩护经常基于同意理论。

自由主义在功利主义学说和义务论学说中被认为是正当的。在任何现代自由社会中,很难想象一项关于一个特定政治秩序正确性的义务论解释甚至是可行的。在罗伯特·诺齐克的义务论放任自由主义理论中,他论证说,如果其中所有的权利资格都是正当获得的——或者是通过正当的自愿交换或者是通过正当的初始占有,一项社会秩序就是正义的。[465]初始占有必须满足洛克的附带条件,该条件说,只要有同样多并且同样好的东西剩给其他人,如果我在其中加入我的劳动,我自然可以占有任何无主财产。不幸的是,如果不管因为何种原因我们的确与洛克的附加条件相悖了,或

者如果先前的交换相反是不正当的,那么我们现在就会不知道该如何评估当前权利资格的正当性。诺齐克在一条脚注中说道,当历史上曾经存在对自由的侵犯并且我们现在挣扎着去把每个人都重新安置到一个关于权利的位置时,我们可能不得不求助于其他道德理论,比如功利主义或者分配的正义,来为一个新的现状建立基础,然后我们可以从这个现状出发继续走上我们的放任自由主义道路。[466]对于任何我们感兴趣的当今社会来说,我们可以相当肯定,正义在过去经常被违背,而且我们现在必须找到一种用来开始评估它的理论。

一项准功利主义的正当性判断也许是可能的,但对于如何在某些人的损益和另一些人的损益之间做出斟酌,它要求有一项明确的认识,并且在诸如要求去评价整个社会秩序那种规模上,这从 313
来不是任何人显然乃至装作掌握过的一项操作。如果我们可以假定某种在个人间衡量福利的代理性尺度得以应用,一项功利主义论述似乎就是有效的。有人可能认为,在原则上,约翰·罗尔斯的正义理论是被特别设计来评估整个社会秩序的,但再一次,显然没有人在那条道路上走得那么远去运用它。对一个整体社会秩序的功利主义以及罗尔斯式评估,很可能要求对福利有相似的代理性衡量尺度。然而,即使有这些尺度,它们仍然可能在概念性衡量问题上遭受挫败。功利主义论述将要求某种尺度,这种尺度允许大致上进行相加或者至少对所有福利进行比较。同时,罗尔斯式论述将要求有诸多方法,来既决定人们福利的水准,又决定那些分界点以表明在某个水准之下的人们属于处境恶劣的阶级。这个功利主义的问题曾经被认为是容易的。也许今天再没有任何严肃的功利主义者认为它容易。对于评估现实世界中诸国家,作为本来似乎是重要竞争者的一种理论,罗尔斯的理论被那个罗尔斯式问题所持续困扰。

从理想上来说,对于似乎适合于有关默认和互利之解释性理论的诸多道德理论,我们将深究在运用它们方面可以走多远。默认是同意的一个最低限度的版本。并且互利大致上是功利主义的一个序数版本。但在其社会学的或者解释性变种中,互利似乎不太可能是明显功利主义的,因为那些被排斥在互利计算之外的人们的福利损失不需要由那些包含在内的人们的所得来平衡。然而,它可以近似于一项功利主义评估。

然而,对于那些导致无法被有意义地称为赞同之默认的有关协作以及集体行动的问题,如果不能大体上简化掉它们,就不会有人能够从臆测中人们的赞同出发,对这种宪政秩序明智地给出这样一个正当性辩护。这一事实不会使一部宪法糟糕,但赞同也不会使它优良。在大多数时间,对于美国的大多数人来说,美国宪法所带来的秩序是他们所生活的世界中必不可少的一部分。实际上,就好像是那句“存在蕴含应当”的错误格言的一个神奇实例,那部宪法已经为几乎每个人所尊敬,甚至包括那些如果有机会让他们修改的话,似乎想要做出巨大改动的人们。当时在宪法采用后
314 十年之内,制宪者们自己的那一代人——无论是反对者还是支持者——就已经开始认为,和他们在讨论其内容以及是否建立相应政府时相比,它要更好。在某种意义上,他们提高对其质量的估计是正确的。它到那个时候变得更好,因为它已经成功地协调了整个国族。

集体价值和个人价值

在当今世界的自由国家和自由化国家中,关于社会至少存在三种广泛的竞争性看法。其中之一是阿奎那以及其他人的中世纪神圣看法:关于我们所有人都共享一个集体目的的看法。这不是美国制宪时代参与竞争的一种看法,在作为整体的美国则从来都不是。第二种看法可以被刻画为第一种看法的一个多元文化变种,它是一个共享但有限的小社群的看法,是一个社会在其成员中激发出来的那种美德。这曾是社群主义反联邦党人的看法,他们处于孟德斯鸠的影响下,其中许多人也许没有意识到这一点。第三种看法是洛克、斯密、麦迪逊以及穆勒的自由主义看法,该看法不是建立在群体的或者普世的集体价值之上,而是建立在不同的个人价值之上。这种看法是本书的主要关注点,因为它既是美国制宪时代以及之后美国政治辩论的中心关注点,也是从前苏维埃集团的东方国家到许多第三世界国家,当今许多国家中自由化运动的核心。

这些看法中的第一种经常变得可怕、反自由。如后面所引用的,塔尔考特·帕森斯认为我们为了取得社会秩序必须共享某种类似该看法的东西,如果他是对的,那么我们必须担忧在那个秩序中我们将遭受的分歧。除了被卑劣暴君统治的国族之外,当今世界上抵制自由化的最大群体存在于伊斯兰世界,而伊斯兰教包含着一个关于普世主义集体目的的看法。这些看法中的第二种,是个似乎有道理的观点,被许多反联邦党人著述者中表达最清晰的人们所阐发。但是,它在下述意义上经常是错误的,即,它的鼓吹者们不会选择去以此为生,包括它的许多当今学术界鼓吹者们同样如此。至少今天世界上许多分离主义群体的领导者明显地选择
315 以此为生。在实践中,它通常不具有其解释者们为它宣称的那些完美特征。尤其是,它典型地毋宁是精英主义的、寡头式的以及强制性的,而不是平等主义的以及自由的。它在任何与对它的理想化宣称相似的方面,本质上都在复杂的现代自由主义宪政民主的世界里是不可行的,几乎所有这些民主体都是多元文化的。这些看法中的第三种和所有这些看法相似,既在实践上又在理论上拥有古老根源,并且其支持者的声音纵贯前面各章,因此我没有必要在此进一步阐发。

帕森斯公布了那个被他称为定理的观点,即,"某个社会的一个目的"作为"该社会成员的一个共同目的"的存在性。进一步说,"成为该定理之基础的中心事实之一,是一个*共同目的*(或者目的*系统*)的存在性,当诸多个人行动被孤立地加以考虑时,它就消失了"。[467]帕森斯引用了一个几乎是纯粹的、因而不同寻常的案例,该案例就是"加尔文时代日内瓦的加尔文主义者,他们可以被称为是在追求那个在尘世建立上帝之国的共同目的"。[468]在我们的时代,伊斯兰原教旨主义运动把这样一个共同目的宣称为一个普世主义的目的。按照一句玩笑话来讲,每个人生来都是一个穆斯林;只是他们的父母以及他们堕落的社会才把他们变成了基督徒、犹太人或者不管别的什么。历史上,中世纪劝诱改宗的基督精神可能是唯一的其他此类集体价值,它被认为是真正普世主义的。这个观点的一个当代变种是麦克·罗森费尔德的主张,认为制宪是"在增

强身份以及保持多样性的一个富有成果的相互作用”中去形成一个“主导身份”。[469]诸多国族主义运动通常关注于一个假想的某种共有身份,但是几乎没有当代自由主义民主体可以用此种方式刻画,除非那个共有的身份是相对空洞的。

对于社会秩序的一个协作论述来说,相关群体的诸目的可以在某种意义上是相同的,但不是在帕森斯的意义上。例如,我们可以集体性地想要政府提供自由制度——它使我们有可能个别地成功。因此,我们想要繁荣——它是一个共同目的但不是一个集体目的。当你不能时,我能够生存并且享有福利;我甚至可以由于牺牲你的利益而享有福利。但是,我更有可能在总体地而不是有偏 316
见地促进福利的制度之下获得福利。然而,这是一项霍布斯式的价值,帕森斯认为它是冲突性的,故而认为它不可能是那个让我们团结以使得社会凝聚在一起的价值。

默认和互利

使自由主义、宪政主义和民主的成功运转扬名的两项有关可行性的标准是:大多数时间大多数人在由它们建立起来的政治秩序中所进行的默认,以及在该社会中政治上有效力的群体之间的互利关系。事实上,对于任何种类的政治秩序,无论是好的还是应当加以谴责的,默认都是极为广泛地需要的。如霍布斯所指出的,哪怕是征服者们也可以获得默认。互利仅仅在相对开放的政治秩序中是必须的,对于那些具有可以影响秩序的政治力量的人们,这些政治秩序有赖于他们甚至更为强烈的默认。特别是,对于那些程序上民主、拥有竞争性开放选举以及任何个人或党派都真正有可能失败并丢掉职位的任何体制，它都是必需的。

我已经论证过(特别是在第四章中)，具有许多变种的同意理论没有效力，并且在一个复杂社会的背景中甚至不是一贯的。然而，这个结论将要以一种无法让同意理论家满足的方式来加以考核。可行性不需要同意。它只要求默认。这是一个关于同意的最低限度的版本，也许该最低限度是冒犯性的。人们可能出于不同原因而默认，或者是出于听起来悲惨的像霍布斯关于政治义务的观点，或者是出于洛克关于信守诺言的观点：我们之所以默认，是因为如果我们不这样做的话，我们将被毁灭或者受到伤害。

历史上，奴隶们在其奴役状态中进行默认。美国南方的辩护者们说，他们的奴隶之所以这样做是因为委身于他们的主人符合他们的利益。不幸的是，在一个策略性互动的世界中，"符合他们的利益"不只有一个简单的意思。在这样一个世界里，也就是我们的世界里，我的行动并不简单地决定我的结果，毋宁说它是由我自己的诸多行动以及所有和我互动的相关人士的诸多行动之组合来
317 决定的。因此，即使我选择去做的事情将肯定使我无法达到诸多结果中最佳的一个，我也可能仍然那么做，因为相对于仅当其他每个人都恰好以正确方式行动时我可以获得最佳结果的行动方式，那个行动似乎很有可能带给我一个更好的结果。

考虑一个这种策略性事实的小例子。当面对惊人的南向交通堵塞时，我的最佳结果可能要求我在北向车道上逆着即将来临的车流向南行驶。事实上，仅当几乎没有人在北向车道上顺着正确方向行驶时，这样才可以产生一个良好结果。总体上说，我不能期

待这样的好运气,因此我将选择在交通堵塞中受罪。

类似地,对一个奴隶来说,最好的结果可能要求逃出奴隶主的控制。但是,实际上逃脱成功有赖于强制系统的有效程度如何,并且在许多历史情境中,比如在美国南方,试图逃跑可能总体上是愚蠢的。即使个别反叛不符合奴隶们的利益,然而那并不意味着去做奴隶“符合他们的利益”。和本来可用以组织那个世界的各种其他方式相比,它不符合他们的利益。但是,甚至比尔·盖茨也可以提出类似申明。他可以说,现在这个他大体上可以从每个个人计算机用户身上得到1000美元个人利润的世界,和那个他可以从他们每个人身上收到2000美元的世界相比,还不够好(可能有一天,我们会问他哪个世界更好,因为他那时已经两者都经历过了)。

其姓名在本书中出现最频繁的理论家是霍布斯和麦迪逊。很大程度上,这是因为他们极为显著地考虑了可行性问题。默认是霍布斯对公民们提出的中心原则,因为普遍默认是政府运作的必要条件。麦迪逊显然同意这一点。毕竟,他在《联邦党人文集》第63篇中提议说,人们应当把治理行为交给宪法之下的政府,该宪法提供了在政府中“*从任何比例上对民众运用其集体能力的完全排除*”。[470]他们两人都认定,并且几乎每个不是无政府主义者的理论家都同意,如果我们要生活舒适,拥有政府和秩序总体上不可或缺。在一个也许有限的意义上,我们都在我们的日常生活中是霍 318
布斯主义者,默认着我们的政府正在做的事情,其中大部分我们甚至永远都不会知道。我们中间绝大多数人也许并不需要这种像霍布斯可能认为必需的严峻强制,但是我们中间绝大多数人也没有刚刚走出一场互相残杀的邪恶内战。不管怎样，我们中间的一些人遭受了类似霍布斯的主权者可能施加的那种强制。

霍布斯、斯密、麦迪逊和托克维尔都是社会学时代之前的社会学家，当时社会学、规范性哲学以及公共论述通常综合在同一部著作中，就像在他们的许多著作中那样。实际上，他们令人惊讶地是出色的社会学家。[47]不幸的是，当社会科学从哲学中分离出来时，社会哲学开始起锚浮荡。甚至在该分裂之前，穆勒作为一个相对有感知力的哲学家，就已经倾向于漂流到抽象推理之中，正如在他关于自由的许多著述中那样。更少惯于常识的哲学家们，比如康德以及黑格尔，甚至都不需要漂流——他们显然直接就诞生在那个抽象世界中。典型地说，比起对可行性的考量，当代道德、政治以及法哲学家们对抽象的准理想性理论的关注要多得多。

然而，即使是一个关注治理之道德事项的理论家，也必须把关于可行性的问题纳入考虑之中。这一点从康德关于"应当蕴含能够"的格言得出。康德的意思大概是他的"能够"具有非常广泛的领域。有人可能对解决世界贫困问题开出这样一个处方，即，每个人每天早早起床、拼命工作许多个小时、自愿把他们的薪水交给中央权力机关，并且让那些权力机关根据需要来分配资源。那么就不会存在贫困。你可能反对说，哎呀，我们不能期待人们那么做。或者，你可能甚至想说，人们不能做到那一点。仔细阅读康德可以得出，人们能够做到那一点；他们只不过没有那么做。因此，一个康德主义者有可能说，我们应当以这种方式组织世界来消除贫困。

结 语

对自由主义、宪政主义和民主的道德辩护,不可能是它们达到 319
了某个关于善或者真的理想基准,而是它们根据某个或者某些标准比其他任何可行的替代方案都好。对于某些标准,例如促进自主权,它们的价值必须经过系统的评估 我们不能说在政治生活中一个典型个人的角色是促进自主权,因为对于这个典型个人来说,那个角色一定是微不足道的,而且对这个人的自主权来说其作用一定也是微不足道的。更恰当地,我们将不得不说(如果真是这样),自由主义宪政民主产生一个自主权在其中得到促进的社会。然而,要展示这一点正确,是个社会科学的而不是哲学的事业,并且它无法通过争论来展示。实际上,它完全无法被轻松地展示。

不幸的是,尽管诸如自主权这样的规范性标准一直是哲学家们的主要考虑,尤其是对于置身康德和穆勒传统中的哲学家,但对于社会科学家们来说,它们一直几乎没有得到任何考虑。因此,对于构建有关自主权的经验措施或者建立它和其他事情之间的因果关系,几乎不存在任何成果。唯一一个在社会科学研究中存在丰富内容的标准道德考量是福利。对于福利主义者来说,这方面的大量研究有两个略微相反的含义。首先,和其他道德理论家们相比,关于其理论与世界的适应性,功利主义者们可以发表更多看法。其次,比起对其他道德理论的批评,他们的批评者们可以提出远为尖锐的批评。然而对于功利主义的力量和中肯程度来说,后一个事实表明了某种积极的东西。回想一下前言中所引用沃尔夫冈·鲍里(Wolfgang Pauli)的讽刺语,某些解释“甚至连错误都算不上”。至少福利主义的某些主张可以是错误的。

自由主义、宪政主义和民主是社会学意义上的互利理论,并因此是协作理论。互利以及协作很大程度上解释了政府以及所有重要制度有效运作的途径,[472]但它们没有在道德上证明政府或其他制度的正当性,也没有在道德上证明政府或其他制度运行结果的
320 正当性。如果我们希望取得在某种原则上道德的结果,我们必须为这种结果准备好互利的制度。明显地存在诸多制度,可用以取得相当高程度作为秩序的正义——意味着刑事正义与民事正义,而不是分配正义。并且存在可以对个人政治与经济自由产生实质保护的诸多制度。这二者甚至可以结合成这样的一些制度,即,用来在促进高度经济繁荣的同时,通过保护个人自由而取得作为秩序的正义。这已经是一个令人瞩目的成就。

然而,这样的成就只有在如下社会中可以实现,在其中已经有在某些个人价值之上的高度协作,并且很少有在排他性群体价值之上的协作。差异性可能走多远?显然它可以达到产生不可调和之敌意以导致暴乱的程度,就像 1993 年布隆迪在其获取民主政府之短暂努力之后所遭受的暴乱规模,或者像紧接着卢旺达遭受的甚至更加不同寻常的规模。但是,布隆迪以及任何较少暴力分裂的社会之间的差别,仅仅是程度上的而不是种类上的差别。它是可行性方面的一个差别。

在任何现实社会中,互利顶多可以解释发生了什么。它可以解释关键行动者的诸多动机,并且如果足够多的这些动机连贯的话,自由主义、宪政主义和民主就可以有效运作。但是,如果没有

某种有力的附加考量——即一项道德考量——从互利出发的论点就无法在道德上证明那些结果的正当性。不幸的是,不存在任何可资利用的东西。我们可能发现某种其他论点,它的确碰巧把一个宪政自由民主体评价为善的或者正确的,但那个论点将不依赖于从互利出发的那种解释。

总而言之,自由主义、宪政主义和民主本身并不产生出良好的社会,尽管他们可能是一个良好社会之结构不可缺少的部分。但是,以为仅仅拥有对于良好社会的向往心理或者对它的信誓就会产生出一个,这也是不正确的。特别是,市民社会的产生不同于在一个宪政政权下良好政府的产生。一个宪政政权有效运行在总体上所要求的,是它服务于该社会中主要政治群体——即那些在政治上很有效力的群体——的相对利益。因此,一个成功的宪政秩序必须在社会学意义上是一个互利的秩序。如果该秩序所为其利
益服务的群体是古典自由主义的,那么我们可以进一步期待该秩 321
序在总体上是温和的以及该社会拥有成为一个良好社会的能力,后者还有赖于资源以及不存在大规模外部冲突。总体上讲,在任何被政治上有效力群体之间深刻冲突所撕裂的社会中,这是一个不可能的前景。尤其是当冲突是关于包括社会地位以及政府工作在内的固定或者有限资源的分配时,或者是关于难缠的事情比如语言或者宗教时更是如此。

附录:其他自由主义

322 任何像自由主义一样吸引人的标签都倾向于被不同动机和立场的支持者所要求。因此,自由主义的故事是充满各种标签的不和谐音调的故事,这些标签有许多是令人困惑或最多也是毫无启发意义的。大多数标签在某个方面没有任何分析性锋芒,而只是描述性的。约翰·杜威把政治和经济自由主义共同刻画为“旧”自由主义,而他为争取一种“新”自由主义而努力。尽管这在描述上是准确的,但是,“新对旧”的区分因其分析性的空洞而尤其令人生厌。的确,它似乎像是一个劝诱性定义的把戏,因为新一般听起来比旧好,至少在美国是如此。杜威说自由主义标签本身只是从 19 世纪早期开始才有的。[473]然而,政治和经济自由主义的观念在此之前早已在约翰·弥尔顿(1608—1674)、阿尔杰农·西德尼(1622—1683)、约翰·洛克(1632—1704)、伯纳德·门德维尔(1670? —1733)、孟德斯鸠(1689—1755)、大卫·休谟(1711—1776)、亚当·斯密(1723—1790)及其他许多人的著作中被充分争论。并且这些观念在 1787 年费城会议上被周密地设计进了美国宪法。它们无论在事实上还是在理论上都不需要我们的标签来使其流行。

关于表面上不同的自由主义的许多新标签的一个惊人的事实是,这些标签及其类别已存在了很长时间——大多数是一个世纪甚至超过一个世纪,但它们代表的自由主义仍没有产生巨大影响。起初的自由主义颠倒了这一历史:在它们被很好理解之前它们的要素已实行很长时间了——尽管据信在政治自由主义中有更多的新创造。经济自由主义在门德维尔、休谟、斯密及其他人开始认可它之前的数个世纪里就已零碎地发挥作用。有人可能不太确信地说政治自由主义也有一个过去的历史,它使霍布斯和洛克开始构造该理论的任务变得容易。

不同的历史表示了原初的自由主义与一些后来的自由主义之间的一个重要的策略差异。原初的自由主义过去是、现在仍是自我实施的,因为它们对社会中重要的、政治上有效的、影响社会的 323
大集团来说是互利的。因为它们是自我实施的,所以它们有生存的力量,能在未被理解的情况下扎根并随着时间的推移而成长。对于下面讨论的现代不同的自由主义来说,情况并非如此。例如,当代的福利自由主义仍然缺乏一个关于它如何能落实的理论的知识根基。我们能有信心地说,仅仅约束政府不能成为任何福利自由主义安排的一个主要部分,就如它对经济和政治自由主义那样。在福利自由主义中,政府不是问题的来源,相反,它更应是解决方案的一个主要部分。况且,福利自由主义要求再分配,而再分配本质上是冲突性的并且不可能是一个互利的问题。

在充斥了20世纪争论的纷杂的自由主义种类中,有三种受到了相当广泛的注意并清楚地与自由社会根本性重要的方面相关,还有第四种被广泛提及并至少据信是重要的。它们是以下几种。第一种是我们能称之为社会自由主义的类别,它是从令人难以承受的社会习俗致命的重压下解放出来。第二种是杜威所要求的、我们可称其为制度自由主义的自由主义，它是从大型私人组织的陷阱中解放出来，以及类似地从政治和经济自由主义下的政府的陷阱中解放出来。第三种是通常称为福利自由主义的种类，它主要是从贫穷及其伴随物中解放出来。第四种是群体自由主义，它不仅集中于个人的自由而且集中于群体的自由。所有这些听起来接近于传统的政治和经济自由主义的福利主义视角——其要点是使生活更好，但是它们要求超越强制性政府的十分不同的策略设计。

社会自由主义

社会自由主义已经有一个漫长的历史，在穆勒《论自由》及其他古典自由主义著作中都对它有明确的关注。美国宪法中对国家宗教的禁止或许就留有它的痕迹。然而，它对任何政治规划最大的影响可能在于：法国革命反对天主教的提议、共产主义者打破宗教和各种习惯约束统治的努力、世纪之交中国人打破妇女缠足的强制性习俗的变革以及其他尝试——这些尝试中有一些比他们所要治疗的弊病更糟，就像波尔布特对在柬埔寨文化中他能破坏的任何事物不管其好坏、不惜以多达百万人的生命和实际上所有人的根本性赤贫为代价所实行的破坏一样。尽管在中国缠足是通过
324 从下往上创造一种对立的规范被打破的（它是有记载的最宏大的社会变革之一），但这些影响大多数要求有政府行动。[474]

社会自由主义很典型地与群体自主权的观念相左。打破社会规范的控制就意味着放松一个特定的社群对其成员的控制。例

如,削弱破坏性的宗教规范就可能削弱与宗教社群的联系,甚至在该社群内制造冲突,无论在何种情况下都会引起集团凝聚力的下降。社会自由主义因而应当是被社群主义者们所诅咒的。然而,奇怪的是,美国宪法的许多反联邦党反对者支持引入明确保护个人的权利法案。这样的权利通过保护具有共同价值的个人可能间接地保护社群。然而,最高法院最近通过裁定单个的严紧派(Amish)儿童能拥有至少减少十年级教育的明确权利(在威斯康星州)——其目的是有些强制性地维护他们对他们社群的忠诚,保护严紧派作为一个群体。[475]康德曾论证,一代人通过这种方式抑制后代的智力和道德发展就是在犯反人性的罪过。[476]在这种情况下,法院就是为了满足现在这一代成年严紧派人的需要而不公正地对待了将来的各代人。人们可能会想反联邦党社群主义者是喜欢这样的群体权利的。

制度自由主义

制度自由主义是在资本主义最辉煌的时期(比如说 1840 年到 1929 年的美国和大体上同一阶段的英格兰)对经济生活的粗劣方面的一种反应。资本主义的胜利并没有结束奇异的贫穷和不平等,相反在许多人看来,它反而加重了贫穷。或者,至少有人会说经济自由主义和市场受惠最多,它们的影响并非是中性的。杜威对制度自由主义必要性的最明确的阐述是在 1935 年资本主义最黑暗的日子里提出来的,奇怪的是,在那个时候它被认为对当时最紧迫的问题来说是不中肯的。这些问题仍然是贫穷和不平等,特

325 别是当其被失业所加重的时候。但是这些问题的解决方法不是像制度自由主义所说的那样从大型私人组织的侵扰中解放出来。20世纪30年代的失业人口不需要从这样的机构中解放出来。他们毋宁会从这些机构更大的成功中获益。

我们如何能使杜威的制度自由主义适应于更早的自由主义?当然,它是由对福利的关心而激发起来的,在这一点上它是与所有的自由主义相类似的。它与政治和经济自由主义的概念性类似在于它是解放性的。更早的自由主义是从政府专断入侵人们的生活中以及从政治对经济的控制中解放出来。引起政治自由主义的专断入侵是英国的星法院(star chambers)、剥夺财产和公民权法案、无根据逮捕、不经同意或不给补偿地给军队安排兵营、查封新闻、政治监禁,以及实际上一个不受控制的政府可能选择去做或要求的任何别的事情。与经济自由主义相对立的入侵是在重商主义的严厉制度下政府经济控制实践——在其中,国王的朋友和亲戚被授予经济特权而工人和生产者被破坏性的规制(它规定了他们能够做什么以及他们能在哪儿做)搞得精疲力竭——的全副甲胄。这些规制措施限制了流动性,把独立的手工业者和商人隔离城市,要求有很长的学徒期以胜任工作,给予了某些人严格的垄断权,阻止与外国企业的贸易。杜威的制度自由主义意在克服政府以外的大型机构与政府类似的可怕入侵。它以从大型私人组织的控制中解放出来为目标。

福利自由主义

制度自由主义在19世纪后期和20世纪早期扩张中的资本主

义的全盛期获得了其意义,当时托拉斯在许多人的生活中似乎是掠夺性和破坏性的。在20世纪30年代它的意义变小了,在今天当可怕的、内在的贫穷和机会缺乏的问题不是私人机构压迫之结果的时候,它的意义无疑甚至更小了。不存在清楚界定的一组制度,人们为了克服他们的贫穷必须被从它们的控制或侵入中解放出来。的确,对贫穷的解决方法,就像在大萧条年代对失业的解决方法一样,最可能来自大型机构,来自大型机构考虑周密的侵入。这些问题所需要的可能是由政府在经济上和政治上使得人民有能力的社会福利自由主义,这已被很多批评者所提出,至晚是起始于一个多世纪以前托马斯·希尔·格林,当时许多人的贫穷似乎不能很好地适合于宣称自由是一种解放者的主张。格林及其他人因而主张政府采取行动改善多数人的命运。[477]格林的这种自由主义 326
的说法基于共同利益(common good)的模糊概念,所以它在以个体为中心的自由主义传统中是不清晰的。

我们能从许多国家战后福利规划的经验中获得的对福利自由主义的最好理解是,它未被合理地看作一个互利的问题。作为一个政治事实的问题,一项真正的关于我们社会中处境最差的人的更大福利的规划依赖于其他主要集团的容忍。这样的一项规划将包含这些集团与处境最差的人之间实质性的利益冲突。因此,实现或维持这样的一项规划不只是一个协调问题。它将不是自我实施的,相反,它要求使之前进的持续的信誓,并且它在任何时候都易于受到那些希望从削减福利规划中获利的人的攻击。即使在其最残酷的日子里(比如麦卡锡反共产主义的年代),政治自由主义在美国都不曾像福利自由主义一样易于受到攻击——尽管在其他国家政治自由主义都已屈服了。同时,经济自由主义在美国度过了即使是最危险的大萧条年代。

群体自由主义

在最近数十年内,有许多重视群体“权利”或不同种类集团保护的要求。实际上任何其他的自由主义都能被称为群体自由主义,但我将把这一术语保留为对可明确认定的群体的保护。例如,保护一个移民群体在与政府打交道和子女教育中使用其母语将是群体自由主义的一个例子。所有其他的自由主义都讨论保护个体的工作。群体自由主义是十分奇特的,因为它通过保护群体,莫名其妙地把相关群体提高到了它的成员之上,并可能**使群体与其自己的成员相对立**。

我们能从两个方面刻画对群体保护的需求。第一,它可能是制度自由主义保护工人或消费者对抗私人机构的一些早期要求的扩展。例如,工人是这样一个群体,他们能够提出他们需要对一项规则的总体实施,使得他们有能力动员起来反对企业。[478]类似地,
327 政府将决定对合同(它既包括不平等的双方之间的关系,也包括对那些没有参与合同的人具有重要外部影响的关系)条款的限制。这方便了群体能够做的事情,或保护群体免于不同种类的危害。对于这样的危害,一个自由主义的政府可能采纳某种类似于穆勒的损害原则的东西。但是,除非群体自由主义是与经济自由主义相冲突的,政府不应当通过操纵经济的特定方面来避免损害。例如,政府可能保护作为一个群体的工人免受经济变化带来的损害。

但是它应当通过针对工人(worker-specific)的方案,而不是通过人为地维持一个失败的企业或一个过时的产业的存活来达到这一点。

第二,对群体保护的需求可能是利益集团自由主义的描述性理论——它刻画了准麦迪逊式的致力于试图影响国家政策的利益多元性体制下的美国政治——的一个扩展。但是在利益多元主义中,群体有代表性地直接从政府那里争取优惠。在较新的群体自由主义中,群体需要保护以免于政府和私人部门的侵扰。例如,他们需要保护免受政府对他们如何教育孩子的要求,以及免遭电影制片人言论自由和电视策划的侵扰。在策略上,这样的自由主义是一个大杂烩。

在我们的时代,群体的要求之一是对少数民族语言的官方保护。在美国,这样的保护可能使讲西班牙语、朝鲜语或越南语的第一代人的处境改善。但它可能部分地使下一代人受到削弱,因为典型的情况是,它意味着确保下一代接受少数民族语言的教育,进而或许使他们更为不能在更大的社群内发挥完全的作用。因而,保护假设的群体利益要求采取与一些群体成员利益和激励相抵触的行动。至少,这使群体自由主义成为一个十分复杂的自由主义样式。它很难在标准的福利主义或自主权的基础上得到辩护。并且,它与社会自由主义是冲突的,或许还是与制度自由主义冲突的。

最后,更强意义上的群体自由主义的支持者对更大的社会、甚至于对他们的成员有不合理的要求,并且,他们经常要求政府管理这些不合理要求。因而,根据以前对自由观念的任何有判断力的解释，群体自由主义经常是严重地反自由主义的。许多不是要求群体自主权的群体之成员的人不顾其反自由主义的涵义而维护群体保护。他们支持群体权利的正面论点大体上是，给予群体社会
328 地位——即使有对个体的集团成员的一些控制，允许集团成员享有诸多好处，如若不然这些好处就会面临来自更大社会的腐蚀性影响的危险。因而，对一个群体的政府保护只不过是保护其成员的一种方式。

民权运动

看一下这些不同的自由主义如何在一场实际的事件中开始发挥影响是有益的。美国的民权运动抓住了各种自由主义影响的整个范围。这场20世纪50到60年代的运动起初是一个把政治自由主义扩展到包括一个以前被排除的集团的运动，在这个过程中它首先被指向政府：指向歧视黑人的法律，以及指向拒绝实施自由主义法律（它将给予黑人更容易的进入政治和市场经济权利）的法庭。这场运动实质性的成功不足以克服种族主义的更深的问题，因而，该运动也推动了法律去强制私人机构终止多种形式的歧视。就此而言，它的规划就是杜威制度自由主义的规划。然而，即使这个规划也将被证明是不足以克服黑人在美国社会中的不平等的。两个进一步的计划将是必须的：结束普遍的、非制度性的社会习俗的种族主义，以及结束贫穷。黑人社区中的有些人将会更进一步地要求群体权利，尽管他们典型性地把要求自主权当作一种逃避种族主义和白人制度控制的方式，而不是保护宗教的或其他群体

层次价值的方式。

到目前为止,在短期内这两项最近的计划中较重要的是结束贫穷,而贫穷并不是当前的种族主义或私人(或公共)机构压迫的结果。最坚定的经济自由主义者可能坚持说对贫穷最好的治疗是市场。但是,即使这个治疗可能最终发挥作用,它很明显要花太长的时间,以至于生活在现在的数以百万计的人们不能从中获益。况且,即使它最终把机会带到他们的世界,他们的子女将普遍地受到很差的教育,以至于几乎不能适于市场中的工作。这一计划是通常被称为福利自由主义的计划——或者按这个术语更温和的用法,是过去被称为社会主义的计划。

正如加里·贝克尔及其他人所争辩的,如果不存在约束他们的法律或种族主义的社会习俗(如果他们确实雇佣了少数民族工人,该习俗就将损害他们的经营),雇主将不考虑种族,有效率地雇
佣工人。[479]在跨种族雇佣方面最迟缓的是那些其员工与公众打交 329
道的企业(比如 Sears),而不是其员工在工厂内部工作的企业(比如汽车制造商)。销售商害怕种族主义者的反应——反对他们的销售人员中出现黑人。

同样地,约翰·哈维德·格里芬在他对南方种族主义的研究中得出结论:那些非种族主义者表达他们的观点及按他们的观点行事的失败,甚至也会支持种族歧视的规范。[480]他们的失败部分或许是由于他们不知道他们有多少人,部分是因为种族主义的习俗是一个能被轻易用来惩罚违反者(除非违反者被动员起来,就像他们最终被早期的民权运动动员起来,以及被变化中的法律动员起来那样)的协作规范。这方面的公民权利努力是社会自由主

义——它把国家行动和自发行动结合起来创造或支持一种替代性的习俗——的一个例子。断言它已完全胜利或将很快完全胜利可能是过分乐观了。有效的反对歧视的法律实际上是符合大多数大企业的利益的,同时类似的法律也是符合许多其他竞争性机构(比如大学)的利益的。甚至一家大型制造企业的种族主义的董事会主席也有一种激励仅注意企业内工人的成本和生产力。因而,这样的法律既是反对危害商业的州法律的经济自由主义的例子,也是改变社会规范的社会自由主义的例子。

尽管贫穷是这两个问题中更为重要的一个,但打破反自由的种族主义社会习俗将是极其困难的,这完全是因为它们典型地是自我实施的协作规范。仅仅设计一种新的协作将不能取代它们。在他对美国奴隶制冗长而尖锐的讨论中,托克维尔写道,"在古代的遗存物中,(有关奴隶制的)最大的困难是改变法律的困难;在现代人中间,这就是改变习俗的困难,就我们的担忧而言,真正的障碍始于前辈留下的那些障碍。"[481]他争辩道,一旦南方的奴隶制成为过去,种族偏见仍将长期存在。奴隶制要求法律实施,因而能通过改变法律来结束它。种族主义是习俗性的因而不能轻易被法律触及。

策略差异

从与政治和经济自由主义比较的角度考虑一下这些另外的自由主义的策略性质。这里有两个问题。第一个是政府的角色,它
330 是要被约束的还是要被利用的。第二个是有利害关系的更大的交

往的博弈理论结构。本附录中讨论的所有的自由主义都与以前的政治和经济自由主义不同,因为它们实际上要求政府行动作为后援。然而,在另外一个问题上,它们是不同的。自由主义、宪政主义和民主,当其发挥作用时,乃是在互利政权基础上的协作。因为它们是协作,所以它们是自我实施的。制度自由主义的体制,至少当其影响大型机构时,可能在一个民主社会中容易成为互利的和自我实施的。社会自由主义——它包括打破破坏性的社会习俗——一旦实现将也是自我实施的。不幸的是,福利和群体自由主义与政治和经济自由主义在策略上并不相似。解决贫穷以及维持被选择的群体的群体自主权对自由社会中政治上最重要的群体来说不大可能是互利的。它们并不服务于中产阶级和政治上有影响的、富裕的企业家阶层的利益。这些问题的解决方法不大可能像旧自由主义那样自我实施——一旦存在就是自我实施的,也不像一部有效的宪法那样自我实施。

哈耶克将福利自由主义归因于笛卡尔所激发的建构主义的大陆哲学。[482]他认为我们应当凭理智掌握我们的世界的观点是这个自由主义及其表亲——社会主义的背景。因而,政治和经济自由主义从古代经过苏格兰的启蒙和英国的辉格党人传至我们。福利自由主义处于一个极为不同的经过法国启蒙和伏尔泰及卢梭传下来的传统之中。因而,用我的术语而不是哈耶克的术语来说,它们是拥有不同策略假设的极为不同的观点。政治和经济自由主义的假设是自发的个人创造及进而从他人控制中解放出来;福利自由主义的假设是对从自然界约束中获得解放的知识和理论掌握。撇开他的历史和知识主张的有效性,哈耶克的策略涵义无疑是正确的。政治和经济自由主义指向将要被终止的**政府侵入**；福利自由主义指向为了克服社会和经济失败问题（不管其失败的原因）**而侵入的政府**。

顺着杜威，人们可能说到自由主义的阶段：从君主和寡头政治控制中解放出来，从政府关于谁工作或生产或贸易的经济决策中
331 解放出来，从制度化的私人权力的掠夺中解放出来，从许多社会习俗的死亡之手解放出来，或许还有其他解放。杜威将会把前三种解放置于这个历史次序之中——尽管我认为把经济自由主义放在这个次序中是一种误导，在这个次序中，经济自由主义起初被提出来反对它在其中开始出现的那种秩序（关于进一步的内容参阅第二章）。到目前为止，我们有了仅仅对前两种解放的真正清楚的解释，以及仍处于兴起中的对第三种解放的解释。

当政治与经济自由主义被结合到同一个政府之中时，特别是当从美国宪法创造的政府开始时，它们在没有使一种自由主义屈从于另一种或以一种自由主义剥夺另一种的应用的情况下，被结合进了政府。对 20 世纪 30 年代的一种新的自由主义来说，杜威那含糊的药方——政府对经济实质性的控制——代表一种新生的福利自由，将可能已经缩减了经济自由（进而或许还有政治自由）。主要是在第二次世界大战后在西方成长起来的福利国家——正如最好的经验所暗示的那样——同样地能与旧的政治和经济自由主义并行地建立起来，而不是建立在旧的政治和经济自由主义部分毁灭的基础上。除了使教育和文化相对可用以外，没有人曾严肃地提出过任何打破不合宜的社会习俗统治的总体计划。我也将不提出这样的一个计划。就西方的自由宪政民主被考虑而言，我的

解释是回顾性的。就许许多多其他国家被考虑而言,它仍旧令人惊奇地是前瞻性的。

如果杜威在世来评价这本书,他可能把它描述为“旧自由主义、宪政主义和民主”。它是旧的,是因为它没有提出他认为的我们(或他的)时代已建立起来的自由民主政体中的中心问题,即,把人民从大型**私人**组织对个人自由和福利的不合理要求中解放出来。他认为这是自由主义的新问题。他也认为这个问题必须通过政府行动来解决。我们已花了很长时间从强加对社会的贵族控制以及对经济的重商主义控制的政府中解放出来,而现在我们需要从在旧自由主义体制下兴起的私人权力中解放出来。他写道,“在早期的自由主义已经完成其使命后,社会面临一个新的问题,即社会组织的问题。”[483]因为他是在大萧条最深重的时候写作的,所以似乎合理的情况是,杜威认为我们需要的大多数东西是能通过社会福利安排处理的问题,这些福利安排不违反超出了标准的税收侵犯(旧自由主义的支持者一贯同意税收)的旧的经济自由主义。

我赞同大多数社会获得的益处将比仅仅从“旧”自由主义的解 332
放特征中获得的益处要多一些——尽管我在这本书中仅把“旧”自由主义当作自由主义,因为我认为大多数社会需要的“更多的”可能不是自由主义术语或体制的巨大改变。然而,无论如何,我在这儿的目的限于从它们在引人注目地改变现代宪政民主体制里公民的命运中的作用的角度分析自由主义、宪政主义和民主。在目前,理解这一作用不仅是一个历史好奇心或陈述思想史的问题。毋宁说,它更是世界上大部分地方迫切考虑的问题,在这些地方,实现自由主义宪政民主目前无疑是中心的政治要求，是当代人政治议程上第一位的并且几乎是唯一的议题。

注　释

① 罗素·哈丁，《我为人人：群体冲突的逻辑》(*One for All: The Logic of Group Conflict*)。普林斯顿：普林斯顿大学出版社，1995:168—172。

② 马克斯·韦伯，《政治文集》(*Political Writings*)，Peter Lassman 和 Ronald Spiers 编。剑桥：剑桥大学出版社，1994(此处引文写于 1917 年)：145。

③ 同上，第 157—158 页。

④ 古尔恰兰·达斯(Gurcharan Das，《松绑的印度》(*India Unbound*)，New York：Knopf，[2000]2001：175)讲述了在一次会议上，一位工业家 Rahul Bajaj 因为生产了超过限额的踏板车而受到坐牢的威胁。他反驳道："阁下，我的祖父为了祖国的自由而入狱。我已准备好因为为我的祖国生产而去做同样的事情。"

⑤ 为了说明这个观点，请注意，如果"美国从真实人均 GDP 为 2244 美元的 1870 年开始，在接下来的 120 年内以 0.75% 的年均速度增长，那么 1990 年真实人均 GDP 就会是 5519 美元，仅是 1870 年值的 2.5 倍，只占 1990 年实际值 18258 美元的 30%。如果是这样，那么美国在 1990 年的时候就不是排在世界第一，而是在有数据的 127 个国家中排第 37 位。换个说法，假如年均增长率降低了 1 个百分点，那么美国 1990 年的真实人均 GDP 就与墨西哥和匈牙利相近，比葡萄牙和希腊低将近 1000 美元"(Robert J. Barro 和 Xavier Sala-i-Martin，《经济增长》(*Economic Growth*). New York：McGrawHill，1995:1)。

⑥ 参阅 Saritha Rai，"印度制定快速度，年增 8.2%"，《纽约时报》，2004 年 7 月 1 日，W.1；Amy Waldman，"印度经济增长与民主相得益彰"，《纽约时报》2004 年 5 月 23 日，4.3。

⑦ 查尔斯·E.林德布洛姆,《政治与市场:世界的政治—经济体制》。纽约:Basic, 1977:348。

⑧ 同上书,218 页。

⑨ 关于这一观点的论述,参阅凯斯·桑斯坦《第二权利法案:FDR 未完成的革命以及我们为什么比以往更需要它》(Cass Sunstein, *The Second Bill of Rights: FDR's Unfinished Revolution and Why We Need It More than Ever*)。纽约:Basic, 2004:第 12 章。

⑩ 戈登·伍德,《美利坚共和国的创建,1776－1787》(Gordon S. Wood, *The Creation of the American Republic, 1776－1787*)(北卡罗来纳 Chapel Hill:北卡罗来纳大学出版社, 1969 年),第 186 页。

⑪ 阿尔杰农·西德尼,《政府论集》(Algernon Sidney, *Discourses Concerning Government*), Thomas G. West 编辑 (Indianapolis, Ind.: Liberty Classics, [1698] 1990): 第 44 节, 565 页; 埃德蒙·伯克(Edmund Burke), "致布里斯托尔选举人的演说"("Speech to the Electors of Bristol," 1774 年)(伯克,《有关美国事务的演说和信件》(*Speeches and Letters on American Affairs*),London: Everyman, 1969: 68—75),第 72 至 74 页。

⑫ 关于这一争论,详见萨缪尔·H.贝尔,《制造国族:美国联邦主义的重新发现》(Samuel H. Beer, *To Make a Nation: The Rediscovery of American Federalism*) (Cambridge, MA: Harvard University Press, 1993): 164—168; this book, chapter 4; 约翰·菲利普·雷德,《美国革命时代的代表概念》(John Phillip Reid. *The Concept of Representation in the Age of the American Revolution*) (Chicago: University of Chicago Press, 1989): 50—62; 伍德,《美利坚共和国的创建》,第 173 至 181 页。

⑬ 约瑟夫·A.熊彼特,《资本主义、社会主义与民主》(Joseph A. Schumpeter, *Capitalism, Socialism and Democracy*) (New York: Harper, [1942] 1950. 第三版); 安东尼·唐斯,《民主的经济理论》(Anthony Downs, *An Economic Theory of Democracy*) (New York: Harper, 1957)

⑭ 关于这方面的见解,参阅 John R. Hibbing and Elizabeth Theiss-Morse,《隐秘的民主:美国人关于政府应当如何运作的信条》(*Stealth Democracy: Americans' Beliefs about How Government Should Work*) (Cambridge: Cambridge University Press 2002)；唐纳德·A. 魏特曼,《关于民主失灵的神话:为什么政治制度是有效率的》(Donald A. Wittman, *The Myth of Democratic Failure: Why Political Institutions Are Efficient*)(Chicago: University of Chicago Press, 1995)；以及下书中的几篇投稿:Arthur Lupia, Mathew D. McCubbins, 以及 Samuel L. Popkin 编辑,《推理的元素:认知、选择以及理性的限度》(*Elements of Reason: Cognition, Choice, and the Bounds of Rationality*)(Cambridge: Cambridge University Press, 2000)。

⑮ 伯纳德·莫南,《代议制政府的原则》(Bernard Manin, *The Principles of Representative Government*)(Cambridge: Cambridge University Press, 1997).

⑯ 阿瑟·米勒,《论政治以及表演的艺术》(Arthur Miller, *On Politics and the Art of Acting*)(New York: Viking, 2001).

⑰ 罗素·哈丁,"转轨到法人民主?"(Russell Hardin, "Transition to Corporate Democracy?"),载 *Building a Trustworthy State in Post-Socialist Transition*(《在后社会主义转轨中建立值得信任的国家》), Janos Kornai 和 Susan Rose-Ackerman 编 (New York: Palgrave Macmillan, 2004),第 175 至 197 页。

⑱ 阿道夫·伯利和加德勒·明斯,《现代公司和私有财产》(Adolph A. Berle and Gardner C. Means, *The Modern Corporation and Private Property*)(New York: Macmillan, 1932):第 119 至 125 页以及全书各处。

⑲ 同上,第 354 至 355 页。

⑳ 约翰·C. 卡尔霍恩,《论美国宪法》,载《联邦与自由:约翰·C. 卡尔霍恩的政治哲学》(John C. Calhoun, *A Disquisition on Government. In Union and Liberty: The Political Philosophy of John C. Calhoun*), Ross M. Lence 编 (Indianapolis, IN: Liberty Fund, 1992: 3—78):第 16 页。

㉑ 考虑一下美国 2002 年的议会选举。在众议院(拥有 435 名成员,均每隔 2 年选一次)只有 4 位在任议员输给了新的挑战者(因为他们的选区为反映人口变化而发生变更,有少数现任议员输给了其他现任议员)。大体上看,90%的候选人以所投总票数 10%多的优势胜选。当州政府在每十年一

次的人口统计之后重新划分选区时（就像2002年选举时那样），选区通常被出于政党利益划分以确保在该州处于优势地位的政党的候选人能够当选。有关数据，参阅 Richie 2002。

㉒ 伯利和米恩斯，《现代公司和私有财产》，第352页。

㉓ 布热德是一个小书商，他的崛起在1956年52名布热德主义的候选人当选进入法国国民大会时达到了顶峰。该政党此后再也没有达到这样程度的代表数。他的一位早期的追随者 Jean-Marie Le Pen 也在当年被选入国民大会（见《大不列颠百科全书》2004年电子版“布热德”词条。“Poujade,” in *Encyclopedia Britannica*, 2004, electronic edition.）。

㉔ 桑斯坦，《第二权利法案》，第13页。

㉕ 詹姆斯·麦迪逊，《联邦党人文集》第37篇，载亚历山大·汉密尔顿、约翰·杰伊和詹姆斯·麦迪逊，《联邦党人文集》(James Madison, Federalist 37. In, Alexander Hamilton, John Jay, and James Madison. *The Federalist*)，George W. Carey 和 James McClellan 编辑(Indianapolis, Ind.: Liberty Fund: 179—185)，见第183页。

㉖ 杰拉德·麦凯，“终结缠足与锁阴：一项习俗角度的解说”，《美国社会学评论》，(Gerald Mackie, “Ending Footbinding and Infibulation: A Convention Account” *American Sociological Review*)，第61卷，1996年第6期，第999至1017页。

㉗ 哈勒，“权力，政治的”(Hermann Heller, “Power, Political”)，载 Edwin R. A. Seligman 和 Alvin Johnson 编，《社会科学百科全书》(*Encyclopaedia of the Social Sciences*)（纽约：麦克米伦，1933），第12卷，第300—305页，引文在第301页。

㉘ 休谟，《道德原则研究》(David Hume, *An Enquiry Concerning the Principles of Morals*)，载休谟，《人类理解力和道德原则研究》(*Enquiries concerning Human Understanding and concerning the Principles of Morals*), L. A. Selby-Bigge 和 P. H. Nidditch 编（牛津：牛津大学出版社，1975年；1751年第1版），第3节，第2部分，第195页。

㉙ 互利也可以是自利的一个概念性推广，就像下面所讨论的在帕累托的世界中那样，然而把这一看法回溯到霍布斯或许是不合逻辑的。进一步的

内容参阅哈丁,“边界上的魔法:关于效率的规范”(Russell Hardin,“Magic on the Frontier: The Norm of Efficiency”),《宾夕法尼亚大学法学评论》(*University of Pennsylvania Law Review*), 144 (1996 年 5 月): 1987—2020。

㉚ 霍布斯,《利维坦》(Thomas Hobbes, *Leviathan*)(伦敦: Penguin, 1968 年, C. B. Macpherson 编;最初出版于:伦敦: Andrew Cooke, 1651 年),第 14 和 15 章。

㉛ 霍布斯(《利维坦》,第 215 页)坚持,如果它们没有被国家权力所积极支持——即,只有存在安全保障的地方——则没有人有必要遵循它们。

㉜ 霍布斯,《利维坦》,第 216—217 页。

㉝ 因而,霍布斯对其“法则”的讨论并不与他的互利看法相左。与字面理由把霍布斯的道德观看作局限于自利及其因果推广有异,如果他没有给他的论辩加上一大堆道德干扰的话——这些干扰包括专门的规范和道德原则——他应是一个远为有用的理论家。他的早期读者在他的论点中没有看到任何道德原则。即使一个不同意我对他的解读的人(至少是一名政治哲学家)也应仍然会对我归之于他的理论感兴趣,因为它是一个出奇简约的底线理论。如果它可以令人信服地运作,政府的部分成功就不一定以充足的道德为前提。无论如何,说霍布斯的意思是 X 并且只是 X,是奇怪的。他在《利维坦》中写了很多东西,并不是所有东西都是一致的。此外,为了接触到相对广泛的读者群,他极力以人们熟悉的方式来论证,借助了物理模型、《圣经》以及推理。我期望指出的是,他对于集体行动和主权作出了一系列有意义的、清晰一贯的论证。他在很少的页面里(第 13—15 章)提出了这些主张,那些页面可被认为是政治哲学史上最伟大的短小专题论文。

㉞ 我在下述文章里讨论了规范性互利理论中的内在困难:哈丁,“政治义务”(“Political Obligation”),载 Alan Hamlin 和 Philip Pettit 编,《良好政治体》(*The Good Polity*)(牛津: Basil Blackwell, 1989 年),第 103—119 页。

㉟ 哈特,《法律的概念》(H. L. A. Hart, *The Concept of Law*)(牛津:牛津大学出版社,1961 年),第 88 页。同样见哈丁,“制裁和义务”(“Sanction and Obligation”), *The Monist*, 68 (1985 年 7 月): 403—418。

㊱ 类似地,被协作利益支持的规范比那些仅仅受到规范性承诺支持的

规范更有效。该论点是简单的，但不是短暂的。实质上，一个拥有一项协作规范的群体将自发地对违犯者强制执行它，因为这样做符合他们的利益，或者至少不违反他们的利益。参阅哈丁，《我为人人：群体冲突的逻辑》(*One for All：The Logic of Group Conflict*)（普林斯顿：普林斯顿大学出版社，1995 年)，第 4 章和第 5 章。

㊲ 托克维尔，《论美国的民主》(Alexis de Tocqueville, *Democracy in America*)，2 卷本(纽约：Knopf，1945 年；1835 年、1840 年第 1 版)，对于托克维尔来说，民主是一个复杂的问题。它包括趋于更大社会平等的倾向，他认为这种平等表现了美国、特别是其政治参与的特征。

㊳ 汉密尔顿、杰伊、麦迪逊，《联邦党人文集》(Alexander Hamilton, John Jay 和 James Madison，*The Federalist Papers*)（纽约：新美国人图书馆，1961 年)；1787—1788 年作为 85 篇通讯首次在报纸上发表。达尔，《民主理论导言》(Robert A. Dahl, *A Preface to Democratic Theory*)(芝加哥：芝加哥大学出版社，1956 年)，第 132—133 页。整个段落在第七章的开头“分隔的社会”一节中被引用。

㊴ 帕累托，《政治经济学手册》(Vilfredo Pareto, *Manual of Political Economy*)，Ann S. Schwier 译(纽约：Augustus M. Kelley，1971 年；1927 年第 1 版)，第 192 页。对政府行为的许多帕累托批评中存在含糊的推理。如果我们不仅把对交换者的影响而且把对其他每个可能受影响的人所受的影响都考虑在内，个人间的交换通常都违背帕累托标准。我在生意上的巨大成功可能使你破产，即使在改善我自己以及交易中我的每个合作伙伴的命运方面，我的所有交易都是帕累托有效的。进一步讨论请见第二章“因果性和概念性联系”。

㊵ 杜威断言，在我们的意义上使用自由主义这一术语始于 19 世纪第一个十年(约翰·杜威，《自由主义和社会行动》(*Liberalism and Social Action*)，载《杜威后期著作，1925—1953》(*The Later Works of Dewey, 1925—1953*)，第 11 卷(伊利诺伊州 Carbondale：南伊利诺伊大学出版社，1987 年；1935 年第 1 版)，第 1—65 页，引文在第 6 页)。

㊶ 托克维尔，《论美国的民主》第 1 卷，第 252 页。进一步讨论见第二章中“集体解决方案”一节。

㊷ 这无疑是显而易见的，也正如明白无误的保守人士所宣称的那样。George F. Will, *Statecraft as Soulcraft*（纽约：Simon and Schuster，1983年），第23，126—132页。

㊸ 休谟论证说，争取一项平均分配的努力一般会是破坏性的，并且当其导致暴政时将会全面地降低福利（休谟，《道德原则研究》第3节，第2部分，第193—194页）。也可参阅德哲维，《再分配的伦理学》（Bertrand de Jouvenel, *The Ethics of Redistribution*）（剑桥：剑桥大学出版社，1952年；Liberty出版社1990年重印）。

㊹ 这占国民收入的0.15%（《纽约时报》1995年4月30日4.4版）。丹麦、挪威以及瑞典大约使用它们国民收入的1%。

㊺ 关于冲突以及共享价值理论，见帕森斯，《社会行动的结构》（Talcott Parsons, *The Structure of Social Action*）（纽约：Free出版社，1968年；1937年第1版），第89—94页；以及达兰多夫，"色拉叙马霍斯颂"（Ralf Dahrendorf, "In Praise of Thrasymachus"），载达兰多夫，《社会理论文选》（Ralf Dahrendorf, *Essays in the Theory of Society*）（斯坦福：斯坦福大学出版社，1968年），第129—150页。也可参阅丹尼斯·朗，《秩序问题：是什么联合以及分裂社会》（Dennis Wrong, *The Problem of Order: What Unites and Divides Society*）（纽约：Free出版社，1994年）；涂尔干，《社会中的劳动分工》（Emile Durkheim, *The Division of Labor in Society*）（纽约：麦克米伦，1933年；1893年第1版），第226—229页以及全书各处（涂尔干谈及"共同良心（common conscience）"）。

㊻ 更近期也存在结构理论，为马克思所代表，并在我们的时代被许多结构主义社会学家所清晰地表达出来。大量结构主义理论关注的一直是社会秩序在革命中的崩溃，而不是关于社会秩序的总体性理论。作为关于决定利益的社会情境的描述性理论，结构主义理论或许是正确的。但是，这一学派仍然需要一个解释，以说明个人为什么以及在何时去做那些结构示意属于他们集体利益的事情。

㊼ 阿尔蒙德、维巴，《公民文化：五国的政治态度和民主》（Gabriel Almond 和 Sidney Verba, *The Civic Culture: Political Attitudes and Democracy in Five Nations*）（普林斯顿：普林斯顿大学出版社，1963年）。

㊽　史可隆,“合约主义和功利主义”(Thomas M. Scanlon,“Contractualism and Utilitarianism”),载森(Amartya Sen)和威廉姆斯(Bernard Williams)编,《功利主义及其超越》(*Utilitarianism and Beyond*)(剑桥:剑桥大学出版社,1982 年),第 103—128 页,引文在第 115 页注解。也可参阅贝瑞,《作为公平的正义》(Brian Barry, *Justice as Impartiality*)(牛津:牛津大学出版社,1995 年),以及哈丁,“合理赞同:政治的而非规范的”(“Reasonable Agreement: Political Not Normative”),载 Paul J. Kelly 编,《公平、中立性和正义:重读贝瑞〈作为公平的正义〉》(*Impartiality, Neutrality and Justice: Re-reading Brian Barry's Justice as Impartiality*)(爱丁堡:爱丁堡大学出版社,1998 年),第 137—153 页。

㊾　例如参见 Charles Fried,《作为允诺的契约》(*Contract as Promise*)(麻省剑桥:哈佛大学出版社,1981 年)。

㊿　并不是所有的霍布斯研究者都会同意这一评估。欲知一个将他理解为协作理论家的观点,请参见哈丁,“霍布斯式政治秩序”(“Hobbesian Political Order”),《政治理论》(*Political Theory*),19 (1991 年 5 月):156—180。

51　休谟,《人性论》(*A Treatise of Human Nature*),L. A. Selby-Bigge 和 P. H. Nidditch 编(牛津:牛津大学出版社,1978 年第 2 版;1739—1740 年第 1 版),第 504—513 页;斯密,《国民财富的性质和原因的研究》(Adam Smith, *An Inquiry into the Nature and Causes of the Wealth of Nations*),R. H. Campbell, A. S. Skinner 和 W. B. Todd 编(牛津:牛津大学出版社,1976 年;1776 年第 1 版;Liberty 出版社 1979 年重印);林德布洛姆《政治与市场:世界的政治—经济制度》(C. E. Lindblom, *Politics and Markets: The World's Political-Economic Systems*)(纽约:Basic Books)。

52　实质上,这一要旨出自斯汀奇科姆(Arthur L. Stinchcombe),“囚徒困境是整个社会学吗?”(“Is the Prisoner's Dilemma All of Sociology?”)《探索》(*Inquiry*),23 (1980 年):187—192。

53　在以下著作的相关部分中,我也为该理论在许多其他情境下进行了辩护:哈丁,《集体行动》(*Collective Action*)(巴尔的摩:Johns Hopkins University Press for Resources for the Future, 1982 年);《理性界域内的道德》

(*Morality within the Limits of Reason*)(芝加哥:芝加哥大学出版社,1988年),以及《我为人人》。

㊹ 哈丁,“霍布斯式政治秩序”。

㊺ 休谟的论点或许一直被忽视了,因为它们主要出现在下书中一系列大段的脚注里:休谟《人性论》,第504—513页。

㊻ 谢林,《冲突的策略》(Thomas C. Schelling, *The Strategy of Conflict*)(麻省剑桥:哈佛大学出版社,1960年),第54—58页。

㊼ 参阅格里芬,《黑者如我》(John Howard Griffin, *Black like Me*)(纽约:新美国人图书馆,1976年;1961年第1版),第153页。进一步讨论请参阅本书附录。

㊽ 哈斯汀,致编辑的信(Cornelius Hastie, Letter to the Editor),《纽约客》(*New Yorker*)(1998年11月9日),第10页。

㊾ 哈丁,《我为人人》,第4章。

㊿ 威尔逊,“法律演讲”(James, Wilson,“Lectures on Law”),载《詹姆斯·威尔逊文集》(*The Works of James Wilson*), Robert Green McClosky编,2卷本(麻省剑桥:哈佛大学出版社,1967年;该论文首次发表于1791年);摘登于昆兰德(Philip B. Kurland)和勒纳(Ralph Lerner)编,《缔造者的宪法》(*The Founders' Constitution*),5卷本(芝加哥:芝加哥大学出版社,1987年)第1卷,第73页。

61 哈丁,《理性界域内的道德》,第51—53页。

62 哈丁,《我为人人》,第4章。

63 参见下书中的几篇稿件:法尔(Susan J. Pharr)和帕特南姆(Robert D. Putnam)编,“什么在困扰三方诸民主体?”(“What's Troubling the Trilateral Democracies”),书稿,哈佛大学,1998年。

64 罗尔斯,《正义论》(John Rawls, *A Theory of Justice*)(麻省剑桥:哈佛大学出版社,1971年),第113—114页。

65 霍布斯,《利维坦》,第14章,初版第65页(英文版有“emphasis added”,系编辑错误。——译注)。

66 霍布斯,《论公民》(*De Cive*), Howard Warrender编(牛津:牛津大学出版社,1983年),15.7,第187页;1642年首次以拉丁文出版;1651年以

英文出版。防蹶锥是用来阻止套在马车上的马匹猛烈上踢的长钉,因为如果它们那样做的话,它们会伤害自己。因此在霍布斯的意义上,套在马车上的马就有义务 (obligated) 不去踢蹶。

⑥⑦ 奥斯丁(Austin, John),《法理学范围之确定》(*The Province of Jurisprudence Determined*)(纽约:Noonday, 1954 年;1832 年第 1 版),第 16 页,着重号是我加的。

⑥⑧ 霍布斯,《利维坦》,第 14 章,初版第 68 页。对我们通常称为契约(contract)的东西,他叫做协定(covenant)。

⑥⑨ 哈特,《法律的概念》,第 80—81 页。

⑦⓪ 进一步的内容参阅哈丁,"政治义务"("Political Obligation"),载 Alan Hamlin 和 Philip Pettit 编,《良好政治体》(牛津:Basil Blackwell, 1989 年),第 103—119 页。

⑦① 进一步的内容参阅哈丁,《我为人人》,第 179—180 页。

⑦② 在第五章的"结语"中,托马斯·杰斐逊和乔治·华盛顿都被引用于此种效果。

⑦③ 亚当·弗格森,《论市民社会的历史》(Adam Ferguson, *An Essay on the History of Civil Society*)(新泽西州 New Brunswick: Transaction, 1980 年;1767 年第 1 版),第 122 页。

⑦④ 杰克·N. 拉考夫(Jack N. Rakove),"字纸屏障与权利政治"("Parchment Barriers and the Politics of Rights"),载 Michael J. Lacey 和 Knud Haakonssen 编,《权利文化:1791 年和 1991 年哲学、政治和法律中的权利法案》(*A Culture of Rights: The Bill of Rights in Philosophy, Politics, and Law, 1791 and 1991*)(剑桥:剑桥大学出版社,1991 年),第 98—143 页,引文在第 103 页。

⑦⑤ 托马斯·杰斐逊 1789 年 9 月 6 日给詹姆斯·麦迪逊的信,载昆兰德和勒纳编,《缔造者的宪法》第 1 卷,第 68—70 页,引文在第 68 页。

* "nation"一词有两种不同含义。第一种含义指作为政治体的国家,主要用于指称国际社会中的主权国家,我们把这种含义译为"国家"。对于第二种含义,在当代社会科学讨论中,无论是关于"nation"起源的现代派还是原初派,多数学者(如 Anderson, Benedict. 1991. *Imagined Community*, re-

vised ed. New York: Verso; Gellner, Ernest. 1983. *Nations and Nationalism*. Ithaca, NY: Cornell University Press; Hobsbawm, E. J. 1990. *Nations and Nationalism since 1780*. New York: Cambridge University Press; Smith, Anthony D. 1991. *National Identity*. London, UK: Penguin Books.)都用"nation"一词指称拥有聚居地并且自认为政治上应当自我治理的社会群体,我们将这种含义译为"国族",以区别于"族群(ethnic group)"以及中文中的"民族"这两个概念。"族群"和"民族"并不能表达"nation"一词中地域性以及政治自我治理的含义。特别是,中文语境中的"民族"一词含义相当模糊,经常在族群(56个"民族")和自我治理的群体(中华"民族")之间相混淆,因此,我们在以上两个意义上都不再使用该概念,而仅用"民族"来笼统地指称特定之人群(people)。相应地,由于"nationalism"一词主要用于表达政治治理体系应当与国族在地域上相匹配这一信条,因此译为"国族主义",以取代以往的"民族主义"之译法。——译注

⑯ 尽管此处论点特别针对政府职员,它适用于任何组织境况中。我在以下文章中讨论了使任意类型组织中的人们去为其组织的利益而行动的一般问题:"制度信誓:价值还是激励因素?"("Institutional Commitment: Values or Incentives?"),载 Avner Ben Ner 和 Louis Putterman 编,《经济学、价值和组织》(*Economics, Values, and Organization*)(剑桥:剑桥大学出版社,1998年),第419—433页,特别是第424—426页。在另一文章里,我专注于单个公民会具有的理性,它们被用来期待政府职员或多或少按照他们的角色所要求的那样去做,"信任政府"("Trust in Government"),载 Valerie Braithwaite 和 Margaret Levi 编,《信任和治理》(*Trust and Governance*)(纽约:Russell Sage Foundation, 1998年),第9—27页,特别是第19—22页。

⑰ 布伦南和布坎南,《规则的合理性:宪政的政治经济学》(Geoffrey Brennan and James M. Buchanan, *The Reason of Rules: Constitutional Political Economy*)(剑桥:剑桥大学出版社,1985年),第115、148页。

⑱ 这不是个现在被称之为举报(whistle-blowing)的东西中典型的内容。举报是责问整个机构的系统行动或政策的一种情形,对这样做通常不存在任何提升或者更好职业前景的回报。

⑲ 机构之一项任务的某些方面或许会是一种它的职员很快转嫁给另

一机构或者干脆全部回避的负担。例如，据说美国军方领导人反对那些他们的力量也许无力成功处理的交战。

⑧0 哈丁，“民主的认识论和责任”（“Democratic Epistemology and Accountability”），《社会政策与哲学》（*Social Policy and Philosophy*）17（即将出版）。

* John Stuart Mill，又译密尔。——译注

⑧1 穆勒，“托克维尔论美国的民主，II”（John Stuart Mill，“De Tocqueville on Democracy in America，II”），载《穆勒政治与社会论文集》（*Mill Essays on Politics and Society*），J. M. Robson 编，《约翰·斯图亚特·穆勒全集》（*Collected Works of John Stuart Mill*），第 18 卷（多伦多：多伦多大学出版社，1977 年），第 153—204 页，引文在第 175 页。

⑧2 转引自贝尔，“宪政主义：中世纪的和现代的”（Samuel H. Beer，“Constitutionalism，Medieval and Modern”），图兰大学默菲研究所（Murphy Institute，Tulane University）宪政主义学术研讨会上递交的论文，1994 年 2 月 18—20 日，第 9 页。

⑧3 李普塞特，“美国的萎靡和韧性”（Seymour Martin Lipset，“Malaise and Resiliency in America”），《民主杂志》（*Journal of Democracy*）（1995 年 7 月）6：4—18，引文在第 17 页。

⑧4 这是托克维尔的看法。参见托克维尔《论美国的民主》第 1 卷，第 200、239—240 页。

⑧5 穆勒，“托克维尔论美国的民主，II”，第 198 页。

⑧6 希尔，“颠倒的世界：英国革命期间的激进观念”（Christopher Hill，*The World Turned Upside Down：Radical Ideas during the English Revolution*）（Harmondsworth，Middlesex：Penguin，1975 年；1972 年第 1 版），第 21、107 页。

⑧7 卡尔，“中美洲的混合政权”（Terry Lynn Karl，“The Hybrid Regimes of Central America”），《民主杂志》（*Journal of Democracy*）（1995 年 7 月）6：72—86。

⑧8 史可隆，“合约主义和功利主义”，载森和威廉姆斯编，《功利主义及其超越》（剑桥：剑桥大学出版社 ，1982 年）；贝瑞，《作为公平的正义》（牛津：

牛津大学出版社,1995 年),特别是第 7 章。但请参阅哈丁,"合理赞同"("Reasonable Agreement"),第 137—153 页。进一步讨论也见于第四章中"契约主义"一节。

⑧⑨ 斯密《对国民财富性质和原因的研究》,R. H. Campbell,A. S. Skinner 和 W. B. Todd 编(牛津:牛津大学出版社,1976 年;1776 年第 1 版;Liberty 出版社 1979 年重印),第 4 篇,第 5 章,第 540 页。

⑨⓪ 作为一种社区标志的宗教信仰,就像在北爱尔兰和印度的情况那样,仍然可能发泄灾难。

⑨① 当代的俄罗斯人知道它隐含更多的内容。特别是,它要求一个有效的合同法以使未来主导的行动成为可能。

⑨② 门德维尔,《蜜蜂的寓言:私人恶习、公共利益》(Bernard Mandeville, *The Fable of the Bees: Private Vices, Public Benefits*),F. B. Kaye 编(牛津:牛津大学出版社,1924 年;1714 年第 1 版;Liberty 出版社 1988 年重印)。

⑨③ 霍布斯《论公民》,Howard Warrender 编(牛津:Clarendon 出版社,1983 年;1651 年第 1 版),Ⅱ.5.5。

⑨④ 洛克担心天主教徒是因为他们忠诚于罗马的替代性政治权威,而不是因为他们的特殊宗教信仰。

⑨⑤ 怀特,《文化的演变:至罗马衰亡的文明发展》(Leslie A. White, *The Evolution of Culture: The Development of Civilization to the Fall of Rome*)(纽约:McGraw-Hill,1959 年),第 346 页。

⑨⑥ 将他们的观点称为边沁主义的将是一个年代错误,但是门德维尔和斯密都清楚地估价了经济自由对所有人的总体影响。

⑨⑦ 贝尔,《资本主义的文化矛盾》(Daniel Bell, *The Cultural Contradictions of Capitalism*)(伦敦:Heinemann,1976 年,77 页)。

⑨⑧ 毫不奇怪,在他们的平等主义主张中,平等主义者同时诉诸福利主义考虑(社会的福利状况将改善)和义务论考虑(它听起来像是自然权利,甚至按杰斐逊的话来讲是不可剥夺的权利)。参阅摩根,《发明人民:民众主权在英格兰和美国的兴起》(Edmund S. Morgan, *Inventing the People: The Rise of Popular Sovereignty in England and America*)(纽约:诺顿,1988 年),第 70—71 页;温斯坦利,《在一个平台上的自由法则,或称为恢复了的正

确政府》(Gerard Winstanley, *The Law of Freedom in a Platform or, True Magistracy Restored*), Robert W. Kenny 编(纽约:Shocken, 1941 年;1652 年第 1 版)。

⑲ 哈特,"在效用与权利之间"(H. L. A. Hart, "Between Utility and Rights"), 载哈特,《法律与哲学文集》(Hart, *Essays in Jurisprudence and Philosophy*)(牛津:牛津大学出版社,1983 年;论文首次发表于 1979 年),第 198—222 页,引文在 198 页。

⑩⓪ 进一步的内容参阅哈丁,"法和经济学的道德"("The Morality of Law and Economics"),《法律与哲学》(*Law and Philosophy*), 11(1992 年 11 月):331—384,特别是第 380—384 页。

⑩① 洛克,《论宽容》(John Locke, *A Letter concerning Toleration*)(印第安纳波利斯:Bobbs-Merrill,1950 年;1689 年第 1 版)。

⑩② 关于霍布斯式效率及其规范局限的进一步讨论,参阅哈丁,"边界上的魔法:关于效率的规范",《宾夕法尼亚大学法学评论》,144(1996 年 5 月):1987—2020。帕累托效率指的是做出使一些人福利改善而又无人福利恶化的改进。霍布斯式效率是在政府和无政府主义(在霍布斯看来,它引起了混乱和对所有人的严重损失)之间进行选择的背景下对帕累托效率中的核心考虑因素的早期领会。仅是因为霍布斯假设我们知道得太少而不能在我们将会从一种类型的政府(比如君主政体)中获得的收益与从另一种类型的政府(比如寡头政体)中获得的收益之间做出判断,才产生了这种解决方案。因此,认识论的约束对霍布斯来说起了强大的作用,就像它在洛克对宗教宽容的论证中所起的作用一样。

⑩③ 穆勒,《论自由》(*On Liberty*),载穆勒《政治和社会论文集》,J. M. Robson 编,《约翰・斯图亚特・穆勒全集》(多伦多:多伦多大学出版社,1977 年),第 18 卷,第 1 章第 9 段。

⑩④ 穆勒,《论自由》第 1 章第 12 段。有关的一项清晰和重要讨论,参阅罗尔斯《正义论》(麻省剑桥:哈佛大学出版社,1971 年),第 407—416 页。

⑩⑤ 诺齐克,《无政府主义、国家与乌托邦》(Robert Nozick, *Anarchy, State, and Utopia*)(纽约:Basic Books,1974 年)。

⑩⑥ 进一步的内容参阅哈丁,"什么事情都不管辖、所有事情都服从"

(“To Rule in No Matters, To Obey in All”),《当代哲学》(*Contemporary Philosophy*), 13/12(1991年11—12月):6—12,特别是第7—8页(原书中将“To Rule in No Matters, To Obey in All”误印为“To Rule in No Matters, To Obey in None”。——译注)。

⑩⑦ 森,“帕累托自由的不可能性”(Amartya Sen, “The Impossibility of a Paretian Liberal”),《政治经济学杂志》(*Journal of Political Economy*) 78 (1970):152—157。

⑩⑧ 政治哲学的范围包括从崇高的到荒唐可笑的。

⑩⑨ 如果按这种方式解释,森的悖论就要求有第四个条件。除了拥有两项个人权利及两人一致(森称其为全体一致)的原则外,他现在增加了对特殊结果不当性的随机直觉。这些条件必须全部得到满足才能产生悖论。关于森的悖论存在的更深层问题的讨论,参阅哈丁,《理性界域内的道德》,第108—113页。特别地,森在他所说的是两人社会中的两人一致性时才谈及全体一致。在这样的社会,谈论权利是无意义的。

⑪⓪ 例如可参阅森,“作为控制的自由”(Amartya Sen, “Liberty as Control: An Appraisal”),载《中西部哲学研究》(*Midwest Studies in Philosophy*)第7卷《社会和政治哲学》(*Social and Political Philosophy*), Peter A. French, Theodore E. Uehling, Jr. 和 Howard K. Wettstein 编(明尼阿波利斯:明尼苏达大学出版社,1982年),第207—221页。

⑪① 马歇尔,“公民和社会阶级”(T. H. Marshall, *Citizenship and Social Class*)(剑桥:剑桥大学出版社,1950年)。

⑪② 进一步的内容参阅克里斯坦,《许多人的统治:民主理论中的基本问题》(Thomas Christiano, *The Rule of the Many: Fundamental Issues in Democratic Theory*)(科罗拉多州 Boulder:Westview 出版社,1996年)。

⑪③ 有关更完整的解释,参阅哈丁,“霍布斯式政治秩序”,《政治理论》, 19/2(1991年5月):156—180。

⑪④ 霍布斯所说的是强制诺言。交换的词汇是后来才流行起来的。

⑪⑤ 有关清楚的阐述和论证,参阅 A. Mitchell Polinsky,《法和经济学导论》(*An Introduction to Law and Economics*)(波士顿:Little, Brown, 1989年,第2版),第13页。

⑯ 洛克,《论宽容》。

⑰ 洛克曾仔细地记述了伊斯兰教徒而非天主教徒(《论宽容》第 51—52 页)。并且,无神论者不能被信任,因为他们不能用任何人违戒将带来死后惩罚的诅咒来约束他们自己(同上第 52 页)。

⑱ 麦迪逊在《联邦党人文集》第 10 篇中的论证可能是我们所有的对孟德斯鸠最强烈的驳斥。关于对麦迪逊的自由主义极好的一项近期解释,参阅贝尔,《制造国族:美国联邦主义的重新发现》(Samuel H. Beer, *To Make a Nation: The Rediscovery of American Federalism*)(麻省剑桥:哈佛大学出版社,1993 年),第 244—340 页。贝尔将麦迪逊的一些观点归结到休谟,"完美共和国之理念"("Idea of a Perfect Commonwealth"),载休谟《道德、政治与文学论集》(*Essays Moral, Political, and Literacy*),Eugene F. Miller 编(印第安纳波利斯:Liberty 出版社,1985 年;1752 年第 1 版),第 512—529 页;同时将麦迪逊的一些观点归结到詹姆斯·哈灵顿,《大洋国》(James Harrington, *The Commonwealth of Oceana*), S. B. Liljegren 编(海德尔堡,1924 年;1656 年第 1 版)。

⑲ 詹姆斯·麦迪逊 1787 年 10 月 24 日给托马斯·杰斐逊的信,载昆兰德和勒纳编,《缔造者的宪法》,5 卷本(芝加哥:芝加哥大学出版社,1987 年),第 1 卷,第 644—647 页,引文在第 647 页。

⑳ 穆勒似乎提出,不受任何干预的个人的权利甚至比这个假设可能保证的权利更强。或许他有一个赋予自主权以中心地位的关于人类福利的理论。或者他可能有一个关于个人自由的义务论观点。

㉑ 穆勒,《政治经济学原理》(John Stuart Mill, *Principles of Political Economy*),John M. Robson 编(多伦多:多伦多大学出版社,1965 年;1848 年第 1 版),第 5 部分第 11 章第 12 节。

㉒ 进一步的内容参阅哈丁,"效率"("Efficiency"),载《当代政治哲学指南》(*Companion to Contemporary Political Philosophy*),Robert E. Goodin 和 Philip Pettit 编(牛津:Basil Blackwell,1993 年),第 462—470 页。

㉓ 进一步的内容参阅布伦南和布坎南,《规则的合理性:宪政的政治经济学》(剑桥:剑桥大学出版社,1985 年),第 38—40 页。

㉔ 引自穆勒,"托克维尔论美国的民主,II",载穆勒《政治与社会论文

集》，J. M. Robson 编《约翰·斯图亚特·穆勒全集》，第 18 卷（多伦多：多伦多大学出版社，1977 年），第 153—204 页，引文在第 171 页。Henry Reeve 在托克维尔《论美国的民主》中的翻译（纽约：Knopf，1945 年；1835 年和 1840 年第 1 版）第 1 卷第 252 页，以及 George Lawrence 的翻译（纽约：Harper and Row，1966 年）第 244 页，都不太雅致和有力。

⑫⑤ 穆勒，"托克维尔论美国的民主，II"，第 191 页。

⑫⑥ 同上第 197 页。穆勒参考了 François Guizot, *Cours d'histoire moderne: Histoire générale de la civilization en Europe, depuis la chute de l'empire romain jusqu'à la révolution française*（巴黎：Pichon and Didier，1828 年）。

⑫⑦ 哈耶克，"知识在社会中的应用"（Friedrich A. Hayek, "The Use of Knowledge in Society"），载哈耶克，《个人主义与经济秩序》（*Individualism and Economic Order*）（芝加哥：芝加哥大学出版社，1948 年；Gateway 重印，未注明出版日期；论文首次发表于 1945 年），第 77—91 页，特别是第 86—89 页。

⑫⑧ 李克特，《自由地去犯傻：美国和大不列颠的政治与健康促进》（Howard M. Leichter, *Free to Be Foolish: Politics and Health Promotion in the United States and Great Britain*）（普林斯顿：普林斯顿大学出版社，1991 年）第 257 页。

⑫⑨ 参阅尼德斯克，《私有财产和美国宪政主义的限度》（Jennifer Nedelsky, *Private Property and the Limits of American Constitutionalism: The Madisonian Framework and Its Legacy*）（芝加哥：芝加哥大学出版社，1990 年）。

⑬⓪ 梅因，《古代法》（Henry Sumner Maine, *Ancient Law: Its Connection with the Early History of Society and Its Relation to Modern Ideas*）（伦敦：John Morrow，1906 年第 10 版）；马克思，"论犹太人问题"（"On the Jewish Question"）第一部分，载 David McLellan 编《马克思文选》（*Karl Marx: Selected Writings*）（牛津：牛津大学出版社）；斯宾塞，《社会学原理》（Herbert Spencer, *The Principle of Sociology*）（纽约：Appleton，1884 年）第二部分，比如第 244—248、568—578、603—621、637—640、648—661 页；霍布豪斯，《自

由主义》(L. T. Hobhouse, *Liberalism*)(牛津:牛津大学出版社,1948 年;1911 年第 1 版)。

⑬ 霍布豪斯,《自由主义》,第 19 页。

⑬ 霍布豪斯,《自由主义》,第 12 页。

⑬ 尼德斯克,《私有财产和美国宪政主义的限度》。

⑬ 林德布洛姆,《政治与市场:世界的政治—经济制度》(纽约:Basic Books,1977 年),第 45—51 页。

⑬ 从 1967 到 1989 年,缅甸的人均 GDP 从 946 缅甸元到 1239 缅甸元(1985 年价格)上升了 31%,令人沮丧的年均增长率仅略微超过 1%(国际货币基金组织,《国际金融统计》1991 年)。

⑬ 《政治家年鉴 1991 — 1992》(*The Stateman's Year-Book 1991—1992*),Brain Hunter 编(纽约:St Martin's,1991 年),第 254、781、787 页。这些数据必须被当作十分粗略的数字。朝鲜的收入似乎很可能被高估了。

⑬ 尽管选举人经常强加宗教测验作为胜任任何公职或公共信任的标准,但在美国宪法(第 6 条)下,不能要求任何这样的测验。

⑬ 这一点是格林诺瓦特,《宗教信念与政治选择》(Kent Greenawalt, *Religious Convictions and Political Choice*)(纽约:牛津大学出版社,1988 年)所论证的,特别是第 3 章。

⑬ 甚至印度都已放弃了它的许多社会主义的经济规划。《纽约时报》1992 年 3 月 29 日,第一部分第 1、9 页。

⑭ 布雷布鲁克,《满足需求:道德、政治和法律哲学研究》(David Braybrooke, *Meeting Needs: Studies in Moral, Political, and Legal Philosophy*)(普林斯顿:普林斯顿大学出版社,1987 年)。也可参阅 Robert E. Goodin,《保护弱者:对我们社会责任的再分析》(*Protecting the Vulnerble: A Reanalysis of Our Social Responsibilities*)(芝加哥:芝加哥大学出版社,1985 年)。

⑭ 杜威,《自由主义和社会行动》,载《杜威后期著作,1925—1953》第 11 卷(伊利诺伊州 Carbondale:南伊利诺伊大学出版社,1987 年;1935 年第 1 版),第 1—65 页。

⑭ 关于聚集市场信息的问题,有大量的论述。参阅哈耶克在《致命的

自负:社会主义的谬误》(*The Fatal Conceit*: *The Errors of Socialism*)(芝加哥:芝加哥大学出版社,1989 年;1988 年第 1 版)中最后的、有些华丽的论述,第71—88 页;一个易理解的标准论述是波兰尼,《自由的逻辑》(Michael Polanyi, *The Logic of Liberty*: *Reflections and Rejoinders*)(芝加哥:芝加哥大学出版社,1980 年;1951 年第 1 版),特别是第 8 章和第 10 章。

⑭③ 《纽约时报》1994 年 11 月 20 日,4.7 版。

⑭④ 有人可能给这一名单加上门德维尔、休谟、斯密以及经济和政治自由主义漫长进程中的其他人。

⑭⑤ 恺撒(Caesar),第 2 篇,1787 年 10 月 17 日,载昆兰德和勒纳编,《缔造者的宪法》,5 卷本(芝加哥:芝加哥大学出版社,1987 年),第 1 卷,第60—61 页。

⑭⑥ 康斯坦塔,《适用于所有代议制政府的政治原则》(Benjamin Constant, *Principles of Politics Applicable to All Representative Governments*),载康斯坦塔,《政治文选》(*Political Writings*),Biancamaria Fontana 编(剑桥:剑桥大学出版社,1988 年;该文首次发表于 1815 年),第 171—305 页;哈姆波特,《国家行动的限度》(Wilhelm von Humboldt, *The Limits of State Action*)(剑桥:剑桥大学出版社,1969 年(写于 1791—1792 年;1854 年第 1 版));穆勒,《代议制政府的原则》(*Principles of Representative Government*)和《论自由》,任何版本。

⑭⑦ 《联邦党人文集》第 63 篇,第 14 段,着重号是原有的。麦迪逊在此指出代表所扮演的角色。他们应当实际上进行立法而不是仅仅汇报他们的选民想要什么。孟德斯鸠提出一项类似的主张,即,人民有能力去选举但没有能力去治理(孟德斯鸠,《论法的精神》(Charles le Secondat, baron de Montesquieu, *The Spirit of the Laws*)(剑桥:剑桥大学出版社,1989 年;1748 年第 1 版),第 2 编,第 2 章,第 12 页)。但是孟德斯鸠认为人民没有能力去理解那些更有资格的治理者们所能理解的东西。麦迪逊对选民的约束发轫于代议制民主理论,而不是由于一项关于大众软弱品质的判断。进一步的内容参阅贝尔,《制造国族:美国联邦主义的重新发现》(麻省剑桥:哈佛大学出版社,1993 年),第 227 页。

* Constitution 指一般意义上政治组织之章程时,译为“宪章”;当其明

确指国家根本大法时，译为“宪法”。——译注

⑱ 如某些契约论道德理论家们所做的那样，有人可能希望主张，我们被那些我们理性地同意的道德准则所约束。例如参阅高瑟，《依据赞同的道德》(David Gauthier, *Morals by Agreement*)(牛津：牛津大学出版社，1986年)。

⑲ 对《联邦党人文集》的引用将用文本中的数字表示，任何标准版本都足以作为参考文献。

⑳ 哈丁，“霍布斯式政治秩序”，《政治理论》，19 (1991 年 5 月)：156—180。

㉑ 梅恩，《反联邦党人：宪法的批评者，1781—1788》(Jackson Turner Main, *The Antifederalists: Critics of the Constitution, 1781—1788*)(纽约：Norton，1974 年；1961 年第 1 版)，第 117 页。

㉒ 恺撒(Caesar)，第 2 篇，载昆兰德和勒纳，《缔造者的宪法》，第 1 卷，第 60—61 页。

㉓ 对于依据习俗的契约之定义以及论述，参阅哈丁，《集体行动》(马里兰州巴尔的摩：Johns Hopkins University Press for Resources for the Future, 1982 年)，第 10—14 章。

㉔ 进一步的内容，参阅对于阿玛蒂亚·森所谓自由主义悖论的讨论，见第二章中“义务论附加”一节。

㉕ 许多在技术上是混合动机的互动，大体上是完全冲突或者完全协作，因为参与者感兴趣的所有互动结果所涉及的，或者是冲突或者是协作，但不是二者同时出现。总体上讲，在大规模社会背景中有意思的是，一项涉及足够多重要群体间进行协作的互动，他们可以为自己找到一项互利秩序，该秩序不会被任何其余效力较弱的群体所颠覆。

㉖ 哈丁，“策略基础上的交换理论”(“Exchange Theory on Strategic Bases”)，《社会科学通讯》(*Social Science Information*)，2 (1982 年)：251—272。

㉗ 应当小心从二人博弈到诸多整体社会乃至更大群体之间互动的普遍化问题。我将总体上考虑巨大群体之间的互动，故而二人类比应当不是误导性的。

⑱ 这些代表性的博弈更经常地被基数支付值比如用美元数所表示。然而,基数表达经常发生重大误导。对关于社会安排的观点来说,序数表达经常更受青睐。

⑲ 他在制宪会议上宣称的同样多,1787 年 6 月 18 日(载昆兰德和勒纳,《缔造者的宪法》,第 1 卷,第 254－257 页,引文在第255－256 页)。

⑳ 哈丁,"政治义务",载 Alan Hamlin 和 Philip Pettit 编,《良好政治体》(牛津:Basil Blackwell, 1989 年),第 103－119 页,引文在 114－115 页;玛格利特,《规范的出现》(Edna Ullmann-Margalit, *The Emergence of Norms*)(牛津:牛津大学出版社,1977 年),第 134－197 页。

⑯ 昆兰德和勒纳,《缔造者的宪法》,第 1 卷,第 477－479 页。这对于汉密尔顿是个恒久主题,比如他解释了把宪法中一个明确的有关还清国家债务的条款排除出"增加了它接受附带事实之障碍的不当之举"(1792 年 5 月 26 日致 Edward Carrington 的信,载弗兰德(Max Farrand)编,《1787 年联邦会议档案》(The Records of the Federal Convention of 1787),4 卷本(纽黑文:耶鲁大学出版社,1937 年,修订版;1911 年第 1 版),第 3 卷第 366－367 页)。

⑯ 罗斯特,《1787 年:伟大的会议》(Clinton Rossiter, *1787: The Grand Convention*)(纽约:麦克米伦,1966 年),第 296 页。

⑯ "专员们矫正联邦政府缺陷的会议纪要"("Proceedings of Commissioners to Remedy Defects of the Federal Government"),载昆兰德和勒纳,《缔造者的宪法》,第 1 卷,第 185－187 页;也可参阅该书第 6 章的附带文件。

⑯ 进一步的内容参阅哈丁,"为正义讨价还价"("Bargaining for Justice"),《社会哲学和政策》(*Social Philosophy and Policy*),5 (1988 年春季卷):65－74。

⑯ 麦迪逊,"美国政治制度的缺陷"("Vices of the Political System of the United States"),1787 年 4 月,载昆兰德和勒纳,《缔造者的宪法》,第 1 卷,第 166－169 页。参阅贝尔,《制造国族》,第 222－224, 239－240 页。

⑯ 参阅布鲁图斯和加图的文章,载昆兰德和勒纳,《缔造者的宪法》,第 1 卷,第 124－127 页。汉密尔顿在《联邦党人文集》第 9 篇中付出很大努力去推翻他们的主张,麦迪逊在《联邦党人文集》第 10 篇、第 63 篇以及著名

的第51篇中进一步讨论了它们,第51篇说服力较差。

⑯⑦ 载昆兰德和勒纳,《缔造者的宪法》,第1卷,第386页。

⑯⑧ 布鲁图斯,第3篇论文,载斯道因(Herbert J. Storing)编,《反联邦党人全集》(*The Complete Anti-Federalist*),7卷本(芝加哥:芝加哥大学出版社,1981年),2.9.42。在这一点上,有关批准宪法争论的一个非常好的讨论,参阅莫南,《代议制政府的原则》(Bernard Manin, *Principes du gouvernement representative*)(巴黎:Calmann-Levy, 1995年),第143—170页。

⑯⑨ 可能被认为和这个事项有关的一个宪政问题,是最高法院在贝克诉卡尔(*Baker v. Carr*)一案中做出的裁决,要求各州使各个国会选区人口数均等。但是,对贝克诉卡尔案的反对意见更多地瞄准州权问题而不是对小社群本身的保护问题。参阅贝克诉卡尔案,《美国联邦最高法院判例汇编》第369卷第186页(*Baker v. Carr*, 369 U.S. 186)(1962年)。

⑰⓪ 麦迪逊对于组织中的"寡头制铁律"有一种领悟,并且随着众议院的增长,他的观点被证明是正确的。他一定还会认为像今天的众议院(435名议员)这样规模的机构是如此庞大以至于无法进行明智的商讨。再一次,他应该是对的。关于该铁律,参阅米歇尔斯,《政治党派:关于现代民主的寡头制趋势的社会学研究》(Robert Michels, *Political Parties: A Soiological Study of the Oligarchical Tendencies of Modern Democracy*), S. M. Lipset编(纽约:Free出版社,1966年;1911年第1版)。

⑰① 乔治·华盛顿致Henry Knox的信,1787年2月3日,载昆兰德和勒纳,《缔造者的宪法》,第1卷,第188页。

⑰② 恺撒(Caesar),第2篇,载昆兰德和勒纳,《缔造者的宪法》,第1卷,第60—61页。

⑰③ 演讲摘录,载昆兰德和勒纳,《缔造者的宪法》,第1卷,第202页。

⑰④ 弗兰德,《1787年联邦会议档案》,第3卷,第558页脚注。

⑰⑤ 梅恩,《反联邦党人:宪法的批评者,1781—1788》。细节遍布他的论述。拒绝与会的反联邦党人包括弗吉尼亚州的理查德·亨利·李,帕克·亨利和托马斯·尼尔森(第177和224页),以及北卡罗来纳州的韦利·琼斯(第35页)。新泽西州的反联邦党人亚伯拉罕·克拉克没有出席(第195页),联邦党人中南卡罗来纳州的亨利·劳伦斯(Henry Laurens)和新罕布什

尔州的约翰·皮宁(John Pickering)也没有出席(第212页以及第222页)。

⑰⑥ 伍德,"宪法制定中的利益和无私"(Gordon, S. Wood, "Interests and Disinterestedness in the Making of the Constitution"),载 Richard Beeman, Stephen Botein 和 Edward C. Carter, II,编《超越邦联:宪法起源和美国国族身份》(*Beyond Confederation: Origins of the Constitution and American National Identity*)(北卡罗来纳 Chapel Hill:北卡罗来纳大学出版社,1987年),第69—109页,特别是第72页。

⑰⑦ 安德森(Thornton Anderson)把代表分成三个群体:国族主义者(比如汉密尔顿和麦迪逊)、州联邦主义者(state federalists)以及对州主权与平等的捍卫者。根据对费城制宪会议表决进行的有趣的要素分析,他发现大量争论聚焦于前两个群体的分化。本质上,州联邦主义者是中间派,因此他们在打造该宪法的细节时很大程度上得偿所愿,因为他们的票数可以把天平从一端倾往另一端。参阅安德森,《创造宪法:1787年会议和第一届国会》(Anderson, *Creating the Constitution: The Convention of 1787 and the First Congress*)(宾夕法尼亚州大学园市:宾夕法尼亚州立大学出版社,1994年)。

⑰⑧ 参阅他在6月26日以及8月7日的演讲,弗兰德,《1787年联邦会议档案》,第1卷,第421—423页;第2卷,203—204页。他还具有共和国农业主义倾向:"从而,相对于整个社会这个阶级[这些人直接给自己提供食物以及衣服]所占的比重越大,这个社会本身就一定越自由、越独立,并且越幸福"(麦迪逊,"共和政体的公民人口分布"("Republican Distribution of Citizens"),1792年3月5日,载昆兰德和勒纳,《缔造者的宪法》,第1卷,第680—681页。

⑰⑨ 贝尔德,《美国宪法的经济解释》(Charles A. Beard, *An Economic Interpretation of the Constitution of the United States*)(纽约:麦克米伦,1935年;1913第1版)。

⑱⓪ 例如参阅伊维(Cheryl L. Eavey)和米勒(Gary J. Miller),"国家与国族中的宪政冲突"("Constitutional Conflict in State and Nation"),载 Bernard Grofman 和 Bonald Wittman 编,《〈联邦党人文集〉和新制度主义》(*The Federalist Papers and the New Institutionalism*)(纽约:Agathon,1989年),第205—219页。

⑱① 芬克(Evelyn C. Fink)和威廉·莱克(William H. Riker),“宪法批准的策略”(“The Strategy of Ratification”),载Grofman和Wittman,《〈联邦党人文集〉和新制度主义》,第220—255页。

⑱② 芬克和莱克,“宪法批准的策略”,第221页。

⑱③ 根据安德森的论述,可以认为州联邦主义者以及州主权和平等的捍卫者两个派别联合在了杰斐逊的政党中,州联邦党人仍然居于中间,选票摇摆并且最终从与国族主义者的党派联盟中挣脱出来。那会意味着麦迪逊要么是个追随胜利者的机会主义者,要么不再是个国族主义者。安德森,《创造宪法:1787年会议和第一届国会》。

⑱④ 查尔斯·A.贝尔德(Charles A. Beard)和玛丽·R.贝尔德(Mary R. Beard),《美国文明的兴起》(*The Rise of American Civilization*),2卷本(纽约:麦克米伦,1930年;1927年第1版),第1卷,第391—436页。

⑱⑤ 罗斯特,《1787年:伟大的会议》,第294页。也可参阅麦克唐纳,《我们人民:宪法的经济起源》(Forrest McDonald, *We the People: The Economic Origins of the Constitution*)(芝加哥:芝加哥大学出版社,1958年),第287—288页。对于宪法批准的简要记载,参阅坎门,《美国宪法的起源:档案史》(Michael Kammen, *The Origins of the American Constitution: A Documentary History*)(纽约:Penguin, 1986年),第xxviii—xxix页。对于一个更散漫的记述,参阅罗斯特,《1787年:伟大的会议》,第14章。纽约市的威胁可能不是空洞的。在罗得岛关于举行批准宪法的会议的7次呼吁被挫败之后,普罗维登斯正式脱离,在那个新国家及其首届政府上路很久之后,罗得岛最终召集了一次会议并勉强投票批准。

⑱⑥ 麦克唐纳,《我们人民》,第287—288页。

⑱⑦ 罗斯特,《1787年:伟大的会议》,第296页。

⑱⑧ 布伦南和布坎南,《规则的合理性:宪政的政治经济学》(剑桥:剑桥大学出版社,1958年),第26页。

⑱⑨ 罗伯特,《罗伯特议事规则修订》(Henry M. Robert, *Robert's Rules of Order Revised*)(芝加哥:Scott, Foresman, 1951年),封三。

⑲⓪ 这个观点属于布坎南和图洛克,《同意的计算:宪政政府的逻辑基础》(James M. Buchanan和Gordon Tullock, *The Calculus of Consent: Log-*

ical Foundations of Constitutional Government)(Ann Arbor:密歇根大学出版社,1962年)。

⑲ 实际上已经有9个州批准了,因此建立了那个新国家。但是在弗吉尼亚人投票时,新罕布什尔州已经批准的消息还没有传到弗吉尼亚州。

⑲ 引自罗斯特,《1787年:伟大的会议》,第292页。

⑲ 罗斯特,《1787年:伟大的会议》,第332页。麦迪逊关于制宪会议的大量笔记首次出版于1840年。之前出现过来自其他与会者非常零散的片断。

⑲ 布伦南和布坎南,《规则的合理性:宪政的政治经济学》,特别是第2章。

⑲ 那些彼此反复应对的或者依赖于他们声誉的人们可能会通过依据习俗的契约成功地实施他们的协议,并且可能因此有能力去避免那些法律上订立契约所带来的不快。

⑲ 引自罗斯特,《1787年:伟大的会议》,第284页。

⑲ 弗勒,《法律的道德》(Lon L. Fuller, *The Morality of Law*)(纽黑文:耶鲁大学出版社,1969年 修订版;1964年第1版),第86页。

⑲ 詹姆斯·麦迪逊致Thomas Ritchie的信,1821年9月15日,载昆兰德和勒纳,《缔造者的宪法》,第74页。

⑲ 托马斯·杰斐逊致詹姆斯·麦迪逊的信,1789年3月15日,载昆兰德和勒纳,《缔造者的宪法》,第1卷,第479页。

⑳ 注意,无论是1850年之前或者之后,南方人的看法都无法被合理地描述成是囚徒困境。在某个时刻之前是协作之后则是冲突。尽管他们在之前把有联邦的结果视为优于没有联邦的结果,可是之后则认为没有联邦更好。

⑳ 穆勒,"论婚姻"("Statement on Marriage"),载John M. Robson编,《平等、法律和教育论文选》(*Essays on Equlity, Law, and Education*),《约翰·斯图亚特·穆勒全集》,第21卷(多伦多:多伦多大学出版社,1984年),第99页("Statement"在穆勒生前没有发表过。)

⑳ 《纽约时报》(1993年11月7日),9.10版。

⑳ 吉尔默,《契约的消亡》(Grant Gilmore, *The Death of Contract*)

(俄亥俄州 Columbus:俄亥俄州立大学出版社,1974 年);麦克尼尔,《新社会契约》(Ian Macneil, *The New Social Contract*)(纽黑文:耶鲁大学出版社,1980 年)。

㉔ 哈丁,《集体行动》,第 10—14 章。

㉕ 布伦南和布坎南说,"对规则可能赞同的余地,和对特定规则内之结果可能赞同的余地相比,必然要宽广得多"(布伦南和布坎南,《规则的合理性:宪政的政治经济学》,第 29 页,着重号是后加的)。

㉖ 怀特,《一致性与连续性,1776—1787》(Benjamin F. Wright, *Consensus and Continuity, 1776—1787*)(波士顿:波士顿大学出版社,1958 年),第 21 页。

㉗ 弗兰德,《1787 年联邦会议档案》,第 3 卷,第 477 页。

㉘ 詹姆斯·麦迪逊致托马斯·杰斐逊的信,1787 年 10 月 24 日,载昆兰德和勒纳,《缔造者的宪法》,第 1 卷,第 644—647 页,引文在第 647 页。

㉙ 1828 年 3 月 13 日的信,载弗兰德,《1787 年联邦会议档案》,第 1 卷,第 486 页。

㉚ 沿袭斯道因的叫法,这个称呼现在成为联邦党人的反对者们的常规名称。斯道因,《反联邦党人全集》,第 1 卷,第 79—80 页,脚注 6。

㉛ 理查德·亨利·李(Richard Henry Lee),1785 年 10 月 10 日的信,载昆兰德和勒纳,《缔造者的宪法》,第 2 卷,第 482 页。

㉜ 门德维尔,《蜜蜂的寓言:私人罪恶、公共利益》,F. B. Kaye 编(牛津:牛津大学出版社,1924 年;1714 年第 1 版;Liberty 出版社 1988 年重印)。

㉝ 施尼温,"美德的不幸"(J. B. Schneewind, "The Misfortunes of Virtue"),《伦理学》(*Ethics*)(1990 年)101:42—63;哈丁,"利他主义与互利"("Altruism and Mutual Advantage"),《社会服务评论》(*Social Service Review*)(1993 年)67:358—373。

㉞ 联邦农夫,第 1 篇,载斯道因,《反联邦党人全集》,第 2 卷,第223—230 页,引文在第 228 页。联邦农夫数出了八九个未能出席的人,并指出(见 227 页)那些对改变政府特别感兴趣的人"通过演说攫取了[那个时刻]"。

㉟ 马克思,《路易·波拿巴的雾月十八日》(Karl Marx, *The Eighteenth Brumaire of Louis Bonaparte*)(纽约:International Publishers),

1963；1852年第1版)，123—127。

㉑⑥ 罗斯特,《1787年:伟大的会议》,第295—296页。

㉑⑦ 贝尔德,《美国宪法的经济解释》,第253页。

㉑⑧ 梅恩,《反联邦党人:宪法的批评者,1781—1788》,第289—290页。对于那些职业已知的人,这些百分数已分别变为28、45以及19。

㉑⑨ 麦圭尔(Robert A. McGuire)和欧菲特(Robert L. Ohsfeldt),公共选择分析和宪法的批准"("Public Choice Analysis and the Ratification of the Constitution")，载Grofman和Wittman,《〈联邦党人文集〉和新制度主义》,第175—204页，引文在第194页。也许存在自我选择(self-selection),使得赞成全国性政府的农场主们更有可能参加州批准宪法的会议。

㉒⓪ 斯道因,《反联邦党人全集》,第1卷,第71页。

㉒① 结束奴隶贸易的方案不同寻常地笨拙:"现有任何一州认为适于准予入境之人的移居或输入,在1808年之前,国会不得加以禁止"(第1条、第9款)。与会者们知道奴隶制何等卑劣,并且不愿直呼其名。

㉒② 弗兰德,《1787年联邦会议档案》,第1卷,第486页。

㉒③ 卡尔霍恩,《论美国宪法》(John C. Calhoun ,*Discourse on the American Constitution*)；1853年第1版，摘登于《〈论政府〉以及节选〈论美国宪法〉》(*A Disquisition on Government and Selections from the Discourse*)(印第安纳波利斯:Bobbs-Merrill，1953年)，第101页。

㉒④ 他想到在立法机构的一个分支根据奴隶和自由人整个人口数来分配代表权,而在另一个分支则只根据自由人口来分配(弗兰德,《1787年联邦会议档案》,第1卷,第486—487页)。

㉒⑤ 在许多当代案例中,对于怎样的冲突将出现的可预见性,也许存在更大的信心,既因为现在撰写宪法的国族对其繁多利益有更多经验,也因为它们可以合理地从更丰富的其他宪政经历中推断一些结果。也许这就是为什么当前南非宪法多达150页而巴西宪法超过200页的原因。修订过的印度宪法现在超过了500页(《纽约时报》1997年11月30日第4.3版)。这么细致的文件也许比美国宪法更准确,但是它们同样也可能更不连贯,并且最终可能没有足够的伸缩性来适应进一步的经济和社会发展。

㉒⑥ 参阅迈尔斯,《缔造者的心灵:麦迪逊政治思想的来源》(Marvin

Meyers, *The Mind of the Founder: Sources of the Political Thought of James Madison*)(Hanover, NH: 新英格兰大学出版社,1981 年,修订版),第 313—336 页。

㉗ 卢梭,《社会契约论》(Jean-Jacques Rousseau, *On the Social Contract*), Donald A. Cress 译(印第安纳波利斯: Hackett, 1983 年;1762 第 1 版),第 4 编,第 2 章,第 82 页。

㉘ 布鲁图斯,第 5 篇,载斯道因,《反联邦党人全集》,第 2 卷,第388—393 页,引文在第 389 页。

㉙ 如谢林所指出的,正是由于通过约束自己,在各种出于自身行动的偶发事件之下使自己可以被起诉,才使得一个人可以加入有益的契约中(谢林,《冲突的策略》(麻省剑桥:哈佛大学出版社,1960 年),第 43 页)。

㉚ 当然,这是一个旧论点。关于治理英国诸习俗之状况的一个近期论述,参阅马歇尔,《宪政习俗:政治责任的规则和形式》(Geoffrey Marshall, *Constitutional Conventions: The Rules and Forms of Political Accountability*)(牛津:牛津大学出版社,1984 年)。对马歇尔的阅读将显示,美国以及任何其他宪政体系在何种程度上类似地是个习俗问题。

㉛ 在这一方面,和把契约以及诺言混为一谈的丰富传统相反,允诺在对它的典型使用中是非常不同的。诺言通常出现在有持续关系的人之间,这种关系提供一个激励因素使他们值得信赖以及相互信守诺言。订立契约被用于允诺不会以此种方式自我实施的情形中。

㉜ 哈丁,"制裁和义务", *Monist*, (1985 年 7 月) 68: 403—418。

㉝ 参阅摩尔根,"偏执狂的先驱们"(Edmund S. Morgan, "Pioneers of Paranoia"),《纽约书评》(1994 年 10 月 6 日):11—13。

㉞ 本杰明·富兰克林致 Jean Baptiste Le Roy 的信,1789 年 11 月 13 日,载 Albert Henry Smith 编,《本杰明·富兰克林文选》(*The Writings of Benjamin Franklin*)(纽约:麦克米伦, 1907 年), 第 10 卷,第 68—69 页。

㉟ 哈丁,"力量导致正确吗?"("Does Might Make Right?")载 J. Roland Pennock 和 John W. Chapman 编, *NOMOS, 29: Authority Revisited*(纽约:纽约大学出版社,1987 年), 第 201—217 页。

㊱ 萨圭尔,"寻求制度设计:阿根廷和美国宪政程序的比较"(Julio

Saguir, "In Search of Institutional Design: A Comparison between the Constitutional Processes of Argentina and the United States"), 芝加哥大学博士论文,1991 年。

㉗ 恺撒,第 2 篇,1787 年 10 月 17 日,见昆兰德和勒纳编,《缔造者的宪法》(芝加哥:芝加哥大学出版社,1987 年),60—61 页。

㉘ 霍布豪斯,"民治政府"(L. T. Hobhouse, "Government by the People"), 载霍布豪斯著《自由主义及其他文选》(*Liberalism and Other Writings*), James Meadowcroft 编(剑桥:剑桥大学出版社,1994 年;该文首次发表于 1910 年),第 123—135 页,引文在第 127 页。

㉙ 莫南,《代议制政府的原则》(Bernard Manin, *Principes du gouvernement representatif*)(巴黎:Calmann-Levy,1995 年)。

㉚ 比如参阅贝瑞,《公平的正义》(牛津:牛津大学出版社,1995 年),特别是第 7 章。但参阅哈丁,"合理赞同:政治的而非规范性的"("Reasonable Agreement: Political Not Normative"), 载 Paul J. Kelly 编《公平、中立性和正义:重读贝瑞公平的正义观》(爱丁堡:爱丁堡大学出版社,1998 年)第 137—153 页。

㉛ 功利主义是这样的一种理论:善是人民的福利,对行动的判断依其对福利的影响;义务论典型地是关于道德行动规则的理论;美德理论是关于有时被他们的角色决定的个人应当具有的美德的理论。

㉜ 类似地,一个人可能至少在国际关系中有一种严格适用的"民众"主权理论。国家的民众主权是一个关于实际的立法和政策的问题。它有时是个可悲的概念,包含着这样的假设,即,世界上像伊迪·阿明(Idi Amins)、波尔布特(Pol Pots)以及杜瓦利埃(Papa Docs)这样的人代表着某些人民的主权,而这些人民正被那些人所谋杀或者极大地伤害。

㉝ 关于排他性规范的维持和实施,参阅哈丁,《我为人人:群体冲突的逻辑》(普林斯顿:普林斯顿大学出版社,1995 年),第 88—90、102—104 页。

㉞ 达尔,《民主理论导言》(芝加哥:芝加哥大学出版社,1956 年),第 133 页。

㉟ 我讨论了这些与当前论点相关的问题,见哈丁,"公共选择对民主"("Public Choice vs. Democracy"), 载 John W. Chapman 编 *NOMOS* 第 32

期《多数与少数》(*Majorities and Minorities*)(纽约:纽约大学出版社,1990年),第184—203页。

㉖ 进一步的内容参阅哈丁,“契约主义:痴心妄想”(“Contractarianism: Wistful Thinking”),《宪政的政治经济学》(*Constitutional Political Economy*), 1(1990):35—52。

㉗ 哈特,“在效用与权利之间”,载哈特,《法律与哲学文集》(牛津:牛津大学出版社,1983年;该文首次发表于1979年),198—222。

㉘ 托马斯·霍布斯,《论公民》,Howard Warrender编(牛津:牛津大学出版社,1983年;第1版1642年(拉丁文),1651年(英文版)),2.5.11节,第90页。

㉙ 托马斯·霍布斯,《利维坦》(1651),任何标准版本的第一版第17章,87—88节。进一步的讨论,参阅哈丁,“霍布斯式政治秩序”,《政治理论》,19(1991年5月),第156—180页,特别是168—171页。洛克愉快地假设他的社会契约订约人“必须被理解为将所有权力让与社群的大多数人,这对于他们联合成社会的目的来说是必要的”(约翰·洛克《政府论》(剑桥:剑桥大学出版社,1988年学生版;1690年第1版),2.99节,第333页)。

㉚ 卡夫卡,《霍布斯的道德和政治理论》(Gregory S. Kavka, *Hobbesian Moral and Political Theory*)(普林斯顿:普林斯顿大学出版社,1986年);汉普顿,《霍布斯和社会契约传统》(Jean Hampton, *Hobbes and the Social Contract Tradition*)(剑桥:剑桥大学出版社,1986年)。汉普顿似乎通过她的这一论证解决了即时授权的问题:霍布斯错误地把自然状态中的交往看作是实质上的一次性囚徒困境,然而它们必定经常是重复性的(第75—78页)。因为在重复性囚徒困境中,选择合作是理性的,所以她认为自然状态没有霍布斯所想象的那样恐怖。然而,她的论点使理性的契约主义脱离了其基础,与此不同,只有在两个或很少参与者的重复性囚徒困境中合作才是典型地理性的。霍布斯似乎已意识到了在持续存在的关系中合作的合理性,但他认为在自然状态中的首要问题是与许多人交往,而这些交往很少能像双人交往一样持续。我们两个人不会为了合作而需要国家;许多人在没有外部强制的情况下不可能合作。因此,就有了对国家的需求。

㉛ 哈贝马斯,“关于理性的集体意志形成的交往概念:一个思想实验”

(Jurgen Habermas, "Towards a Communication-Concept of Rational Collective Will-Formation: A Thought Experiment"), *Ratio Juris*(1989 年 7 月)2: 144—154,引文在第 146 页。

㉕② 当然,麦克阿瑟宪法的实际运作很严重地由日本人决定,甚至在相当明显的程度上是由宪法必须被译成的日语决定的。因为两种语言没有相应的术语,日语版本与英语版本(都是正式的)是不同的。参阅 Kyoko Inouye,《麦克阿瑟的日本宪法》(*MacArthur's Japanese Constitution*)(芝加哥:芝加哥大学出版社,1991 年)。关于非洲相似的问题,参阅 Frederic C. Schaffer,《转型中的民主:理解一种陌生文化中的政治》(*Democracy in Transition: Understanding Politics in an Unfamiliar Culture*)(纽约 Ithaca:康奈尔大学出版社,1998 年)。

㉕③ 霍布斯《利维坦》第 14 章第 65 页(最初版本),着重号为作者所加。对霍布斯的"义务"最有道理的解读是将其理解为理性的或利益术语,而不是道德术语——当我们创造出一个全能的君主以使我们保持秩序时,我们害怕有害的结果。对他来说,我们被强迫就意味着我们被我们自己的利益所强迫。进一步的内容参阅第一章"政治义务"一节的讨论。

㉕④ 帕森斯,《社会行动的结构》(纽约:Free 出版社,1968 年;1937 年第 1 版),第 89—94 页;达兰多夫,"色拉叙马霍斯颂",载达兰多夫,《社会理论文选》(斯坦福:斯坦福大学出版社,1968 年),第129—150 页。

㉕⑤ 休谟,"论原始契约",见休谟《道德、政治和文学论文》,Eugene Miller编(印第安纳波利斯:自由出版社,1985 年;论文 1748 年首次发表),第 465—487 页。

㉕⑥ 康德,"论谚语:理论上也许对,但没有实际用处"("On the Proverb: That May Be True in Theory, but Is of No Practical Use"),1793 年第 1 版,见康德《永久和平及其他论文》(印第安纳波利斯:Hackett,1983 年,Ted Humphrey 译),第 77 页(在普鲁士科学院编康德著作的第 8 卷第 297 页)。

㉕⑦ 格沃思,《理性和道德》(Alan Gewirth, *Reason and Morality*)(芝加哥:芝加哥大学出版社,1978 年)。

㉕⑧ 罗尔斯,"作为公正的正义:政治的而非形而上学的"(John Rawls, "Justice As Fairness: Political not Metaphysical"),《哲学和公共事务》(*Phi-*

losophy and Public Affairs)(1985年夏)14:223—251。

㉙ 贝茨,《政治平等》(Charles R. Beitz, *Political Equality*)(普林斯顿:普林斯顿大学出版社,1989年)第100页。

㉚ 史可隆,"合约主义和功利主义",载森和威廉姆斯编,《功利主义及其超越》(剑桥:剑桥大学出版社,1982年)。

㉛ 载哈贝马斯,《交往行动理论(第1卷):社会的合理化和理性》(Jurgen Habermas, *The Theory of Communicative Action, i: Reason and the Rationalization of Society*), Thomas McCarthy译(波士顿:Beacon,1984年)。

㉜ 这个故事是我听别人所讲,在细节上我可能对所有涉及的人不太公正。出于歉疚感我不明确涉及各方的身份。

㉝ 达尔,《民主理论导言》(芝加哥:芝加哥大学出版社,1956年);本恩(Stanley I. Benn)和皮特斯(Richard S. Peters),《社会原则和民主国家》(*Social Principles and the Democratic State*)(伦敦:George Allen和Unwin,1959年),以书名《政治思想的原则:民主国家的社会基础》(*The Principles of Political Thought: Social Foundations of the Democratic State*)重印(纽约:Free出版社,1965年)。格林(Philip Green)编的《民主》(Atlantic Highland,新泽西:人文出版社,1993年)收录了广泛的、有代表性的论文。

㉞ 比如参阅斯金纳,《现代政治思想的基础》(Quentin Skinner, *The Foundations of Modern Political Thought*)第2卷(剑桥:剑桥大学出版社,1978年)许多章节里对文艺复兴和宗教改革时期争论的讨论。本恩和皮特斯,《社会原则和民主国家》第299—325页给出了观点综览。

㉟ 摩根,《发明人民:民众主权在英格兰和美国的兴起》(纽约:诺顿,1988年)。

㊱ 托尔斯泰,《安娜·卡列尼娜》,第2卷,Louise和Aylmer Maude译(伦敦:牛津大学出版社,1939年;1875—1877年首版(俄文),第一部分第426—427页。

㊲ 托尔斯泰,《安娜·卡列尼娜》,第一部分第428页。

㊳ 本恩和皮特斯,《社会原则和民主国家》,第395页。

㊴ 亚当斯,"为美国政府宪法的辩护"(John Adams, "Defence of the

Constitution of Government of the United States”)，载昆兰德和勒纳编,《缔造者的宪法》第1卷第59页。偶为亚当斯朋友、偶为亚当斯仇敌的杰斐逊可能犯有与尼德赫姆一样的合成谬误。在一封给麦迪逊的信中,他写道,“最重要的是,我希望对普通人民的教育应当受到重视;要使他们确信,我们能依赖他们良好判断力来使保存适当程度的自由获得最大的保证”(1787年12月20日的信,同上第1卷第677页)。

⑳ 陀思妥耶夫斯基,《卡拉马佐夫兄弟》(Fyodor Dostoevsky, *The Brothers Karamazov*)(Harmondsworth:Penguin,1958年;1880年首版),第764页。

㉑ 哈丁,“制裁和义务”, *The Monist*, 68(1985年7月):403—418。

㉒ 格林,“导言:作为一个争议性观念的‘民主’”(Philip Green, “Introduction: ‘Democracy’ As a Contested Idea”)，载格林《民主》第2—18页,引文在第15—18页。

㉓ 进一步的内容参阅哈丁,“制度道德”(“Institutional Morality”)，载Geoffrey Brennan和Robert E. Goodin编《制度设计的理论》(*The Theory of Institutional Design*)(剑桥:剑桥大学出版社,1995年),第126—153页。

㉔ 哈丁,《理性界域内的道德》(芝加哥:芝加哥大学出版社,1988年),特别是第3、4章;哈丁,“国际义务论”(“International Deontology”),《伦理学和国际事务》(*Ethics and International Affairs*), 9(1995):133—145。

㉕ 从技术上来看,公民权利剥夺法案中,attainder仅适用于死刑判决,而bills of pains and penalties则适用于较轻的惩罚。这两种惩罚都被美国宪法(第1条第9款)所禁止。

㉖ 布坎南和图洛克,《同意的计算:宪政政府的逻辑基础》(Ann Arbor:密歇根大学出版社,1962年)。

㉗ 罗尔斯《正义论》(剑桥,麻省:哈佛大学出版社,1971年)。

㉘ 贝茨,《政治平等》,第191页。

㉙ “作为秩序的公正”这一术语来自西季威克(Henry Sidgwick)对休谟分配性正义不是政府政策适当目标的观点的批评(西季威克,《伦理学方法》(Sidgwick, *The Methods of Ethics*)第7版(伦敦:麦克米伦,1907年),第440页)。关于进一步的讨论,参阅哈丁,《理性界域内的道德》,第36页。许

多现代的保守主义者同意休谟的观点，认为分配性正义的努力是有害的。比如参阅德哲维《主权：探究政治善》，(Bertand de Jouvenel, *Sovereignty: An Inquiry into the Political Good*)(芝加哥：芝加哥大学出版社，1957 年，J. F. Huntington 译)，特别是第 139—165 页。

㉘ 因为它所有有力的声音，普世主义是一个十分常识性的原则。Cathleen Schine 的 *Rameau's Niece* 一书的女主人公玛格丽特很好地表达了这一原则："如果人们期望我做什么事情，我怨恨他们并觉得无能和不安。然而我也期望别人做很多事情，如果我得不到，我只会觉得耻辱。她想，我是有几分卑鄙的家伙"(Schine, *Rameau's Niece*(纽约：Penguin，1993 年)第 34 页)。

㉘ 格里芬，"美国宪政变迁的问题"(Stephen Griffin, "*The Problem of Constitutional Change in the United States*")，载 John Ferejohn, Jack Rakove 和 Jonathan Riley 编"宪政文化和民主统治"("Constitutional Culture and Democratic Rule")，著作手稿，图兰(Tulane)大学，1998 年。

㉘ 如果有实际问题产生，那么它就可能不只是装腔作势。比如，当今的议会能实施立法(比如权利法案)，并附加它只有被任何未来议会里的绝大多数人同意才能修正的限制性条款。后来的进行修正的议会将不得不决定是否忽略绝大多数原则的要求。对于在不重要的问题上的立法，一个未来的议会大概将泰然地解除绝大多数原则的要求。在有权利法案的情况下它会认为它本身受约束吗？

㉘ 《联邦党人文集》第 85 篇最后一段。这里的引用摘自大卫·休谟《论艺术与科学的兴起及进步》(David Hume, "Of The Rise and Progress of the Arts and Sciences")，载休谟《道德政治与自由论文集》(*Essays Moral Political, and Liberty*)，Eugene Miller 编(印第安纳波利斯：Liberty 出版社，1985 年；1742 年第一版)，第 111—137 页，所引句在 124 页。

㉘ 康斯坦塔，《政治文选》，Biancamaria Fontana 编(剑桥：剑桥大学出版社，1988 年)，172 页注释。

㉘ 克里斯坦，《许多人的统治：民主理论中的基本问题》(*The Rule of the Many: Fundamental Issues in Democratic Theory*)(科罗拉多 Boulder：Westview 出版社，1996 年)。

⑱⑹ 比如参阅托姆·蒂勒,《人们为什么守法》(Tom R. Tyler, *Why People Obey the Law*)(纽黑文:耶鲁大学出版社,1990年)。

⑱⑺ 唐斯,《民主的经济理论》(Anthony Downs, *An Economic Theory of Democracy*)(纽约:Harper and Row,1957年)。

⑱⑻ 实际上,图西人在政府能足够好地组织起来并拥有很大权力以前就先发制人地起义来摧毁政府。他们至少潜在地理解了霍布斯关于新政权建立权威的问题。

⑱⑼ 约瑟夫·A.熊彼特,《资本主义、社会主义与民主》(Joseph A. Schumpeter, *Capitalism, Socialism and Democracy*)(纽约:Harper,1950年,第3版;1942年第1版),第262页。

⑲⓪ 石黑一雄,《逝日残漏》(Kazuo Ishiguro, *The Remains of the Day*)(纽约: Vintage, 1990; 1989年第1版),第194页。

⑲⑴ 贝娄,《塞姆勒先生的行星》(Saul Bellow, *Mr Sammler's Planet*)(Harmondsworth: Penguin, 1977; 1970年第1版),第88页。

⑲⑵ 贝娄,《塞姆勒先生的行星》,第88页。

⑲⑶ 阿波·卡特,《直接行动和自由民主》(April Carter, *Direct Action and Liberal Democracy*)(纽约:Harper and Row,1973年)。

⑲⑷ 石黑一雄,《逝日残漏》,第194页。

⑲⑸ 穆勒,《代议制政府》(任何完整版本),第3章第2、17段。

⑲⑹ 穆勒,《代议制政府》第3章最后一段。进一步的内容参阅Carole Pateman,《参与和民主理论》(*Participation and Democratic Theory*)(剑桥:剑桥大学出版社,1970年),第28—35页。

⑲⑺ 哈丁,"契约主义:痴心妄想"。

⑲⑻ 奥内尔,《战争中的民主体:美国在二战中的国内外斗争》(William L. O'Neill, *A Democracy at War: America's Fight at Home and Abroad in World War II*)(纽约:Free出版社,1993年版)。

⑲⑼ 杜威,《伦理学》(John Dewey, *Ethics*),《杜威中期著作,1899—1924》(*The Middle Works, 1899—1924, of Dewey*),第5卷(伊利诺斯州Carbondalle:南伊利诺斯大学出版社,1978年;1908年第1版),第351—357页。

⑳⓪ 杜威,《伦理学》,第424页。进一步的内容参阅舒斯特曼,"杜威和

罗蒂之间的实用主义和自由主义"(Richard Schusterman, "Pragmatism and Liberalism Between Dewey and Rorty"),《政治理论》(*Political Theory*)(1994 年 8 月)22:391—413。

㉛ 托克维尔,《论美国的民主》第 2 卷(纽约:Knopf,1945;Vintage1990 年重印),第二部分第 4 篇第 6 章,第 316—321 页;穆勒,"文明"("Civilization")和"托克维尔论美国的民主,II",载穆勒《政治与社会论文集》,J. M. Robson 编《约翰·斯图亚特·穆勒全集》第 18 卷(多伦多:多伦多大学出版社,1977 年),第 117—147、153—204 页。

㉜ 穆勒,《论自由》第 3 章第 2 段;哈姆波特,《国家行动的限度》(剑桥:剑桥大学出版社,1969 年;1854 年第 1 版),第 16 页。

㉝ 电视一般被引证为最大的因素,因为它占用了公民时间的如此大一部分。比如参阅帕特南,"孤身打保龄:美国衰退中的社会资本"(Robert D. Putnam, "Bowling Alone: America's Declining Social Capital"),《民主杂志》(*Journal of Democracy*)(1995 年 1 月)6:第 65—78 页。

㉞ 哈姆波特,《国家行动的限度》,第 10 页。

㉟ 华特莱,《对近来针对殖民地的规制和征税之思考》(Thomas Whately, *The Regulations Lately Made Concerning the Colonies, and the Taxes Imposed upon Them, Considered*)(伦敦:1765 年),第 109 页;转引自贝尔,《制造国族:美国联邦主义的重新发现》(剑桥:麻省:哈佛大学出版社,1993 年),第 172 页。进一步的内容参阅伍德,《美利坚共和国的诞生,1776—1787》(Gordon S. Wood, *The Creation of the American Republic, 1776—1787*)(北卡州 Chapel Hill:北卡罗来纳大学出版社,1969 年;诺顿出版公司 1972 年重印),第 173—181 页。

㊱ 贝尔,《制造国族:美国联邦主义的重新发现》,第 164—168 页。

㊲ 引自雷德,《美国革命时代的代表概念》(John Phillip Reid, *The Concept of Representation in the Age of the American Revolution*)(芝加哥:芝加哥大学出版社,1989 年),第 12 页。

㊳ 雷德,《美国革命时代的代表概念》,第 20 页。

㊴ 雷德,《美国革命时代的代表概念》,第 137—146 页。

㊵ 凯特卜,"多数原则:卡尔霍恩及其先辈"(George Kateb, "The Majority Principle: Calhoun and His Antecedents"),《政治科学季刊》(*Political Science Quarterly*)84(1969年12月):595—617。重印于格林(Green)编《民主》(*Democracy*),特别参阅第301—302页。

㉛ 凯特卜,"多数原则:卡尔霍恩及其先辈",格林,《民主》,第298页。

㉜ 基耶塞,《如果不,决不:阿拉贡誓言以及传说的索布拉比法律》(Ralph A. Giesey, *If Not, Not: The Oath of the Aragonese and the Legendary Laws of Sobrarbe*)(普林斯顿:普林斯顿大学出版社,1968年),第181页。

㉝ 皮蒂,"古巴笔记"(Lisa Peattie, "Cuban Notes"),《麻省评论》(*Massachusetts Review*)(1969年秋季卷),673—674;转引自赫茨曼,《变换参与:私人利益与公共行动》(Albert O. Hirschman, *Shifting Involvements: Private Interest and Public Action*)(普林斯顿:普林斯顿大学出版社,1982年),第130页,着重号是后加的。

㉞ 一个相关问题在于经济增长更有可能伴随着政治自由主义还是相对独裁。对事实的透彻考察,参阅施沃斯基(Adam Przeworski)和莱芒吉(Fernando Limongi),"政治政权和经济增长"("Political Regimes and Economic Growth"),《经济展望杂志》(*Journal of Economic Perspectives*)(1993年夏季卷)7:51—69。

㉟ 米克尼克,"欧洲的两个面孔"(Adam Michnik, "The Two Faces of Europe"),《纽约书评》(1990年7月19日):7。

㊱ 1990年初在芝加哥大学的历次交谈。

㊲ 赫茨曼,"好消息不是坏消息"(Albert O. Hirschman, "Good News Is Not Bad News"),《纽约书评》(1990年10月11日):20—22,引文在第20页。

㊳ 将族群冲突与暴力作为仅仅是不理性的而不予考虑是极其简单化的。进一步的内容参阅哈丁,"争斗社区"("Contested Community"),《社会》(*Society*),32(1995年7/8月):23—29;《我为人人:群体冲突的逻辑》,普林斯顿:普林斯顿大学出版社,1995年)。

㊴ 马克思在其著作各处提出这些问题。尤其是在《路易·波拿巴的雾月十八日》(纽约:International Publishers, 1963年;1869年第1版)一书第

123—129 页中，他将古怪的法国农民政治和对他们经济利益的误解联系在一起。他还讨论产业内部以及工人之间潜在的冲突；熊彼特，《资本主义、社会主义与民主》(纽约：Harper，1950 年，第 3 版；1942 年第 1 版)；弗里德曼，《资本主义和自由》(Milton Friedman，*Capitalism and Freedom*)(芝加哥：芝加哥大学出版社，1962 年)；奥尔森，《国家兴衰探源》(Mancur Olson，Jr.，*The Rise and Decline of Nations*)(纽黑文：耶鲁大学出版社，1982 年)。

⑳ 托克维尔，《论美国的民主》，2 卷本（纽约：Knopf，1945 年；Vintage 1990 年重印)，第 2 卷，第 1 编，第 1 章，第 7 页。进一步的内容参阅 Daniel Bruhlmeier，"Demokratische Revolutionen"，载 Karen Gloy 编，*Demokratie-Theorie：Ein West-Ost-Dialog*（Turbingen：Francke Verlag，1992 年)，第64—83 页。

㉑ 洛克，《论宽容》(印第安纳波利斯：Bobbs-Merrill，1950 年；1689 年第 1 版)。

㉒ 那一点现在可能正在快速改变中。参阅噶尔甘，"一场革命改造印度：社会主义出局，自由市场登场"(Edward A. Gargan，"A Revolution Transforms India：Socialism's Out，Free Market In")，《纽约时报》(1992 年 3 月 29 日)，版 1:1，9。

㉓ 弗里德曼，《资本主义和自由》，特别是第 1 章。一项关于经济自由与政治自由之间关系的统计研究发现，尽管不很符合印度、瑞典以及其他一些国家的经验，"存在经济自由的地方，政治自由就有重要性；而不存在经济自由的地方，政治自由就无关紧要"。参阅沃里斯(F. Vorhies) 和格拉赫(F. Glahe)，"政治自由和社会发展：一项经验探索"("Political Liberty and Social Development：An Empirical Investigation")，《公共选择》(*Public Choice*)，58 (1988 年)：45—71 页。

㉔ 进一步的内容参阅哈丁，《我为人人》，特别是第 56—59 页。

㉕ 在俄罗斯以及前苏联其他许多地区，不利结果包括生活水平急剧下降以及死亡率和发病率情况恶化。埃尔曼，"'灾难性改革'下死亡与疾病的增加"(Michael Ellman，"The Increase in Death and Disease under 'Katastroika'")，《剑桥经济学杂志》(*Cambridge Journal of Economics*) (1994 年 8 月)：329—355。

㉖ 噶尔干,"一场革命改造印度",第9页。

㉗ 珀尔利兹,"绵里之针"(Jane Perlez, "The Fist in the Velvet Glove"),《纽约时报杂志》(1995年7月16日):17—19。

㉘ 坎代尔,"生于痛楚的繁荣"(Jonathan Kandell, "Prosperity Born of Pain"),《纽约时报杂志》(7 July 1991年7月7日):14—18,33,35,引文在第18页。

㉙ Karen Brooks, J. Louis Guasch, Aishay Braverman 和 Csada Csaki,"农业和向市场的转型"("Agriculture and the Transition to the Market"),《经济展望杂志》(*Journal of Economic Perspectives*),5(1991年秋季卷):149—161,特别是第154—155页。

㉚ 这在本质上是奥尔森的主张,《国家兴衰探源》。

㉛ 马克思,《路易·波拿巴的雾月十八日》,第127页。

㉜ 安·克鲁格,《发展中国家改革的政治经济学》(Anne Krueger, *Political Economy of Reform in Developing Countries*)(麻省剑桥:MIT出版社,1993年),第62页。

㉝ 列维,《论统治和国家收入》(Margaret Levi, *Of Rules and Revenue*)(伯克利:加州大学出版社,1988年)。

㉞ 奥尔森,《国家兴衰探源》。

㉟ 在《民主、资本主义以及拉尔夫的挺好的杂货店》(*Democracy, Capitalism, and Ralph's Pretty Good Grocery*)(普林斯顿:普林斯顿大学出版社,即将出版)一书中,约翰·缪勒(John Mueller)论证说,经济学家们现在差不多达到了这样的完善程度,即当政府从他们那里得到经济建议时,该建议更有可能是有利而不是有害的。如果真是如此,这将是一个重大转折点,大体上可以和大约一个世纪前的那个转折点相媲美,当时医生们开始更有可能帮助而不是伤害他们的患者(许多人至今仍然不确信他们自己的医生已经达到了那一点)。

㊱ 进一步的内容参阅利特维克,"合法性和苏维埃式经济中的市场改革"(John M. Litwack, "Legality and Market Reform in Soviet-Type Economies"),《经济展望杂志》(*Journal of Economic Perspectives*),5(1991年):77—89。

㊲ 托克维尔,《论美国的民主》,第1卷,第3页。也可参阅利佛特,“从平等到自由:散释美国的民主”(Claude Lefort,“From Equality to Freedom: Fragments of an Interpretation of Democracy in America”),载利佛特,《民主和政治理论》(*Democracy and Political Theory*)(Minneapolis: 明尼苏达大学出版社,1988年;David Macey 译),183—209.

338 1990年2月14日,Jack Tarkowski 在芝加哥大学交谈中所述。

339 标准处理是奥肯,《平等与效率:巨大的权衡》(Arthur M. Okun, *Equality and efficiency: The Big Tradeoff*)(Washington: Brookings, 1975年);但也请参阅戴姆斯基(Gary A. Dymski)和艾略特(John E. Elliot),“资本主义与民主经济”(“Capitalism and the Democratic Economy”),《社会哲学和政策》(*Social Philosophy and Policy*), 6 (1988年秋季卷): 140—164。对于许多落后于世界工业化水平的国家,存在大量论述描绘产生于经济激励政策的不平等现象。例如,参阅贝茨,《热带非洲的市场与国家:农业政策的政治基础》(Robert H. Bates, *Markets and States in Tropical Africa: The Political Basis of Agricultural Policies*)(伯克利:加州大学出版社,1981年)。

340 罗尔斯,《正义论》(麻省剑桥:哈佛大学出版社,1971年)。

341 科恩(G. A. Cohen)驳斥了罗尔斯为了生产率而向不平等作出的有条件投降,见“支持不平等的帕累托论辩”(“The Pareto Argument for Inequality”),《社会哲学与政策》(*Social Philosophy and Policy*), 12 (1995年冬季卷): 160—185。

342 1989年6月在莫斯科国立大学,我和一群美国哲学家一起被介绍给一位高雅的老教授,他被描述为在世的最伟大的马克思主义哲学家。他涩涩一笑,略微欠身说到,“那算不了什么。”在我们之后的群体讨论中,他说他认为马克思主义哲学在一两个世纪里会被遗弃,就像笛卡尔分析哲学兴起之后的亚里士多德主义那样。他说,在苏联它已经死了。

343 《科学》(*Science*) (1991年12月20日): 1716—1719; (1993年6月18日): 1744—1746, 1753—1758。东德科学家在两德合并中受损,部分原因在于按照竞争性的西德标准,东德研究部门人员超编(《科学》(1989年4月6日): 23)。

㉞④ 存在许多论述。例如参阅《多伦多环球邮报》(*Toronto Globe and Mail*), 1993年11月1日, A8版。

㉞⑤ 斯太因,"适应性社会的胜利"(Herbert Stein, "The Triumph of the Adaptive Society"),《弗兰克·E. 希德曼政治经济学讲演》(*Frank E. Seidman Lecture in Political Economy*)(Memphis: Rhodes College, 1989年9月14日), 第23页。

㉞⑥ 该观点不是关于生产什么产品的,尽管一些人的更高收入可能总体上意味着对不同产品的需求。例如,西方高收入者们通常购买豪华轿车、非常昂贵的晚餐、国际旅行以及度假别墅,而低收入者甚至中等收入者极少购买这些东西。因此,不均等报酬倾向于影响生产的模式。

㉞⑦ 哈丁,"外出移民、职业流动和制度化:民主德国"("Emigration, Occupational Mobility, and Institutionalization: The German Democratic Republic"),麻省理工学院博士论文, 1971年, 第4章。

㉞⑧ 斯太因,"适应性社会的胜利", 第1页。

㉞⑨ 保恩,《美国资本主义的危机》(Moritz J. Bonn, *The Crisis of Capitalism in America*)(纽约:John Day, 1932年), 第188—189, 190页;转引自斯太因,"适应性社会的胜利", 第7页。

㉟⓪ 熊彼特,《资本主义,社会主义与民主》, 第83页。

㉟① 加尔布雷思,"冲向资本主义"(John Kenneth Galbraith, "The Rush to Capitalism"),《纽约书评》(1990年10月25日): 51。

㉟② 兰格,《论社会主义的经济理论》(Oskar Lange, *On the Economic Theory of Socialism*)(Minneapolis:明尼苏达大学出版社 1938年); 罗默,"市场社会主义的可能性"(John E. Roemer, "The Possibility of Market Socialism"), 载 David Copp, Jean Hampton 和 John E. Roemer 编,《民主的理念》(*The Idea of Democracy*)(剑桥:剑桥大学出版社,1993年), 第347—367页。

㉟③ 莫洛瓦(Viktoria Mullova), 罗斯特罗波维奇(Dmitri Rostropovich)以及其他许多人移民到西方,也许是为了保障更大的艺术自由,但他们的动机也许还在于移居到其才华能够得到远为丰厚之报酬的地方。

㉟④ 布茹玛,"不存在家园这样的地方"(Ian Buruma, "There's No Place

Like Heimat"),《纽约书评》(1990 年 12 月 20 日):33—43,引文在第 34 页。

㉟⑤ 沃茨(Michael Walzer) 在《异议》*Dissent* (1990 年春季卷)中所说;Neil Kinnock 据说在英国工党中取缔了"社会主义"这个词语的使用(《纽约客》(*New Yorker*),1992 年 5 月 4 日,第 91 页)。不幸的是,共产主义在东方也让女权主义背上了恶名。

356 有关这些联系的启发性讨论,参阅林德布洛姆,《政治与市场:世界的政治—经济制度》(纽约:Basic Books,1977 年)。《社会哲学与政策》(*Social Philosophy and Policy*)(1989 年春季卷)关于社会主义的特刊上的几篇文章,虽然尽管近期才发表,可已因现实事件而严重过时——这对于哲学著述而言是个不寻常的命运,但在这个问题上是有意义的。

357 1990 年 4 月 19 日在芝加哥大学的私下交谈。

358 贝尔米奥,"欧洲的民主"(Nancy Bermeo,"Democracy in Europe"),*Daedalus* (1994 年春季卷):159—177 页。

359 有关讨论,参阅胡塞·马里安·马拉瓦勒,"威权统治优势的神话"(Jose Maria Maravall,"The Myth of the Authoritarian Advantage"),《民主杂志》(*Journal of Democracy*),5 (1994 年 10 月):17—31;以及托马斯·阿珀勒蒂,"民主、专制与转型:在前苏联共和国进行宪法引导下之系统变革的一项建议"(Thomas Apolte,"Democracy, Dictatorship, and Transformation: A Proposal for a Constitution-Guided Systematic Change in Formerly Soviet Republics"),《宪政的政治经济学》(*Constitutional Political Economy*),6 (1995 年):5—20。

360 引自扬·埃尔斯特,"共产主义解体之时"(Jon Elster,"When Communism Dissolves"),《伦敦书评》(1990 年 1 月 25 日):3—6,第 4 页。

361 在许多国家,比如在缅甸,对民主或者至少对结束军事独裁的迫切要求,可能先于对任何种类经济改革的迫切要求。

362 阿耶,《托马斯·潘恩》(A. J. Ayer, *Thomas Paine*)(纽约:Atheneum,1988 年;芝加哥大学出版社重印,1990 年),第 187 页。

363 弗兰德,《1787 年联邦会议档案》,4 卷本(纽黑文:耶鲁大学出版社,1937 年,修订版;1911 年第 1 版),第 1 卷,第 486 页。

㉞④ 托马斯·杰斐逊1820年4月22日致约翰·霍尔姆斯(John Holmes)的信(通常被冠以“深夜火警铃”(“A fire bell in the night”)的标题),载杰斐逊,《文选》(Jefferson, *Writings*)(纽约:Library of America, 1984年),第1433—1435页。很早开始,杰斐逊就抱有使奴隶自由但把他们重新输出的希望,之后亚伯拉罕·林肯一度也抱有同样的希望。

365 哈丁,《我为人人》,第6章。

366 存在许多详细论述。例如,参阅博伊特克,“可信性、信誓与苏联经济改革”(Peter J. Boettke, “Credibility, Commitment, and Soviet Economic Reform”),载Edward Lazear编,《改革的现实》(*Realities of Reform*)(加州斯坦福:胡佛研究所出版社,1995年),第247—275页。博伊特克描述了20世纪20年代、50年代、60年代和80年代的苏联改革,并且把它们和20世纪90年代俄罗斯改革作了比较。

367 《纽约时报》1995年7月23日,i. 1, 12;阿斯朗德,《俄罗斯是如何变成一个市场经济体的》(Anders Aslund, *How Russia Became a Market Economy*)(华盛顿:布鲁金斯学会,1995年)。

368 转引自伍德,“宪法制定中的利益和无私”,载Richard Beeman, Stephen Botein和Edward C. Carter II编,《超越邦联:宪法起源和美国国族身份》(北卡罗来纳Chapel Hill:北卡罗来纳大学出版社,1987年),第102页。

369 转引自罗斯特,《1787年:伟大的会议》(纽约:麦克米伦,1966年),第304页。

370 奈斯特(Nestor),载《独立报》(*Independent Gazetteer*)(费城),1786年6月3日;转引自拉考夫,“乔治·华盛顿就职时的政治结构”(Jack N. Rakove, “The Structure of Politics at the Accession of George Washington”),载Richard Beeman, Stephen Botein和Edward C. Carter II编,《超越邦联:宪法起源和美国国族身份》(北卡罗来纳Chapel Hill:北卡罗来纳大学出版社,1987年),第262页。

371 贝尔德,《美国宪法的经济解释》(纽约:麦克米伦,1935年),第100—114页;罗斯特,《1787年:伟大的会议》,第307—311页。

372 洛彻诉纽约案,《美国联邦最高法院判例汇编》第198卷第45页

(*Lochner v. New York*, 198 U.S.(1904 年 10 月号):45)。

373 本杰明·怀特观察到费城会议上的辩论对“自由放任对集体主义”问题只字未提(怀特,《一致性与连续性,1776—1787》(波士顿:波士顿大学出版社,1958 年),第 29 页)。没有争论是因为不存在问题。与会代表压倒性一致同意的是政府不应当是强大或侵扰性的。没有强大的政府,集体主义本质上就被排除,而资本主义就像它的结果那样,被赋予了充分的发展空间。

374 已经建立起了相当发达的工业经济的东方国家——东德、捷克斯洛伐克,或许还有匈牙利和波兰——从一开始就在经济上受工业化的苏联模式之害。

375 托克维尔,《论美国的民主》,2 卷本(纽约:Knopf, 1945 年;Vintage 重印,1990 年)第 1 卷,第 361—369 页。

376 这有很大一部分可能通常是一个失败的经济学的问题。参阅哈丁,《我为人人》(普林斯顿:普林斯顿大学出版社,1995 年),第 56—59,142—147 页。

377 斯科特,《农民的道义经济学:东南亚的反叛与生存》(James C. Scott, *The Moral Economy of the Peasant: Rebellion and Subsistence in Southeast Asia*)(纽黑文:耶鲁大学出版社,1976 年);波肯,《理性的农民:越南乡村社会的政治经济学》(Samuel L. Popkin, *The Rational Peasant: The Political Economy of Rural Society in Vietnam*)(伯克利:加州大学出版社,1979 年)。

378 这样的问题可能被克服。例如,如果政府能令人信服地保证即使在情况最坏的年份也提供最低量的大米,那么它就能以十分低的年平均成本,刺激大米产量巨大提升。对增加量征得的税收可能足以支付偶尔的大米分配费用,由此可使每个人福利改善。

379 《联邦党人文集》中有四分之一的文稿提到了秩序和稳定。例如,麦迪逊在第 19、37、49、51、62 和 63 篇中论及了稳定;汉密尔顿在第 21、25、30、71、72、73、76 和 77 篇中论及了稳定。

380 《联邦党人文集》第 62 篇倒数第二段。

381 参阅昆兰德和勒纳,《缔造者的宪法》,5 卷本(芝加哥:芝加哥大学出版社,1987 年)中的多种文献,第 2 卷第 477—528 页。在 1785 年麦迪逊特别费力地争辩说，全国性政府必须能完成最终的商业条款的目标，如果必要的话可通过用一个不同的政府来取代它(同上，第 481 页)。在安纳波利斯召集会议讨论这个问题，但只有极少数州派代表参加，以后被称为费城会议的那次会议制订了宪法。宾夕法尼亚州在费城会议之前就单方面实行了与其他州实际上自由贸易的政策(参阅 Tench Coxe1786 年 9 月 13 日给弗吉尼亚代表的信，见同上第 3 章第 473—474 页)。

㊳82 孟德斯鸠，《论法的精神》(剑桥：剑桥大学出版社，1989 年；1748 年第 1 版)，第 11 篇第 6 章，第 157 页。

383 杰斐逊给麦迪逊的信，1787 年 12 月 20 日，载昆兰德和勒纳，《缔造者的宪法》，第 1 卷第 677 页。

384 托克维尔，《论美国的民主》，第 1 卷，第 251—252 页。

385 亚当·施沃斯基，《民主与市场：东欧和拉美的政治及经济改革》(Adam Przeworski, *Democracy and the Market: Political and Economic Reforms in Eastern Europe and Latin America*)(剑桥：剑桥大学出版社，1991 年)，第 88 页。

386 关于伊斯兰教体现了一种经济理论的信仰与这个可能性正相冲突，或许没有好的理由期望它在其他背景下也是真实的。

* Cincinnatus，古罗马两任执政官，因向往农耕生活，以战争获胜后迅即自愿解甲归田而闻名后世。——译注

387 林德布洛姆，《政治与市场》(纽约：Basic Books，1977 年)。

388 美国宪法第 3 条第 8 款。

389 参阅昆兰德和勒纳，《缔造者的宪法》第 3 卷中的几份文件，第 477—483 页。

390 弗兰德，《1787 年联邦会议档案》，4 卷本(纽黑文：耶鲁大学出版社，1937 年，修订版；1911 年第 1 版)，第 3 卷第 133 页。

391 麦迪逊在 1826 年 12 月 26 日给托马斯·库伯的信中讨论了纽约，载弗兰德，《1787 年联邦会议档案》第 3 卷第 474 页；麦迪逊关于罗得岛州的讨论见他为他的会议辩论笔记草拟的前言(1840 年第 1 版)，载同上第 3 卷 539—551 页，具体在第 546—547 页。也可参见麦迪逊的《联邦党人文集》第 42 篇。

㊴㊷ 然而,它的确建立了后来增加权力的可能性,比如南北内战、两次世界大战、冷战和福利国家的权力。

393 汉密尔顿,“大陆主义者,第5篇”(“Continentalist, no. 5”)(1782),载昆兰德和勒纳,《缔造者的宪法》第2卷,第477—479页。

394 麦迪逊再一次将罗得岛州顽固拒绝参加费城会议归因于它希望延续这种做法(弗兰德,《1787年联邦会议档案》第3卷第546—547页)。

395 有关简要的讨论,参阅埃斯克瑞治(William Eskridge)和菲厄彰(John Ferejohn),“弹性的商业条款:美国联邦主义的政治理论”(“The Elastic Commerce Clause: A Political Theory of American Federalism”),《范德比尔特法律评论》(*Vanderbilt Law Review*) 47(1994):1355—1400。他们引用的案例选辑包括 Gerald Gunther, *Constitutional Law*(《宪法学》)(纽约 Westbury: Foundation Press, 1991年,第12版),第2—5章;Daniel A. Farber, William N. Eskridge 和 Philip P. Frickey, *Cases and Materials on Constitutional Law: Themes for the Constitution's Third Century*(《宪法学案例与资料:宪法第三个世纪的主题》)(明尼苏达州 St Paul: West Publishing Co., 1993年),第7章;Geoffrey Stone, *Constitutional Law*(《宪法学》)(波士顿:Little, Brown, 1991年,第2版),第3—4章。

396 在第二届默菲研究所(Murphy Institute)宪政主义会议上的口头评论,图兰大学(Tulane University),新奥尔良,1995年3月11—12日。

397 也可参阅格里芬,“美国宪政变迁的问题”(Stephen M. Griffin, “The Problem of Constitutional Change in the United States”),“宪法和宪政主义”会议上提交的论文,默菲研究所,图兰大学,新奥尔良,1995年3月11—12日。

398 斯威福特,“一个美国上议院的酝酿:1787年制宪会议中的美国参议院”(Elaine Swift, “The Making of an American House of Lords: The U.S. Senate in the Constitutional Convention of 1787”),《美国政治发展研究》(*Studies in American Political Development*)(1993)7:177—224,以及《一个美国参议院的形成:1787至1841年国会的重组变革》(*The Making of an American Senate: Reconstitutive Change in Congress 1787—1841*)(Ann Arbor:密歇根大学出版社,1996年)。

㊴⑨ 麦迪逊在《联邦党人文集》中那引人注目的批驳社群主义反联邦党人的论点(小的社群趋向于实行暴政)中,表面上是反共和的。但是到1792年当反汉密尔顿的政治可能已使他的观点机会主义地发生改变时,他似乎自己就成了共和主义者。参阅他的"公民人口的共和国式分布"("Republican Distribution of Citizens"),1792年3月5日,载昆兰德和勒纳,《缔造者的宪法》第1卷,第680—681页。参阅本书第三章"反联邦党人义对联邦党人"一节。

㊵⓪ 这场争论有些重收于诺顿,《可选择的美国:内战前政治文化读本》(Anne Norton, *Alternative Americas: A Reading of Antebellum Political Culture*)(芝加哥:芝加哥大学出版社,1986年)。

㊵① 弗兰德,《1787年联邦会议档案》第1卷,第486页。

㊵② 麦迪逊通过从一些欧洲经验推断,至少预测到了人口配置中转向商业和制造业阶层的变化。弗兰德,《1787年联邦会议档案》第2卷,第124页。

㊵③ 亚里士多德,《政治学》VI. 4. 1318b 6—17;也可参阅《政治学》IV. 6. 1292b 25—34,IV. 4. 1291b 30—38。

㊵④ 直到它的选择是完全独立或完全服从宪法之时,北卡罗来纳都不肯前进。当除了罗得岛以外的州都投票支持宪法的时候,供选择的无数种可能性的浪漫主义最终都封上了,北卡罗来纳才屈服。

㊵⑤ 拉考夫,"麦迪逊式解决方案"(Jack N. Rakove, "The Madisonian Solution"),"宪法和宪政主义"会议上提交的论文,默非研究所,图兰大学,新奥尔良,1995年3月11—12日。

㊵⑥ 泰勒,《英国史,1914—1915》(A. J. P. Taylor, *English History, 1914—1915*)(牛津:牛津大学出版社,1965年)第1页。

㊵⑦ 这两个党加在一起大约占20%的选票(《纽约时报》1993年12月26日),第1版。

㊵⑧ 萨圭尔(Julio Saguir),"寻求制度设计:阿根廷和美国宪政程序的比较",芝加哥大学博士论文,1991年。

㊵⑨ 比如参阅卜瑞,《性、经济、自由和社群:八篇论文》(Wendell Berry, *Sex, Economy, Freedom, and Community: Eight Essays*)(纽约:Pantheon,

1993年)。

⑩ 文献很多,比如可考虑萨克斯,《波兰的跃入市场》(Jeffrey Sachs, *Poland's Jump to the Market*)(剑桥,麻省:麻省理工学院出版社,1993年),特别是第2章;Peng Lian和魏尚进(Shang-Jin Wei),“要否休克?大规模改革的经济学和政治经济学”(“To Shock or Not to Shock? Economics and Political Economy of Large-Scale Reforms”),《经济和政治》(*Economics and Politics*),10(1998年7月):161—183;Padma Desai,“超越休克疗法”(“Beyond Shock Therapy”),《民主杂志》(*Journal of Democracy*),6(1995年4月):102—112。

⑪ Valtr Komarek,“休克疗法及其受害者”(“Shock Therapy and Its Victims”),《纽约时报》(1992年1月5日):4.13。

⑫ 加尔布雷思,“冲向资本主义”,《纽约书评》(1990年10月25日):51—52,引文在第52页。正如第五章提及的,南希·贝尔米奥从与战后西欧的比较中相反地得出了一个乐观的结论。参阅贝尔米奥,“欧洲的民主”,*Daedalus*(1994年春季):159—177。

⑬ 关于俄罗斯转型中失利者不幸命运的有些新闻报道太过悲惨了。但对读者来说它们也是难于评判的,因为它们实质上都是些轶闻。媒体通常几乎只是在轶闻的层次上观察对重大社会运动和事件的理解。尽管有“轶闻只不过是单个数据”之说,但这对真正的理解是完全不够的。例如,《纽约时报杂志》登载年老的俄罗斯转型受害者的图片。不幸的是,同样的照片十五年前很可能被用来反映当时苏联经济的惨状。很难判断这些苦难有多少是苏俄造成的,有多少是转型带来的。参阅舒弥曼,“在一个没有现金的社会你怎么成功?”(Serge Schmemann, “How Do You Succeed in a Cashless Society”),《纽约时报杂志》(1998年12月27日):36—39,配有Vladimir Syomin拍摄的照片。

⑭ 卡巴利罗(Ricardo J. Caballero)和罕默尔(Mohamad L. Hammour),“衰退的净化效应”(“The Cleansing Effect of Recessions”),《美国经济评论》(*American Economic Review*),84(1994年12月):1350—1368。

⑮ 然而,玩世不恭的人可能正确地指出,美国的政府经常挽救处于困境中的非常大的企业,比如在洛克希德公司(Lockheed)、克莱斯勒汽车公司

(Chrysler)、许多银行以及长期资本管理公司等案例中。对这种提议的辩护是,这些企业太大并且与其他依赖它们的公司和大量个体工人交织在一起,以至于挽救它们符合一般价值,因为它们的失败可能向下拉动并击溃其他企业,甚至使整个经济后退到危害几乎所有的人(除了处理破产事务的律师)。资本主义的坚决支持者一般认为这样的挽救对经济效益和发展是破坏性的。资本主义的坚决反对者一般认为它们对资本主义是起支持作用的。双方都可能是正确的。

⑯ 获得北美自由贸易协定(NAFTA)授权的墨西哥农业改革可能是这种观察的一个例外,这是出于一个简单的原因——这个改革是与更大的NAFTA体制联系在一起的。这个体制是由能被期望在政治变革时期约束政府的重要集团支持的。关于这个转型如何能在十五年内得到管理,以及一个适度缓慢的转型对效率收益的有限影响的经济解释,参阅李维(Santiago Levy)和温伯根(Sweder van Wijnbergen),"经济改革中的转型问题:北美自由贸易协定下的农业"("Transition Problems in Economic Reform: Agriculture in the North American Free Trade Agreement"),《美国经济评论》(*American Economic Review*)(1995年9月)85:738—754。

⑰ 通常认为苏联政权强迫农民离开土地进入了工厂,实际上,在苏联,从土地向城市的流动速度比得上美国和许多其他西方国家在可比较的发展阶段的流动速度。除了它凶残地对待富农外,斯大林政权在鼓励离开土地的进程中极为可能并非如其无效率的程度那样严重粗暴。因为它有中央控制下的经济,所以或许它应当鼓励过更快的离开土地。

⑱ 许多经济学家认为在美国联邦的公司税是歪曲经济活动的一个主要因素。具有讽刺意味的是,这个税种最初被认为有其重要性是由于州在控制对个人征收的税方面有假想的利益。然而又一次地,失败的是政治而非经济。同样又一次地,需要解决的问题是结束对一部分经济的国家层次上的控制。

⑲ 詹姆斯·麦迪逊1785年8月7日给詹姆斯·门罗的信,载昆兰德和勒纳,《缔造者的宪法》,第2卷第481—482页,引文在第482页。

⑳ 罗默,"市场社会主义的可能性",载David Copp,Jean Hampton和John E. Roemer编,《民主的理念》(剑桥:剑桥大学出版社,1993年)第347—

367 页，引文在第 365 页。

㉑ 乔治·华盛顿给 Henry Knox 的信，1787 年 2 月 3 日，载昆兰德和勒纳，《缔造者的宪法》第 1 卷，第 188 页。

㉒ 黑格斯，“战时繁荣？对 20 世纪 40 年代美国经济的重估”（Robert Higgs，“Wartime Prosperity? A Reassessment of the U. S. Economy in the 1940s”），《经济史杂志》（*Journal of Economic History*），52（1992 年 3 月）：41—60。

㉓ 达尔，《民主理论导言》（芝加哥：芝加哥大学出版社，1956 年），第 132—133 页。

㉔ 托克维尔，《论美国的民主》，2 卷本（纽约：Knopf，1945 年；1835 年、1840 年第 1 版），第 1 卷，第 260 页。

㉕ 政府经常基于其他种类的群体成员数量对比，比如由行会、地产主或者包括工人以及产业群体在内的其他法人团体组成的合作主义政府。

㉖ 简要论述请参阅内格尔，“新西兰对少数族群代表权问题的新颖解决方案”（Jack Nagel，“New Zealand's Novel Solution to the Problem of Minority Representation”），《良好社会》（*The Good Society*），第 5 卷（1995 年春季）：第 25 至 27 页。

㉗ 帕森斯，《社会行动的结构》（纽约：Free 出版社，1968 年，第 2 版；1937 年第 1 版），第 247—249 页以及全书各处。

㉘ 哈丁，“霍布斯式政治秩序”，《政治理论》，19（1991 年 5 月）：156—180。

㉙ 霍布斯认定我们肯定终我们一生从任何革命中都会遭受净损失——只有之后的世代可能会从我们更迭政府的努力中获益。

㉚ 对于在南斯拉夫经久不去的痛楚，请参阅《纽约时报》，1997 年 9 月 14 日，版 1.1。

㉛ John H. Goldthorpe，David Lockwood，Frank Bechhofer 和 Jennifer Platt，《阶级结构中的富裕工人》（*The Affluent Worker in the class Structure*）（剑桥：剑桥大学出版社，1969 年）。施沃斯基（Adam Przeworski）在“物质利益、阶级妥协和向社会主义的转型”（“Material Interests，Class Compromise，and the Transition to Socialism”）一文中做了相反论述，见《政

治与社会》(*Politics and Society*)，10 (1980 年)：125—153。

㊸ 进一步的内容参阅，哈丁，“一起行动、一起贡献”(“Acting Together, Contributing Together”)，《理性和社会》(*Rationality and Society*)，3 (1991 年 7 月)：365—380。

433 哈丁，《我为人人：群体冲突的逻辑》，(普林斯顿：普林斯顿大学出版社，1995 年)，第 4 章。

434 哈丁，《我为人人》，第 6 章。

435 进一步的内容参阅，哈丁，《我为人人》，第 6 章。

436 莱克，《自由主义对民粹主义：民主理论和公共选择理论的对立》(William H. Riker, *Liberalism against Populism: A Confrontation between the Theory of Democracy and the Theory of Public Choice*) (Prospect Heights, Il.: Waveland Press，1988 年；1982 年第 1 版)，第 9 章。

437 泼斯特(C. Gordon Post)为下书写的“序言”：卡尔霍恩，《〈论政府〉以及节选〈论美国宪法〉》(John C. Calhoun, *A Disquisition on Government and Selections from the Discourse*) (印第安纳波利斯：Bobbs-Merrill，1953 年)，第 x 页。棉花出口在那个时期增长了 800 倍。因此，产棉州坚定地反对关税。南卡罗来纳州曾提议取消 1828 年以及 1832 年的关税。在那个信条之下，任何州都可以在它自己的边界内宣称联邦立法无效。那本来可能要求撤销《商业条款》。这也许是该宪法获得最终批准之后，反联邦党政治第一次重要复苏。

438 存在许多论述。见桑斯腾，《局部宪法》(Cass R. Sunstein, *The Partial Constitution*) (麻省剑桥：哈佛大学出版社，1993 年)，第 2 章。

439 马克思，《路易·波拿巴的雾月十八日》(纽约：International Publishers，1963 年；1852 年第 1 版)，特别是第 118—135 页。

440 迪克，“后一后一共产主义匈牙利”(Istvan Deak, “Post-Post-Communist Hungary”)，《纽约书评》(1994 年 8 月 11 日)：33—38。

441 伍德，《美利坚共和国的创建，1776 — 1787》(北卡罗来纳 Chapel Hill：北卡罗来纳大学出版社，1969 年)；也可参阅伍德，“宪法制定中的利益和无私”，载 Richard Beeman，Stephen Botein 和 Edward C. Carter II 编，《超越邦联：宪法起源和美国国族身份》(北卡罗莱纳 Chapel Hill：北卡罗来纳大学出版社，1987 年)，第 69—109 页。

⑭ 贝尔，《制造国族：美国联邦主义的重新发现》(麻省剑桥：哈佛大学出版社，1993 年)，第 8 章；拉考夫，“乔治·华盛顿就职时的政治结构”(Jack N. Rakove, “The Structure of Politics at the Accession of George Washington”)，载 Beeman 等人，《超越邦联：宪法起源和美国国族身份》，第 261—294 页。

㊸ 伍德，“宪法制定中的利益和无私”，第 109 页。

㊹ 贝尔德，《美国宪法的经济解释》(纽约：麦克米伦，1935 年；1913 年第 1 版)。

㊺ 布鲁图斯，第 1 篇，1787 年 10 月 18 日，载斯道因编，《反联邦党人全集》，7 卷本(芝加哥：芝加哥大学出版社，1981 年)，第 2 卷，第 363—372 页，引文在第 369 页。

㊻ 斯道因，《反联邦党人全集》第 2 卷，第 214 页。

㊼ 李死于 1794 年；耶茨死于 1801 年(根据贝尔德的说法，他死于贫困之中(《美国宪法的经济解释》，第 149 页))。

㊽ 把他们的苦难归咎于货币政策一直是诸多农业利益的终极毛病。一些反联邦党人主要的关注点，在于该宪法规定以合理的完全价值偿还联邦招致的债务，以及它承诺使用一种由金属制作的稳定货币而不是一种有贬值倾向的纸币。反联邦党人采纳了短期观点，认为让负债者用贬值了的纸币还债，对这些人来说更便宜。在长期来看，一种不稳定的货币总体上将会压制经济活动。如第二章所讨论的(在关于霍布斯的讨论中)，稳定的预期是力争那部新宪法的一部分重要因素，因为一种稳定的货币将意味着更大的经济繁荣。在不是那么非常长的时间段，不稳定的货币将对所有人带来相互损害，包括对那些诸如农夫之类往往依靠债务并因此想要短期不稳定的人在内。

㊾ 按照贝尔德的论述，尽管有几个人的父亲是农夫，那次制宪会议中没有一个人直接代表农耕利益(《美国宪法的经济解释》，第 149、88、90 页)，而罗斯特把来自特拉华州的雅各·布鲁姆(Jacob Broom)描述成一个适度成功的农场主(罗斯特，《1787 年：伟大的会议》(纽约：麦克米伦，1966 年)，第 122 页)。

㊿ 马克思，《路易·波拿巴的雾月十八日》，第 123—128 页。

㊿451 罗斯特,《1787年:伟大的会议》,第296页。

452 进一步讨论请参阅哈丁,《我为人人》,第186—188页,第208—214页。

453 我将不着手那些在这个争论中处于核心地位的知识论问题。我已经在《我为人人》一书的第7章中进行了全面讨论。

454 这本质上是霍布斯的观点,《利维坦》(伦敦:Penguin,1968年),第13—15章。参阅哈丁,"霍布斯式政治秩序",《政治理论》19(1991年5月),第164至168页。

455 《纽约客》,1998年10月26日,第56—57页。

456 克劳福德,"诸民族的权利:'诸民族'还是'诸政府'?"(James Crawford, "The Rights of Peoples: 'Peoples' or 'government'?")载克劳福德编,《诸民族的权利》(*The Rights of Peoples*)(牛津:牛津大学出版社,1988年),第55—68页,引文在第60页。

457 在中世纪有过实行非领地法律(non-territorial law)的先例。参阅布洛克,《封建社会》(Marc Bloch, *Feudal Society*),2卷本(芝加哥:芝加哥大学出版社,1961年,L. A. Manyon译),第1卷,第111页。

458 这个问题并不一直是简单的。当存在一个永久少数时,多数规则可能对于那个少数中的个人来说讲不通。参阅道格拉斯·拉伊(Douglas Rae)、小菲利普·D.斯潮芬(Philip D. Straffin, Jr.)和布伦·贝瑞(Brian Barry)的贡献,以及编者对他们的评论,载贝瑞和哈丁编,《理性的人和非理性的社会》(*Rational Man and Irrational Society*?)(加州Beverly Hills: Sage, 1982年),第305—340页。

459 哈特,《法律的概念》(牛津:牛津大学出版社,1961年),第88页。同时参阅哈丁,"制裁与义务",*The Monist* 68(1985年7月):403—418。

460 纽约市以及也许其他地方的警察近来开始如此行动,仿佛传统公民自由不再阻碍他们似的。也许是因为这个原因,自从这项新政策被悄悄地、不加预告地引入以来,纽约以及其他一些城市的暴力犯罪急剧减少(《纽约时报》,1995年7月23日,第4版)。对于该减少的原因存在争论。纽约当时的警察局长威廉·布顿(William Bratton)把这一成功归功于更好的警察组织以及士气,但是任何欧洲人或者日本人都一定强烈存疑,认为相当普遍的强力惩罚以及总体侵扰更有可能奏效。

㊿461 卡尔皮努，“罗马尼亚人的起义”(Pavel Carpeanu, “The Revolt of the Romanians”),《纽约书评》(1990年2月1日)：30—31；卡冷，“来自罗马尼亚的报导：与暴君一起倒下”(Robert Cullen, “Report from Romania: Down with the Tyrant”),《纽约客》(1990年4月2日)：94—112。追溯起来，有些人认为1989年的诸事件实际上是场政变，政府中的有些部门在其中利用混乱去推翻齐奥塞斯库(《纽约书评》,1994年12月25日，第1.3版；也可参阅《纽约书评》，1995年6月18日，版1.15)。

462 进一步的内容参阅哈丁，“政治义务”(“Political Obligation”)，载Alan Hamlin和Philip Pettit编，《良好政治体》(*The Good Polity*)(牛津：Basil Blackwell, 1989年)，第103—119页。见第151页。

463 除非是和霍布斯的社会作比较。相对于霍布斯之悲惨的自然状态，对于所有人来说，几乎任何其他政治秩序都会更好。

464 乔治·华盛顿1787年3月31日给詹姆斯·麦迪逊的信件，载昆兰德和勒纳编，《缔造者的宪法》,5卷本(芝加哥：芝加哥大学出版社，1987年)，第1卷，第189页，着重号是后加的。

465 诺奇克，《无政府、国家与乌托邦》(纽约：Basic Books, 1974年)，第174—182页。

466 诺奇克，《无政府、国家与乌托邦》，第153页脚注。

467 帕森斯，《社会行动的结构》(纽约：Free出版社，1968年；1937年第1版)，第247—248页。帕森斯同样把该观点作为他自己的观点提出来，他看到它被维尔弗雷德·帕累托以及埃米利·涂尔干清楚地表达过。

468 帕森斯，《社会行动的结构》，第248页。

469 罗森费尔德(Michel Rosenfeld)编，《宪政主义、身份、差异和合法性：理论视角》(*Constitutionalism, Identity, Difference, and Legitimacy: Theoretical Perspectives*)(Durham, NC：杜克大学出版社，1994年)，第4页。

470 进一步讨论见第三章，“诸制度与选择”一节。

471 雷蒙·阿隆认为托克维尔严重地被法国社会学家们低估了。公平地讲，尽管托克维尔的《论美国的民主》(纽约：Knopf, 1945年)在美国被广泛阅读甚至受到更广泛的赞誉，他的社会学理论在那里同样被低估。美国社会学家们很少把托克维尔包括在伟人祠中，那里有韦伯、马克思、涂尔干以及我所不愿列入其中的帕森斯。托克维尔以及斯密不仅具有这些人物的才华，而且具有他们的广博，并且我认为，他们两人的理解力更为清晰。

⑫ 进一步的内容参阅，哈丁，“制度信誓：价值还是激励因素”，载 Avner Ben Ner 和 Louis Putterman 编，《经济学、价值和组织》(*Economics, Values, and Organization*)(剑桥：剑桥大学出版社，1998 年)，第 419－433 页。

⑬ 杜威，《自由主义和社会行动》，载《杜威后期著作，1925－1953》，第 11 卷(伊利诺伊州 Carbondale：南伊利诺伊大学出版社，1987 年；1935 年第 1 版)，第 1－65 页，引文在第 6 页。

⑭ 参阅曼奇，“终结缠足与锁阴：一种习俗解释”(Gerald Mackie, “Ending Footbinding and Infibulation: A Convention Account”)，《美国社会学评论》(*American Sociological Review*)，61(1996 年 12 月)：999－1017。

⑮ 威斯康星州诉约德尔等人案(*Wisconsin v. Yoder, et al.*)，《美国联邦最高法院判例汇编》第 406 卷(406 U.S.) 第 205－249 页。进一步的内容参阅哈丁，《我为人人》(普林斯顿：普林斯顿大学出版社，1995 年)，第 201－203 页。

⑯ 康德，“对‘什么是启蒙？’的回答”(Immanuel Kant, “An Answer to the Question: What Is Enlightenment?”)，载康德，《永久和平及其他政治、历史与道德论文》，Ted Humphrey 译(印第安纳波利斯：Hackett，1983 年；1784 年第 1 版)。

⑰ 格林，“自由立法和契约自由”(Thomas Hill Green, “Liberal Legislation and Freedom of Contract”)，载《托马斯・希尔・格林文集》(*The Works of Thomas Hill Green*)，R. L. Nettleship 编(伦敦：Longmans, Green，1888 年；1880 年第 1 版)，第 3 卷，第 370－376 页。

⑱ 穆勒认为，举例来说，工人可能要求法律支持实施他们对从 10 小时工作日减到 9 小时工作日的一致偏好，因为在没有法律实施的情况下，单个的工人将产生搭其他人节制的“便车”以及为奖金工资而额外工作一小时的激励，这就破坏了 9 小时工作日。约翰・斯图亚特・穆勒《政治经济学原

理》,John M. Robson 编(多伦多:多伦多大学出版社,1965 年;1848 年第 1 版),第 5 编,第 11 章,第 12 节,第 958 页。也可参阅哈丁,《理性界域内的道德》(芝加哥:芝加哥大学出版社,1988 年),第 92—94 页;霍布豪斯,《自由主义》(牛津:牛津大学出版社,1948 年;1911 年第 1 版),第 32—33,37—39 页。

⑲ 加里·贝克尔,《歧视经济学》(Gary S. Becker, *The Economics of Discrimination*)(芝加哥:芝加哥大学出版社,1971 年第 2 版;1957 年第 1 版)。

⑳ 格里芬,《黑者如我》(纽约:新美国人图书馆,1976 年;1961 年第 1 版),第 153 页。

㉑ 托克维尔,《论美国的民主》,2 卷本(纽约:Knopf,1945 年;1835 和 1840 年第 1 版;Henry Reeve 译,Francis Bowen 校),第 1 卷,第 367 页。

㉒ 哈耶克,"自由主义"(F. A. Hayek, "Liberalism"),载哈耶克,《哲学、政治学、经济学和观念史的新研究》(*New Studies in Philosophy, Politics, Economics, and the History of Ideas*)(芝加哥:芝加哥大学出版社,1978 年),第 119—151 页;"自由社会秩序原理"("The Principles of a Liberal Social Order"),载哈耶克,《哲学、政治学和经济学研究》(*Studies in Philosophy, Politics, Economics*)(芝加哥:芝加哥大学出版社,1967 年),第 160—177 页。

㉓ 杜威(Dewey),《自由主义与社会行动》(Liberalism and Social Action),第 39 页。也可参阅林德布洛姆《政治与市场:世界的政治—经济制度》(纽约:Basic Books, 1977 年),第 45—51 页;格兰特·麦康奈尔(Grant McConnell),《私人权力与美国的民主》(*Private Power and American Democracy*)(纽约:Knopf,1966 年)。

索　引

（索引中页码为原书页码，即本书边码）

参考文献

Adams, John. 1987. 'Defence of the Constitution of Government of the United States', in Philip B. Kurland and Ralph Lerner, eds., *The Founder's Constitution*. Chicago: University of Chicago Press, 1987.

Almond, Gabriel A., and Verba, Sidney. 1963. *The Civic Culture: Political Attitudes and Democracy in Five Nations*. Princeton: Princeton University Press.

Anderson, Thornton. 1994. *Creating the Constitution: The Convention of 1787and the First Congress*. University Park, Pa.: Penn State Press.

Apolte, Thomas. 1995. 'Democracy, Dictatorship, and Transformation: A Proposal for a Constitution-Guided Systematic Change in Formerly Soviet Republics'. *Constitutional Political Economy*. 6:5—20.

Aristotle. 1998. *Politics*. Indianapolis: Hackett, trans. C. D. C. Reeve.

Aslund, Anders. 1995. *How Russia Became a Market Economy*. Washington: Brookings Institution.

Austin, John. 1954. *The Providence of Jurisprudence Determined*. New York: Noonday; 1st pub. 1832.

Ayer, A. J. 1990. *Thomas Paine*. New York: Atheneum, 1988; reprinted by University of Chicago Press.

Barry, Brian. 1995. *Justice as Impartiality*. Oxford: Oxford University Press.

——and Hardin, Russell. eds. 1982. *Rational Man and Irrational Society?* Beverly Hills, Calif.: Sage.

Bates, Robert H. 1981. *Markets and States in Tropical Africa: The Political Basis of Agricultural Policies*. Berkeley: University of California Press.

Beard, Charles A. 1935. *An Economic Interpretation of the Constitution of the United States*. New York: Macmillan; 1st pub. 1913.

——and Beard, Mary R. 1930. *The Rise of American Civilization*, 2 vols. New York: Macmillan; 1st pub. 1927.

Becker, Gary S. 1971. *The Economics of Discrimination*. Chicago: University of Chicago Press, 2nd edn.; 1st pub. 1957.

Beer, Samuel H. 1993. *To Make a Nation: The Rediscovery of American Federalism*. Cambridge, Mass.: Harvard University Press.

——1994. 'Constitutionalism, Medieval and Modern'. Presented at a conference on constitutionalism at the Murphy Institute, Tulane University, 18—20 February.

Beitz, Charles R. 1989. *Political Equality*. Princeton: Princeton University Press.

Bell, Daniel. 1976. *The Cultural Contradictions of Capitalism*. London: Heinemann.

Bellow, Saul. 1977. *Mr Sammler's Planet*. Harmondsworth: Penguin; 1st pub. 1970.

Benn, Stanley I., and Peters, Richard S. 1959. *Social Principles and the Democratic State*. London: George Allen and Unwin; reprinted as *The Principles of Political Thought: Social Foundations of the Democratic State*. New York: Free Press, 1965.

Bermeo, Nancy. 1994. 'Democracy in Europe'. *Daedalus* (Spring): 159—177.

Berry, Wendell. 1993. *Sex, Economy, Freedom, and Community: Eight Essays*. New York: Pantheon.

Bloch, Marc. 1961. *Feudal Society*, 2 vols. Chicago: University of Chicago Press, 1961, trans. L. A. Manyon.

Bloom, Allen. 1988. *The Closing of the American Mind*. New York: Basic Books.

Boettke, Peter J. 1995. 'Credibility, Commitment, and Soviet Economic Reform', in Edward Lazear, ed., *Realities of Reform*. Stanford, Calif.: Hoover Institution Press, 247—275.

Bonn, Moritz J. 1932. *The Crisis of Capitalism in America*. New York: John Day.

Braybrooke, David. 1987. *Meeting Needs: Studies in Moral, Political, and Legal philosophy*. Princeton: princeton University Press.

Brennan, Geoffrey, and Buchanan, James M. 1985. *The Reason of Rules: Constitutional Political Economy*. Cambridge: Cambridge University Press.

Brooks, Karen, Guasch, J. Louis, Braverman, Avishay, and Csaki, Csaba. 1991. 'Agriculture and the Transition to the Market'. *Journal of Economic Perspectives*. 5(Fall): 149—161.

Brühlmeier, Daniel. 1992. 'Demokratische Revolutionen', in Karen Gloy, ed. *Demokratie-Theorie: Ein West-Ost-Dialog*. Tübingen: Francke Verlag, 64—83.

Buchanan, James M., and Gordon Tullock. 1962. *The Calculus of Consent: Logical Foundations of Constitutional Government*. Ann Arbor: University of Michigan Press.

Buruma, Ian. 1990. 'There's No Place Like Heimat', *New York Review of Books* (20 Dec.): 34—43.

Caballero, Ricardo J., and Hammour, Mohamad L. 1994. 'The Cleansing Effect of Recessions', *American Economic Review*. 84(Dec.): 1350—1368.

Calhoun, John C. 1953. *Discourse on the American Constitution*, excerpted in *A Disquisition on Government and Selections from the Discourse*. Indianapolis: Bobbs-Merrill, With an introduction by C. Gordon Post; 1st pub. 1853.

Carpeanu, Pavel. 1990. 'The Revolt of the Romanians'. *New York Review of Books* (1 Feb.): 30—31.

Cartet, April. 1973. *Direct Action. and Liberal Democracy*. New York: Harper and Row.

Christiano, Thomas. 1996. *The Rule of the Many: Fundamental Issues in Democratic Theory*. Boulder, Colo.: Westview Press.

Cohen, G. A. 1995. 'The Pareto Argument for Inequality'. *Social Philosophy and Policy*. 12(Winter): 160—185.

Condorcet, Jean Antoine. 1999. 'Essay on the Application of Mathematics to the Theory of Decision-Making', in *Selected Writings*. Indianapolis: Hackett; 1st pub. 1795.

Constant, Benjamin. 1988. *Principles of Politics Applicable to All Representative Governments*, in Constant. *Political Writings*, ed. Biancamaria Fontana. Cambridge: Cambridge University Press, 171—305; 1st pub. 1815.

Crawford, James. 1988. 'The Rights of Peoples: "Peoples" or "Governments"?' in Crawford, ed., *The Rights of Peoples*. Oxford: Oxford University Press, 55—68.

Cullen, Robert. 1990. 'Report from Romania: Down with the Tyrant'. *New Yorker* (2 Apr.): 94—112.

Dahl, Robert. A1956. *A Preface to Democratic Theory*. Chicago: University of Chicago Press.

Dahrendorf, Ralf. 1968. 'In Praise of Thrasymachus', in Dahrendorf, *Essays in the Theory of Society*. Stanford: Stanford University Press, 129—150.

Deak, István. 1994. 'Post-Post-Communist Hungary'. *New York Review of Books*(11 Aug.):33—8.

Desai, Padma. 1995. 'Beyond Shock Therapy'. *Journal of Democracy*. 6 (Apr.):102—112.

Dewey, John. 1978. *Ethics*, vol. v of *The Middle Works, 1899—1924, of John Dewey*. Carbondale, Ill.: Southern Illinois University Press; 1st pub. 1908.

——1987. *Liberalism and Social Action*, in *The Later Works of Dewey, 1925—1953*, xi. Carbondale, Ill.: Southern Illinois University Press, 1—65; 1st pub. 1935.

Dostoevsky, Fyodor. 1958. *The Brothers Karamazov*. Harmondsworth: Penguin; 1st pub. 1880.

Downs, Anthony. 1957. *An Economic Theory of Democracy*. New York: Harper and Row.

Durkheim, Emile. 1933. *The Division of Labor in Society*. New York: Macmillan; 1st pub. 1893.

Dymski, Gary A., and Elliot, John E. 1988. 'Capitalism and the Democratic Economy'. *Social Philosophy and Policy*. 6(Autumn):140—164.

Eavey, Cheryl L., and Miller, Gary J. 1989. 'Constitutional Conflict in State and Nation', in Bernard Grofman and Donald Wittman, eds., *The Federalist Papers and the New Institutionalism*. New York: Agathon, 205—219.

Ellman, Michael, 1994. 'The Increase in Death and Disease under "Katastroika"'. *Cambridge Journal of Economics*(Aug.):329—355.

Elster, Jon. 1990. 'When Communism Dissolves'. *London Review of Books* (25 Jan.):3—6.

Eskridge, William, and Ferejohn, John. 1994. 'The Elastic Commerce Clause: A Political Theory of American Federalism'. *Vanderbilt Law Review*. 47 (Oct.):1355—1400.

Farber, Daniel A., Eskridge, William N., and Frickey, Philip P. 1993. *Cases and Materials on Constitutional Law: Themes for the Constitution's Third Century*. St Paul, Minn.: West Publishing Co.

Farrand, Max. ed. 1937. *The Records of the Federal Convention of 1787*, 4 vols. New Haven: Yale University Press, rev. edn.; 1st pub. 1911.

Ferguson, Adam. 1980. *An Essay on the History of Civil Society*. New Brunswick: Transaction; 1st pub. 1767.

Fink, Evelyn C., and Riker, William H. 1989. 'The Strategy of Ratification', in Bernard Grofman and Donald Wittman, eds., *The Federalist Papers and*

the New Institutionalism. New York: Agathon, 220—255.
Fried, Charles. 1981. *Contract As Promise*. Cambridge, Mass.: Harvard University Press.
Friedman, Milton. 1962. *Capitalism and Freedom*. Chicago: University of Chicago Press.
Fuller, Lon L. 1969. *The Morality of Law*. New Haven: Yale University Press, revd.; 1st pub. 1964.
Galbraith, John Kenneth. 1990. 'The Rush to Capitalism'. *New York Review of Books* (25 Oct.): 51—52.
Gargan, Edward A. 1992. 'A Revolution Transforms India: Socialism's Out, Free Market In'. *New York Times* (29 Mar.): section 1.
Gauthier, David. 1986. *Morals by Agreement*. Oxford: Oxford University Press.
Gewirth, Alan. 1978. *Reason and Morality*. Chicago: University of Chicago Press.
Giesey, Ralph A. 1968. *If Not, Not: The Oath of the Aragonese and the Legendary Laws of Sobrarbe*. Princeton: Princeton University Press.
Gilmore, Grant. 1974. *The Death of Contract*. Columbus, Oh.: Ohio State University Press.
Goldthorpe, John H., Lockwood, David, Bechhofer, Frank, and Platt, Jennifer. 1969. *The Affluent Worker in the Class Structure*, Cambridge: Cambridge University Press.
Goodin, Robert E. 1985. *Protecting the Vulnerable: A Reanalysis of Our Social Responsibilities*. Chicago: University of Chicago Press.
Green, Philip, ed. 1993. *Democracy*. Atlantic Highlands: Humanities Press.
Green, Thomas Hill. 1888. 'Liberal Legislation and Freedom of Contract', in *The Works of Thomas Hill Green*, vol. 3, ed. R. L. Nettleship. London: Longmans, Green, 370—376; 1st pub. 1880.
Greenawalt, Kent. 1988. *Religious Convictions and Political Choice*. New York: Oxford University Press.
Griffin, John Howard. 1976. *Black Like Me*. New York: New American Library; 1st pub. 1961.
Griffin, Stephen M. 1998. 'The Problem of Constitutional Change in the United States', in John Ferejohn, Jack Rakove, and Jonathan Riley, eds., 'Constitutional Culture and Democratic Rule', book manuscript, Tulane University (Presented at the conference 'Constitutions and Constitutionalism', Murphy

Institute, Tulane University, New Orleans, 11—12Mar. 1995).
Grofman, Bernard, and wittman, Donald. eds. 1989. *The Federalist Papers and the New Institutionalism*. New York: Agathon Press.
Guizot, François. 1828. *Cours d' bistoire moderne: Histoire générale de la civilisation en Europe, depuis la chute de l'empire romain jusqu'à la révolution française*, Paris: Pichon and Didier.
Gunther, Gerald. 1991. *Constitutional Law*. Westbury, NY: Foundation Press, 12th edn.
Habermas, Jürgen. 1984. *The Theory of Communicative Action*, i: *Reason and the Rationalization of Society*. Boston: Beacon, trans. Thomas McCarthy.
——1989. 'Towards a Communication-Concept of Rational Collective Will-Formation: A Thought Experiment'. *Ratio Juris* (July) 2: 144—154.
Hamilton, Alexander, Jay, John, and Madison, James. 1961. *The Federalist Papers*. New York: New American Library; 1st pub. 1787.
Hampton, Jean. 1986. *Hobbes and the Social Contract Tradition*. Cambridge: Cambridge University Press.
Hardin, Russell. 1971. 'Emigration, Occupational Mobility, and Institutionalization: The German Democratic Republic'. Cambridge, Mass.: MIT dissertation.
——1982. *Collective Action*. Baltimore: Johns Hopkins University Press for Resources for the Future.
——1982. 'Exchange Theory on Strategic Bases'. *Social Science Information*. 2: 251—272.
——1985. 'Sanction and Obligation'. *The Monist* 68(July): 403—418.
——1987. 'Does Might Make Right?' in J. Roland Pennock and John W. Chapman, eds., *NOMOS*. 29: *Authority Revisited*. New York: New York University Press, 201—217.
——1988. *Morality within the Limits of Reason*. Chicago: University of Chicago Press.
——1988. 'Bargaining for Justice'. *Social Philosophy and Policy*. 5 (Spring): 65—74.
——1989. 'Why a Constitution?' in Grofman and Wittman (1989: 100—120).
——1989. 'Political Obligation', in Alan Hamlin and Philip Pettit, des., *The Good Polity*. Oxford: Basil Blackwell, 103—119.
Hardin, Russell. 1990. 'Contractarianism: Wistful Thinking'. *Constitutional Political Economy*. 1: 35—52.

——1990. 'Public Choice vs. Democracy', in John W. Chapman, ed., *NOMOS. 32: Majorities and Minorities*. New York: New York University Press, 184—203.
——1991. 'Acting Together, Contributing Together'. *Rationality and Society*. 3(July): 365—380.
——1991. 'Hobbesian Political Order'. *Political Theory*. 19(May): 156—180.
——1991. 'To Rule in No Matters, To Obey in None'. Contemporary Philosophy, 13/12(Nov.-Dec.): 6—12.
——1992. 'Efficiency vs. Equality and the Demise of Socialism'. *Canadian Journal of Philosophy*. 22: 149—161.
——1992. 'The Morality of Law and Economics'. *Law and Philosophy*. 11 (Nov.): 331—384.
——1993. 'Altruism and Mutual Advantage'. *Social Service Review*. 67: 358—373.
——1993. 'Efficiency', in Robert E. Goodin and Philip Pettit, eds., *Companion to Contemporary Political Philosophy*. Oxford: Basil Blackwell, 462—470.
——1993. 'Liberalism: Political and Economic'. *Social Philosophy and Policy*. 10(June): 121—144.
——1995. 'Contested Community'. *Society*. 32(July/Aug.): 23—29.
——1995. *One for All: The Logic of Group Conflict*. Princeton: Princeton University Press.
——1995. 'Institutional Morality', in Geoffrey Brennan and Robert E. Goodin, eds., *The Theory of Institutional Design*. Cambridge: Cambridge University Press, 126—153.
——1995. 'International Deontology'. *Ethics and International Affairs*. 9: 133—145.
——1996. 'Magic on the Frontier: The Norm of Efficiency'. *University of Pennsylvania Law Review*. 144(May): 1987—2020.
——1998. 'Institutional Commitment: Values or Incentives?, in Avner Ben Ner and Louis Putterman, eds., *Economics, Values, and Organization*. Cambridge: Cambridge University Press, 419—433.
——1998. 'Trust in Government', in Valerie Braithwaite and Margaret Levi, eds., *Trust and Governance*. New York: Russell Sage Foundation, 9—27.
——1998. 'Reasonable Agreement: Political Not Normative', 137—153 in

Paul J. Kelly, ed., *Impartiality, Neutrality and Justice: Re-reading Brian Barry's Justice as Impartiality*. Edinburgh: Edinburgh University Press.

——Forthcoming. 'Democratic Epistemology and Accountability', *Social Policy and Philosophy*. 17.

Harrington, James. 1924. *The Commonwealth of Oceana*, ed. S. B. Liljegren. Heidelberg; 1st pub. 1656.

Hart, H. L. A. 1961. *The Concept of Law*. Oxford: Oxford University Press.

——1983. 'Between Utility and Rights', in Hart, *Essays in Jurisprudence and Philosophy*. Oxford: Oxford University Press, 198—222; 1st pub. 1979.

Hayek, Friedrich A. 1948. *Individualism and Economic Order*. Chicago: University of Chicago Press; reprinted by Gateway, n. d.

——1967. 'The Principles of a Liberal Social Order', in Hayek. *Studies in Philosophy, Politics and Economics*. Chicago: University of Chicago Press, 160—177.

——1978. 'Liberalism', in Hayek. *New Studies in Philosophy, Politics, Economics, and the History of Ideas*. Chicago: University of Chicago Press, 119—151.

——1989. *The Fatal Conceit: The Errors of Socialism*. Chicago: University of Chicago Press; 1st pub. 1988.

Heller, Hermann. 1933. 'Power, Political', in Edwin R. A. Seligman and Alvin Johnson, eds., *Encyclopaedia of the Social Sciences*, xii 300—305. New York: Macmillan.

Higgs, Robert. 1992. 'Wartime Prosperity? A Reassessment of the U. S. Economy in the 1940s'. *Journal of Economic History*. 52(Mar.): 41—60.

Hill, Christopher. 1975. *The World Turned Upside Down: Radical Ideas during the English Revolution*. Harmondsworth, Middlesex: Penguin.

Hirschman, Albert O. 1982. *Shifting Involvements: Private Interest and Public Action*. Princeton: Princeton University Press.

——1990. 'Good News Is Not Bad News'. *New York Review of Books* (11 Oct.): 20—22.

Hobbes, Thomas. [1651] 1968. *Leviathan*. London: Penguin, ed. C. B. Macpherson. Originally published, London: Andrew Cooke, 1651.

——1983. *De Cive*, ed. Howard Warrender. Oxford: Oxford University Press; 1st pub. in Latin 1642; in English 1651.

Hobhouse, L. T. 1948. *Liberalism*. Oxford: Oxford University Press; 1st pub. 1911.

——1994. 'Government by the People', in Hobhouse, *Liberalism and Other Writings*, ed. James Meadowcroft. Cambridge: Cambridge University Press, 123—135; essay 1st pub. 1910.

Hume, David. 1742. 'Of The Rise and Progress of the Arts and Sciences', in Hume, *Essays Moral Political and Literary*, ed. Eugene Miller. Indianapolis: Liberty press, 111—137.

——1975. *An Enquiry Concerning the Principles of Morals*, in Hume, *Enquiries concerning Human Understanding and concerning the Principles of Morals*. ed. L. A. Selby-Bigge and P. H. Nidditch. Oxford: Oxford University Press; 1st pub. 1751.

——1978. *A Treatise of Human Nature*, ed. L. A. Selby-Bigge and P. H. Nidditch. Oxford: Oxford University Press, 2nd edn.; 1st pub. 1739—1740.

Hume, David. 1985. *Essays Moral, Political, and Literary*, ed. Eugene F. Miller. Indianapolis: Liberty Press.

——1985. 'Idea of a Perfect Commonwealth' in Hume, *Essays Moral, Political, and Literary*, ed. Eugene F. Miller. Indianapolis: Liberty Press, 512—529; 1st pub. 1752.

——1985. 'Of the Original Contract', in Hume, *Essays Moral, Political, and Literary*, ed. Eugene Miller. Indianapolis: Liberty Press, 465—487; 1st pub. 1748.

Hunter, Brian, ed. 1991. *The Statesman's Year-Book 1991—1992*. New York: St Martin's.

Inouye, Kyoko. 1991. *MacArthur's Japanese Constitution*. Chicago: University of Chicago Press.

Ishiguro, Kazuo. 1990. *The Remains of the Day*. New York: Vintage; 1st pub. 1989.

Jefferson, Thomas. 1984. Letter to John Holmes of 22 April 1820, in Jefferson, *Writings*. New York: Library fo America, 1433—1435.

——1987. Letter to James Madison of 6 September 1789, in Philip Kurland and Ralph Lerner, *The Founders' Constitution*. Chicago: University of Chicago Press, i. 68—70.

Jouvenel, Bertrand de. 1952. *The Ethics of Redistribution*. Cambridge: Cambridge University Press; reprinted by Liberty Press, 1990.

——1957. *Sovereignty: An Inquiry into the Political Good*. Chicago: University of Chicago Press, trans. J. F. Huntirgton.

Kammen, Michael. 1986. *The Origins of the American Constitution: A Docu-*

mentary History. New York: Penguin.

Kandell, Jonathan. 1991. 'Prosperity Born of Pain'. *New York Times Magazine* (7 July): 14 ff.

Kant, Immanuel. 1983. 'An Answer to the Question: What Is Enlightenment?' in Kant, *Perpetual Peace and Other Essays on Politics, History, and Morals*, trans. Ted Humphrey. Indianapolis: Hackett; 1st pub. 1784.

——1983. 'On the Proverb: That May Be True in Theory, but Is of No Practical Use', in Kant, *Perpetual Peace and Other Essays*, 77, trans. Ted Humphrey. Indianapolis: Hackett (viii. 297 in the Prussian Academy of Sciences edn. of Kant's works); 1st pub. 1793.

Karl, Terry Lynn. 1995. 'The Hybrid Regimes of Central America'. *Journal of Democracy* (July) 6: 72—86.

Kateb, George. 1969. 'The Majority Principle: Calhoun and His Antecedents'. *Political Science Quarterly*. 84 Dec.: 595—617.

Kavka, Gregory S. 1986. *Hobbesian Moral and Political Theory*. Princeton: Princeton University Press.

Komarek, Valtr. 1992. 'Shock Therapy and Its Victims'. *New York Times* (5 Jan.): 4, OpEd.

Krueger, Anne. 1993. *Political Economy of Reform in Developing Countries*. Cambridge, Mass.: MIT Press.

Kurland, Philip, and Lerner, Ralph. eds. 1987. *The Founders' Constitution*, 5 vols. Chicago: University of Chicago Press.

Lange, Oskar. 1938. *On the Economic Theory of Socialism*. Minneapolis: University of Minnesota Press.

Lefort, Claude. 1988. 'From Equality to Freedom: Fragments of an Interpretation of Democracy in America', in Lefort, *Democracy and Political Theory*, 183—209. Minneapolis: University of Minnesota Press; trans. David Macey.

Leichter, Howard M. 1991. *Free to Be Foolish: Politics and Health Promotion in the United States and Great Britain*. Princeton: Princeton University Press.

Levi, Margaret. 1988. *Of Rule and Revenue*. Berkeley: University of California Press.

Levy, Santiago, and van wijnbergen, Sweder. 1995. 'Transition Problems in Economic Reform: Agriculture in the North American Free Trade Agreement'. *American Economic Review*. 85 (Sept.): 738—754.

Lian, Peng, and Wei, Shang-Jin. 1998. 'To Shock or Nor to Shock? Economics and Political Economy of Large-Scale Reforms'. *Economics and Politics*10(July):161—183.

Lindblom, C. E. 1977. *Politics and Markets: The World's Political-Economic Systems*. New York: Basic Books.

Lipset, Seymour Martin. 1995. 'Malaise and Resiliency in America'. *Journal of Democracy*(July)6:4—18.

Litwack, John M. 1991. 'Legality and Market Reform in Soviet-Type Economies'. *Journal of Economic Perspectives*. 5:77—89.

Lochner v. New York, 198 US(Oct. term, 1904):45.

Locke, John. 1950. *A Letter Concerning Toleration*. Indianapolis: BobbsMerrill; 1st pub. 1689.

——1988. *Two Treatises of Government*. Cambridge: Cambridge University Press; 1st pub. 1690.

McConnell, Grant. 1966. *Private Power and American Democracy*. New York: Knopf.

McDonald, Forrest. 1958. *We the People: The Economic Origins of the Constitution*. Chicago: University of Chicago Press.

McGuire, Robert A., and Ohsfeldt, Robert L. 1989. 'Public Choice Analysis and the Ratification of the Constitution', in Bernard Grofman and Donald Wittman, eds., *The Federalist Papers and the New Institutionalism*. New York: Agathon, 175—204.

Mackie, Gerald. 1966. 'Ending Footbinding and Infibulation: A Convention Account'. *American Sociological Review*. 61(Dec.):999—1017.

MacNeil, Ian. 1980. *The New Social Contract*. New Haven: Yale University Press.

Main, Jackson Turner. 1974. *The Antifederalists: Critics of the Constitution, 1781—1788*. New York: Norton; 1st pub. 1961.

Maine, Henry Sumner. 1906. *Ancient Law: Its Connection with the Early History of Society and its Relation to Modern Ideas*. London: John Morrow, 10th edn.

Mandeville, Bernard. 1924. *The Fable of the Bees: Private Vices, Publick Benefits*, ed. F. B. Kaye. Oxford: Oxford University Press; 1st pub. 1714; reprinted by Liberty Press, 1988.

Manin, Bernard. 1995. *Principes du gouvernement représentatif*. Paris: Calmann-Lévy.

Maravall, José María. 1994. 'The Myth of the Authoritarian Advantage'.

Journal of Democracy. 5 (Oct.):17—31.

Marshall, Geoffrey. 1984. *Constitutional Conventions: The Rules and Forms of Political Accountability*. Oxford: Oxford Universiyt Press.

Marshall, T. H. 1950. *Citizenship and Social Class*. Cambridge: Cambridge University Press.

Marx, Karl. 1963. *The Eighteenth Brumaire of Louis Bonaparte*. New York: International Publishers; 1st pub. 1852.

——1977. 'On the Jewish Question', Part I, in David McLellan, ed., *Karl Marx: Selected Writings*. Oxford: Oxford University Press.

Meyers, Marvin. 1981. *The Mind of the Founder: Sources of the Political Thought of James Madison*. Hanover, NH: University Press of New England, rev. edn.

Michels, Robert. 1966. *Political Parties: A Sociological Study of the Oligarchical Tendencies of Modern Democracy*, ed. S. M. Lipset. New York: Free Press; 1st pub. 1911.

Michnik, Adam. 1990. 'The Two Faces of Europe'. *New York Review of Books* (19 July): 7.

Mill, John Stuart. 1965. *Principles of Political Economy*, ed. John M. Robson. Toronto: University of Toronto Press; 1st pub. 1848.

——1977. 'De Tocqueville on Democracy in America, II', in Mill, *Essays on Politics and society*, ed. J. M. Robson, *Collected Works of John Stuart Mill*, xviii. 153—204. Toronto: University of Toronto Press.

——1977. 'Civilization', in Mill, *Essays on Politics and Society*, ed. J. M. Robson, *Collected Works of John Stuart Mill*, xviii. 117—147. Toronto: University of Toronto Press.

——1977. *On Liberty*, in Mill, *Essays on Politics and Society*, ed. J. M. Robson, *Collected Works of John Stuart Mill*, xviii. 209—310. Toronto: University of Toronto Press.

——1977. *Considerations on Representative Government*, in Mill, *Essays on Politics and Society*, ed. J. M. Robson, *Collected Works*, xix. 371—577. Toronto: University of Toronto Press; 1st pub. 1861.

——1984. 'Statement on Marriage', in John M. Robson, ed., *Essays on Equality, Law, and Education*, xxi. 99 of *Collected Works of John Stuart Mill*. Toronto: University of Toronto Press.

Montesquieu, Charles le Secondat, baron de. 1989. *The Spirit of the Laws*. Cambridge: Cambridge University Press; 1st pub. 1748.

Morgan, Edmund S. 1988. *Inventing the People: The Rise of Popular Sovereignty in England and America*. New York: Norton.

——1994. 'Pioneers of Paranoia'. *New York Review of Books* (6 Oct.): 11—13.

Mueller, John. Forthcoming. *Democracy, Capitalism, and Ralph's Pretty Good Grocery*. Princeton: Princeton University press.

Musil, Robert. 1988. *Der Mann ohne Eigenschafren* (The Man Without Qualities). Reinbek bei Hamburg: Rowohlt; 1st pub. 1930, 1932, 1936.

Nagel, Jack. 1995. 'New Zealand's Novel Solution to the Problem of Minority Representation'. *The Good Society*. 5(Spring): 25—27.

Nedelsky, Jennifer. 1990. *Private Property and the Limits of American Constitutionalism: The Madisonian Framework and Its Legacy*. Chicago: University of Chicago Press.

Norton, Anne. 1986. *Alternative Americas: A Reading of Antebellum Political Culture*. Chicago: University of Chicago Press.

Nozick, Robert. 1974. *Anarchy, State, and Utopia*, New York: Basic Books.

Okun, Arthur M. 1975. *Equality and Efficiency: The Big Tradeoff*. Washington: Brookings.

Olson, Mancur, Jr. 1982. *The Rise and Decline of Nations*. New Haven: Yale University Press.

O'Neill, William L. 1993. *A Democracy at War: America's Fight at Home and Abroad in World War II*. New York: Free Press.

Pareto, Vilfredo. 1971. *Manual of Political Economy*, trans. Ann S. Schwier. New York: Augustus M. Kelley; 1st pub. 1927.

Parsons, Talcott. 1968. *The Structure of Social Action*. New York: Free Press; 1st pub. 1937.

Pateman, Carole. 1970. *Participation and Democratic Theory*. Cambridge: Cambridge University Press.

Peattie, Lisa. 1969. 'Cuban Notes'. *Massachusetts Review*. (Autumn): 673—74.

Perlez, Jane. 1995. 'The Fist in the Velvet Glove'. *New York Times Magazine* (16 July): 17—19.

Pharr, Susan J., and Putnam, Robert D. eds. 1998. 'What's Troubling the Trilateral Democracies'. Book manuscript, Harvard University.

Polanyi, Michael. 1980. *The Logic of Liberty: Reflections and Rejoinders*. Chicago: University of Chicago Press; 1st pub. 1951.

Polinsky, A. Mitchell. 1989. *An Introduction to Law and Economics*. Boston: Little, Brown, 2nd edn.

Popkin, Samuel L. 1979. *The Rational Peasant: The Political Economy of Rural Society in Vietnam*. Berkeley: University of California press.

Przeworski, Adam. 1980. 'Material Interests, Class Compromise, and the Transition to Socialism'. *Politics and Society*. 10:125—153.

Przeworski, Adam. 1991. *Democracy and the Market: Political and Economic Reforms in Eastern Europe and Latin America*. Cambridge: Cambridge University Press.

——and Limongi, Fernando. 1993. 'Political Regimes and Economic Growth'. *Journal of Economic Perspectives*(Summer)7:51—69.

Putnam, Robert D. 1995. 'Bowling Alone: America's Declining Social Capital'. *Journal of Democracy*(Jan.)6:65—78.

Rakove, Jack N. 1987. 'The Structure of Politics at the Accession of George Washington', in Richard Beeman, Stephen Betein, and Edward C. Cartet, II, eds., *Beyond Confederation: Origins of the Constitution and American National Identity*. Chapel Hill, NC: University of North Carolina Press, 261—294.

——1991. 'Parchment Barriers and the Politics of Rights', in Michael J. Lacey and Knud Haakonssen, eds., *A Culture of Rights: The Bill of Rights in Philosophy, Politics, and Law, 1791 and 1991*. Cambridge: Cambridge University Press, 98—143.

——Forthcoming. 'The Madisonian Solution'. Manuscript presented at the conference 'Constitutions and Constitutionalism', Murphy Institute, Tulane University, New Orleans, 11—12Mar. 1995.

Rawls, John. 1971. *A Theory of Justice*. Cambridge, Mass.: Harvard University Press.

——1985. 'Justice As Fairness: Political not Metaphysical'. *Philosophy and Public Affairs*(Summer)14:223—51.

Reid, John Phillip. 1989. *The Concept of Representation in teh Age of the American Revolution*. Chicago: University of Chicago Press.

Riker, William H. 1988. *Liberalism against Populism: A Confrontation between the Theory of Democracy and the Theoty of Public Choice*. Prospect Heights, Ill.: Waveland Press; 1st pub. 1982.

Robert, Henry M. 1951. *Robert's Rules of Order Revised. Chicago*: Scott, Foresman.

Roemer, John E. 1993. 'The Possibility of Market Socialism' in David Copp, Jean Hampton, and John E. Roemer, eds., *The Idea of Democracy*. Cambridge: Cambridge University Press, 347—367.

Rosenfeld, Michel. ed. 1994. *Constitutionalism, Identity, Difference, and Legitimacy: Theoretical Perspectives*. Durham, NC: Duke University Press.

Rossiter, Clinton. 1966. *1787: The Grand Convention*. New York: Macmillan.

Rousseau, Jean-Jacques. 1983. *On the Social Contract*, trans. Donald A. Cress. Indianapolis: Hackett; 1st pub. 1762.

Sachs, Jeffrey. 1993. *Poland's Jump to the Market*. Cambridge, Mass.: MIT Press.

Saguir, Julio. 1991. 'In Search of Institutional Design: A Comparison between the Constitutional Processes of Argentina and the United States'. Ph. D. thesis, University of Chicago.

Scanlon, Thomas M. 1982. 'Contractualism and Utilitarianism', in Amartya Sen and Bernard Williams, eds., *Utilitarianism and Beyond*. Cambridge: Cambridge University Press, 103—128.

Schaffer, Frederic C. 1998. *Democracy in Transition: Understanding Politics in an Unfamiliar Culture*. Ithaca, NY: Cornell University Press.

Schelling, Thomas C. 1960. *The Strategy of Conflict*. Cambridge, Mass.: Harvard University Press.

Schine, Cathleen. 1993. *Rameau's Niece*. New York: Penguin.

Schmemann, Serge, 1998. 'How Do You Succeed in a Cashless Society'. *New York Times Magazine* (27 Dec.): 36—39.

Schneewind, J. B. 1990. 'The Misfortunes of Virtue'. *Ethics*. 101: 42—63.

Schumpeter, Joseph A. 1950. *Capitalism, Socialism and Democracy*. New York: Harper, 3rd edn; 1st pub. 1942.

Schusterman, Richard. 1994. 'Pragmatism and Liberalism between Dewey and Rorty'. *Political Theory*. (Aug.): 391—413.

Scott, James C. 1976. *The Moral Economy of the Peasant: Rebellion and Subsistence in Southeast Asia*. New Haven: Yale University Press.

Sen, Amartya. 1970. 'The Impossibility of a Paretian Liberal'. *Journal of Political Economy*. 78: 152—157.

——1982. 'Liberty as Control: An Appraisal', in *Social and Political Philosophy*, vol. vii of *Midwest Studies in Philosophy*, eds. Peter A. French, Theodore E. Uehling, Jr., and Howard K. Wettstein. Minneapolis: University of Minnesota Press.

Sidgwick, Henry. 1907. *The Methods of Ethics*. London: Macmillan, 7th edn.

Skinner, Quentin. 1978. *The Foundations of Modern Political Thought*, 2 vols. Cambridge: Cambridge Unirersity Press.

Smith, Adam. 1976. *An Inguiry into the Nature and Causes of the wealth of Nations*, ed. R. H. Campbell, A. S. Skinner, and W. B. Todd. oxford: Oxford University Press; reprinted by liberty Press, 1979; 1st pub. 1776.

Smith, Albert Henry. ed. 1907. *The Writings of Benjamin Franklin* New York: Macmillan.

Spencer, Herbert. 1884. *The Principles of Sociology*, New York: Appleton, 2 vols.

Stein, Herbert. 1989. 'The Triumph of the Adaptive Society'. Frank E. Seidman Lecture in Political Economy (Memphis: Rhodes College, 14Sept.).

Stinchcombe, Arthur L. 1980. 'Is the Prisoner's Dilemma All of Sociology?' *Inquiry*. 23: 187—192

Stone, Geoffrey. 1991. *Constitutional Law*. Boston: Little, Brown, 2nd edn.

Storing, Herbert J. ed. 1981. *The Complete Anti-Federalist*, 7vols. Chicago: University of Chicago Press.

Sunstein, Cass R. 1993. *The Partial Constitution*. Cambridge, Mass.: Harvard University Press.

Swift, Elaine K. 1993. 'The Making of an American House of Lords: The U. S. Senate in the Constitutional Convention of 1787'. *Studies in American Political Development*. 7: 177—224.

——1996. *The Making of an American Senate: Reconstitutive Change in Congress 1787—1841*. Ann Arbor: University of Michigan Press.

Taylor, A. J. P. 1965. *English History 1914—1945*. Oxford: Oxford University Press.

Tocqueville, Alexis de. 1945. *Democracy in America*, 2vols. New York: Knopf; trans. Henry Reeve and rev. by Francis Bowen; reprinted Vintage, 1990; 1st pub. 1835. and 1840.

——1966. *Democracy in America*. New York: Harper and Row; trans. George Lawrence; 1st pub. 1835 and 1840.

Tolstoy, Leo. 1939. *Anna Karenina*, 2 vols. London: Oxford University Press, trans. Louise and Aylmer Maude; 1st pub. 1875—1877.

Tyler, Tom R. 1990. *Why People Obey the law*. New Haven: Yale University Press.

Ullmann-Margalit, Edna. 1977. *The Emergence of Norms*. Oxford: Oxford

University Press.
von Humboldt, Wilhelm. 1969. *The Limits of State Action*. Cambridge: Cambridge University Press. (Written 1791—1792); 1st pub. 1854.
von Mises, Ludwig. 1981. *Socialism: An Economic and Sociological Analysis*. Indianapolis: Liberty Press; 1st pub. 1922.
Vorhies F., and Glahe, F. 1988. 'Political Liberty and Social Development: An Empirical Investigation'. *Public Choice*. 58: 45—71.
Walzer, Michael. 'Editor's Page., 1990. *Dissent*(Spring).
White, Leslie A. 1959. *The Evolution of Culture: The Development of Civilisation to the Fall of Rome*. New York: McGraw-Hill.
Will, George F. 1983. *Statecraft as Soulcraft*. New York: Simon and Schuster.
Wilson, James. 1987. 'Lectures on Law', in Robert Green McCloskey, ed,. *The Works of James Wilson*, 2 vols. Cambridge, Mass.: Harvard University Press, 1967; essay 1st pub. 1791; excerpted in Philip B. Kurland and Ralph Lerner, eds., *The Founders' Constitution*. Chicago: University of Chicago Press, 1987. i. 73.
Winstanley, Gerarrd. 1941. *The Law of Freedom in a Platform or, True Magistracy Restored*, ed. Robert W. Kenny. New York: Shocken; 1st pub. 1652.
Wisconsin v. Yoder, et al., 406U. S., 205—249.
Wood, Gordon S. 1969. *The Creation of the American Republic, 1776—1787*. Chapel Hill, NC: North Carolina University Press; reprinted Norton, 1972.
——1987. 'Interests and Disinteredness in the Making of the Constitution', in Richard Beeman, Stephen Botein, and Edward C. Carter II, eds., *Beyond Confederation: Origins of the Constitution and American National Identity*. Chapel Hill, NC: University of North Carolina Press, 69—109.
Wright, Benjamin F. 1958. *Consensus and Continuity, 1776—1787*. Boston: Boston University Press.
Wrong, Dennis. 1994. *The Problem of Order: What Unites and Divides Society*. New York: Free Press.

图书在版编目(CIP)数据

自由主义、宪政主义和民主/(美)哈丁著；王欢，申明民译. —北京：商务印书馆，2009（2017.4重印）
（当代政治理论译丛）
ISBN 978－7－100－04831－6

I. 自… II. ①哈…②王…③申… III. ①自由主义—研究②政治制度—研究③民主—研究 IV. D094.5 D033 D082

中国版本图书馆 CIP 数据核字(2005)第 149356 号

当代政治理论译丛
自由主义、宪政主义和民主
〔美〕罗素·哈丁 著
王欢 申明民 译

商 务 印 书 馆 出 版
(北京王府井大街36号 邮政编码 100710)
商 务 印 书 馆 发 行
北京市艺辉印刷有限公司印刷
ISBN 978-7-100-04831-6

2009年3月第1版 开本 850×1168 1/32
2017年4月北京第2次印刷 印张 16 ¾

定价：45.00元